司法鉴定
和科学证据研究

陈邦达 ◎ 著

FORENSIC OPINION AND
SCIENTIFIC EVIDENCE RESEARCH

图书在版编目(CIP)数据

司法鉴定和科学证据研究／陈邦达著. -- 北京：北京大学出版社，2025.1. -- ISBN 978-7-301-35899-3

Ⅰ. D926

中国国家版本馆 CIP 数据核字第 202418NK11 号

书　　　名	司法鉴定和科学证据研究 SIFA JIANDING HE KEXUE ZHENGJU YANJIU
著作责任者	陈邦达　著
责 任 编 辑	张文桢　王建君
标 准 书 号	ISBN 978-7-301-35899-3
出 版 发 行	北京大学出版社
地　　　址	北京市海淀区成府路 205 号　100871
网　　　址	http://www.pup.cn　http://www.yandayuanzhao.com
电 子 邮 箱	编辑部 yandayuanzhao@ pup.cn　总编室 zpup@ pup.cn
新 浪 微 博	@北京大学出版社　@北大出版社燕大元照法律图书
电　　　话	邮购部 010-62752015　发行部 010-62750672 编辑部 010-62117788
印 刷 者	大厂回族自治县彩虹印刷有限公司
经 销 者	新华书店
	650 毫米×980 毫米　16 开本　20.75 印张　356 千字 2025 年 1 月第 1 版　2025 年 1 月第 1 次印刷
定　　　价	79.00 元

未经许可，不得以任何方式复制或抄袭本书之部分或全部内容。
版权所有，侵权必究
举报电话：010-62752024　电子邮箱：fd@pup.cn
图书如有印装质量问题，请与出版部联系，电话：010-62756370

出版前言

本书根据近年来我对司法鉴定、科学证据等主题研究所撰写之论文编纂而成。我自2008年硕士毕业后于司法部司法鉴定科学技术研究所（以下简称司鉴所）从事《中国司法鉴定》杂志的编辑工作，出于工作需要，便开始关注司法鉴定的专业理论和实务问题，并有机会结识诸多司法鉴定人和法学专家。时任杂志副主编的胡锡庆教授曾传授我很多为学做人之道，司鉴所的鉴定人以睿智挑战科学，以科学捍卫公正，亦对我随后读博深造、从事教学科研产生深远影响，他们也为我后来研究司法鉴定法律问题提供了许多无私的帮助。

而立之年，我告别上海这座繁华都市，来到素有"天府之国"美誉的成都，在四川大学法学院攻读博士，师从左卫民教授。受恩师学术风格的影响，当时撰写的博士论文《刑事司法鉴定程序的正当性》主要是运用实证研究、比较法研究等方法对刑事诉讼中的司法鉴定问题进行多维思考。博士毕业之后，我如愿回到母校华东政法大学从事师资博士后工作，当时我的合作导师为华东政法大学原党委书记、我国司法鉴定制度专家杜志淳教授，出站报告撰写的是《司法鉴定基本问题研究》，并获得博士后特别资助。留校任教以来，我先后给本科生、研究生讲授刑事诉讼法学和证据法学这两门主干课程。一方面，教学工作乃高校教师安身立命的本职，要站稳讲台，须腹有诗书、胸有成竹，不断地加强理论学习，进一步扩大知识储备，深化并扩展专业领域；另一方面，科研工作是高校教师职业发展的增值点，要提升科研，须淡泊明志、宁静致远，始终保持一颗好奇心，并通过科研写作训练，实现成果的转化，进而实现科研反哺教学的良性互动。在课堂外，我主要围绕司法鉴定、科学证据这两个关键词展开研究，并主持完成了国家社科基金项目、教育部中青年项目、司法部项目、最高人民检察院检察理论研究课题、霍英东教育基金项目、上海市人才发展资助等项目。本书所收集的相关论文，部分是上述科研项目的阶段性成果，这些论文先后刊发在《比较法研究》《法律科学》《现代法学》《法学》《交大法学》《山东大学学报》《证据科学》《中国司法鉴定》等刊物上。其中，有部分文章被《新华文摘》网络版、《中国人民大学复印报刊资料》《诉讼法学、司法制度》全文转载。不惑之年，回首走过的人生道路，很感谢为我人生转折点提供指引的老师们，是他们传授给我教学科研的基本功，让我找到了一份自己喜爱的职业。很感谢科研项目的匿名评审专家对课题申报材料的肯定，让我更加坚定教学科研的梦想；很感谢期刊的匿名审稿人、责任编辑对我文章提出的宝贵修改意见，让我的论文得以刊发。

　　党的十八届四中全会通过的《中共中央关于全面推进依法治国若干重大问题的决定》提出推进以审判为中心的诉讼制度改革，全面贯彻证据裁判规则，完善证人、鉴定人出庭制度。并提出"健全统一司法鉴定管理体制"的目标。推动司法鉴定的研究是提升司法公信力系统工程的一个重要方面。司法鉴定意见是由司法鉴定主体针对诉讼中的专门性问题提供的意见性证据，属于专家证言。科学证据则是诉讼中通过科学技术分析方法得到的证据。司法鉴定意见和科学证据之间存在一定的交叉关系。本书围绕司法鉴定、科学证据这两大主题，探究了二者的法律问题。

　　第一章导论。主要介绍研究背景，依次分析了一般证据的可采性与证据能力、司法鉴定意见可采性与一般证据可采性的关系、司法鉴定意见可采性的普适性规定，以及司法鉴定意见可采性的特殊性规定。

　　第二章科学证据质证程序研究。这部分主要通过比较法的研究方法，将美国科学证据质证程序和我国的质证程序进行对比。党的十八届四中全会提出推进以审判为中心的诉讼制度改革，要求必须强化对证据的调查，重视证据的质证，我国刑事诉讼法本身规定了一些与证据开示制度功能相似的制度，例如审查起诉阶段和审判阶段辩护人的查阅制度、庭前会议制度等，但由于种种原因，科学证据质证的效果不理想，因此这一章主要从比较法的角度对我国科学证据质证程序进行思考。

　　第三章鉴定人出庭作证之实证研究。为强化鉴定意见质证，刑事诉讼法规定了鉴定人出庭的情形，加大了对鉴定人人身安全的保护，明确了拒不出庭的后果，并通过专家辅助人出庭来加强鉴定意见质证。这些规定的实施效果值得研究。鉴定人出庭案例的实证分析表明,"有必要出庭"情形的模糊表述使得实践中做法不一。鉴定人出庭时控辩双方质证水平有所提高,但鉴定人与专家辅助人无法通过对话影响质证效果。鉴定人出庭的成本较高,出庭费用无法保障,也会影响其积极性。应削弱专家证人制度移植的张力,重视鉴定人出庭的实质效果,完善鉴定人出庭保障机制以保护当事人的对质权,以诉讼制度改革为契机,推动鉴定制度的完善,降低鉴定人的出庭负担,提高其出庭积极性。

第四章专家参与庭审的角色定位与意见属性。近年来颁布的司法解释赋予有专门知识的人(专家)参与庭审的权利,其发展超越了预设的初衷,专家的角色定位与意见归属亟待重新审视和界定。为保护质证权,立法不应对被告人申请专家出庭设置障碍。现行立法不苛求参与庭审的专家须具备鉴定人资质,但不意味着专家无需具备体现专业优势的条件,唯此才能适用意见规则。专家参与庭审的基本职能为辅助一方质证,作证是司法解释赋予专家的扩张职能。现有规定使得专家的角色定位模糊,专家辅助人向专家证人转型存在诉讼构造、证据法定主义等制约性因素。专家参与庭审发表的意见具有多层性质归属,对鉴定意见提出的意见可理解为对证据的反驳,因而此类意见不具有证据能力;对专门性问题提出的意见在性质上类同于反证,具有证据属性,可归入专门性证据范畴接受质证。

第五章鉴定意见审查认证规则及配套机制的优化。我国立法确立的司法鉴定意见审查认证规则存在一定的疏漏,具体表现为鉴定管理权割据使得审查认证标准不统一,鉴定启动权垄断使得鉴定审查认证缺乏平衡性,"四类外"鉴定管理缺位加剧审查认证难度,司法鉴定意见可采性规则薄弱使得认证流于形式。专家咨询制度、鉴定人与有专门知识的人出庭制度、司法鉴定标准化建设等改革成效不彰,增加了审查认证的难度。完善司法鉴定意见审查认证规则,应转变盲目崇信司法鉴定的理念,树立法官是鉴定意见"守门人"的理念,打破专门性证据限于司法鉴定意见的认知局限。要从关联性、可靠性、合法性的角度优化审查认证规则,确立司法鉴定意见关联性规则,鉴定原理和方法的可靠性规则,以及检材的真实性、准确性和可靠性规则,鉴定主体资质适格性规则和鉴定意见排除规则。完善专家咨询制度,适度改变公权力垄断鉴定局面,加强司法鉴定标准化建设。

第六章医疗损害鉴定不信任问题研究:以上海一元化模式为例。医疗损害鉴定在公信力、中立性与权威性等方面的不足导致公众对其缺乏信任,影响医疗纠纷解决的效果。调研发现,经过医疗损害鉴定的案件重新鉴定比率高,针对鉴定意见的上诉率高于一般案件,鉴定的投诉信访量大,患方对鉴定工作的配合度低。问题的成因除医疗损害鉴定自身的局限性以外,还包括医疗损害鉴定信息的不对称性,形成了医学会垄断医疗损害鉴定的局面,导致鉴定主体专业性与中立性失衡,患者对鉴定机构及专家的选任程序存有异议。可能的进路在于改进医疗损害鉴定的主体机制,规范鉴定机构及专家的选任程序,适度实现异地鉴定,将专家辅助人制度打造为患者与鉴定人沟通的桥梁,探索鉴定人出庭作证的新方式,加强医疗损害鉴定信息的对称性,合理把握启动重新鉴定的条件。

第七章技术性证据专门审查问题研究。实证调研发现,技术性证据专门审查存在下列困境:基层检察技术性证据专门审查主体资源流失,技术性证据审查的范围与框架不明,技术性证据审查的启动及审查意见的证据效力有争议。困境成因在于,相关立法、司法解释制定背景变迁,使得不同规范相互抵触。检察技术人员流失,与员额制改革、检察人员分类管理后的待遇等因素有关。受证据法定主义影响,此类证据审查意见的证据资格存在争议。优化技术性证据专门审查,应完善对检察人员的分类管理,健全技术人员及有专门知识的人的指派、聘请机制;应将技术性证据审查意见视为辅助性证据;界定审查范围与情形,转变审查逻辑并健全相关机制,赋予审查意见证据资格,健全司法责任制以提升证据审查质量。

第八章美国科学证据可采性规则的嬗变与启示。科学技术的发展促进了法庭科学的勃兴,也推动了科学证据可采性规则的研究。科学证据采信的难题长期挑战着传统的证明方式。通过考察美国科学证据可采性规则发现:诸如弗赖伊诉合众国案、多伯特诉梅里·道医药公司案等判例展现了联邦法院对科学证据可采性标准的认识转变。其制度的嬗变启示人们:重视对科学证据的"科学"的实质性把关,通过判例不断调整可采性标准,以证据规则弥合法官采信科学证据的知识鸿沟,强化对抗以助力法官对科学证据进行判断。通过考察我国科学证据采信的现状发现,其可采性标准尚不完备,法官对科学证据的采信存有难点且说理少,忽视对"科学"的实质性审查,科学证据审查对抗性不足。科学证据采信的完善必须从强化审查鉴定主体、检样提取程序、鉴定原理等环节多管齐下。

第九章鉴真规则及其借鉴价值。鉴真是举证方证明某一证据确属其声称之证据的证明活动,必须首先证明有关证据即提出证据者所主张的证据,在此基础上才有该证据的可采性可言。《联邦证据规则》确立的鉴真方法包括有特殊表征之物采知情者证言方法,无特殊表征之物采保管链条等方法。鉴真是确定某项证据是否真实的必要手段,是确定证据的真实性、关联性的基本保证。这项规则与英美陪审团制度、可采性包含关联性理论、对抗制下平等举证等诉讼传统密不可分。我国刑事诉讼法及司法解释确立了类似于鉴真的规则,提出证据的真实性鉴别要求。完善我国鉴真制度,须注意以下问题:我国鉴真制度的性质和功能有别于美国,我国鉴真的主体、步骤、范围有特殊性,我国宜借鉴具有可操作性的鉴真方法,不宜设置违反鉴真规则的刚性后果。

第十章法庭聘请专家证人制度研究。科学证据的审查判断向来是审判的难题,美国通过法庭聘请专家证人弥补法官的知识短板,多伯特诉梅里·道医药公司案后,法官肩负着科学证据"守门人"的职责。这项制度在硅胶丰胸案中得以成功运用。广义上的法庭聘请专家包括"技术顾问"和《联邦证据规则》第706条规定的"法庭聘请专家",二者分别具有不同的法理依据、职能与适用程序。该制度能避免专家证人的党派性,帮助法官采纳科学证据,促进诉讼和解。但由于与当事人主义理念不符增加了诉讼资源的投入,法庭聘请的专家也未必中立。该制度对我国专家辅助人制度有一定借鉴意义:在职权主义基础上,引入专家证人对抗模式要避免专家辅助人的弊端。即使法庭聘请专家辅助人,也难以保证专家辅助人的中立。因此从根本上弥补法官的知识短板,促进法学与司法鉴定教育的融入,培养复合型法官是必由之路。

第十一章美国和加拿大法庭科学标准化实践概览。美国已建立全国性的法庭科学标准化委员会来作为法庭科学实践制度的一部分。美国法庭科学标准存在一些问题,《国家总统在推进刑事司法改革中的角色》及

《美国法庭科学的加强之路》等文献中均有记载。这些问题包括法庭科学面临不确定性和被误读的风险，以及美国法庭科学领域的危机四伏。具体包括缺乏合适验证的法庭科学方法、缺乏中立的鉴定、存有偏见的分析、法庭科学缺乏足够的培训、法庭科学标准稀缺、经常误导和错误的鉴定结果、缺乏独立的监督等问题，部分法庭科学缺乏整个行业的匹配标准。美国法庭科学标准化改革随着刑事司法改革涉及的证据问题而逐步推进，主要分布在指纹鉴定、文书鉴定、车辆鉴定、电子数据鉴定、法医DNA鉴定、管制物品鉴定、法医精神病司法鉴定等方面。

第十二章人工智能应用于刑事证明的证据法逻辑。人工智能是科学技术的前沿成果，其生成的证据应当视为科学证据的亚类型。人工智能在刑事证明中的应用集中于算法决策辅助事实认定、定性判断网罗海量证据、自动程式辅助证据校验等场域。人工智能的司法应用须阐释以下问题：基于人工智能技术生成的证据是主观性证据还是客观性证据，人工智能在刑事证明中居于辅助性抑或替代性的地位，人工智能如何辅助法官进行证据推理，人工智能如何辅助审查证据的可采性，人工智能可否借助概率算法为证据的证明力赋值，人工智能应用存在哪些隐忧及如何规避风险等。人工智能是人类运用科技手段的延伸，其算法难以达到绝对客观，它只发挥辅助作用，须遵循证据推理的规律。人工智能辅助证据审查应结合可采性、证据力理论。概率不能直接作为衡量证明力的指数。数据黑箱、隐私泄露、算法歧视等隐忧亟待制度防范。

本书的出版要感谢诸位前辈、师友的关心鼓励。感谢杜志淳教授、左卫民教授对我的指导并为本书作序！同时，向中国政法大学证据科学研究院名誉院长张保生教授对我的指导谨致谢忱！向华东政法大学校长叶青教授、党委书记郭为禄教授，刑事法学院孙万怀院长、王永全书记、张栋教授、王戬教授、孙剑明教授对我科研教学的帮助致以敬意！向北京大学出版社蒋浩编辑、王建君编辑、张文桢编辑对本书出版给予的帮助致以谢意！向诸多我无法在此列举的师友致以特别鸣谢！

陈邦达于华政园

2024年12月24日

序

本书的作者陈邦达教授是我指导的法学博士后，他于四川大学法学院取得博士学位之后，即到我校从事刑事诉讼法学科的师资博士后研究。这部专著是他近年来对司法鉴定制度和科学证据问题展开系统、深入研究形成的成果，书中的部分章节已被多家法学核心期刊发表，这说明本书的学术质量历经了一定的同行评价和检验。

陈邦达是一名好学、善思、执著的青年学者。他先后参与我主持的中央深改办委托课题"司法鉴定领域存在的问题及改革建议研究"、上海市人大常委会委托课题"上海市司法鉴定管理条例专家建议稿"、国家社科基金项目"司法鉴定标准化研究"。在课题调研和写作过程中，他保持着刻苦的钻研精神、活跃的思维能力、踏实的科研态度。他在博士后期间除完成科研任务之外，还身兼我校社会治理研究院的学术秘书，承担了许多科研管理任务。我始终相信，苦心人天不负，有志者事竟成。当时，他住松江老城，上下班通勤要换乘多部公交地铁，花掉三个多小时往返于长宁、松江两地，但他克服困难，持之以恒。他在站期间还申请并斩获博士后科学基金一等资助、特别资助，教育部青年项目和司法部中青年项目，以优秀的成绩出站留校任教。为更好地提高科研教学能力、促进理论与实践结合，他曾赴美国西北大学法学院担任访问学者，在上海市人大常委会法工委立法处挂职锻炼，全程参与《上海市司法鉴定管理条例》的制定。

这部专著讨论的问题契合当前我国司法鉴定管理体制改革的核心问题，具有较好的理论价值和实践意义。自2005年全国人民代表大会常务委员会颁布《关于司法鉴定管理问题的决定》(以下简称《决定》)以来，司法鉴定制度改革已经历19个年头的探索。该《决定》致力于实现建立统一司法鉴定管理体制的改革目标,对以法治化路径推进司法鉴定改革具有深远的意义。但由于《决定》规定较为原则化,且《决定》通过之后,《刑事诉讼法》《民事诉讼法》《行政诉讼法》均已多次修改,司法鉴定领域的一些瓶颈性问题逐步凸显,如司法鉴定机构、司法鉴定人的准入门槛、登记许可程序不统一,司法鉴定行政管理的双轨制,司法鉴定标准化管理归口冲突,全国性行业组织建设与自律管理机构缺失,司法鉴定公信力缺失等问题。这些突出的问题需要经过改革、立法来完善。本书探讨的许多内容涉及司法鉴定立法亟须解决的突出问题,论述较为充分,视角较为宽阔,观点较为鲜明。作者对司法鉴定意见的审查认证规则论述充分,列举的案例也很恰当,对鉴定人、法官、检察官、律师等专业人士的调研方案合理。书中分析了司法鉴定意见作为科学证据,其证据能力、证明力审查与一般证据的证据能力、证明力审查之间的不同,并对域外法庭科学标准化建设实践进行评介,可供我国司法鉴定立法参考。在分析医疗损害鉴定制度方面,本书有一定的创新性。以当前社会矛盾中医患纠纷问题为导向,立足客观中立的科研观察者立场,并运用诉讼法学、司法鉴定学、社会学等学科的相关知识与原理,找出医疗损害鉴定不信任问题的弊病,通过实证调研和学理论证剖析原因,提出解决问题的思路与方案,为相关部门妥善处理医患矛盾提供了借鉴意见,也为相关学术领域提出了可参考的学术观点。

综上所述,本书立足中国司法鉴定立法和实践,以比较法、法解释学、实证研究等多种研究方法对司法鉴定体制和机制展开较为全面、深入、系统的研究。当然,在我看来,作者的研究还存在改进的空间,对个别问题的认识仍有待进一步深入。比如,对法庭科学标准化建设的域外经验的归纳,以及我国司法鉴定标准化建设如何借鉴这些经验,均有待拓展论述。由于司法鉴定制度难免会涉及较为专业的法庭科学技术性问题,这给法学研究者深入分析司法鉴定制度带来一定的困难。但作者通过不断学习,尽量做到司法鉴定、科学证据与诉讼法学交叉研究的有机融合,这种科研探索的精神难能可贵。作为他的博士后合作导师,我为陈邦达取得的教学科研成绩感到欣慰,也祝愿他在今后的教学科研中勇攀高峰,为党育人,为国育才,为推进法学研究作出贡献。

是为序。

杜志淳(华东政法大学原党委书记、功勋教授)
2024 年 10 月 10 日

序

本书作者陈邦达教授是我指导获得法学博士学位的研究生，他在四川大学读博期间，我就多次鼓励、引导他关注科学证据制度的研究，因为在我看来，科学证据涉及法庭科学和诉讼证据的交叉学科领域，以国内外的研究趋势分析，它是未来证据制度研究中富有生命力、又充满挑战性的课题。在我的指导下，邦达完成题为《刑事司法鉴定程序的正当性》的博士论文，在他们那届博士学位论文答辩中，中国政法大学终身教授陈光中先生担任答辩委员会主席，五位答辩委员会专家一致认为这篇博士论文论述较为充分，同意答辩成绩评定为优秀。博士论文的成绩也是对他读博期间勤奋刻苦、孜孜以求的肯定。博士毕业后的他，如愿入职其母校华东政法大学，从事师资博士后研究，他先后被评聘为助理研究员、副教授、教授，并逐渐将研究领域从刑事诉讼法学扩展至证据法学。作为导师，看到学生学有所成、躬耕教坛，我倍感欣慰，也乐意为本书作序。

陈邦达的这部专著是他近年来致力研究我国司法鉴定的相关制度和理论问题的学术成果，主要从司法制度、诉讼证据的视角对司法鉴定和科学证据进行多维思考，对如何优化综合配套制度提出建言。其研究关注的议题与我国正在推进的司法制度改革同频共振，司法鉴定作为司法行政工作的重要组成部分，发挥着帮助司法人员查明诉讼活动中的专门性事实问题的作用，利于提高司法鉴定程序的公正性，对提升司法公信力具有不可忽视的作用。

中共中央印发的《法治中国建设规划（2020—2025年）》要求加强人权司法保障，完善有效防范与及时发现、纠正冤假错案的工作机制。鉴定意见的不当审查与认定易导致错案。因此，确保司法鉴定的科学、可靠，可以降低鉴定意见诱发错案的概率。十四届全国人大常委会立法规划也将司法鉴定立法确定为三类立法项目之一，需要抓紧工作，条件成熟时提请审议。在这些特定的时代背景下,本书具有契合当前理论研究和立法实践的学术价值,可为立法提供参考。作者在理解和落实中央"两办"相关文件规定的基础上,明确了推进"以审判为中心"的诉讼制度改革对庭审实质化的要求,对司法鉴定意见可采性规则体系进行了理论构建,对如何深化和优化司法体制综合配套改革进行了思考,对系列问题的研究有一定的理论知识增量,对强化鉴定意见审查和司法行政管理有一定的科研价值。

本书聚焦司法鉴定领域的突出问题,呈现出四个鲜明的特点:

第一,以司法鉴定的特殊性为基础,分析鉴定意见审查认定的疏漏与归因,提出优化鉴定意见审查认定的理念转变,鉴定意见审查认定规则的结构体系,对该问题具有一定的创见。作者论述的整体思路清晰,对立法迫切需要解决的统一司法鉴定管理体制改革、专家证人制度改造、科学证据规则优化、法庭科学标准化建设等问题进行了较为立体的、综合的剖析和构思。本书从规范分析的角度梳理了现行司法解释有关鉴定规定的抵触之处,从实证研究的视角重点关注了与司法鉴定意见可采性问题密切相关的诉讼程序,论证过程选取的代表性案例关联度较高,对论述的核心观点具有较好的说服力。

第二,本书遵循实证研究的范式,分析了实践中司法鉴定面临的问题。例如,以上海市的相关样本为调研对象,研究了医疗损害鉴定不信任问题。将实证研究等社会科学研究方法融入司法鉴定制度研究,体现了研究方法的多样性、交叉性。技术性证据专门审查工作机制问题的研究结合了员额制改革、检察人员转隶等司法改革分析技术性证据审查的外部环境,提出了优化检察技术性证据审查,完善检察人员分类管理,健全技术人员及有专门知识的人指派、聘请机制。较为全面地展现了规范、实践层面上鉴定意见审查问题的现状。

第三,本书从比较法视角论证了科学证据的可采性规则的嬗变、英美法庭聘请专家证人制度的优点和弊端、鉴真规则常用的方法和旨在解决的证据铺垫问题,为健全我国司法鉴定意见的审查认定规则、完善专家辅助人制度提出建言。为获取国外的文献资料和司法实践现状,作者还申请并受邀到美国西北大学法学院跟随威格摩尔特座教授、中国政府友谊奖获得者罗纳德·艾伦教授做访问学者，可见作者在比较法研究方面投入的精力。

第四，本书还就人工智能的证据法问题进行了研究。人工智能在审判决策环节的运用虽然尚未得见，但辅助性使用已现端倪。面对人工智能技术的迅速发展，法律人也难以熟视无睹，很难抑制将其引入到司法活动中的热情。在中国，不可不警惕的危险是：我们既可能高估了法律人工智能到来的成熟性、快速性，同时也可能低估了人工智能对人类良好裁判能力的消减。作者探讨了人工智能如何辅助法官进行证据推理，可否借助概率算法为证据的证明力赋值，这些研究具有一定的前瞻性。

本书主要是作者近些年研究成果的梳理和整合，各章之间一脉贯穿的逻辑体系有待强化；实证调研的样本、范围的代表性还不够全面。我希望陈邦达在未来的教学科研工作中绵绵用力，久久为功，为刑事诉讼制度的研究贡献一己之力。是为序。

左卫民（四川大学杰出教授、法学院院长）
2024年10月8日

目 录

第一章 导 论 · 001
一、研究背景 · 001
二、一般证据的可采性与证据能力 · 005
三、司法鉴定意见可采性与一般证据可采性的关系 · 007
四、司法鉴定意见可采性的普适性规定 · 008
五、司法鉴定意见可采性的特殊性规定 · 010

第二章 科学证据质证程序研究 · 011
一、引 言 · 011
二、美国科学证据质证程序考究 · 013
三、美国科学证据质证程序对我国的启示 · 022
四、我国科学证据质证程序的现状 · 026
五、借鉴域外经验完善我国科学证据质证程序 · 030
六、结 语 · 035

第三章 鉴定人出庭作证之实证研究 · 037
一、鉴定人出庭作证与鉴定意见可采性的关系 · 037
二、研究的样本、方法 · 039
三、鉴定人出庭作证程序的实证分析 · 041
四、鉴定人出庭作证制度的几点把握 · 052

第四章 专家参与庭审的角色定位与意见属性 · 058
一、问题的提出 · 058
二、专家参与庭审规范的文义解析 · 059

三、专家参与庭审的职能转变 ································ 062
　　四、专家参与庭审的角色定位 ································ 067
　　五、专家参与庭审的意见属性 ································ 071
　　六、结　语 ··· 077

第五章　鉴定意见审查认证规则及配套机制的优化 ············ 078
　　一、引　言 ··· 078
　　二、鉴定意见审查认证规则的疏漏 ····························· 079
　　三、优化鉴定意见审查认证规则应遵循的理念 ············ 084
　　四、鉴定意见审查认证规则的系统性优化 ··················· 087
　　五、鉴定意见审查认证规则综合配套机制的优化 ········ 095
　　六、结　语 ··· 100

第六章　医疗损害鉴定不信任问题研究：以上海一元化模式为例 ··· 101
　　一、问题的提出 ··· 101
　　二、医疗损害鉴定的相关术语及研究方法 ··················· 103
　　三、医疗损害鉴定的历史沿革 ···································· 105
　　四、医疗损害鉴定不信任的表现及危害 ······················ 109
　　五、医疗损害鉴定不信任问题的根源剖析 ··················· 116
　　六、医疗损害鉴定制度的改造 ···································· 127
　　七、结　语 ··· 138

第七章　技术性证据专门审查问题研究 ····························· 139
　　一、引　言 ··· 139
　　二、技术性证据专门审查的实践困境 ·························· 141
　　三、技术性证据专门审查困境的成因分析 ··················· 146
　　四、技术性证据专门审查问题的完善 ·························· 155

第八章　美国科学证据可采性规则的嬗变与启示 ·············· 163
　　一、问题的提出 ··· 163

二、美国科学证据可采性规则的嬗变和现状 …………………… 164
　三、美国科学证据可采性规则的启示 …………………………… 176
　四、我国鉴定意见可采性标准的现状 …………………………… 180
　五、域外经验对我国鉴定意见可采性规则的启示 ……………… 186

第九章　鉴真规则及其借鉴价值 …………………………………… 194
　一、引　言 ………………………………………………………… 194
　二、鉴真在英美证据法中的概念 ………………………………… 196
　三、鉴真规则的内容、方法、功能及其局限性 ………………… 197
　四、英美鉴真规则的制度成因 …………………………………… 202
　五、鉴真规则的证明标准和法律后果 …………………………… 205
　六、鉴真规则的步骤 ……………………………………………… 207
　七、鉴真规则的几点借鉴价值 …………………………………… 209
　八、结　语 ………………………………………………………… 215

第十章　法庭聘请专家证人制度研究 ……………………………… 216
　一、引　言 ………………………………………………………… 216
　二、法庭聘请专家证人制度成功运用的实证聚焦：硅胶丰胸案 … 217
　三、美国法庭聘请专家证人制度的理论阐释 …………………… 220
　四、美国法庭聘请专家证人制度在适用中的困惑 ……………… 224
　五、法庭聘请专家证人制度的利弊分析 ………………………… 228
　六、法庭聘请专家证人制度对我国的启示 ……………………… 232

第十一章　美国和加拿大法庭科学标准化实践概览 ……………… 234
　一、美国法庭科学标准化实践 …………………………………… 234
　二、加拿大法庭科学标准化实践 ………………………………… 251

第十二章　人工智能应用于刑事证明的证据法逻辑 ……………… 260
　一、问题的提出 …………………………………………………… 260
　二、人工智能在刑事证明中的有限应用场景 …………………… 261

三、对人工智能在刑事证明应用中的证据法理追问 ………… 265
四、如何消除人工智能在刑事证明应用中的困惑 ………… 270
五、结　语 …………………………………………………… 285

参考文献 ……………………………………………………… 287

主题词 ………………………………………………………… 307

第一章

导　论

一、研究背景

　　司法鉴定意见是我国三大诉讼法规定的重要证据种类之一,在诉讼中对案件事实的认定起到一叶知秋、见微知著的证明作用,有助于改变侦查办案人员的消极惯性思维,发挥科学技术在诉讼证明中捍卫公正的积极作用。大部分证据法学者认为,人类社会历史上先后出现过神明裁判制度、口供裁判制度、证据裁判制度,也有部分学者认为应当是从神示证据、人证、物证到科学证据的认识转变,因此,在未来的诉讼中,司法鉴定意见将对证明案件事实发挥越来越大的作用。同时,司法鉴定意见是鉴定人基于科学技术或其他专门知识、实践经验形成的,对证明待证事实发挥相对客观证明作用的科学证据,因此,司法鉴定意见本身仍然具有主观性,它对待证事实的溯源认识始终受制于人类科学技术的发展水平、鉴定原理和方法的可靠性、鉴定材料的充分性,以及鉴定机构和鉴定人资质水平等主客观因素,科学证据光环的背后可能存在良莠不分、鱼龙混杂的情况,增加了法官对司法鉴定意见审查认定的难度。

　　近年来,有瑕疵的鉴定意见成为冤假错案帮凶的现象引起我们反思,对司法鉴定意见的审查认定,法官如何才能火眼金睛、区分良莠?如何通过诉讼证据制度的健全与完善,保证鉴定意见可采性审查认定的准确性?优化司法鉴定意见的可采性规则及其综合配套制度是解决这些问题的核心。从聂树斌案、呼格吉勒图案、张玉环案、张志超案等错案中可见一斑。党的二十大报告提出,深化司法体制综合配套改革,全面准确落实司法责任制,加快建设公正高效权威的社会主义司法制度,努力让人民群众在每一个司法案件中感受到公平正义。规范司法权力运行,健全公安机关、检察机关、审判机关、司法行政机关各司其职、相互配合、相互制约的体制机制,目的就是要提高司法公信力,要形成一种对诉讼流程质量进行把关的倒逼机制,促使公检法三机关办案时能够切实遵守证据规则,防止事实认定出现纰漏。因此,研究司法鉴定意见可采性具有重大现实意义。

司法鉴定意见可采性,也是司法鉴定意见作为证据使用之适格性的另一种表达方式,是指司法鉴定意见具有进入法庭调查范围、成为法官认定案件事实依据的资格。司法鉴定意见的适格性要件在两大法系的代表性国家的证据法中均有所体现。在英美法系国家,司法鉴定意见(英美证据法学者称之为"专家证言"或"科学证据")的适格性要件主要是通过证据可采性规则标准筛选来实现的。例如,美国联邦最高法院在经典判例中确立的"多伯特规则""弗赖伊规则",以及《联邦证据规则》第702条对专家证人资格的规定,在司法实践中实际上发挥着专家证言可采性指南的作用。在大陆法系国家,对司法鉴定意见的适格性的规定主要体现在一些调整鉴定主体和鉴定程序的法律规范上。比如,鉴定人必须通过职业教育和培训取得鉴定主体资格,鉴定程序不得违反法律的规定,鉴定方法必须是可靠的,鉴定意见与待证事实之间必须具有相关性等。

国内有关司法鉴定意见可采性的研究主要分为三大类:其一,研究司法鉴定意见可采性的基本原理。例如,有学者针对DNA鉴定证据、指纹鉴定证据、笔迹鉴定证据和电子证据等四类司法鉴定意见的可采性标准进行研究,从不同角度论证证据规则的重要性。其二,研究域外的司法鉴定意见,洋为中用。例如,指出法治国家在案件事实认定规范上的薄弱,研究案件事实认定方法理论;通过重要判例分析英美证据法的精神。其三,对司法鉴定意见的运用进行经验分析,提出对策。例如,通过实证分析司法鉴定的鉴别采纳原则,对司法鉴定的证据能力规则和证明力规则进行系统研究。

大陆法系国家的研究主要从司法证明逻辑与机理的角度,研究司法鉴定意见的证据能力。在德国,证据必须经过严格的调查程序才能获得证据能力。法国则主要通过合法性原则对证据能力加以规定,法官依据信任程度从鉴定人名册上选任鉴定人,在质证基础上,通过自由心证将其采纳为证据。日本也致力于测谎、DNA鉴定可采性规则的研究。英美的研究大多结合交叉学科、实证研究方法。早在20世纪70年代,安德烈·莫恩森(Andre A. Moenssens)和雷·爱德华·摩西(Ray Edword Moses)等的合著《刑事案件中的科学证据》①就在学界产生了较大影响。随后,许多研究者横跨科技和法律界限,对司法鉴定意见可采性进行归纳。例如,戴维·费戈曼(David L. Faigman)和戴维·凯耶(David H. Kaye)等的合著《现代科学证据:专家证言的法律与科学》系统分析了司法鉴定意见的不同分类及其审查判断的原理,并提供了司法鉴定意见可采性的分析工具。该部合著对本书的启发主要在于:它对科学证据可采性问题的探讨主要分成普适性与特殊性两大部分,普适性部分主要针对美国科学证据可采性规则的若干代表性判例、立法转变展开评议;特殊性部分则主要对科学证据进行理论分类并逐类分析。此外,许多研究遵循解释学的范式,对司法鉴定可采性规则进行教义性分析。例如,莫里亚蒂(Moriarty)和简·坎贝尔(Jane Campbell)的合著《刑事审判中的心理学和科学证据》分析了美国有关司法鉴定证据可采性标准的要件,对其运作进行研究。如今,鉴定技术的发展推动了该方面的前沿研究。例如,瑞士洛桑大学研究的如何统一欧盟国家法庭科学标准的问题。这些研究成果对本书研究的价值在于:它们通过外行能够理解的文字来阐释法庭科学在诉讼中的运用,并为法官及其他事实裁决者提供审查认定科学证据的规范指引。

总之,国内外研究的积累为本书提供了前人基础,但仍然存在进一步拓展的空间:其一,目前的研究侧重于司法鉴定意见可采性的基础理论,而对其在司法实践中的应用研究不够。国内研究多集中于证据可采性的

---

① See Andre A. Moenssens, Ray Edword Moses, Scientific Evidence in Criminal Cases, Foudation Press, 1973. David L. Faigman, David H. Kaye and Michael J. Saks et al., Modern Scientific Evidence: The Law and Science of Expert Testimony, Thomson West, 2006. Jane Campbell Moriarty, Psychological and Scientific Evidence in Criminal Trails, West Publishing, 2013.

内涵、历史、价值等基础原理,缺乏将其转化为具有可操作性的证据规则的研究。其二,比较法研究方面,主要围绕英美证据制度展开,尚待切实转化为对本土问题的研究。往往只评价与域外相关的立法与实践,而立足我国诉讼构造及司法实践,对司法鉴定意见可采性问题展开的系统性研究还不够。其三,现有文献缺乏对司法鉴定意见可采性的实证研究。审判实践如何接受科学技术对传统诉讼证明方式的挑战,仍是悬而未决的问题。本书以司法鉴定意见和科学证据为研究对象,致力于为制定可采性评价指南提供理论和实证支撑。

本书的学术价值和应用价值主要包括如下内容:

首先,契合以审判为中心的诉讼制度变革和"统一司法鉴定管理体制"改革的背景,深化既有的证据可采性规则基础理论,对司法鉴定意见的可采性问题进行应用性研究。对相关理论问题的探讨有助于今后根据司法鉴定各学科的研究水平,制定司法鉴定意见的采纳标准,并制定与之相适应的可采性评价指南,为司法机关提供一套较为成熟的司法鉴定意见可采性评价理论,规范司法鉴定活动。

其次,对刑事诉讼法中有关司法鉴定条款的实施情况进行实证研究,检验相关鉴定制度的实施效果。随着鉴定人、有专门知识的人出庭制度的落实,因缺乏司法鉴定意见可采性评价方面的规范,上述主体难以在同一话语体系中对话,时常将庭审引入歧途,甚至陷入混乱的局面。本书将深入系统地研究司法鉴定意见可采性问题,促进鉴定意见的正确运用,规范鉴定人、有专门知识的人出庭,辅助司法人员审查认定关联的、可靠的司法鉴定意见。

最后,从证据法学的国际化发展趋势入手,分析我国与两大法系代表性国家的诉讼构造差异对司法鉴定意见可采性问题的影响。英美二元化庭审结构、法庭认证和陪审团评议两步认证模式与我国诉讼构造不同,其他大陆法系国家对证据能力的内涵理解,以及赋予法官自由心证,与我国的证据法理论也存在差异。本书将研究如何使域外经验为我国所用,为完善与以审判为中心的诉讼制度相配套的证据制度提供理论贡献。

二、一般证据的可采性与证据能力

一般证据的可采性与证据能力是两大法系对证据适格性的不同表述方式,一般认为英美法系的证据可采性理论与大陆法系的证据能力理论具有异曲同工之妙,都是规定证据适格性的核心理论。英美法系采取陪审团审判的方式,陪审员由非法律专业人士组成。为防止事实裁决者受到无关的、不实的、非法的、不善的证据的影响和干扰,英美法庭通过证据可采性规则来筛选证据。如果某一项证据受到某些证据排除规则的规制,就要判断它是否属于这些排除规则的例外情形。如果不属于排除规则的例外情形,则这项证据就不具有可采性。证据的相关性是证据具有可采性的前提条件,"无相关则不可采"。如果某一个证据与其他证据不具有相关性,则该证据将被排除在诉讼程序之外。同时,具有相关性的证据不一定就具有可采性。具有相关性的证据,还必须通过排除性规则的层层筛选,最终"过五关斩六将"的证据才能具有可采性。这些排除性规则的目的在于实现证据法的公正、自由、秩序和效率等价值目标。刑事诉讼中主要包括:传闻证据排除规则、意见证据排除规则、非法证据排除规则、最佳证据规则、品格证据排除规则、任意自白规则等。如果某项证据受制于任何一项排除性规则的约束,是否存在排除规则的例外。如果没有例外,则证据就不可采。

张保生教授主编的《证据法学》持这样一种观点:可采性也指证据的"不容许性"或"排除性",这是可采性规则的限制功能。美国证据法学家詹姆斯·赛耶(Jamas Thayer)认为,事实上,实际发生的情况是法官不时地就一个又一个事件加以排除;这样,这种排除所依据的规则才逐渐得到承认。这些排除规则都有其例外,因此,法律呈现这样的情形,即形成一套基本的排除性规则;接着,这些规则又形成了一些例外。大陆法系的证据能力规则主要是从消极条件的角度对证据适格性进行规范。这是因为在大陆法系国家,职业法官和参审制下的陪审员没有明显的法律适用于事实认定的职能分工,法官既裁决事实认定,又依职权适用法律来审判案件,因此,证据规则主要体现为立法者对侦查人员取证行为的规制,并对法官行使自由裁量权进行必要钳制。以德国为例,其在纳粹时期采取麻醉分析方法对犯罪嫌疑人进行讯问,因此,1902年德国图宾根大学的恩斯特·贝林(Emst Beling)教授提出"证据禁止"的理论。贝林指出,德国的司法实践不能放弃对普适性规则的探索,应对证据禁止的实质及其规则界限予以阐释,并根据所涉利益不同,将证据禁止分为基于国家利益、君主家庭成员利益、人格权利益、亲属关系维护、秘密保护、财产保护等方面的禁止。证据禁止规则约束的主体大致与刑事诉讼活动的主要参与人相同,包括司法人员、鉴定专家、辩护人、证人、被指控者等。证据禁止包括证据取得禁止和证据使用禁止。证据取得禁止主要规范侦查人员的取证行为,证据使用禁止主要是在审判阶段,通过法官对非法证据事项的明确排除,确保据以定案的证据是合法有效的。证据相关性通常没有被放在证据能力规则中,其被认为是影响证据的证明力的因素。例如,《德国刑事诉讼法》第81a条规定,对被指控人进行身体检查,抽取或提取的被指控人的血样和体细胞,只能用于据以采取该措施的刑事程序或其他未决刑事程序,一旦为此不再必要时,应当不迟延地销毁。德国联邦最高法院在1997年的BGHSt24, 125案中认为,违反《德国刑事诉讼法》第81a条关于采集血样的规定,安排非职权人员或非医护人员进行的血样采集,可以作为证据使用。主要理由是该条并没有赋予法官将证据材料排除在刑事诉讼程序之外的权力,该条致力于保护被指控者的身体自由,避免草率、非专业性的侵害风险,但这种证据的使用与侵害行为本身没有太大的关联。

因此,证据可采性规则与证据能力规则的区别在于,狭义的证据可采性规则包括相关性的条件,而证据能力规则并没有把相关性作为其前提条件,而是把相关性作为判断证据的证明力大小的因素。证据适格性理论强调证据法"求真"与"求善"的双重价值取向。"求真"体现在对证据真实性、相关性的追求,"求善"体现在对证据的公正、人权、秩序、效率、和谐等社会价值理念的追求。当"求真"与"求善"发生冲突时,应该把"求善"放在第一位。

当然,证据能力规则和司法鉴定可采性规则也存在一定的区别:司法鉴定可采性规则一般适用于任何证据,不再区分程序上的事实和实体上的事实。但在大陆法系国家,诉讼中的证明包括严格证明和自由证明。

其中,严格证明主要是指与定罪量刑有关的证明,它通常是指实体法上的事实。自由证明主要是指程序法意义上的事实。例如,管辖、回避、强制措施等诉讼制度所涉及的事实。大陆法系国家的证据能力规则的功能主要是筛选出用于严格证明的证据,只有具备证据能力的证据,才可以成为法庭调查据以认定实体法上的事实的依据。

三、司法鉴定意见可采性与一般证据可采性的关系

司法鉴定意见可采性的原理首先必须遵循一般证据可采性的基本规律,即按照英美法系的证据可采性规则或大陆法系的证据能力规定,司法鉴定意见必须与待证事实具有相关性,无相关性的司法鉴定意见不具有可采性。同时,司法鉴定意见必须满足一系列排除性规则的约束。

第一,由于司法鉴定意见涉及专业技术知识,非司法鉴定专业的人根据逻辑法则、经验法则,难以对司法鉴定意见与待证事实的相关性作出准确的审查认定。一般证据与待证事实是否具有关联性,属于事实问题。一般情况下,关联性与法律规定的内容无关,通常是由事实裁决者基于逻辑法则、经验法则来判断。例如,书证、物证、证人证言与待证事实是否具有关联性,通常根据待证事实(A)发生的概率$P(A)$,是否因为证据(B)而产生数值波动来判断。用公式来表示就是$P(A|B)$大于或小于$P(A)$,贝叶斯定律的公式$P(A|B)=P(B|A)*P(A)/P(B)$可以计算出其概率。例如,案发现场发现的一把附有被告人指印的匕首,作为证明被告人实施杀人犯罪行为的事实的证据,这把匕首与待证事实具有关联性。但是,如果控方让被告人的母亲作证,证实她的儿子患有脚气,那么这一证据与待证事实就不存在关联性。此外,在特定情况下,证据的关联性有时也与实体法的构成要件有关,即证据与待证事实的关联性必须满足实体法的构成要件。例如,《联邦证据规则》第401条规定了相关性。证据的相关性检测包括两个方面:证据是相关的,如果①证据具有任何的倾向性,能够使某个事实更有可能或者更无可能发生;②该证据是决定该事实的重要因素。美国西北大学法学院威格摩尔特座教授罗纳德·J.艾伦(Ronald J. Allen)认为,该主张和审判之间的关

系是由诉因的要件决定的。这种关系被称为"实质性"(Substantive),即相关性是证据与主张之间的关系,而实质性是主张与审判之间的关系。但司法鉴定意见涉及专业技术知识,非司法鉴定专业的人对司法鉴定意见与待证事实的相关性难以判断,需要鉴定人进行解读。例如,林森浩投毒案中的被害人是否携带乙肝病毒与中毒身亡是否具有相关性;从被害人指甲缝中提取的 DNA 物质与犯罪嫌疑人是否具有相关性,同样须由鉴定人解读。

第二,司法鉴定意见涉及专业技术知识,法官对司法鉴定意见的判断涉及鉴定方法、鉴定标准、鉴定主体资格等。在过去相当长的一段时间内,司法鉴定意见被认为是可靠性强、准确性高、证明力大的证据,但实际上,司法鉴定意见是鉴定人在科学试验和实践经验基础上的主观判断,司法鉴定意见的可靠性受到鉴定主体有无资质、鉴定仪器设备是否有质量认证、鉴定方法是否可靠、鉴定标准是否得到严格执行等因素的影响。如果司法鉴定意见缺乏上述各方面的把关,其可靠性和真实性就会受到影响。而对这些专业问题的判断,非司法鉴定专业的人由于缺乏相关专业知识也难以准确把握。

第三,司法鉴定意见不同于一般证据,它是在案件事实发生以后,对遗留在案发现场的微量物证、生物检材、电子数据进行检验而得出的证据。因此,它不是案件发生过程中就存在的证据,而是案件进入诉讼程序后,随着司法鉴定的启动和实施才产生的证据。因此,用于规范普通证据适格性的可采性规则,不一定适合司法鉴定意见。例如,对于传闻证据排除规则强调非第一手资料的证据可能在转述、摘抄、复制的过程中失真,因此反对用书面的言词证据代替证人出庭。但司法鉴定意见是鉴定人根据鉴定检测结果出具的报告,其真实性通常毋庸置疑。又如,证据规则只能限制普通人的猜测、推断、判断,但不能用于限制鉴定人形成鉴定意见的主观判断。

四、司法鉴定意见可采性的普适性规定

司法鉴定意见是法定证据的一种,根据对象的不同,司法鉴定又分为法医类、物证类、声像资料类、环境损害类,此外还包括知识产权、司法会

计、物价鉴定等"四类外"的鉴定。因此,司法鉴定是由种类繁多的鉴定类型构成的统称,但不同种类的司法鉴定其实具有相同的特征,因此它们的可采性规则中有许多条件是相同的。这些可采性规则应当包括相关性规则、可靠性规则、鉴定主体适格规则、鉴定检材鉴真规则、鉴定原理和方法可靠性规则等。

从理论上来说,司法鉴定涉及的鉴定对象、鉴定内容涵盖各类专门学科、技术,只要诉讼中涉及某类专门性技术问题,都有可能借助司法鉴定来协助诉讼各方查明事实。但从我国现行法律规定来看,纳入国家统一管理的司法鉴定主要包括以下四大类:法医类、物证类、声像资料类、环境损害类。这些分类是出于实践中的惯例,并未遵循严格的分类学标准,其中既存在以学科作为分类标准的情况,又存在以鉴定对象作为分类标准的情况。如法医类和物证类的表述带有明显的学科特点,而声像资料类和环境损害类又明显带有以鉴定对象为分类标准的特点。其中,法医类司法鉴定发展的成熟度最高,相关鉴定技术的应用最广,认知度也最高。但目前纳入全国统一管理的法医类司法鉴定主要有:法医病理鉴定、法医临床鉴定、法医物证鉴定、法医毒物鉴定、法医精神病鉴定五类,其他诸如法医人类学等,尚未纳入统一管理的范围。物证类司法鉴定包括痕迹鉴定、文书鉴定、微量鉴定。声像资料类司法鉴定明显是以鉴定对象命名,鉴定内容也比较明确固定,涉及的范围也比较局限。实践中,声像资料类司法鉴定与计算机司法鉴定、电子证据司法鉴定等在概念的内涵、管理制度等方面均存在一定的交叉与重叠。环境损害类司法鉴定作为一项新增的司法鉴定项目,其具体内涵有待进一步明确。

以上对司法鉴定分类和管理现状的归纳,说明我国司法鉴定领域中不同学科、不同鉴定对象所涉及的鉴定技术在发展成熟度、认知接受度、需求紧缺性方面存在较大的差异。指导司法鉴定意见证据审查、采纳的重要指导性文件,也需要一个简单、明确、具有操作性的司法鉴定分类标准,来清晰地界定不同类型的司法鉴定意见。制作一份科学、合理的司法鉴定意见分类表或分类清单,是建立司法鉴定意见可采性体系的基础性工作之一。而这项基础性工作离不开从司法鉴定管理、诉讼制度改革、证据规则优化等多学科视角来推进司法鉴定意见可采性问题所涉及的基本理论研究。

五、司法鉴定意见可采性的特殊性规定

根据目前全国人大常委会《关于司法鉴定管理问题的决定》，司法鉴定意见大致可以分为法医类、物证类、声像资料类、环境损害类。每一类又有具体的分支，例如，法医类司法鉴定包括法医临床司法鉴定、法医人类学司法鉴定、法医病理司法鉴定、法医毒物司法鉴定、法医精神病司法鉴定。物证类司法鉴定包括文书鉴定、痕迹鉴定、微量物证鉴定等。声像资料类司法鉴定包括录音鉴定、图像鉴定、电子数据鉴定。环境损害类司法鉴定又分为污染物性质损害鉴定、地表水与沉淀物环境损害鉴定、空气污染环境损害鉴定、土壤与地下水环境损害鉴定、地岸海洋与海岸带环境损害鉴定、生态系统环境损害鉴定、其他环境损害鉴定等。这些不同的鉴定分类具有种属关系，因此，每一类鉴定都与其隶属的子类别具有一定的共性。例如，声像资料类司法鉴定基本上是运用物理学、计算机学的原理和技术对载体上的声音、图像进行鉴定，因此，这类鉴定对储存介质的提取、保管、移送有特别技术化的要求，通常要求对取证过程进行同步录音录像。但有些鉴定种类有特殊性，审判实践中也存在相对突出的问题。例如，医疗损害鉴定包括医学会主导的鉴定和司法鉴定机构参与的鉴定，二者在鉴定主体资格（是否要求同行评估的专家来自同一专业领域）、鉴定程序（是否要求回避、鉴定人出庭）上存在争议。又如，物证类司法鉴定主要是根据检材进行对比，但是由于许多检材本身不具有特异性，没法进行同一认定，只能进行种类鉴定。同时，物证类司法鉴定中的笔迹鉴定、指印鉴定具有较大的主观性，有的学者主张这类证据是根据鉴定人的经验判断得到的鉴定意见，认为它们不属于科学证据。因此，司法鉴定意见的不同分类具有自己的特殊性，其可采性规则也不同于普通的司法鉴定意见可采性规则。

第二章
科学证据质证程序研究

一、引 言

科学证据是从英美证据法术语"Scientific Evidence"翻译而来,它是指在诉讼过程中,仅仅凭借常人之感官无法获知,而必须借助科学技术、科学原理、科学仪器等手段和方法才能解读的、对案件事实起到证明作用的证据。[①] 我国诉讼证据制度中虽然没有"科学证据"的提法,但根据证据法理论有关"科学证据"的内涵与外延,包括刑事技术鉴定、法医毒物鉴定、法医病理鉴定等在内的鉴定意见均可列入"科学证据"的范畴。科学证据质证程序是实现法庭甄别"伪科学"鉴定证据的重要途径,也是法官采信科学证据程序正当的重要基石。科学证据所涉及的专业知识为一般

[①] 科学证据的中文翻译源于英美证据制度的"Scientific Evidence",根据布莱克法律词典的解释:"Scientific Evidence: Fact or opinion evidence that supports to draw on specialized knowledge of a science or to rely on scientific principles for its evidentiary value. See Daubert Test."即科学证据是利用某门科学专业知识或者依靠科学原理形成的具有证明价值的事实或意见。See Bryan A. Garner, Black's Law Dictionary, 8th ed., Thomson West, 2004, pp. 1684–1685. 我国学界对科学证据的内涵外延存在争议,形成了不同的观点。例如,何家弘教授认为科学证据就是物证以及相关的司法鉴定结论。参见何家弘:《法苑杂谈》,中国检察出版社2000年版,第150—155页。另有学者认为科学证据是运用科学技术原理和方法发现、收集、保全以及揭示其证明价值的或本身就具有科学技术特征的一切具有查明案件事实真相作用的证据。参见陈学权:《科技证据论——以刑事诉讼为视角》,中国政法大学出版社2007年版,第50—51页。还有学者对科学证据的内涵外延作了一番界定,认为科学证据是指存在于法律事务过程中的,具有科学技术含量、能够证明案件事实或者证据事实的各种信息。参见邱爱民:《科学证据内涵和外延的比较法分析》,载《比较法研究》,2010年第111期。限于研究的主题,在此对科学证据的概念不作进一步探讨。

常识所无法包容，这就造成法庭审理中，控辩双方对科学证据的质证存在难点。在过去长期以侦查为中心的诉讼构造之下，侦查阶段的证据未经充分的庭审质证即成为定案事实的依据，一旦科学证据存在瑕疵，就可能误导法官，造成冤假错案。① 我国2012年《刑事诉讼法》对鉴定意见的质证相关制度进行修改，即通过明确鉴定人出庭的情形和规制不出庭的后果改善鉴定人出庭效果，并通过"有专门知识的人"与鉴定人进行对质，提高鉴定意见质证的对抗性。党的十八届四中全会通过的中共中央《关于全面推进依法治国若干重大问题的决定》提出了推进以审判为中心的诉讼制度改革，而以审判为中心的核心要求是，作为裁判依据的案件信息形成于审判程序，庭审中被告人的程序参与权、辩护权得到有效保障，直接言词原则得到充分贯彻，在此基础上形成科学公正的事实认定。但由于刑事诉讼庭前会议有关科学证据交换的功能孱弱、证据质证规则尚未成熟等，加上科学证据本身的特殊性，造成鉴定意见等科学证据质证的效果还不够理想。这一点从"快播案"中控方对电子数据质证的尴尬，林森浩投毒案中控辩双方对死因鉴定的争议，念斌投毒案中辩方对质谱图的质疑等典型案例中可见一斑。以庭审为中心是英美对抗式刑事诉讼的普遍做法，美国是科学证据研究较为发达的主要国家之一②，通过对中美科学证据质证程序进行比较研究，笔者希望能在我国推进以审判为中心的诉讼制度变革的过程中，在强化鉴定人出庭、"有专门知识的人"参与庭审的背景下进一步，为提高鉴定意见质证的实质效果，提供一些可供借鉴的经验。

---

① 在过去以侦查为中心的诉讼构造之下，侦查案卷在诉讼中具有一定的贯通性，并对案件事实的认定起到某种决定性的作用。由于侦查阶段的鉴定意见存在瑕疵，或者鉴定意见因对被告人有利而被控方隐匿，造成的冤假错案不计其数，公众耳熟能详的如杜培武案、佘祥林案等，包括十八大召开以来纠正的重大冤假错案如张氏叔侄案、王本余强奸杀人案、徐辉强奸杀人案、念斌投毒案、呼格吉勒图案等。

② 美国对科学证据的研究较早。20世纪70年代，美国安德烈·莫恩森和雷·爱德华·摩西等的合著《刑事案件中的科学证据》就已经在美国证据法学领域产生了重要的影响。See Andre A. Moenssens, Ray Edword Moses and Fred E. Inbau, Scientific Evidence in Criminal Cases, Foundation Press, 1973.

二、美国科学证据质证程序考究

如果按照审前阶段和审判阶段的划分标准,对美国刑事诉讼中有关科学证据的质证程序作系统考究,可以发现其主要通过科学证据开示(disclosure of scientific evidence)以及对专家证人进行交叉询问(direct examination and cross-examination of expert witnesses)"两部曲"以达到科学证据质证的目标。

(一)科学证据开示的演进、内容与范围

1. 科学证据开示的立法及理念变迁

实行当事人主义刑事诉讼模式的美国,以成文法、判例法的形式确立了刑事诉讼中的科学证据开示制度,然而,这并非当事人主义诉讼与生俱来的制度产物,而是经过了一个相对漫长的演进过程。19世纪早期,在美国刑事诉讼中,"竞技性司法理论"居于主导地位,控辩双方为了在法庭审理中处于有利的地位,各自收集证据,任何一方都不能在审判之前窥视对方掌握的证据,否则就被认为违背了公平竞赛的精神。[①] 这种"竞技性司法理论"倡导当事人通过竞技性举证、质证决定诉讼结果,存在着严重的理论缺陷,该理论将诉讼对抗建立在利益主体之间的对抗和竞技之上,过分地强调对抗制审判的形式而非其实质,对竞技形式的追求超乎对真实的探求,既容易导致实质非正义,也容易拖延诉讼时间和增加诉讼成本,因此后来这一理论逐渐被英美国家所抛弃。[②] 在美国,科学证据开示最初起源于民事诉讼[③],20世纪后,刑事案件的科学证据开示才逐步兴起。对

[①] 参见〔日〕平野龍一:「偵察と人権」〔有斐閣·1981年〕241页。

[②] 有关这方面的论述,可参见孙长永:《当事人主义刑事诉讼与证据开示》,载《法律科学(西北政法学院学报)》2000年第4期。另参见韩德明:《竞技主义到商谈合作:诉讼哲学的演进和转型》,载《法学论坛》2010年第25期。

[③] 1938年9月生效的《联邦民事诉讼规则》为当事人以发现真实为目的而在审判前开示证据提供了一套程序和方法,每一方当事人都必须向对方的适当请求提供所有的事实细节。参见孙长永:《美国刑事诉讼中的证据开示》,载《诉讼法论丛(第3卷)》,法律出版社1990年版,第218—244页。

抗式诉讼之下,美国刑事诉讼中起诉书的内容只载明诉因,并不过多涉及犯罪事实和证据,所以辩方并不知道控方掌握着什么样的证据,这样对被告人十分不利。这种做法在实践中暴露出一些问题,例如,控方根据侦查中搜集的对被告人不利之证据进行突袭;控辩双方在庭审中无法迅速确定证据分歧之所在,造成诉讼拖沓;科学证据也因此常常被作为诉讼突袭的武器,不利于案件事实真相的发现。有鉴于此,美国刑事诉讼也逐步引入民事诉讼中的科学证据开示制度。1966 年修订的《联邦刑事诉讼规则》第 16 条规定,检察官、被告人开示包含检查和科学试验结果报告等在内的证据内容。《联邦证据规则》第 705 条作出了有关专家证言依据的事实和数据开示的规定。立法者认为科学证据开示确有其存在的必要,因为如果庭前没有机会让诉讼双方知悉科学证据,那么科学证据几乎不可能在庭审质证中被证实或证伪。① 1975 年《联邦刑事诉讼规则》的再次修订使得证据开示成为强制性要求。但是各州对开示的程度依然存在较大的差别,大多数州的立法规定,持有、控制证据的诉讼一方必须允许另一方在审判前查阅、摘抄证据,其目的在于明确控辩双方对科学证据的争议焦点,防止证据突袭,提高诉讼效率。②

美国刑事诉讼程序引入科学证据开示的过程,恰恰是"竞技性司法理论"在诉讼基础理论中发生变化并逐步淡出的体现,美国宪法修正案第 5 条和第 14 条有关正当程序的条款为被告人提供了获得政府掌握的特定证据的权利,美国联邦最高法院在布伦迪诉马里兰(Brady v. Maryland)③案的判决中提到,拒绝向被告人提供无罪证据违反了正当程序条款,如果该证据对定罪或者量刑具有实质性作用的话。这些证据一旦开示,被告

---

① See Lee Waldman Miller, Cross-Examination of Expert Witnesses: Dispelling the Aura of Reliability, 42 University of Miami Law Review 1073 (1988).

② See Georage Raland Jr., Discovery Before Trial, Callaghan and Company, 1932, p. 267.

③ 该案是美国联邦最高法院具有标志性的经典判例。在一起共同谋杀案的庭审中,控方拒不向被告人 Brady 提交同案犯 Boblit 的书面供述,而这份供述恰恰是对被告人 Brady 有利的证据。被告方对其供述提出质疑,辩称控方的行为违背了美国宪法修正案第 14 条有关正当程序的规定。该案确立的规则要素主要包括:一是争议的证据必须是有利于被告人的;二是证据必须已经被政府封锁;三是证据必须对被告人具有实质性的意义。See Brady v. Maryland, 373 U.S. 83 (1963).

人的供述或判决将会被改变,那么这些无罪证据即为实质性的。通说的司法理论认为,审判应该针对当事人争议的事实进行澄清,而不能任当事人自由举证,甚至纠缠于细枝末节的问题。审判结果的公正性应当建立在揭示案件事实真相的基础上,而不是取决于控辩双方的竞技技巧,审判必须强调对事实的探求,而不应是竞技①。与这种观念对应的立法活动便是《联邦刑事诉讼规则》第 16 条,该条将科学证据开示纳入立法内容,并逐步扩大了科学证据开示的范围,由控方单方开示逐步扩大到控辩双方相互开示。

2. 科学证据开示的利弊争辩

科学证据开示之目的就是要使控辩双方知道对方掌握的鉴识证据,从而对庭外调查科学证据的证据能力、证明力作出评估,进而有效地准备诉讼或认罪协商。所以,科学证据开示具有如下几个方面的作用:首先,科学证据开示可以防止对方通过鉴定技术突袭、隐匿科学证据的方式出奇制胜或拖延诉讼,有利于促进案件真相的发现。② 其次,科学证据开示是一项质量控制机制,迫使专家证人恪守鉴定的标准与程序,有利于顺利通过同行专家的复查评议。再次,科学证据开示之后,通过咨询相关的专家证人,帮助律师准备庭审质证,使他们能够提出有效的辩护意见。最后,科学证据开示可以帮助当事人决定是否委托专家证人。辩方顾问是否委托己方专家证人的决定,通常也是依据科学证据开示得到的报告作出的。③

---

① 该观点的代表性人物是布伦南法官(Brenman)。See William J. Brennan Jr., The Criminal Prosecution: Sporting Event or Quest for Truth? 5 Washington University Law Quarterly 279 (1963).

② See William Bradford Middlekauff, What Practitioners Say about Broad Criminal Discovery Practice: More Just-or Just more Dangerous? 9 American Bar Association 14 (1994).

③ 作为科学证据的"守门人",法庭必须认识到这样的事实:对于部分当事人,尤其是因为贫困无力聘请专家证人的当事人而言,科学证据开示是一件困难的事情。当事人可能因为缺乏足够的资源导致诉讼结果对他不利,这是一个长期存在的问题。See Paul C. Giannelli, Ake v. Oklahoma, The Right to Expert Assistance in a Post-Daubert, 89 Cornell Law Review 1305 (2004); Judge Jack B. Weinstein, Science, and the Challenge of Expert Testimony in the Courtroom, 77 Oregon Law Review 1005 (1998) ("Courts, as gatekeepers, must aware of how difficult it can be for some parties, particularly indigent criminal defendants to obtain an expert to testify. The fact that one side may lack adequate resources with which to fully develop its case is a constant problem.").

但是，反对科学证据开示的学者则认为，科学证据开示会引发专家证人作伪证，导致当事人贿赂或恐吓专家证人，使证人本来就不愿意出庭作证的专家证人制度雪上加霜。而且有学者认为，既然美国宪法修正案第5条赋予被告人免于自证其罪的权利，那么被告人就没有义务向政府开示证据，政府却必须单方面向被告人开示证据，这种"单行道"(One-way Street)的开示是不公平的。①

科学证据开示的利弊争辩反映出"竞技性司法理论"已逐步丧失刑事诉讼的主导地位。对此，如今我们认为，科学证据开示的利大于弊：首先，关于"在庭前开示科学证据的相关信息会导致歪曲、滥用的后果"的担忧在实际中只是一种过虑。因为科学证据一旦开示，就表明专家证人已经完成了鉴定活动。② 其次，没有实证数据证明专家会遭致恐吓，因为科学证据可以被再检验或者可以被同行专家进行证实、证伪。③ 退一步说，即使可能存在专家证人因被揭示身份而遭到恐吓的危险，该问题也可以通过相关的制度完善得以解决。例如，法院可以发布"证人保护令"保护专家证人，或者仅对辩护律师揭示专家证人，且禁止其转告当事人；或者不泄露专家证人的住所信息，而请辩护律师到控方的办公室询问专家证人；或者由检察官向法官解释何以某特定专家证人如被开示会有不测危险，故需排除开示的适用。最后，反对自证其罪的条款已经被美国联邦最高法院解释，它对于控辩双方开示科学证据没有障碍。④

3. 科学证据开示的内容与范围

美国目前的科学证据开示的范围，主要由《联邦刑事程序法规》第16条和美国律师协会(ABA)标准进行规定。《联邦刑事程序法规》第16条(a)

---

① See Charles Alan Wright, Arthur R. Miller, Federal Practice and Procedure §252, 1982.
② See ABA Standards for Criminal Justice: Prosecution Function and Defense Function, 1993.
③ See Wayne R. Lafave, Jerod H. Israel, Criminal Procedure, West Publishing, 1984, pp. 482-490. See also People v. Beeler, 891 P.2d 153, 168 (1995)."鉴定报告一旦完成，专家证人的立场就不能轻易改变，因此开示科学证据几乎不会产生刺激专家作伪证、专家受到恐吓的危险。"
④ See Williams v. Florida, 399 U.S. 78 (1970).(第五修正案并不反对检察官开示辩方打算在庭审中提出的证据)。

款规定了控方开示证据的范围,包括检验报告、专家证言等证据。① 第16条(b)款规定了被告人向控方开示的证据范围。《联邦刑事证据规则》第16条(a)款 G 项规定了专家证言的开示内容。如果控方依据《联邦证据规则》第 702 条、第 703 条或第 705 条的规定,打算在诉讼中使用专家证言的,则控方在被告人的请求下,必须向被告人提供一份专家证言的概要(summary)。如果控方要求根据第(b)项、第(1)项、第(C)项、第(ⅱ)项,并且被告人同意,则控方必须向被告人提供一份专家证言概要,以及打算在诉讼中作为证据使用的有关被告人精神状况的科学证据。这份概要必须描述专家的意见、基础依据、推理理由以及专家证人的资格。

当出现以下情形之一时,在被告人的要求下,控方必须允许被告人检查、复制或拍摄身体和精神状态检查报告以及科学检验报告:第一,该证据由控方掌握、持有或控制;第二,控方知道或者通过尽职调查可以知道;第三,该证据是存在的、准备用来辩护或者准备用来指控犯罪的。

《联邦刑事程序法规》第 16 条(b)款规定当被告人要求检察官开示书证、物证、检验报告及专家证人时,自己也负有开示该项证据的义务。如果有一方未依法开示证据,则法院有权命令其开示、审查证据(Inspection of the Evidence),禁止该方在审判中提出该项证据或作其他适当处置。至于专家证人名单是否应该在审判前开示的问题,考虑到防止被告人恐吓专家证人或有其他不当的影响,第 16 条(a)款第(2)项规定检察官没有开示专家证人证词的义务,该条也未规定检察官应开示专家证人的名单。尽管这样,该法规并不禁止检察官自愿把专家证人名单提供给对方,法院甚至还鼓励扩大开示范围。《联邦刑事程序法规》第 12 条之 2 规定,被告人欲主张精神丧失免责事由时,应于审判前一定时间内先对检察官开示专家证言,否则法院可禁止其提出答辩或申请专家证人,或作其他适当的处置。②

美国各州也都由相继采用刑事科学证据开示程序,例如,《阿拉斯加州刑事诉讼规则》第 45 章第 2 条规定:在被告人的请求下,政府必须向被

---

① 《联邦刑事程序法规》第 16 条规定被告有权请求检察官开示下列五项证据:被告的供词(Defendant's Statement)、被告的前科记录(Defendant's Prior Record)、书证及物证(Documents and Objects)、检验报告(Reports of Examinations and Tests)及专家证人(Expert Witnesses)。

② See Fed. R. Crim. P. 12.2(a)(b)(d).

告人提供一份书面的专家证言报告,载明专家意见的依据和理由、专家资格等信息。而根据美国学者密尔顿·C·李(Milton C·Lee)教授的统计,超过 37 个州的科学证据开示范围比联邦法律规定的还要宽,其开示范围甚至包括专家证人资料。甚至有 25 个州有开示专家证人证词的规定。辩方的开示义务也一直有增加的趋势,目前这个趋势还在持续中。《联邦刑事诉讼规则》和美国律师协会标准都要求开示控方掌握的科学检测和精神或身体检查结果。该规则的要求是,如果控方打算在审判中使用该项证据或者该项证据对于辩方而言具有"实质性",那么控方就应当开示这项证据。① 而美国律师协会标准的要求则更广泛,即"任何与案件有关"的证据,无论是否具有实质性或者控方是否有在审判中使用的打算,都必须开示。

(二)科学证据交叉询问的规则与维度

1. 科学证据交叉询问的规则

交叉询问的法律依据源自美国宪法第六修正案规定的被告人享有与不利于己的证人进行对质的权利。② 在美国诉讼理论上,交叉询问被称为"有史以来所发明的发现事实真相最伟大的法律引擎"③,交叉询问是对抗制庭审中,当事人以主导的立场对证人进行的询问,交叉询问的基本顺序主要是直接询问、反询问、再直接询问、再反询问,等等。

直接询问是展示本方科学证据,完成举证的方式。通过本方律师对本方专家证人的直接提问引导出法庭和陪审团对本方有利的科学证据,使陪审团建立起对本方专家证人的信任。直接询问的问题通常包括:①提出本方的专家证言,并向法庭和陪审团加以阐释;②本方的专家具有成为本案专家证人的条件,具有相关的专业知识、技能、职业经历;③专家

---

① 参见〔美〕约书亚·德雷斯勒、〔美〕艾伦·C·迈克尔斯:《美国刑事诉讼法精解》(第二卷·刑事审判),魏晓娜译,北京大学出版社 2009 年版,第 149 页。
② 美国宪法第六修正案规定,在所有的刑事诉讼中,被告人都享有对抗对其不利的证人的权利。
③ John Henry Wigmore, Evidence in Trails at Common Law, Little, Brown and Company, 1974, p. 32.

证言所赖以建立的知识、技能、经验;④专家证人将这些原理、方法可靠地用于案件事实的证明;⑤专家证人客观、中立地展示专家意见。另一方当事人及其律师向对方当事人传唤的专家证人的盘问即交叉询问。交叉询问的目的是质疑该专家证人证言的可靠性,或者从对方的回答中获得对本方有利的材料和事实。专家证人必须满足三个条件才能发表自己的观点:首先,证明自己专家证人的资格。其次,提出构成其专家意见的主要事实。最后,解释鉴定结果的基础和依据。①

2. 科学证据交叉询问的维度

由于科学证据不同于一般的证据,涉及专门知识,因此对科学证据的交叉询问主要围绕着以下内容展开。

(1) 科学证据是否有助于事实发现

交叉询问的首要目标就是阻止对方的专家证言成为陪审团评议案件事实的依据,律师可以援用美国《联邦证据规则》第104(a)条的规定。②该规定允许法庭前置性事实裁定(preliminary determinations)专家证言的可采性。如果对方的专家证言无助于事实的发现,或者对方的专家证人不具有相应资格,则进行交叉询问的专家证人可以向法庭提出对该专家证言进行排除。如果法庭认为确实无助于事实裁判者认定案件事实,也会排除专家证言。如果专家证言是推测的,或者属于陪审团认知范围内的事实,或者无助于陪审团认定有争议的事实,则它就是无助于事实裁判者的证据,法庭必须根据《联邦证据规则》第403条的规定排除专家证言。如果它的证明价值实质上造成不公平、存有偏见的后果,则会使争议的事实更加模糊,甚至误导陪审团。③

---

① See Faust Rossi, Modern Evidence and the Expert Witness, 18 Litigation 18 (1985).
② 《联邦证据规则》第104(a)条规定,有关证人的资格、某项特权的存在,或者证据可采性的这些前提性问题,将由法庭依据第b款的规定进行判断。除非是涉及特权的问题,这一决定是不受证据规则限制的。
③ See Viterbo v. Dow Chemical CO., 826 F.2d 420, 1987. 在该案件中,法庭权衡了《联邦证据规则》第403条,排除了2名专家证人,因为他们赖以建立意见的数据不可靠,缺乏证明价值,所以不能作为支持专家证言的基础。一名专家仅仅通过原告的口头回答诊断其身体状况,没有对他进行检查。这名专家证人有先入为主的理论,加上支持他的论点的只有一篇发表的论文,这足以让法庭排除其证言。

(2)专家证人是否具备资格条件

美国的专家证人制度采取"宽进严出"的方式,《联邦证据规则》第702条规定,如果科学、技术或者其他专业知识能够帮助事实裁决者理解证据或认定案件事实,基于这些知识、技能、经验、培训或教育而具备专家资格的证人可通过意见或其他的形式进行作证。专家证人应当具有某个领域的知识和技能,无论该知识或者技能是通过教育、实践得到的,还是两者兼而有之。美国对专家证人的资格不采用"登记备案"管理的做法,而是将专家证人资格审查的任务放在法庭审理阶段来完成,由控辩双方对专家证人的资格发表意见,为法官判断专家是否具备资格提供依据。[①] 实践中,如何判断专家证人的资格是一个棘手的问题。联邦法院和各州法院强调不同的标准。例如,心理学专家、医生通常可以成为专家证人,但法庭也允许其他个人就精神是否正常、心理问题提供意见。有些法院允许办案人员、警察,甚至普通百姓出具关于当事人精神状况的证言,包括个人的心理状态。[②] 但有的法院却不愿意承认这些证言。

针对这些棘手的问题,控辩双方对专家证人资格的争辩主要围绕着专家证人的专业领域、教育背景、工作经历、对案件所涉领域的熟练程度等问题进行针锋相对的质问。有关专家证人的资格同样适用于《联邦证据规则》第104(a)条的有关规定,交叉询问方试图证明对方的专家证人不具备必需的知识、技能和经验。例如,通过质询专家的具体专业领域,有意向陪审团表明对方专家证人只是某个特定领域的专家,其特定领域的专业知识不足以胜任该案的鉴定,从而最终排除专家证人,至少削弱其证言的可信度。

通常,控辩双方通过使用一些数据库如 Westlaw,检索专家证人的有关著述。律师和专家证人提出的问题通常包括:"你是否属于某个机构""你的资格证书是否已经到期""你是否刚刚获得证书""你是否具备长期

---

① 参见汪建成:《专家证人模式与司法鉴定模式之比较》,载《证据科学》2010年第1期。

② See Publisher's Editorial Staff, Psychological and Scientific Evidence in Criminal Trails, Thomson Reuters, 2017.

从事相关领域鉴定的实践经验"等,诸如此类的问题都围绕着一个核心目标——该专家证人有无资格就专门性问题发表意见。

(3)专家证人是否客观中立

在展示完专家证人的资格之后,聘请专家的一方接下来会展示专家证人的中立性。质疑专家证人中立性的一方,通常会想方设法地证明专家证人存在基于个人利益产生的偏见。尽管律师知道专家证人可能是当事人雇佣的"枪手",但对于并不谙习法律的陪审员而言,他们也许并不知道这一情况。因此,交叉询问往往围绕着专家证人的报酬、报酬是否已经支付、为其他当事人做鉴定获得的酬薪①、专家为一方当事人或律师提供鉴定服务的经历②、专家证人与本案的审理结果有无利害关系③等问题进行。

(4)专家证人意见依据的资料是否可靠

专家证人意见所依据的资料主要来源于以下几个方面:一是根据亲自观察到的事实发表的意见。二是专家证人将已经被引用、采纳的证据作为自己意见的根据。专家证人能够在其他专家证人证言的基础上发表意见④,包括文件、事实、数据以及其他业内人士认可的权威著作。三是把审判和听证之前已获知的资料作为其意见的根据。四是专家证人能够以审讯期间由证据引出的一个假设性问题传达给他的信息资料作为意见的根据。⑤ 专家证人可以将其意见建立在某种理论假设的基础上,也可以建立在通过假设引申出的问题,或者在庭审中得到证实的案情的基础上。

通过质疑专家证人证言的基础,交叉询问可以判断对方专家证人证言的可信度。第一,对于庭外观察的第一手资料(firsthand out-of-court observation)的质证。反对方必须确定哪些事实属于专家证言赖以建立的,哪些

---

① See David Nolte, Semiannual Guide to Expert Witnesses: Improving Cross-Examination of Expert Witnesses, Los Angeles Lawyer, 2005, pp. 40-41.

② See Thomas Mauet, Fundamentals of Trial Techniques, Little, Brown and Company 1984, p. 289.

③ See Examination of Expert Witness, George Mason American Inn of Court, 2000.

④ See Kibert v. Peyto, 383 F.2d 566, 570 (1967).

⑤ 参见〔美〕乔恩·R·华尔兹:《刑事证据大全(第2版)》,何家弘译,中国人民公安大学出版社2004年版,第435—439页。

事实是专家证人形成意见时容易被忽略的。① 例如,就资料中的数据而言,反对方可以检测专家证人的数据是否建立在不可靠、缺乏证明力的证据的基础上,从而为法庭审查专家证人证言赖以建立的数据、调查、统计资料是否准确提供依据。此外,即使专家证人在特定领域依赖特定的数据,建立数据的方法也可能是不可靠的。交叉询问人必须向法庭表明,对方的数据并未包括所有必需的因素,或者只是为诉讼目的服务而裁剪、筛选的。第二,对于事实、数据、证据以及已经采纳的意见。专家证人将他的意见建立在一定事实基础上,包括数据、事实和观点,对方可通过质疑专家证人的意见,揭露不正确、不充分的事实假设,或表明专家使用不正确或者不充分的理由得出他的结论。就学术著作而言,《联邦证据规则》第 803 条提供了传闻证据排除的例外。专家证人通常依赖权威著作形成意见,反对方可以询问专家证人证言的来源,哪些是其观点赖以建立的,哪些是其所遗漏的。如果专家证人认为著作是权威的,则交叉询问人还可"以子之矛攻子之盾",即通过引用某一领域与专家证人意见相左的权威性资料,引出与专家证人证言相抵触的意见。如果律师没有绝对把握的话,通常不会采取直接攻击的方法,而是指出专家证人所采用的方法不同于某部权威著作中所记载的原理,如果专家证人无法就著作观点与自己结论的关系自圆其说,则专家证人证言的证明价值将大打折扣。② 第三,对于将假设性问题作为意见的根据的,反对方可以通过改变案件的前提事实,检验专家证人是否相应地改变他的结论。例如,实践中,有专家证人在庭审中向对方进行质问:"如果某一基础事实是不存在的,鉴定的结果将会发生什么变化?"反对方也可以提出他的假设,如果这一假设成立,将可能得到有利于反对方的结论。

三、美国科学证据质证程序对我国的启示

通过对美国科学证据质证程序的考察,笔者从中归纳出美国科学证

---

① See Lee Waldman Miller, Cross-Examination of Expert Witnesses: Dispelling the Aura of Reliability, 42 Univeristy of Miami Law Review 1073 (1988).

② 参见刘晓丹:《论科学证据》,中国检察出版社 2010 年版,第 95—97 页。

据质证程序的特征,这些特征也为完善我国科学证据质证程序带来了一些具有启发性的思考。

(一) 以科学证据开示为质证的前置程序

英美法传统中,事实裁判者的典型形态是陪审团。英美法将裁判职责分配给法官和陪审团,强调法官和陪审团承担着科学证据"守门人"的职责,在对抗制的当事人主义构造下,"守门人"对科学证据把关的职责便是通过运用证据规则来实现的。在以审判为中心的诉讼模式下,为了让法官采信科学证据,控辩双方对科学证据的质证非常重视。由于美国通常采取类似于"起诉书一本主义"的制度①,起诉书并不过多涉及案件的事实和证据,进一步增加了科学证据开示的必要性。并且基于对科学证据基本属性的理解,控辩双方认识到它涉及专业性极强的知识,如果不提前让他们知悉科学证据的基本情况并咨询有关的专家证人,则双方难以在庭审时对其进行充分、有效的质证。所以,在案件审理之前组织科学证据开示,并且让控辩双方咨询有关的专家证人,可以发挥如下的积极作用:一是避免科学证据的突袭和耽误;二是为辩方决定是否需要聘请专家提供判断的依据;三是发现无辜者被错误追究。

(二) 由双方聘请专家证人强化质证

科学证据开示使控辩双方了解了对方专家证人的资格、鉴定所依据的数据和理论,但是这些涉及专业知识的术语难以让一般人所理解。因此,在实现科学证据充分地开示的同时,美国还允许控辩双方平等地聘请专家证人。在这一模式之下,辩方能够委托己方的专家证人进行咨询,对控方的专家证人证言进行再检验。当事人能够从自己委托的

---

① 在美国刑事司法中,起诉书分为两种:一种是初步起诉书;另一种是正式起诉书。正式起诉书又分大陪审团签发的起诉书、检察官未经大陪审团审查而制作的起诉书。如果是初步起诉书,则并不实行"起诉书一本主义",而是由预审法官以言词方式进行审理,要求检察官负举证责任并向法庭提交相关证据。不论是治安法官的预审还是大陪审团的预审,都不实行"起诉书一本主义",而是实行"卷证并送主义"。因为不并送证据就无法对检察官起诉的合法性进行实质性审查。参见刘磊:《"起诉书一本主义"之省思》,载《环球法律评论》,2007年第2期。

专家证人那里获得有利于他们的专家证人证言,并通过交叉询问的技巧对控方的专家证人提出质问。美国认为,判断科学证据的可靠性、可采性的方法,是由相关领域的专家进行同行评议。通过开示有关信息,第三方专家证人可以进行检测,为了推翻对方专家证人的意见,律师必须咨询己方专家证人。己方专家证人能够告诉律师对方专家证言存在的瑕疵,以及必须理解的专业术语,因为专家能够掌握法律人所无法理解的问题。

(三)以完善的质证规则规范质证

美国庭审对科学证据具备一套比较完善的质证规则,除交叉询问规则之外,对于交叉询问应当围绕科学证据的哪些要素也有较为成熟的经验。个中原因在于长期的实践使美国法庭对于科学证据的可采性形成了一套比较完整的证据规则,比如弗莱伊规则、多伯特规则和《联邦证据规则》相继确立的准则。① 这些证据规则弥补了事实裁决者判断科学证据时的知识短板。美国正是通过科学证据可采性规则的不断调整弥补了法官理解、把握科学技术知识的鸿沟②,而不是简单地将法官的审判裁决权让渡于陪审团中具有鉴定专业背景的陪审员或者专家证人。这些科学证据的可采性规则为法官采信科学证据提供了依据,但其发挥的作用实际上已经影响了控辩双方对科学证据的质证过程,成为控辩双方围绕科学证据进行质证所依据的指南。美国法庭的直接询问与交叉询问为当事人提供了展示科学证据、检测和反驳对方专家证言的机会,从法官的立场看,直接询问和交叉询问则为法官提供了评估科学证据、辨别科学证据真伪、做好科学证据"守门人"的途径。最后,美国正当程序有关法官裁判受到当事人诉讼行为支配的规则,保证了法官必须充分考虑当事人双方的

---

① 有关美国科学证据可采性规则嬗变的内容,可参见陈邦达:《美国科学证据采信规则的嬗变及启示》,载《比较法研究》2014年第3期。

② 对此,美国达马斯卡教授也认为,英美法系更倾向于对证据评价活动进行规制,而且采用的是外在的证明标准。这使得面对证明技术的变革,英美法系表现出一种渐变式的发展。参见〔美〕米尔吉安·R·达马斯卡:《比较法视野中的证据制度》,吴宏耀、魏晓娜等译,中国人民公安大学出版社2006年版,第229—230页。

意见,听取交叉询问,使得对科学证据的质证与采信并非法官的主观恣意。

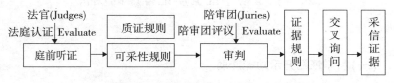

图2-1 美国科学证据质证与采信流程示意图

(四)提高专家证人的中立性

当事人主义对抗制之下的美国刑事诉讼允许控辩双方平等利用科学证据,专家证人可以由当事人聘请,因此难免存在中立性不足的问题。美国的专家证人在诉讼中辅助当事人提供科学证据,当事人为获得对己有利的专家证人证言,通常事先听取几位专家的意见,从中聘请有利于己方的专家,因此英美的专家证人制度先天存在倾向性,甚至被西方学者嘲讽为"律师的萨克斯乐器"。① 美国专家证人制度的弊端也促使他们开始改革,为克服专家证人的倾向性,他们也对专家证人制度推行了一些改革举措。在专家证人的选任制度上,限制当事人自由选择,强调专家证人必须对法庭负责,帮助法庭了解案件的事实,而不是帮助当事人打赢官司等。② 近年来,美国对专家证人责任的强化是专家证人在质证时说真话的主要原因之一,专家证人在发表意见时必须履行真实义务,一旦违反了该义务,专家证人必须向己方当事人或者对方当事人承担违约责任、侵权责任,或者受到来自专家证人所属行业团体的内部纪律处分。

---

① See John. H Langbein, The German Advantage in Civil Procedure, 252 University of Chicago Law Review 823 (1985).

② Court-appointed expert(法庭聘请专家制度)的支持者——美国联邦最高法院法官Stephen Breyer 认为,法庭聘请的中立专家帮助法官使用专家证言的方式,例如如何识别中立的专家证人,如何保护双方和专家证人的利益,以及如何应对法庭交叉询问时充满敌意的气氛。See Stephen Breyer, Science in the Courtroom, 4 Science and Technology 52 (2000).

四、我国科学证据质证程序的现状

(一) 科学证据开示功能孱弱

虽然我国刑事诉讼中没有所谓的"科学证据开示程序",但是具备一些与科学证据开示程序相似的制度设计,例如审查起诉阶段和审判阶段辩护人有权查阅、摘抄、复制案卷材料;辩护人有向控方披露特定证据的义务;法院主导的审前会议制度等,这些程序在一定程度上具备科学证据开示的功能。

但毋庸置疑,这些制度在实现科学证据开示功能时存在一些突出的问题。2012年《刑事诉讼法》恢复了全部案卷移送主义之后,包括鉴定意见在内的证据都将在案卷中出现。律师阅卷范围也将比1996年《刑事诉讼法》规定的范围有所扩大,辩护律师可以通过阅卷掌握鉴定意见的基本情况。该法将主要证据复印件主义修改为全部案卷移送主义,根据立法本意,案卷材料既包括案卷中的诉讼文书、技术性鉴定材料,也包括案卷中的书证物证、证人证言等各种证据材料;既包括案卷中指控犯罪的材料,也包括装订在案卷中的能够证明犯罪嫌疑人无罪、罪轻的各种材料。① 检察机关在提起公诉时,应当移送全部的案卷材料及未能装订入册的证据(例如各种实物证据)。② 但目前仍然存在如下问题:一是对于侦查阶段经过多次鉴定存在不同鉴定结果的,多数情况下公安机关会把所有鉴

---

① 参见宋英辉:《中华人民共和国刑事诉讼法精解》,中国政法大学出版社2012年版,第33—34页。

② 2012年《刑事诉讼法》与1996年《刑事诉讼法》确立的全部案卷移送主义不同,一是由于辩护人、被害人及其诉讼代理人提出书面意见应当附卷,法官可以全面地看到控辩双方收集之有罪、无罪,以及罪重、罪轻的证据;二是1979年《刑事诉讼法》规定,法院在庭审前对证据进行"全案审查"的实质性审查,而2012年《刑事诉讼法》规定法院在开庭前对证据只进行形式性审查,只要起诉书明确地指控犯罪事实,即应当决定开庭审理;三是增强了辩护人的阅卷权,使辩方知悉控方证据的范围扩大。作出这些修改,主要是考虑到"主要证据复印件主义"既浪费人力、财力等诉讼资源,又容易给检察官对部分有利于被告人的证据不予移送的做法留下开口。

定意见都放入卷宗,但在少数情况下,由于侦查人员可能会把无罪证据抽出来,案卷不一定能体现对被告人有利的全部鉴定材料。① 二是部分鉴定意见书没有写明鉴定所依据或参照的技术标准、操作规范等技术性规范②,虽然辩护律师通过查阅案卷了解鉴定意见,但鉴定意见书可供了解的信息很有限,不利于为鉴定意见的质证做准备。三是对于哪些是应当开示的证据缺乏必要的界定。例如,林森浩投毒案中毒物的质谱图是否属于应当开示的对象?律师和控方对此各执一词,最终法院驳回了律师的这一请求。而在念斌投毒案中,同样是毒物的质谱图却证明了原鉴定的错误。四是根据鉴定意见进行书面审查。实践中,相当多的做法是根据鉴定意见进行书面审查,除了在审判阶段出现鉴定人确有必要出庭的情形,其余还是以书面审查鉴定意见为常态,以鉴定人出庭接受质证为非常态。③

(二)科学证据质证效果不理想

1. 鉴定人出庭率低导致无法质证

科学证据当庭质证的前提是控辩双方对鉴定人进行询问。在鉴定人不出庭的情况下,鉴定意见的质证难以实现。在以往的刑事诉讼中,鉴定

---

① 例如,在张氏叔侄案中,侦查人员并没有将对被告人有利的 DNA 鉴定随案卷移送,控方在法庭上并没有出示。而在法院复印案件材料时,辩护人发现检方只移送了两份有罪供述的笔录。参见周东飞:《张氏叔侄冤案追责为何如此之难》,载《潇湘晨报》2014 年 4 月 15 日。而在张振风等 5 人涉嫌抢劫、轮奸案中,柘城县公安局办案人员隐瞒了公安部的 DNA 鉴定报告,导致 5 人蒙冤。参见刘万永:《迷雾中的柘城冤案》,载《中国青年报》2010 年 9 月 9 日。

② 正是因为实践中,大部分司法鉴定书没有写明鉴定所援用的技术规范、标准规范等内容,因此,2014 年福建省人大常委会审议《福建省司法鉴定管理条例(草案修改稿)》,拟规定司法鉴定书必须注明程序和技术标准等信息。参见吴亚东:《福建拟规定司法鉴定书注明程序和技术标准违规鉴定或停业三个月以上》,载《法制日报》2014 年 6 月 13 日。

③ 为了解司法鉴定在侦查中的运用情况,笔者曾经于 2012 年 6 月在四川省成都市某区公安分局进行调研。通过侦查案卷发现,有关物证鉴定的书面报告主要包括两类:第一类是侦查技术人员进行初步鉴定形成的"现场物证报告",但它不作为证据使用,仅仅作为公安机关内部立案、批捕的依据。第二类为通常所说的鉴定意见。这种书面报告最终以证据形式附在案卷中进入后续诉讼程序,这类证据材料对案件事实的认定起到重要的作用。关于调研情况,可参见陈邦达:《刑事司法鉴定程序的正当性》,北京大学出版社 2015 年版,第 65—71 页。

人出庭的比例很低,有关资料显示,在 2000 年以前的刑事案件的审理中,鉴定人的平均出庭率不足 5%。① 还有学者根据中国裁判文书网 2012 年至 2020 年的裁判文书,统计了鉴定人出庭率仅为 0.0959%。② 因此,强化鉴定意见质证程序的首要任务是提高鉴定人的出庭率。为此,2012 年《刑事诉讼法》通过明确鉴定人出庭作证的范围、规制鉴定人不出庭的后果、加大鉴定人人身安全保护力度,试图提高鉴定人的出庭率。依据该法第 187 条的规定,鉴定人出庭的标准主要有以下几个方面:一是诉讼双方对鉴定意见存在争议。具体包括公诉人、当事人或者辩护律师、诉讼代理人对鉴定意见存在异议。二是经过法院的通知。但对于法院是"必须"通知还是"可以"通知,法律并没有明确,从立法的旨意分析,法律赋予法官根据案件具体情况确定是否通知鉴定人出庭的自由裁量权。③ 在鉴定人不出庭的后果方面,该法第 187 条也有明确规定,即经人民法院通知,鉴定人无正当理由而不出庭作证的,其鉴定意见不得作为认定案件事实的依据。由此可见,该法对鉴定人出庭的规定进行了完善,但囿于法官对鉴定人出庭造成庭审拖沓的担忧、鉴定人对于出庭人身安全保护不到位的顾虑、鉴定人出庭时质证效果还不理想等因素,目前鉴定人的出庭率还是偏低,进一步加剧了对鉴定意见进行质证的难度。

2. 质证规则不健全导致质证效果不理想

在鉴定人出庭的情况下,由于我国有关鉴定意见质证的规范不够健全,导致鉴定人出庭质证的效果不理想。虽然 2010 年最高人民法院、最高人民检察院、公安部、国家安全部、司法部颁布的《关于办理死刑案件审查判断证据若干问题的规定》对鉴定意见重点审查的内容作出了一些规定,但这些规定没有针对不同类型的鉴定意见制定质证规则,缺乏可操作

---

① 参见陈瑞华:《刑事诉讼的前沿问题》,中国人民大学出版社 2000 年版,第 55—63 页。
② 参见刘科学:《刑事诉讼中鉴定人出庭制度的运行现状及其改进——以 88 份裁判文书为研究样本》,载《中国应用法学》2021 年第 5 期。
③ 实际上还应当包括第三项标准,即鉴定意见对被告人的定罪量刑有重大影响。因为从最高人民法院、最高人民检察院、公安部、司法部印发的《关于进一步严格依法办案确保办理死刑案件质量的意见》的相关内容看,在办理死刑案件时第三项标准是必须考虑的。如果鉴定意见对被告人定罪量刑影响不大,那也就没有通知鉴定人出庭的必要。

性、针对性。在鉴定意见质证的内容方面,目前庭审中控辩双方对鉴定人的询问集中于以下几大方面:一是与案件鉴定程序关联性较小的问题。某些问题与鉴定无关,甚至是对鉴定人的人身攻击。案件的当事人对鉴定意见不认可,但是又不知如何提出强而有力的质疑,在鉴定人解释了鉴定意见得出的过程之后,当事人无法提出有效的质问,从而使质证流于形式。二是有关鉴定人资质的问题。鉴定主体资格不合法足以否定鉴定意见,即对于不具备鉴定主体资格的鉴定人,其鉴定意见不得作为证据使用。问题在于我国采取鉴定机构登记备案的做法,实践中大多数的鉴定意见已经载明鉴定机构的资质证书、执业证书的编号。所以当事人企图通过质疑鉴定主体资质进而否定鉴定意见的做法是徒劳的。三是司法鉴定实施程序的合法性问题。鉴定意见的形成过程和程序合法是保证鉴定意见合法有效、正确可靠的重要方面,但由于当事人并不参与鉴定,无法判断鉴定意见的形成过程和程序是否合法、使用的技术是否规范、方法是否得当,无法对这一环节提出有效的质疑。四是鉴定人是否应当回避的问题。例如,当事人提出鉴定机构与被害人(单位)存在利害关系,鉴定人必须回避。五是鉴定技术是否科学的问题。总之,当事人对鉴定人的发问主要围绕鉴定委托程序,鉴定过程、方法、标准等技术问题。由于我国缺乏对鉴定人质证的规则指引,质证出现瑕疵的情况很多。

3. "有专门知识的人"的定位模糊影响质证效力

2012年《刑事诉讼法》第192条确立了"有专门知识的人"参与刑事诉讼制度。此项制度在帮助控辩双方对鉴定意见展开庭审质证、辅助法官对是否采信鉴定意见作出判断等方面都具有积极的功能和价值,它是对英美专家证人制度的借鉴。这项制度是"西方话语,东方理解"的产物,是一种改造式的法律移植。针对法律移植,达马斯卡曾提出告诫:"在刑事诉讼领域不乏前车之鉴:某些事实认定制度从一个法系移植到另一法系的制度环境后,总是问题很多。"[①]"有专门知识的人"的定位在实践中也存在以下问题:

---

① 〔美〕米尔吉安·R.达马斯卡:《比较法视野中的证据制度》,吴宏耀、魏晓娜等译,中国人民公安大学出版社2006年版,第230—232页。

首先,"有专门知识的人"资格条件不明。2012年《刑事诉讼法》对于这一主体的资格标准、选任程序并无明确规定,造成实践中做法不一的情况,法庭通知的专家未必具有鉴定人资质,他们可以是某方面工作实践的行家,也可以是某方面专业理论的专家。其次,"有专门知识的人"的对抗手段有限。该法虽然赋予他们就鉴定意见发表意见的权能,但却没有赋予其实现这一权能所必须拥有的调查、检测、鉴定等权利。如果"有专门知识的人"连鉴定样本都没有接触过,却要发现鉴定人的差错,恐怕是强人所难。与鉴定人相比,"有专门知识的人"对鉴定意见具体情况的把握较少,这就造成他们难以对鉴定意见提出有力质证。再次,"有专门知识的人"出庭时交叉询问不充分。鉴定人与"有专门知识的人"很少同时出庭,在法庭上展开针锋相对的质证。所以,我国的这一制度与英美法系专家证人交叉询问的制度还不完全一致。最后,缺乏对"有专门知识的人"的中立的制度保障,使其证言在法官看来缺乏说服力。虽然确立这项制度的目的在于实现兼听则明,但由于"有专门知识的人"是由当事人物色的,缺乏中立的制度保障,其发表的意见效力微弱,这一点从林森浩投毒案中可见一斑。该案专家辅助人认定被害人死于"乙型肝炎",但由于该专家被当事人重金聘请,不具有中立性,又无法接触案件鉴定检材,他的说法并没有得到法官认同。引入专家证人制度,必须防止重蹈英美此项制度之覆辙,实际上对抗制之下的"鉴定大战"早已为美国司法界所改造。

五、借鉴域外经验完善我国科学证据质证程序

(一) 健全与以审判为中心相适的证据质证程序

当前我国正致力于推进以审判为中心的诉讼制度变革,以审判为中心的诉讼构造也是美国等西方法治国家刑事司法的普遍做法。以审判为中心的改革趋势,是法治国家尊重司法文明和诉讼规律的要求与体现。以审判为中心,必然要求全面贯彻证据裁判规则,强化庭审质证。贯彻这项制度变革的关键在于完善质证程序。必须遵循直接言词原则,不得依

据侦查案卷作出判决。我国长期以来形成的"案卷笔录中心主义"诉讼构造,证据随着侦查案卷在诉讼中相对畅通无阻,控方主要以书面的证人证言、鉴定意见作为指控犯罪的证据,辩方无法针对这些书面材料进行质证,导致难以发挥辩护的作用。许多案件的关键证人、鉴定人不出庭,鉴定意见不经过庭审质证即被采纳为科学证据,许多冤假错案恰恰暴露出科学证据存在瑕疵导致案件事实认定出现偏差的问题。因此,以审判为中心的诉讼制度变革必须从根本上扭转"案卷笔录中心主义"的惯性思维。我国目前强化鉴定人出庭和增设"有专门知识的人"参与庭审制度,这在某种意义上是对域外制度经验的借鉴,但我国特有的司法鉴定体制和刑事诉讼模式又赋予了这项制度鲜明的中国特色。以审判为中心强调庭审实质性审查,但在我国庭审质证程序有待完善、质证规则亟待健全、配套制度尚未跟进的境况下,引入对抗制必然会对原有诉讼制度造成一定的压力。必须通过质证程序和质证规则的健全,使得科学证据质证得以发挥实质性作用。

(二)强化科学证据开示服务质证的功能

相较于其他种类的证据,科学证据涉及的信息专业性极强,对待证事实证明的客观性较大,因此科学证据的审查判断对查明案件事实具有关键的作用。控辩双方通常是鉴定技术的外行,他们需要交换科学证据的信息,在这个过程中通过咨询相关方面的专家以明确哪些鉴定意见可能存在瑕疵,并判断到底是鉴定主体资格、鉴定方法、标准规范还是鉴定程序的问题,从而为庭审质证做好准备。

我国刑事司法鉴定启动权的配置模式不同于英美所采取的控辩双方平等聘请专家证人的做法,鉴定启动权掌握在司法机关手中,公安机关、检察机关和法院可在各自主导的诉讼阶段决定启动司法鉴定,当事人仅享有申请补充鉴定、重新鉴定的权利。同时,我国的检察官制度与大陆法系的检察官制度更为相近,检察官除扮演公诉角色外,还应当是"法律守护人",负有法定性义务与客观义务。[①] 因此,控方在公诉案件中负有证

---

① 参见龙宗智:《中国法语境中的检察官客观义务》,载《法学研究》2009年第4期。

据开示的义务,公安机关负有科学证据开示的协助义务。根据2012年《刑事诉讼法》新增的规定,辩方负有向控方披露特定证据的义务①,其中,犯罪嫌疑人未达到刑事责任年龄、属于依法不负刑事责任的精神病人的情形,通常可以通过骨龄鉴定、精神疾病司法鉴定等方式获得相关的科学证据,因此在这种特定的情况下,辩护人也负有开示科学证据的义务。而在自诉案件中,由于自诉人有权委托鉴定机构出具鉴定意见,被告人也有权委托鉴定机构进行鉴定,双方享有平等的举证、质证等诉讼权利,因此自诉案件的科学证据开示主体应当包括双方当事人。至于开示的时间,可以在审查起诉阶段允许律师到检察院阅卷了解案件的有关证据,通过记录、摘抄、复印案卷的有关材料,知悉控方已经掌握的鉴定意见。而辩方收集的有关犯罪嫌疑人不在犯罪现场、未达到刑事责任年龄、属于依法不负刑事责任的精神病人的鉴定意见(包括其他证据),则应当及时告知侦查、公诉机关。

(三)规范鉴定意见书披露的信息范围

由于我国司法鉴定多头管理的现状,司法鉴定文书尚未形成统一的规范,从有利于质证的角度看,鉴定意见书披露的信息至少应当包括以下两个方面:

一是鉴定机构和鉴定人的资质、专业背景信息。当前我国鉴定机构主要采取备案登记的方式,司法行政管理部门负责全国司法鉴定机构的备案登记管理工作,而侦查机关、检察机关内设鉴定机构,主要通过机关内部登记进行管理。对鉴定机构及鉴定人的主体资格审查应当采取"庭前登记为主,庭上审查为辅"的原则,而庭上审查主要通过控辩双方对鉴定人的职业专长、是否应当回避等问题发表观点,供法庭进行审查。通过

---

① 2012年《刑事诉讼法》第40条规定:辩护人收集的有关犯罪嫌疑人不在犯罪现场、未达到刑事责任年龄、属于依法不负刑事责任的精神病人的证据,应当及时告知公安机关、人民检察院。这主要是考虑到,在保障辩方阅卷权的同时,也必须防止辩方采取证据突袭的方式来达到其诉讼目的。对于犯罪嫌疑人不在犯罪现场、未达到刑事责任年龄、属于依法不负刑事责任的精神病人的这三类特殊情形,一旦在刑事诉讼阶段提出,必须先进行调查。如果辩护律师怠于提出该类证据,将不利于及时终结错误的刑事追诉活动,导致刑事诉讼资源的耗费,因此2012年《刑事诉讼法》确立了辩护人向控方披露特定证据的义务。

开示鉴定机构和鉴定人的上述信息才能实现鉴定意见的庭上审查判断。因此，鉴定意见书必须注明相关的信息供当事人查询。

二是鉴定意见的鉴定方法、鉴定程序、检材来源、报告形式、鉴定结果等信息。通过开示鉴定意见的上述内容，控辩双方可以了解到鉴定人采取的鉴定手段的基本原理和科学实验方法，甚至了解到鉴定样本的获取方式是否合法，检材有无被调包、污染的可能性。在以往的司法实践中，控辩双方对鉴定意见的掌握仅仅停留在表面，只关注鉴定意见书的结论，而忽视了对鉴定意见的形成过程的判断。这其中既存在盲目迷信鉴定意见的主观因素，也存在因专业知识的鸿沟，无法有效甄别真伪的客观因素，修改后的刑事诉讼法强化了鉴定人出庭及"有专门知识的人"参与诉讼制度，鉴定意见的形成过程将成为今后判断其能否被采信的重要方面。

（四）健全科学证据可采性规则指引质证程序

科学证据是认定事实的关键证据，质证采信是诉讼证明的核心环节，因此，健全科学证据质证与可采性规则尤为重要。上文已指出美国形成了较为完善的质证规则，这些规则已经渗透到控辩质证的过程，为法庭的质证程序提供规范性指引，也为法庭采纳科学证据提供指引。这与英美"二元化"的庭审结构、法庭认证与陪审团评议"两步走"的认证模式紧密相关。我国的诉讼构造与美国不同，因此可能存在的理论障碍是，我国借鉴英美的科学证据规则是否具有可行性。对此，应当认识到证据规则发挥着促进事实认定的功能，其在很大程度上是一种经验推理的认识论法则。事实认定者不管是英美陪审团成员，还是我国的职业法官，只要遵循这些规则，就能提高甄别科学证据的能力。美国证据法学家罗纳德·艾伦教授也认为，中国和美国的事实认定没有什么不同。唯一存在于两国诉讼文化上的差异是，当事人欲接受的相关证据采纳之一般原则的例外。[①] 这些例外是由特定的诉讼政策所决定的，而非证据法的普适性

[①] 参见〔美〕罗纳德·J.艾伦：《刑事诉讼的法理和政治基础》，转引自张保生：《证据规则的价值基础和理论体系》，载《法学研究》2008年第2期。

规范。

传统证据质证规则无法满足科学证据质证的特殊需求。比如电子数据的载体不同于物证,鉴定人的陈述是否真实可靠,有别于一般的证人证言,如何对这些科学证据进行质证才能体现直接言词原则①,需要根据此类证据本身的特点进行归纳。这将需要根据法庭科学技术的发展水平,确立科学证据的划分标准,并制定与之相适的证据规则,为司法实践提供一套较为成熟的科学证据质证与采信规则指南。

如何根据法庭科学技术发展和应用的成熟程度确定科学证据的不同分类,并根据这些分类制定不同的可采性规则?例如,多道心理测试的技术由于不具有可靠性,不能作为鉴定意见使用,只能作为侦查中的辅助手段。而骨龄鉴定具有一定的可靠性,可以作为鉴定意见使用,但其必须与出生证明、户籍信息等其他证据相互印证,才能确定犯罪嫌疑人的年龄。这些问题需要以大量的实证研究和科学研究为基础,需要相对漫长的过程,也需要跨学科的攻坚合作。

(五)发挥专家辅助人强化质证的积极作用

由于刑事诉讼法对"有专门知识的人"的诉讼地位未予明确,如何认识这类人员的诉讼地位存在不同的观点。确定"有专门知识的人"的诉讼地位,对明确其权利义务,发挥诉讼功能具有重要的作用。本文将之界定为专家辅助人。②

专家辅助人参与刑事诉讼,必须强调其客观的道德底线。从美国专家证人制度发展的经验看,英美法系国家专家证人中立性不足的教训值

---

① 在2016年1月北京海淀法院开庭审理的"快播案"庭审中,公诉人套用物证、书证等传统证据的质证方法对电子数据进行质证,结果由于电子数据存在特殊性,造成质证过程的尴尬。

② 有关专家辅助人定性的观点,已见诸许多学者的研究成果。可参见陈卫东、程雷:《司法精神病鉴定基本问题研究》,载《法学研究》2012年第3期。另参见胡铭:《鉴定人出庭与专家辅助人角色定位之实证研究》,载《法学研究》2014年第36期。笔者以为,2012年《刑事诉讼法》第192条规定的"有专门知识的人"属于专家辅助人,并认为这一主体具备以下特征:在业务上,它强调的是帮助控辩一方或者事实裁决者认定案件中的专门性问题,突出辅助性;在功能上,它强调辅助控辩一方对鉴定意见进行质证;在权限上,它并没有进行司法鉴定的权利。

得我国借鉴。① 专家证人在诉讼中辅助当事人提供专家证言,当事人为获得对己有利的专家证言,通常事先听取几位专家的意见,从中聘请有利于己方的专家,因此专家证人制度先天存在倾向性。实际上,美国专家证人制度的弊端也促使他们改革该制度,为克服专家证人的倾向性,他们也对该制度推行了一些改革举措。如对专家证人的选任制度采取非听之任之的态度任由当事人自由选择,强调专家必须对法庭负责,帮助法庭了解案件的事实,而不是帮助当事人打赢官司等。英美法系关于专家证人的教训对我国的此项改革提出警醒,完全通过对抗来实现法官对鉴定意见的取舍是一种不切实际的做法,必须进一步强化专家辅助人的客观义务。

专家辅助人参与质证不能停留于"花钱买观点",而必须服务于法庭采信证据的目的,否则结果可能不是道理越辩越清,而是越来越浊。在承认专家辅助人具有倾向性的同时,我们不应当采取听之任之的消极态度,而应当在加强其中立性问题上有所作为。可以通过健全其选任程序、加强行业管理加以解决。我国专家辅助人参与刑事诉讼制度的目的在于帮助控辩方对鉴定意见进行质证辩论,辅助法官理解鉴定专业问题。必须从制度建构上保证专家辅助人的中立,不应重蹈美国专家证人制度的覆辙,将该制度滥用为法庭竞技的手段。

六、结　语

科学证据是认定案件事实的关键证据,对其的审查判断必须严谨细微,鉴别科学证据与"伪科学"证据的差别,防止案件事实认定的偏差。本章试图从比较法视角,考察西方法治国家科学证据质证程序背后的经验,并为我国当下与以审判为中心的诉讼制度变革相关的证据质证程序的完善提供借鉴。由于不同国家诉讼构造及证据制度的差异性,以及比较对象的局限性,本章的研究只选取了美国科学证据开示及交叉询问两个阶

---

① 参见邓晓霞:《论英美法系专家证人制度的基础与缺陷——兼论我国引入专家证人制度的障碍》,载《中国刑事法杂志》2009年第11期。

段,并对其质证程序进行比较考察,使得研究仅限于一种比较法上的分析。

　　本章的核心观点是,科学证据的质证程序是法庭甄别科学证据与瑕疵证据的重要途径,也是保证法官采信科学证据程序正当的重要基石。美国在审前阶段重视对科学证据的开示,实现了科学证据必要信息的披露,为控辩质证做好了准备。大量的司法实践积累了丰富的科学证据采信规则,这些证据采信规则为质证活动提供指引,并通过交叉询问,对科学证据是否有助于事实发现的可能性、专家证人的适格性、专家证人的中立性、依据资料的可靠性等方面进行过滤审查。我国推行以审判为中心的诉讼制度变革,须进一步强化证据质证,但由于受制于侦查中心对案卷笔录的惯性思维作用,实务中对证据质证的意识淡薄,更遑论对科学证据的质证。2012年《刑事诉讼法》虽然完善了鉴定人出庭质证的相关规定,但该法实施以来,鉴定人出庭率、出庭效果并无明显改观。该法增设的"有专门知识的人"参与庭审质证的制度,由于"有专门知识的人"的诉讼地位模糊,以及其中立性、对抗性等方面的不足,影响了其质证的效果。因此,须构建与以审判为中心相适的质证程序,强化科学证据开示服务于庭审质证的作用,规范鉴定意见书披露的信息范围,鼓励司法鉴定及证据法学人士努力健全科学证据质证规则,发挥专家辅助人强化质证的积极作用,最终完善我国的科学证据质证程序。

第三章
鉴定人出庭作证之实证研究

一、鉴定人出庭作证与鉴定意见可采性的关系

在诉讼中,司法鉴定意见是认定案件事实的重要证据,然而近年来一些冤假错案暴露出存有瑕疵的鉴定意见导致案件事实认定出错的问题,并且这部分冤假错案很多发生在20世纪80年代到90年代,当时的司法办案人员主要是依据我国1979年《刑事诉讼法》、1996年《刑事诉讼法》来审理案件的,这说明我国当时确立的司法鉴定制度在质量管理方面还存在值得检视之处,审判程序对鉴定意见可采性的审查认定也存在把关不严的问题。为强化法官对鉴定意见的审查认定,社会各界呼吁鉴定人出庭的声音不绝于耳。为了改善鉴定意见的质证效果,2012年修订的《刑事诉讼法》在鉴定人出庭作证的具体程序方面作出新的规定,主要通过进一步明确鉴定人出庭作证的情形,加强鉴定人出庭人身安全保护措施,同时进一步规定鉴定人拒不出庭的后果;此外还建立了"有专门知识的人"参与刑事庭审制度作为鉴定人出庭制度改革的配套措施,以提高鉴定意见质证的对抗性与实质性。2012年《刑事诉讼法》实施以来,司法实践中鉴定人的出庭率是否如修法之初所预期的那样得到了一定程度的改善;在鉴定人出庭的情况下,控辩双方对鉴定意见质证的实质效果如何;"有专门知识的人"参与庭审,对法官审查认定鉴定意见是否具备可采性会产生哪些影响;目前有关鉴定人出庭的规定还存在哪些不足。这些问题亟待通过实证考察加以分析。

本章关注鉴定人出庭作证这一问题,主要是考虑到鉴定人出庭作证的程序与鉴定意见可采性问题存在较为密切的关系。也许有观点认为,根据

传闻证据排除规则,鉴定意见书是鉴定人表述观点的书面载体,好比侦查人员根据证人证言、被告人供述和辩解、被害人陈述整理形成的案卷笔录,是一种传闻证据,只有让鉴定人出庭亲自陈述,并接受控辩双方质证,鉴定意见才具有可采性。但笔者对此有不同理解。鉴定意见书虽然是鉴定人观点的书面载体,但不同于证人证言、被告人供述和辩解、被害人陈述等案卷笔录,它是由鉴定人制作并签章的书面材料,其真实性通常不会因转述、摘抄、复制而失真。因此,我们不能依据传闻证据排除规则来解释鉴定人出庭的原理。鉴定人出庭作证的根本功能在于接受庭审质证,通过解惑释疑来澄清鉴定意见所涉及的专业性问题,为事实裁决者提供审查认定鉴定意见可采性的依据。所以,鉴定人出庭作证是法官审查认定司法鉴定意见是否具有可采性的重要途径,通过鉴定人出庭接受控辩双方的质疑和法官的询问,可以就鉴定意见与待证事实之间是否具有相关性、鉴定方法是否可靠、检材是否真实、鉴定标准是否符合国家或行业规范、鉴定委托和实施的程序是否合法等问题作出判断,为法官判断鉴定意见是否具有可采性提供更加充分扎实的判断依据,法官在此基础上对鉴定意见的可采性作出的判断具有程序正当性。因此,司法鉴定意见的可采性规则属于实体意义上的证据法规范,是一种静态意义上的证据规则,鉴定人出庭作证制度则属于程序意义上的证据法规范,是一种动态意义上的证据规则,二者共同对司法鉴定意见的可采性发挥积极的作用。因此,鉴定人出庭作证制度,是司法鉴定意见可采性问题必不可少的有机构成。

十八届四中全会提出推进以审判为中心的诉讼制度改革,凸显出庭审实质化对事实认定的重要性,在这种特定背景下,通过立法完善鉴定意见的可采性规则,通过诉讼制度优化鉴定意见的质证程序,推动以审判为中心改革的进程,显得尤为重要。有鉴于此,本章通过对 2012 年《刑事诉讼法》关于鉴定人出庭作证条款的实施情况进行实证研究,对当前理论研究存在的观点进行求证和检验。2013 年 1 月 1 日起刑事诉讼法实施以来,特别是以审判为中心的诉讼制度改革提出以来,2018 年《刑事诉讼法》修订之后,我国人民法院对刑事裁判文书进行梳理、分类和统计分析,辅之以媒体报道、社会关注的刑事案例,从中获取鉴定人出庭作证的数据,进而分析鉴定人出庭制度的成效与问题。

二、研究的样本、方法

鉴定人出庭的实质在于强化鉴定意见的质证,为法官审查认定司法鉴定意见的可采性提供依据。从遵循诉讼规律的角度看,并非所有启动司法鉴定的案件都需要鉴定人出庭作证,这样的做法既无必要,又不可行。为了对鉴定人出庭问题进行研究,需要对实践中经过司法鉴定的案件进行筛选。按照2018年《刑事诉讼法》第192条的规定,如果控辩双方对鉴定意见没有争议,则无必要通知鉴定人出庭作证。同时,如果鉴定意见对案件定罪量刑影响不大,法官也会认为没有必要通知鉴定人出庭作证。因此,本章选取的案例是法院通知鉴定人出庭的案例,这部分案例同时满足了控辩双方对鉴定意见有异议和法院认为鉴定人有必要出庭两个条件,以此为基础展开研究可以反映实际情况。

笔者收集了从2013年1月1日至2021年1月1日止8年期间,"威科法律先行数据库"收集的全国法院裁判文书中出现"鉴定人出庭"关键词的、案例类型为"刑事"、文书类型为"判决书"的案例共1419件。这一千多件案例中,主要涉及的案例类型包括:侵犯公民人身权利、民主权利罪(626例,占44.12%)、侵犯财产罪(238例,占16.77%)、危害公共安全罪(217例,占15.29%)、妨害社会管理秩序罪(191例,占13.46%)、破坏社会主义市场经济秩序罪(79例,占5.57%)、贪污贿赂罪(44例,占3.10%)、渎职罪(24例,占1.69%)。笔者认为,鉴定人出庭比较多的案例主要集中在运用司法鉴定比较普遍的刑事案件中。其中一审案例占89.27%,二审案例占9.45%,再审案例占0.92%,其他案例占0.36%。这表明一审案例是鉴定人出庭的大头。单方聘请律师的占83.44%,双方聘请律师的占5.19%,未聘请律师的占11.37%,这表明鉴定人出庭作证往往和被告人、被害人聘请律师存在相关性,律师向法院申请让鉴定人出庭的情形比无律师帮助的当事人申请鉴定人出庭的情形多。在地域方面,排名依次是四川(8.8%)、河北(5.94%)、云南(5.64%)、山东(5.44%)、浙江(5.08%)、吉林(4.65%)、河南(4.62%)、江苏(4.58%)、广东(4.51%)、湖北(4.51%)。这与上述地区的司法鉴定资源分布情况及法庭对庭审实质化的贯彻力度有关。

由于数据较多不便于统计分析,笔者又从其中抽取2018年1月1日至2018年12月31日为止,符合其他检索条件的案例合计401件,对它们进行抽样分析。因为这一年的数据是2018年《刑事诉讼法》修改以后的数据,也是十八届四中全会提出"推进以审判为中心的诉讼制度改革"目标之后,最高人民法院、最高人民检察院、公安部、国家安全部、司法部于2016年7月颁布的《关于推进以审判为中心的刑事诉讼制度改革的意见》实施以来的第三个年头,鉴定人出庭作证的实施情况相对立法施行的起步阶段而言,更加成熟,所以这一年的数据具有一定的代表性,可作为8年数据随机抽样分析的样本。

笔者对401件案例数据进行分步骤清洗,提取有效的信息。由于部分判决书中援用法律条文,或当事人虽向法庭提出鉴定人出庭的申请,但没有得到同意,所以鉴定人实际出庭的案例只有276件,鉴定人未出庭的案例合计120件,还有无关的案例合计9件。在鉴定人出庭的276件案例中,包括本书开展研究时媒体报道比较多的案件,如念斌投毒案、林森浩投毒案等。现行《刑事诉讼法》第197条规定的"有专门知识的人"参与庭审质证的案例有多少?通过计算发现此类案例合计9件。这说明在鉴定人出庭的案例中,控辩双方聘请"有专门知识的人"出庭的案例极少,大部分的案例只有鉴定人出庭,但没有"有专门知识的人"出庭。当然,不排除判决书中对"有专门知识的人"可能存在其他的表述方式,如"专家辅助人""专家证人"等非刑事诉讼法条文规定的概念,所以本统计可能存在一定的误差,实际上,这类专家出庭的数量可能会多于统计的数据。在鉴定人出庭的案例中,法院采纳鉴定意见的共有250件,而在鉴定人未出庭的情况下,法院采纳鉴定意见的共有38件。在出庭的案件中,侦查机关内设鉴定机构出具鉴定意见的案例共有108件,其他案例为社会鉴定机构和其他机构出具鉴定意见的情形。因此,从这个比例看,侦查机关内设鉴定机构的出庭情况占鉴定人出庭案例的39.13%。社会鉴定机构和其他机构的鉴定人出庭案例的比例则为60.87%。鉴定人出庭的案例中,被告人被判处3年有期徒刑以上的案例合计147件,3年有期徒刑以下的案例合计129件。鉴定人出庭的案例涉及的鉴定意见种类主要包括:法医病理鉴定(44件),价格鉴定(124件),精神疾病司法鉴定(8件),人身伤残鉴定(106件),其他鉴定(85件)。

从这些案例的判决书,我们无法看到鉴定人作证时庭审质证的具体内容,在运用统计分析方法的基础上,有必要辅助以问卷调查、座谈访问、个案分析等方法,对鉴定人出庭的其他有关情况进行分析。由于调研手段的限制,为便于研究,笔者对上述案例进一步筛选并进行跟踪。

三、鉴定人出庭作证程序的实证分析

(一)"有必要出庭"的情形在实践中如何界定

刑事诉讼法规定了鉴定人出庭的条件,主要包括:一是控辩双方对鉴定意见有异议;二是人民法院认为鉴定人有必要出庭。第一个条件比较客观,在实践中容易判断;但第二个条件属于主观性要件,哪些因素是法院判断鉴定人是否有必要出庭时所必须考虑的,《刑事诉讼法》及最高人民法院《关于适用〈中华人民共和国刑事诉讼法〉的解释》均没有明确规定。可见,立法赋予法官自由裁量权以把握鉴定人有必要出庭具体的情形。这就造成法官对鉴定人出庭的条件把握不一,同案不同判的后果。因此,对"有必要出庭"的情形进行界定非常重要。那么,实践中法官如何考量"有必要出庭"的情形呢?

由于不同的主体对刑事诉讼法规定的鉴定人"有必要出庭"的情形存在的不同看法会影响鉴定人出庭的情况,笔者主要通过客观评估与主观评估相结合的方式①,对鉴定人"有必要出庭"的情形应当考虑的因素进

---

① 客观评估与主观评估相结合的评估体系是美国学者在研究法社会学问题时经常采用的评估体系,该评价方法所考虑的既有客观因素,又有主观因素,能够对研究对象的不同变量作出相对全面、客观的评估。参见 Michael McConville, Chester L. Mirsky, Criminal Defense of the Poor in New York City, 87 New York University Review of Law and Social Change 581 (1986).; Morris B. Hoffman, Paul H. Rubin and Joanna M. Shepherd, An Emprical Study of Public Defender Effectiveness: Self-selection by the "Marginally Inigent", 3 Ohio State Journal of Criminal Law 231 (2005). 在本章中,笔者借鉴这一研究方法对鉴定人出庭的情形进行实践归纳与经验分析。

行全面考察。客观评估主要是通过鉴定人出庭案例的客观数据度量的指标,包括出庭案例的鉴定种类、案例性质的分布、鉴定机构性质的差异等考量因素。主观评估通过对法官、鉴定人进行问卷调查以更全面地分析问题。

从客观分析的角度看,即从诉讼程序的角度看,对法院通知鉴定人出庭的案例进行分析,这些案例具有如下基本的特征:第一,对案例的鉴定意见种类进行分析,法院通知鉴定人出庭的案例主要集中在人身伤残鉴定、法医病理鉴定、估价鉴定等种类的鉴定意见上。第二,对案例的鉴定机构性质进行判断,法院通知出庭的鉴定人所在机构主要集中在司法行政部门登记管理的鉴定机构上,侦查机关内设鉴定机构相对较少。第三,对案例的性质进行分析,出庭的案例中当事人判处有期以上徒刑的案件居高。形成这些特征的因素有哪些?笔者认为主要包括以下几个方面的原因:其一,在鉴定意见种类基数的比例上,人身伤残鉴定、法医病理鉴定等在诉讼中运用的比例较高。目前侦查中运用司法鉴定的案例主要集中在人身伤残鉴定等方面,由于基数大,样本抽取得出的比例自然也高。其二,对鉴定意见自身的性质进行判断,涉及人身损害司法鉴定的鉴定标准不统一,实践中容易产生争议。而造成伤残等级鉴定标准争议的原因,又与司法鉴定管理体制相关,由于除了司法行政管理部门备案登记,还存在公安、检察机关内设鉴定机构的管理体制,目前对于故意伤害他人身体等伤残等级鉴定中,国家没有形成统一的鉴定标准,各地参照的标准不一。例如,有的案例参照最高人民法院技术部门的标准,而有的参照司法部司法鉴定管理局制定的标准。这容易造成当事人对伤残等级鉴定结果产生分歧,使法官无法决定采用哪一个标准。实践中,常常出现当事人随意对鉴定标准提出异议的情况。① 其三,从司法鉴定机构的性质因素进行判断,被法庭通知出庭的案例中,社会鉴定机构的数量相对较多。其原因可能在于:一方面,法官对侦查机关内设鉴定机构持相对信赖的心理;另一方面,我国长期以来形成了"案卷笔录中心主义"的诉讼构造,公安、检

---

① 参见陈庆沐、李惟、陈剑彬:《浅谈人体伤残鉴定标准的统一》,载《中国司法鉴定》2012年第4期。

察机关内设鉴定机构官方色彩浓厚,使得审判阶段法庭对侦查、起诉机关出具的司法鉴定意见基本持认可的立场。

从主观分析的角度看,即从决定是否通知鉴定人出庭的主体——法官的角度分析,该问题可以转化为法官考量鉴定人"有必要出庭"的因素究竟包括哪些?笔者对上海市第 A 中级人民法院的十多位接受调研的法官及广东省广州市 B 区人民法院几位接受调研的法官进行了问卷调查,当被问到鉴定人有必要出庭作证的情形应当包括哪些这个问题时,法官作出的选择主要有:①双方提出鉴定意见有瑕疵,并提供了相关证据;②鉴定意见对案例定性有重要影响;③"有专门知识的人"对鉴定意见提出质疑;④案例刑罚轻重;⑤社会影响大小。

(二) 鉴定人质证效果的实证考察

鉴定人出庭作证只是鉴定意见质证的前提,具体质证的效果还取决于控辩双方是否能够有效地对鉴定人进行质证。在 1996 年《刑事诉讼法》实施的过程中,鉴定人出庭质证的效果很不理想,突出表现为鉴定人基本不出庭,即使鉴定人出庭了,控辩双方的质证水平也较低,效果不理想,缺乏高质量的质证意见。由于鉴定意见的专业性强,普通人并不懂得技术性问题,加之目前刑事诉讼法及司法解释对鉴定意见质证规则不够明确,控辩双方对鉴定意见的质证普遍存在外行试图驳倒内行的问题,鉴定人解释和回答后,被告人及其辩护人常常无法理解和接受,又无法提出高质量、有水平的质证问题,使得许多案件的质证流于形式。

有鉴于此,相关部门出台了相关司法解释对鉴定意见采信的方面进行细化①,2012 年《刑事诉讼法》也对鉴定人出庭及其配套制度进行了修改。例如,增加"有专门知识的人"参与刑事诉讼制度提高鉴定人出庭的实质效果,它在提高鉴定意见质证的对抗性、弥补控辩双方质证能力的不足、辅助法官采信鉴定意见等方面具有积极作用。那么,在引入"有专门知识的人"之后,鉴定人出庭质证的效果有没有变化?为此,笔者对修改

---

① 最高人民法院、最高人民检察院、公安部、国家安全部、司法部《关于办理死刑案件审查判断证据若干问题的规定》第 23 条对鉴定意见应当着重审查的内容进行了规定。这一规定为控辩双方质证鉴定意见提供了参照的标准,也为法官判断司法鉴定意见提供了依据。

后的《刑事诉讼法》实施以来鉴定人出庭的质证效果进行了分析。

通过对比刑事诉讼法修正案实施前后鉴定人出庭质证的效果,实践反映的情况可归纳为如下两个方面:

第一,鉴定人出庭时控辩双方的质证水平有所提高。

笔者对2012年《刑事诉讼法》施行之前,鉴定人出庭的案例进行了分析,将庭审过程中被告人、辩护律师对鉴定人询问的主要问题进行了整理、归类,并对质证效果进行了分析。对鉴定人的质证主要围绕以下内容:①鉴定主体的基本情况,例如,鉴定人是否具有法定资质、受教育情况、从事司法鉴定工作年限等。但大多数鉴定意见书已载明司法鉴定机构资质证书,或注明其执业证书编号。所以,一般情况下,被告人及其辩护人无法拿出有力的证据否定鉴定主体资格,使质证缺乏实质性内容。②有关鉴定方法的科学性方面的问题。例如,医疗事故中死者的尸体在多长时间内进行解剖法医学鉴定才有效;被害人未做皮试发生过敏性休克,送医院后血压恢复,三天后死亡,对死亡原因如何解释;鉴定书上注明,青霉素过敏性休克导致脑水肿,又继发感染,那么感染是否是死亡的成因,感染又从何而来;医院抢救措施是否得力、及时?① 这些质疑固然很好,但由于当事人不具备相关的专业知识,无法提出有效的质证意见,使质证流于形式。③鉴定程序的合法性问题。例如,鉴定人违反回避制度、鉴定委托程序违法。但由于当事人无法判断鉴定程序是否合法、参照的标准是否规范、使用的方法是否妥当,将大量的精力放在司法鉴定基础知识问题上,缺乏实质性的质证内容。④有关鉴定人的工作态度、职业伦理等其他方面的问题。但由于当事人无法参与鉴定活动,对鉴定人的态度是否认真更无从考察。

2012年《刑事诉讼法》实施之后,鉴定人出庭接受的询问除来自控辩双方以外,还来自专家辅助人。专家辅助人参与刑事诉讼,更多是从鉴定专业知识的角度进行发问。以念斌投毒案、林森浩投毒案等案为例,主要问题集中在鉴定程序的合法性和鉴定方法的科学有效性等方面。

---

① 参见刘艳、陈龙、黄光照:《浅析新形势下法医学鉴定人在法庭审判中的作用及面临的问题——附2例报告》,载《法律与医学杂志》1996年第4期。

通过比较发现,2012年《刑事诉讼法》实施前后鉴定人出庭质证存在以下差别:①控辩双方向鉴定人提问的内容专业性更强,并且部分提问的内容来自专家辅助人。过去,当事人试图从鉴定机构主体资格的角度进行质问,但我国鉴定机构采取法定登记主义,所以基本上问不出什么问题。②引入了更专业的同行专家。专家辅助人制度的建立,使得控辩双方对鉴定人提出的问题更加具有技术含量。③法官采信鉴定意见过程的变化。之前采信鉴定意见基本没有标准可供参考,现在专家辅助人提出有关质疑,对鉴定意见的判断有了更加充分的依据。

第二,鉴定人出庭普遍是在唱"独角戏"。

在被调查的案例中,有相当多的情况是鉴定人或"有专门知识的人"单独出庭,二者同时出庭的情况并不多见。2012年《刑事诉讼法》建立起"有专门知识的人"参与庭审制度的目的在于强化对鉴定意见的质证,但从该法实施的效果看,司法实践中极少出现鉴定人、专家辅助人这两类持相反观点、居于对立立场的专家就鉴定意见针锋相对的场景。在专家辅助人不出庭的情况下,负责对鉴定意见进行质证的职能主要通过被告人及其辩护人来实现。2012年《刑事诉讼法》实施后,尽管个别地方法院通过制定《专家辅助人权利义务告知书》,规定"经审判长许可询问鉴定人,与鉴定人进行质证辩论",允许专家辅助人直接对鉴定人进行质证,但在调研的样本案例中,鉴定人和专家辅助人一并出庭的案件很少。实践中,还存在专家辅助人出庭,而鉴定人不出庭的情况。例如,在浙江省首例专家辅助人出庭的刑事案例中,庭审时法院也没有安排鉴定人和专家辅助人同时出庭。① 为了强化比对,笔者检索了2012年《刑事诉讼法》实施以来,"有专门知识的人"出庭的案例,发现此类案例比鉴定人出庭的案例数量更少。从本质上看,向法庭申请鉴定人出庭、聘请专家辅助人出庭都是鉴定意见争议解决机制,当事人如果聘请专家辅助人出庭,需要支付一笔不菲的聘请薪酬,目前专家辅助人出庭的收费金额大致在数千元至上万元间。出于减轻诉讼成本的考虑,聘请专家辅助人出庭的毕竟是少数。

---

① 参见《全省首例专家辅助人参与的刑事案件在甬开庭》,载中国专家辅助人网(http://www.zgzjfzr.com/news.asp? ID=46&ClassID=3),访问日期:2021年10月17日。

而申请鉴定人出庭对当事人来说不必支付出庭费用(民事诉讼除外),法官却会考虑庭审拖沓、质证效果不理想等因素而不通知鉴定人出庭。

尤值一提的是,在鉴定人、专家辅助人同时参与庭审的情况下,鉴定意见在对峙交锋中发挥的作用更为明显。例如,念斌投毒案中,辩护律师聘请"有专门知识的人"出庭对质,存在辩方提供的专业人员以及控方提供的专业人员两种类型。双方专家辅助人提出的意见存在严重分歧,其后果是法院认识到鉴定意见存在瑕疵,不能采纳。可见,"有专门知识的人"出庭对于提高鉴定意见质证的效果的作用较为明显。而在林森浩投毒案的二审程序中,该案的专家辅助人认为被害人死于爆发性乙型肝炎,和二甲基亚硝胺中毒无关。检方申请的鉴定人不认可专家辅助人的说法,辩护律师提出两份相悖的鉴定材料,一审采信了对被告人不利的而没有出示对其有利的一份。鉴定人认为:被害人的尸体检验报告与五位司法鉴定人的意见一致,并且和上海市公安局的法医学尸体检测结果相一致,上海市公安局在没有证明前一份鉴定结论存在瑕疵的情况下,委托第二次鉴定的程序和受理程序均违反鉴定规则。这些针对鉴定实施过程中的合法性、规范性的有效质疑,都是以前实践中所难以遇到的。

(三)鉴定人不出庭的程序性制裁执行情况

在鉴定人不出庭的后果方面,2012年《刑事诉讼法》作出了明确规定,即对于法院通知鉴定人出庭,其拒不出庭的情况,鉴定意见不得作为定案的依据。实践中,立法确立的这一附条件的传闻证据排除规则是否能被不折不扣地执行?笔者检索了相关案例,发现有些案例的辩护律师以此作为申请法庭排除鉴定意见的理由,要求法庭排除经过通知拒不出庭的鉴定人出具的鉴定意见,并且这一请求也得到了法庭的支持。有些案例,尽管辩护律师没有援用这一规定,但是法院仍主动将拒不出庭的鉴定人的鉴定意见排除于认定案件事实的依据之外。例如,李某某故意伤害案①中,法院认为鉴定人经法院通知未出庭作证说明,其鉴定意见不得作为定案的根据,故不予采信。所以,2012年《刑事诉讼法》对于鉴定人

---

① 参见甘肃省民乐县人民法院(2013)民刑初字第53号刑事判决书。

拒不出庭的后果在实践中的实施效果还是比较规范。王某某寻衅滋事案①中，自诉人聘请甘肃众信司法所出具了法医司法鉴定意见，但由于被告人向法院申请通知鉴定人出庭作证，其未出庭作证说明，故而鉴定意见不被作为定案依据。该案中，虽然公安厅物证鉴定中心的鉴定人没有出庭作证，但实际上，陇南市公安局司法鉴定中心的鉴定结果与公安厅物证鉴定中心的鉴定结果相同，因此公安厅物证鉴定中心的鉴定人不出庭并不影响对鉴定意见的采信。可见，法院对侦查机关内设鉴定机构鉴定人拒不出庭的处理方式是谨慎地适用该规则。

尤值一提的是，2005年全国人大常委会《关于司法鉴定管理问题的决定》也规定了鉴定人拒不出庭作证的后果，即行政管理部门可以给予停止从事司法鉴定业务三个月以上一年以下的处罚，情节严重的，撤销登记。但该决定出台以后，实践中鉴定人因为拒不出庭而受到处罚的案例几乎没有，该规定成为一纸空文。由此可见，相较于该决定对鉴定人不出庭的处罚，2012年《刑事诉讼法》在执行中更能够得到贯彻。笔者认为，如果采取《刑事诉讼法》草案规定的强制鉴定人到庭的措施，其实施效果可能会打折扣。

(四) 鉴定人出庭作证的时间耗费情况

为了解鉴定人出庭作证耗费的时间，笔者通过对法官进行问卷调查，以及向鉴定人询问他们出庭的亲身经历，对若干个案例进行判断（见表3-1）。

笔者对接受问卷调查的法官提出的问题是：鉴定人在法庭上作证的时间大致多长，并附有三个选项：①最短多少分钟；②通常多少分钟；③最长多少分钟。调查发现：法官的选择表明最短的时间有3分钟、5分钟和10分钟；对于通常多少分钟，法官的选择主要包括10分钟、15分钟和20分钟；对于最长的时间，有30分钟、40分钟和60分钟。鉴定人出庭最短的时间大致要3分钟至10分钟。他们亲历过鉴定人出庭最长的时间有30分钟至60分钟。笔者对鉴定人进行了同样的问卷调查，鉴定人的选择

---

① 参见甘肃省成县人民法院(2013)成刑初字第11号刑事判决书。

与法官的上述选择差别不大,但鉴定人表示准备出庭耗费的时间比出庭时间更长。时间主要耗费在路途上以及庭审前的准备工作和庭外等候。如果遇到需要跨省出庭作证的,耗费的时间更多。

表 3-1　鉴定人出庭作证时间及途中耗费的时间

时间＼类别	鉴定人出庭最短的时间	鉴定人出庭最长的时间	鉴定人出庭途中耗费的时间
分钟	3—5	30—60	视距离而定

(五)鉴定人出庭的法庭位置

诉讼参与人在法庭中的位置,不仅要体现预期实现的诉讼功能,而且要体现诉讼的基本精神和基本结构。① 但是,我国鉴定人出庭的法庭位置没有统一的规范。根据最高人民法院《关于法庭的名称、审判活动区布置和国徽悬挂问题的通知》②的规定,刑事法庭设置中并没有鉴定人的席位。

大部分法院没有设立鉴定人的专门席位,有的案例中鉴定人与证人一起坐在旁听席,有一些案例法庭甚至临时找了一张椅子作为鉴定人的席位。目前,有的法院将鉴定人安排在证人的席位上,也就是与公诉人在同一侧,坐在辩护人的对面。这种做法在形式上令人感觉鉴定人是控方证人,与鉴定人客观中立的诉讼地位不相符。③ 有些鉴定人认为,以前我们不愿意出庭也有这个原因,坐在被告人一方,法官问姓名年龄时,像是在审犯人。④

从实用主义的角度分析,鉴定人的法庭位置必须满足司法经济与

---

① 参见张建伟:《法庭布局:诉讼文化的外在体现》,载《人民法院报》2012 年 3 月 25 日,第 5 版。
② 最高人民法院《关于法庭的名称、审判活动区布置和国徽悬挂问题的通知》第 2 条第 1 款规定:人民法院开庭审理刑事案件时,其审判人员、公诉人员、辩护人员及被告人的位置安排,暂仍按最高人民法院、最高人民检察院法(司)发〔1985〕11 号文件的规定执行。
③ 参见邹积超:《浅论鉴定人的法庭位置》,载《中国司法鉴定》2010 年第 1 期。
④ 参见刘长:《中国式专家证人出庭:公家不再垄断司法鉴定话语权》,载《南方周末》2013 年 7 月 4 日。

效率的基本要求。鉴定人在法庭上没有专门设立的席位,也是因为诉讼中鉴定人出庭的案例确实不多。设立一个不太常用的席位既没必要,也浪费法庭空间。由于鉴定人相当于就专门性问题发表意见,安排在证人席位比较合适,鉴定人的身份本属于诉讼参与人,而鉴定人在法庭上的席位安排却缺乏明确统一的规定,造成每次出庭因为法官的不同而做法不一。①

(六)鉴定人出庭产生的费用情况

有关鉴定人出庭的费用问题,目前司法实践中存在的争议主要集中在以下两个方面:一是鉴定人出庭作证产生的费用要不要补偿;二是鉴定人出庭作证产生的费用应当由谁承担。

对于鉴定人出庭的费用要不要补偿,鉴定人出庭的费用该给多少,其所应当参照的标准均没有细化规定。《刑事诉讼法》一方面明文规定,经过法院通知,鉴定人必须出庭作证,并且明确了鉴定人拒不出庭的后果,即鉴定意见不得作为定案的依据;但另一方面,因相关配套制度规定没有得到立法的跟进,比如法律没有对鉴定人出庭作证产生的交通、住宿等费用的补偿问题作出明确规定(鉴定人出庭的费用支付问题在2019年最高人民法院公布的《关于民事诉讼证据的若干规定》中有所规定),造成出庭权利与义务的不对等。随着异地委托鉴定的发展②,为克服地方人情关系的影响而舍近求远进行鉴定的情形增加,实践中跨区域鉴定的诉讼需求越来越大,鉴定人出庭作证的费用问题更加突出。对于一些路途遥远的鉴定人出庭费用很高,路途中耗费的时间也较长,如果不解决鉴定人出庭的费用问题而一味要求鉴定人出庭作证,恐怕难以更好地落实该制度。

有关鉴定人出庭作证产生的费用问题,我国民事诉讼、行政诉讼中存在相对具有针对性的法律规范。例如,2006年国务院公布的《诉讼

---

① 参见刘建伟:《论我国司法鉴定人出庭作证制度的完善》,载《中国司法鉴定》2010年第5期。

② 《全国人大常委会关于司法鉴定管理问题的决定》第8条规定:鉴定机构接受委托从事司法鉴定业务,不受地域范围的限制。

费用交纳办法》对鉴定人出庭费用作出规定，根据该办法第6条的规定，鉴定人在人民法院指定日期出庭发生的交通费、住宿费、生活费和误工补贴，由人民法院按照国家规定标准代为收取。目前，如何将鉴定人出庭作证的收费权落实到位是一个问题。但在刑事诉讼方面，可供参考的规定只有2009年国家发展和改革委员会、司法部公布的《司法鉴定收费管理办法》（已失效），该管理办法对司法鉴定收费的内容作了细化规定。根据该规定，目前司法鉴定人出庭作证的费用并不包括在司法鉴定收费范围之列。[①] 对于出庭作证产生的费用问题，该管理办法第13条进一步明确："司法鉴定人在人民法院指定日期出庭作证发生的交通费、住宿费和误工补贴，不属于司法鉴定收费范围，由人民法院按照国家规定标准代为收取后交付司法鉴定机构。"可见，鉴定收费所指向的鉴定工作内容仅仅是提供鉴定意见，而不包括鉴定人出庭，并且鉴定费用是由委托人向司法鉴定机构支付的服务报酬。具体而言，委托人可以是当事人，也可以是委托司法鉴定机构的公安机关、检察院和法院。如果不解决鉴定人因为出庭产生的交通费、住宿费、误工费等补偿，鉴定人出庭的积极性难以得到保证。对于异地委托鉴定的情形来说，耗费的路费和时间较大，这也是影响鉴定人出庭积极性的一个因素。

从域外制度比较的视野看，英美法系国家多强调专家证人出庭的义务，对鉴定费与专家出庭作证费进行区分。[②] 比如，英国将专家证人的收费分为两部分：一部分是完成专家报告所收取的费用；另一部分是出庭接受询问所收取的费用。[③] 美国将专家分为出庭作证的专家、非出庭作证的专家，前者不仅要撰写专家报告还要出庭作证。而且专家出庭作证时收取的费用通常比做准备、进行实验、撰写专家报告时收取的

---

① 《司法鉴定收费管理办法》第2条规定：司法鉴定收费是指司法鉴定机构依法接受委托，在诉讼活动中运用科学技术或者专门知识对诉讼涉及的专门性问题进行鉴别和判断并提供鉴定意见，由司法鉴定机构向委托人收取服务费用的行为。

② 参见李学军：《鉴定人出庭作证难的症结分析》，载《中国人民大学学报》2012年第3期。

③ 参见徐继军：《专家证人研究》，中国人民大学出版社2004年版，第16页。

费用更高。交叉询问中，因为专家证人出庭作证耗费了他们的时间，获取报酬并不被认为是出卖诚信。但如果专家在法庭上花费不成比例的时间，或者要求高额的费用，必然容易遭受质疑。① 而在大陆法系国家的德国，收取诉讼中也强调直接言词原则，鉴定人出庭是其接受委托鉴定时所附随的义务，因此鉴定人接受委托鉴定时收取的费用包括了他们之后出庭的费用。

鉴定人与专家辅助人出庭的费用相比较，由于鉴定人是接受司法机关指派或被聘请来对案件的专门性问题进行鉴定的，工作量比专家辅助人要多，鉴定人出庭的费用也应当比专家辅助人的标准略高，至少不能过分低于专家辅助人的标准，否则会造成其积极性低下的结果。但笔者调研发现，现实中专家辅助人出庭收取的费用不菲②，对于鉴定人出庭的费用，除侦查机关内设鉴定机构可以让鉴定人不收取费用出庭以外，其他在社会鉴定机构的鉴定人出庭一般要另外收取一笔费用，而且都以千元来计算，也是比较高的。笔者认为，这是由于鉴定机构接受委托鉴定时，已经收取了鉴定费用。而专家辅助人出庭的费用实际上包括了他们对鉴定意见进行质证所付出的劳动。

对于鉴定出庭作证产生的费用应当由谁来支付的问题，一种观点认为：由于鉴定人出庭作证是公诉方为打击犯罪维护社会稳定、完成举证责任而应承担的义务，鉴定人出庭产生的费用必须由司法机关来承担；另一种观点认为：鉴定人出庭产生的费用由申请鉴定人出庭的一方当事人承担。调查中，法官回答该问题时，最多的答案是法庭支付鉴定人出庭的费用，其次是不支付出庭费用，还有少数法官选择申请鉴定人出庭的一方支付。可见，由于立法疏漏，实践中对鉴定人出庭作证产生的费用如何支付存在差异。

---

① See James W. McElhaney, Expert Witnesses: Nine Ways to Cross-Examine an Expert, American Bar Association (1989).

② 目前有关的法律、法规对专家辅助人出庭的收费标准并没有进行明确规定，从部分有关专家辅助人技术服务机构的运作现状看，专家辅助人出庭的收费高低主要取决于专家的职称。例如，中级职称为5000元以上，副高职称为7000元以上，正高职称为10000元以上。资料来源于中冠专家辅助人网（http://www.zgzjfzr.com），访问日期：2020年12月20日。

四、鉴定人出庭作证制度的几点把握

（一）削弱专家证人制度法律移植的张力

鉴定人出庭制度追求的不仅仅只是象征性地让鉴定人出现在法庭上，而且还要通过完善质证程序，使鉴定人出庭的实质性作用落到实处，为法官采信鉴定意见提供更加充分的判断依据，否则鉴定意见的质证容易沦为"纸证"。通过上文的实证分析，鉴定人出庭作证能够发挥以下实质性作用：

第一，鉴定人出庭作证能够减少、消除诉讼双方对鉴定意见存在的异议，对避免重复鉴定有积极作用。在过去的司法实践中，由于鉴定意见的专业性强，控辩双方难以提出有效的质证意见，在控辩双方对鉴定意见的结果有异议的情况下，向法庭申请重新鉴定成为司法鉴定争议最主要的解决手段。但重新鉴定只是给当事人提供了另行鉴定的程序性救济，是否启动重新鉴定则是由司法机关决定的。即使司法机关启动了重新鉴定，第二次鉴定也未必能解决争议，反而可能引发更多的重复鉴定，最后造成法官面对多份鉴定意见不知如何取舍的尴尬局面。如果控辩双方对鉴定意见有异议并要求鉴定人出庭，在这种情况下，鉴定人就双方不理解的专业术语、不知情的鉴定过程作出解释和阐明，能够消除控辩双方对司法鉴定的无端揣测。例如，在肖某某故意伤害案[1]中，控辩双方对伤残等级鉴定存在争议，陕西中金司法鉴定中心的鉴定人出庭时解释了前后两次鉴定结论存在差别的原因——由于第二次鉴定时，被害人已经经过治疗并恢复了一年半，伤口已经逐步愈合了，控辩双方这才恍然大悟。

第二，鉴定人出庭能够让法官发现一些鉴定程序和方法存在的瑕疵，并通过控辩双方的法庭质证和鉴定人的回答发现鉴定意见存在的

---

[1] 参见陕西省西乡县人民法院（2012）西刑初字第00046号刑事附带民事判决书。

纰漏。由于鉴定意见是鉴定人在实验室里单方完成的,检材有没有被污染或者调包,其采用的鉴定方法、鉴定标准和鉴定手段并非控辩双方所能知悉,如果鉴定人对专业术语不加以解释和阐明,控辩双方难以通过手中的书面鉴定意见对其鉴定程序是否合法、规范作出判断。鉴定人只有就控辩双方的疑问进行回答,控辩双方才能发现鉴定意见程序上的瑕疵。例如,在念斌投毒案中,侦查机关指派的鉴定人以及被告人聘请的"有专门知识的人"均出庭作证,就鉴定意见的有关问题依次接受控辩双方的询问。庭审中双方对作为标样的质谱图(即检验数据的表现形式)是否为被害人的化验质谱图产生争议。最终,鉴定人承认,归档时把尿液的质谱图作为样本的质谱图归入档案,造成两份质谱图一样,由于文件名近似,又错将呕吐物的质谱图当作心血的质谱图归入档案。可见,鉴定人出庭能够澄清鉴定意见争议的事实,帮助法官发现鉴定意见可能存在的疏漏,避免事实认定发生连锁反应的致命错误。

第三,鉴定人出庭作证能够增强鉴定意见可采性审查认定的程序正当性。以往法官对鉴定意见可采性的审查认定常常依据鉴定机构的等级,认为级别越高的鉴定机构其结论就越准确。2010年最高人民法院、最高人民检察院、公安部、国家安全部、司法部发布《关于国家级鉴定机构遴选结果的通知》,指出国家级司法鉴定机构有利于及时解决多头重复鉴定、久鉴不决和鉴定意见"打架"等突出问题。虽然级别高的鉴定机构一般具有更雄厚的鉴定人队伍、更先进的仪器设备,且具备作出更可靠的鉴定意见的客观条件,但级别高的鉴定机构出具的鉴定意见被人为地赋予更高的证明力是有违科学精神的,无论级别高低,鉴定意见都必须经得起严格的推敲。从科学证据基本属性的角度分析,鉴定意见是鉴定人进行主观判断形成的证据,根据直接言词原则的要求,它必须通过法庭质证才能直接作为认定案件事实的依据。控辩双方难以透过书面的鉴定意见对鉴定程序是否合法作出判断,必须通过鉴定人出庭,对鉴定技术使用的标准是否统一、鉴定程序是否违法、鉴定方法是否科学进行质问,最终决定是否采信鉴定意见。相较于立法机械地规定哪些鉴定机构的鉴定意见具有更高的证明力,鉴定人出庭质证,由法官对鉴定意见进行自由心证的做法更加符合诉讼证明的规律。笔者对收集的案例进行分析得出,鉴定人出庭能够增强法官审查认定鉴定意见的程序正当性,对于鉴定人出庭的案件,其可以回答控辩双方提出的质疑,解释控辩双方对鉴定意见的疑惑,有助于法官甄别鉴定意见是否真实可靠,从而使他们对鉴定意见可采性问题的判断由原来的依靠鉴定机构的等级,转变为依据鉴定人出庭回答控辩双方提问的事实调查。

此外,鉴定人出庭能够对鉴定人已经完成的鉴定工作形成后续的监督。以前鉴定人认为只要出具鉴定意见,鉴定工作便大功告成,实际上鉴定人的工作才刚刚开始。鉴定人出庭使他们的前期工作必须接受同行评议,从而产生一种同行监督的评估机制,促使他们更加认真地完成鉴定工作。

(二)完善鉴定人出庭保障机制,保护当事人的对质权

当事人的对质权即与不利于己的证人进行对质的权利。从西方法治国家的经验看,当事人的对质权是一项基本的诉讼权利。所谓的对质,即被告与证人同时在场,彼此面对面互相质问。《公民权利和政治权利国际公约》第 14 条第 3 款第戊项规定了被告人享有对质的权利,有权讯问(询问)对他不利的证人,并使对他有利的证人在与对他不利的证人相同的条件下出庭接受讯问(询问)。美国的刑事诉讼法赋予了当事人这项权利,宪法第六修正案的组成部分"对质条款"规定,在所有的刑事诉讼中,被告人应当享有与不利于己的证人对质的权利。该条款的主要目的在于防止单方面的书面证言,要求当庭对质。因为在美国,法律人认为通过交叉询问行使对质权有助于保障对抗式刑事诉讼,提高证言的可靠性,有助于陪审团评价证人的可靠性和可信性。大陆法系国家在刑事诉讼中也同样注重对当事人对质权的保障。例如在法国,按照《欧洲人权保护和基本自由公约》第 6-3d 条的规定,任何被告人都有权询问对其有罪证词的证人。该公约对德国刑事诉讼产生了重要的影响。预审法官向各方当事人规定(对鉴定活动与鉴定报告)提出辩解意见或提出请求的期限,尤其是提出进行补充鉴定或反鉴定的意见或请求的期限。但我国当事人没有这一项权利。这造成了当事人的

对质权被忽视的结果。因此,完善鉴定人出庭的机制才能切实保护当事人的对质权。

如何完善鉴定人出庭的机制?根据上文的研究,笔者认为必须健全几个方面的制度。首先,司法人员应当尊重鉴定人,提升其出庭作证时的法庭地位。鉴定人作为向法庭提供专业技能服务的诉讼参与人,在诉讼中理应享有诉讼权利,受到法庭的尊重。因此,鉴定人出庭时,法庭应当给鉴定人安排合适的席位,在核对鉴定人个人信息时使用的语言、语气也要体现对鉴定人的尊重。其次,加强鉴定人出庭的人身安全保护措施。核对鉴定人个人信息时,涉及其家庭住址等的私密信息必须保密,防止给鉴定人的生活和工作带来安全隐患。在必要的时候还要为其提供人身安全保护措施,免除鉴定人出庭作证的后顾之忧,这样才能提高鉴定人出庭的积极性。再次,应当解决鉴定人出庭产生的费用问题。鉴定人出庭的费用可以由申请法院通知鉴定人出庭的一方支付,在司法经费允许的条件下,要逐步改为由国家承担鉴定人出庭的费用。最后,引入"有专门知识的人"参与庭审质证,与鉴定人展开讨论、辩论,从而提高鉴定意见质证的质量。自2012年《刑事诉讼法》第192条确立了"有专门知识的人"参与刑事庭审制度以来,鉴定人出庭时控辩双方质证的水平均有所提升,因此在有条件的情况下,应当尽可能同意"有专门知识的人"参与庭审。

(三)"以审判为中心"变革为契机推动鉴定人制度改革

在我国的刑事诉讼中,长期存在着被学者称为"案卷笔录中心主义"的问题,包括鉴定意见在内的许多书面案卷在侦查、起诉和审判程序中相对畅通无阻,并且对案件事实的认定具有某种决定力。[①] 其造成的危害也是可怕的,许多有瑕疵的鉴定意见得以"登堂入室",成为法庭认定案件事实的依据,以至于最终酿成冤假错案。党的十八届四中全会提出推进以审判为中心的诉讼制度改革,全面贯彻证据裁判规则,完

---

① 参见左卫民等:《中国刑事诉讼运行机制实证研究(二)——以审前程序为重心》,法律出版社2009年版,第191—195页。

善证人、鉴定人出庭制度。要进一步构建起庭审中心主义的诉讼构造，证据法上的具体要求就是要进一步贯彻证据裁判规则，强化法庭当庭对证据的审查判断，要求改变法院对案卷的书面审理，切断侦查阶段的案卷笔录对审判阶段的贯通性。

在推进以审判为中心的改革契机下，在鉴定人出庭的问题上要进一步完善鉴定人出庭作证的制度。侦查机关在调查取证的时候，大部分的鉴定意见是由侦查机关内设鉴定机构或者聘请其他司法鉴定机构完成的，这些书面的鉴定意见随着案卷进入后续的诉讼环节，同时在侦查中运用司法鉴定必须顾及诉讼效率、侦查工作的紧迫性等因素。此外，侦查机关担负着追诉犯罪的职责，当出现多份鉴定意见时，并没有告知犯罪嫌疑人所有的结论。在排查性侦查方面，例如 DNA 鉴定只需要有 7 个位点一致就可以作为同一性认定，采取 ABO 血型作为排查犯罪对象的方法。而到了审判阶段，如果法庭对鉴定意见进行书面审理，是很难发现其中的错误的。又比如，在内蒙古呼格吉勒图案中，侦查机关证明犯罪嫌疑人指缝余留血样与被害人咽喉被掐破处的血样完全吻合。这一鉴定意见在一审中被采信。直到启动再审程序时，法院才认定血型鉴定为种类物鉴定，不具有排他性、唯一性，不能证实呼格吉勒图实施了犯罪行为。[①] 以审判为中心客观上要求法院强化对鉴定证据的当庭审查。这就要求进一步突出法庭对与案件有关证据的庭审认证。

（四）降低鉴定人出庭的成本，提高其出庭的积极性

经济学家加里·贝克尔（Garys Becker）把"利益最大化动机"运用到了许多学科领域，他指出，经济分析的方法在政治和法律等领域内同样适用。[②] 如果投入的司法资源增加，诉讼中待处理的案件量也大幅度增加，而且超过了诉讼资源投入的增长率，就会造成诉讼资源的"相对

[①] 参见内蒙古自治区高级人民法院（2014）内刑再终字第 00005 号再审刑事判决书。

[②] 参见〔美〕加里·S.贝克尔：《人类行为的经济分析》，王业宇、陈琪译，上海三联书店、上海人民出版社 1995 年版，第 11 页。

恶化"。① 笔者通过运用一些原理分析当前鉴定人出庭作证的问题发现,不可能所有的案件都要求鉴定人出庭作证,必须考虑到鉴定人出庭作证会增加他们的工作量,且出庭耗费的时间会影响鉴定人的工作效率。如果增加鉴定人出庭的负担,将会在短期内使司法鉴定资源处于紧张状态。因此,也不能都要求鉴定人出庭。正是由于这些原因,2012年《刑事诉讼法》在二审草案中删除了强制鉴定人出庭的条款。如果一味要求鉴定人出庭,那么鉴定人在完成实验室里的鉴定工作之后,还必须参加庭审,接受控辩双方的质证。为了庭审质证的几分钟时间,鉴定人却要耗费大量的时间在路上。因此,今后的立法必须对鉴定人"有必要出庭"的情形进行具体化,通过上文的分析,笔者认为法官在决定鉴定人是否出庭时应考虑的因素有:①控辩双方对鉴定意见提出的异议有无根据;②有专门知识的人是否对鉴定意见提出质疑;③案件涉及定罪量刑的轻重程度;④鉴定人出庭耗费的时间;⑤案件的社会影响程度。鉴定人出庭的时间只有十几分钟到几十分钟,但为了这短短的时间却需要耗费路途时间,可以考虑在技术成熟的条件下,通过远程视频的方式缩小异地鉴定的难度。对此,笔者在调研中发现,法官认为鉴定人出庭的方式与证人相同,既然证人可以以视频方式作证,那么鉴定人也应当被允许以视频的方式出庭。至于鉴定人在法庭上的位置,也要符合诉讼的基本规律。

---

① 参见左卫民:《刑事诉讼的经济分析》,载《法学研究》2005年第4期。

第四章
专家参与庭审的角色定位与意见属性

一、问题的提出

自立法确立有专门知识的人参与庭审制度以来,这一制度在诉讼中得以应用。这项立法规定了有专门知识的人可以就鉴定意见发表意见,被认为是鉴定意见质证的辅助机制,该机制在林森浩投毒案、念斌投毒案、快播案等代表性案件中备受关注。① 随着近年来司法解释的颁布,这类"专家"被赋予的诉讼权利已然超乎诉讼法赋予他们的职能。长期以来,特别是自2022年以来,社会各界呼吁全国人大常委会启动《司法鉴定法》立法工作,同年,司法鉴定科学研究院主办了司法鉴定立法问题研讨会。在这一背景下,研究有专门知识的人参与庭审制度具有理论价值和现实意义:一是有利于规范司法鉴定意见的审查认证活动,强化鉴定意见质证,帮助法官对专门性证据进行实质性审查;二是有利于推进司法鉴定立法的理论研究,健全鉴定人和有专门知识的人出庭的程序规范;三是有利于突破我国证据法定种类的局限性,扩展专门性证据的外延。因此,专家参与庭审的角色定位与意见属性,是当前亟待解决的理论与实务问题。

---

① 我国《刑事诉讼法》和《民事诉讼法》使用的概念是"有专门知识的人",而学界常称之为"专家辅助人"或"专家证人"。从概念的内涵看,我国《刑事诉讼法》规定的"有专门知识的人"是指具有某方面专业知识或实践经验,足以对案件中涉及的专门性问题向司法机关发表意见的人;"专家辅助人"一般是依据《刑事诉讼法》第197条的规定,在庭审阶段辅助控辩一方,就鉴定意见提出意见的人;"专家证人"原指英美专家证人制度(expert witness),是基于实践或教育取得某方面专门性知识经验,向法庭提供专家意见的证人。本章将"有专门知识的人""专家辅助人""专家证人"称为"专家",是为简化表述,但不应理解为这类主体的意见就是权威的、可靠的。

二、专家参与庭审规范的文义解析

（一）专家是否需要有鉴定人资质

2018年《刑事诉讼法》第 197 条第 2 款至第 4 款规定，公诉人、当事人和辩护人、诉讼代理人可以申请法庭通知有专门知识的人出庭，就鉴定人作出的鉴定意见提出意见。法庭对于上述申请，应当作出是否同意的决定。有专门知识的人出庭，适用鉴定人的有关规定。其中，"适用鉴定人的有关规定"最容易引起理解和适用上的争议。《刑事诉讼法》没有明确规定有专门知识的人必须具备的条件，只是笼统地规定必须"具有专门知识"。2023 年《民事诉讼法》第 82 条规定："当事人可以申请人民法院通知有专门知识的人出庭，就鉴定人作出的鉴定意见或者专业问题提出意见。"可见，两大诉讼法均没有规定有专门知识的人必须具有鉴定人资质。

学界对有专门知识的人是否应当具有鉴定人资质提出了不同观点。其一，主张有专门知识的人必须具有鉴定人资质。例如，主张只有司法行政管理部门颁布的鉴定人名册中的鉴定人才有资格接受诉讼双方的委托，担任案件的专家辅助人。[1] 其二，主张专家不必具有鉴定人的资质。例如，认为专家"一般应当是具有相关专业知识和实践经验的专家，也不要求是具有某种职称、头衔的专家，只要是具有相应专业知识和实践经验的人都可以"[2]。其三，主张以鉴定人为主导，以非鉴定人为补充的折衷方案。[3] 需特别指出的是，全国人大常委会法制工作委员会（以下简称全国人大法工委）编制的《中华人民共和国刑事诉讼法释义》认为，有专门

---

[1] 参见汪建成：《司法鉴定模式与专家证人模式的融合——中国刑事司法鉴定制度改革的方向》，载《国家检察官学院学报》2011 年第 4 期。

[2] 孙谦主编：《人民检察院刑事诉讼规则（试行）理解与适用》，中国检察出版社 2012 年版，第 307 页。

[3] 参见朱华、王绩伟：《赋予"有专门知识的人"独立诉讼地位》，载《检察日报》2013 年 1 月 16 日，第 3 版。

知识的人出庭"适用鉴定人有关规定,主要是为了解决其出庭的诉讼地位等程序性问题,如回避、询问等,不包括适用全国人大常委会《关于司法鉴定管理问题的决定》有关其资质、处罚等实体性处理的规定"①。

《刑事诉讼法》第 197 条不要求有专门知识的人具有鉴定人的资质有一定合理性。首先,如果参照鉴定人的资质,通过司法行政管理手段对有专门知识的人进行端口前移的质量控制,即使可以从源头上保证专家具备一定的业务水平,进而提升其意见的可靠性,但这也不是这项制度设计的初衷。有专门知识的人是为辅助诉讼一方对鉴定意见提出看法,不同于重新鉴定,不必要求其必须具有司法鉴定人资质。其次,从方便当事人聘请专家协助对专门性证据进行质证的角度看,也没必要苛求专家必须是鉴定人。一般情况下,有专门知识的人要发现鉴定意见中的错误,消除鉴定意见对法官的影响,难免会站在鉴定人的对立面并与其针锋相对。如果要求其必须具有鉴定人资格,无异于要求其"拿着放大镜挑毛病"去否定同行的工作成果,这种做法会令许多专家对这种角色避而远之,加剧当事人聘请专家的难度。最后,从立法的文义解释角度也难以得出此类主体必须具有鉴定人资质的结论。诉讼法作为程序法,主要规范诉讼流程,其规范的对象是司法活动。而有关的实体权利义务应由实体法进行调整。2005 年全国人大常委会《关于司法鉴定管理问题的决定》虽然是我国诉讼法的法律渊源之一,但在性质上是我国司法鉴定管理的实体法。鉴定人必须具备的主体资格由司法鉴定管理制度规范,涉及鉴定人、鉴定机构的资格和司法行政管理等问题,不能将有专门知识的人"适用鉴定人的有关规定"扩大理解为这类主体必须同时符合司法鉴定人的资质条件,应当限制性地理解为适用鉴定人出庭的"程序性规定"。所以,不能认为鉴定人的资质必须同样适用在有专门知识的人身上。

(二)专家须具备的特定条件

目前的立法没有规定有专门知识的人必须具备的资质。实践中,法

---

① 王爱立主编:《中华人民共和国刑事诉讼法释义》,法律出版社 2018 年版,第 419—420 页。

官对当事人申请有专门知识的人出庭,也基本上不作形式审查。① 一方面,从保护被告人的对质权角度看,立法不应在被告人申请有专门知识的人出庭的问题上设置障碍,这是因为,对质权是被告人的基本权利,应当由被告人单方面启动和享有,任何人不得剥夺。保护被告人的对质权,实现控辩平等也是以审判为中心的应有之义。② 所以,法官应当尽量满足被告人对有专门知识的人出庭的申请。另一方面,虽然不必苛求有专门知识的人具备鉴定人资质,但也绝不意味着这类主体无须具备其他足以体现其专业知识或专门经验优势的条件。目前立法缺乏对这类主体条件的规制,乃至于实践中出现一些弊端。

第一,根据证据规则的证据法理论,有专门知识的人必须是有资格对专门性问题发表意见的专家证人,而不是普通证人。有专门知识的人出庭是向法庭就某专门性问题发表意见。之所以允许专家证人就专门性问题作出自己的主观判断,是因为其在某方面具有专门知识,有资格就专门性问题提供意见。根据证据法理论,证据规则可区分为普通证人意见规则和专家证人意见规则。③ 意见排除规则"是证人应就其所知觉之事实陈述,不得为意见之陈述"④。如果证人缺乏相关专门知识或专门经验,则应适用意见排除规则。有专门知识的人必须具有某方面的专业知识或经验,这是其意见具有可采性的前提。因此,合理界定专家证人的资格条件是有必要的。在这一点上,即使是对专家证人的资格设定了较为宽泛条件的英美等国家,也在立法和审判中设定了一定的门槛条件。例如,美国《联邦证据规则》第 702 条规定,因知识、技能、经验、训练或者教育而具备专家资格的证人,可以以意见或者其他的形式就此作证⑤,其较为宽泛地定义了专门知识,美国的证据法学家认为专家无须有"华丽"的学位或

---

① 参见左卫民等:《庭审实质化改革实证研究:以法庭调查方式为重点》,法律出版社 2021 年版,第 69 页。
② 参见张保生:《证据法的理念》,法律出版社 2021 年版,第 178 页。
③ 参见李学军:《意见证据规则要义——以美国为视角》,载《证据科学》2012 年第 5 期。
④ 蔡墩铭:《刑事诉讼法概要》,三民书局股份有限公司 2012 年版,第 21 页。
⑤ 参见王进喜:《美国联邦证据规则(2011 年重塑版)条解》,中国法制出版社 2012 年版,第 212 页。

资格证书,汽车技师、幼儿园教师,甚至吸食大麻的瘾君子都可能成为专家证人。但庭审法官作为"守门人"须对专家证人的可靠性进行审查。①在审前听证程序中,双方可就专家证人是否适格提出不同看法。当然,也不能因为有专门知识的人具有资质,就先入为主地认定其意见是可靠的。专家证人的意见还必须接受专门性证据可靠性方面的检验,例如,专家所依据的数据、方法、原理及其推理过程的可靠性等。所以,对有专门知识的人也要进行辩证分析,要求有专门知识的人须满足一定的资质条件,确保其具有就专门性问题发表意见的资格。

第二,有专门知识的人应该具有相关的专业技术职称、学历学位、实践经历等,从而为法庭审查其是否适格提供判断的依据。效仿鉴定人制度给专家辅助人颁发资格证书并没有想象的简单,不是通过立法就能一劳永逸。因为不同专门性问题涉及的专业差别很大,管理部门难以根据不同专业、行业的特殊性授予其资质。退一步讲,如果非要给专家证人颁发资格证书,将意味着需要建立一系列配套管理制度,包括资格考试制度、机构的行政管理制度、准入退出机制等。如果要设立一整套针对专家证人的管理制度,就意味着相关的管理部门需投入大量的人财物。所以,切实可行的方案是根据有专门知识的人在有关专业领域取得的专业技术职称、学历学位、实践经历等相对宽泛的标准,由法庭审查其是否具有专家资格并对某些专门性问题发表意见。比如,执业或退休的司法鉴定人员、专业技术职称人员、通过长期实践积累某方面经验的人员,可推断其具有某方面的专门知识,因上述主体既能体现专业性方面的优势,又能满足当事人的诉讼服务需求。

三、专家参与庭审的职能转变

(一)辅助质证是专家的基本职能

《刑事诉讼法》设立有专门知识的人参与庭审制度的初衷,在于为辅

---

① 参见〔美〕阿维娃·奥伦斯坦:《证据法要义》,汪诸豪、黄燕妮译,中国政法大学出版社 2018 年版,第 204—205 页。

助控辩双方对鉴定意见的质证引入外部技术力量,从而为法官审查认定鉴定意见提供更充分的依据。《刑事诉讼法》第197条对专家证人的职能规定仅用一句话概括,即"就鉴定人作出的鉴定意见提出意见"。而《民事诉讼法》第82条规定,"就鉴定人作出的意见或者专业问题提出意见"。此处规定的"专业问题"涉及对法条的理解,最高人民法院《关于适用〈中华人民共和国民事诉讼法〉的解释》(以下简称《民事诉讼法解释》)第122条规定,有专门知识的人出庭代表当事人对鉴定意见进行质证,或者对案件事实所涉及的专业问题提出意见。由此可知,此处的"专业问题"是由有专门知识的人提出的,而不是由鉴定人提出的,鉴定人提出的意见的规范表述应为鉴定意见。这意味着有专门知识的人除针对鉴定意见提出意见之外,还可就专业问题提出意见。在前者的情形下,有专门知识的人主要发表的是质证意见,而后者实质上是提出有关专门性问题的证据。该解释第123条还规定,当事人各自申请的具有专门知识的人可以就案件中的有关问题进行对质,更是明确双方聘请的专家可以在庭审中当面对质。

从这些规范来看,有专门知识的人在两大诉讼中的基本职能都是"对鉴定意见提出意见",但民事诉讼法的规定更为全面,除针对鉴定意见之外,有专门知识的人还可以对专业问题提出意见。诉讼中涉及的专门性问题种类纷繁,但司法鉴定意见只限定在法医类、物证类、声像资料类和环境损害类这"四大类",对"四大类"之外的专门性问题(例如司法会计、知识产权、房屋质量鉴定等),诉讼双方也会委托或聘请专家或专门机构出具报告。因此2021年最高人民法院公布《关于适用〈中华人民共和国刑事诉讼法〉的解释》(以下简称《2021年刑事诉讼法解释》)第100条规定,因无鉴定机构,或者根据法律、司法解释的规定,指派、聘请有专门知识的人就案件的专门性问题出具的报告,可以作为证据使用。该条从证据资格的角度明确了此类专门性问题报告的证据效力。因此,为确保诉讼双方对专门性问题证据质证范围的周延性,有专门知识的人提出的意见所针对的对象,除司法鉴定意见之外,还应包括就专门性问题出具的报告。从这个角度看,如果将2018年《刑事诉讼法》第197条修改为"就鉴定人作出的鉴定意见或专门性问题出具的报告提出意见",那么对专门性问题证据质证的范围就更广泛了。

(二)作证是专家的扩张职能

从最高人民法院公布的《人民法院办理刑事案件第一审普通程序法庭调查规程(试行)》(以下简称《法庭调查规程》)和《民事诉讼法解释》看,有专门知识的人的职能呈现出扩展的趋势。例如,这些司法解释都赋予其向对方鉴定人(或专家)发问的权利,《民事诉讼法解释》第123条还允许双方进行对质。同时,如果在诉讼中,双方当事人遇到"四大类"外的专门性问题,申请的都不是鉴定人,在形式上没有出具鉴定意见,此时就会出现有专门知识的人就对方出具的专门性问题证据进行质证的情形。

《法庭调查规程》相较于《刑事诉讼法》的规定而言,扩大了有专门知识的人的职能。这样一来,专家辅助人的职能被扩大至三个方面:一是协助己方就鉴定意见进行质证。这也是《刑事诉讼法》第197条规定的本意;二是可以与鉴定人同时出庭,在鉴定人作证后向鉴定人发问;三是对案件中的专门性问题提出意见。实践中,浙江省出台的文件规范了有专门知识的人的出庭程序①,有些法院在专家出庭的权利义务告知书中直截了当地写明:经审判长许可询问鉴定人,与鉴定人进行质证辩论。这些规定体现出有专门知识的人向专家证人转变的趋势。其变化主要在于:突破了限于刑事诉讼法列举的若干证据种类的限制,允许有专门知识的人就专门性问题提出意见,而这种意见又可作为证据。相当于在法定证据种类中增加新的类型,即"有专门知识的人的意见"。同时,这一规定也打破了刑事诉讼中由公安机关、检察机关、法院支配专门性问题证据取证程序的局面。因为被告人及其辩护人可通过向法庭申请有专门知识的人出庭,让其提供与控方鉴定意见结论相反的专家意见来支持有利于自己的事实主张。

这种质证方法使有专门知识的人呈现出模糊的职能角色,似乎是"具有技术专业背景"的辩护人。在确立这项制度之前,刑事庭审中是由诉讼

---

① 参见浙江省高级人民法院、浙江省人民检察院、浙江省公安厅、浙江省司法厅、浙江省财政厅《关于刑事案件证人、鉴定人及有专门知识的人出庭规定(试行)》。

双方针对鉴定意见进行质证的,《法庭调查规程》赋予了有专门知识的人辅助申请方对鉴定意见进行质证的职能,从而由专家实施原本由控辩双方实施的质证行为。另外,有专门知识的人可对专门性问题提出意见,不局限于对鉴定意见提出意见,这是对《刑事诉讼法》第 197 条规定的改进。专家辅助人的职能扩张是否具有合理性,如何理解专家辅助人对专门性问题提出的意见的属性,这些问题值得深入研究。

(三)专家职能转变引发的争议

有专门知识的人的诉讼地位究竟如何界定?实际上,这一疑问也一度让立法机关左右为难。民事诉讼中,2001 年最高人民法院公布的《关于民事诉讼证据的若干规定》(以下简称《民事诉讼证据规定》)起初引入民事专家辅助人制度时,鼓励各级人民法院引入"专家证人"并使其出庭说明专业性问题。① 而在刑事诉讼中,2011 年公布的《刑事诉讼法修正案(草案)》规定,公诉人、当事人和辩护人、诉讼代理人可以申请法庭通知有专门知识的人作为证人出庭,就鉴定人作出的鉴定意见提出意见。② 亦即,根据该草案的规定,有专门知识的人在诉讼中的身份是"专家证人",就案件的专门性问题发表意见。在 2012 年《刑事诉讼法》修改时,有学者提出,针对专家辅助人的职能定位和证据属性尚不明晰的问题,以及避免"法官在审查这类专家意见乃至适用整个非鉴定专家制度体系上的随意性",根本的解决方法就是"拓展'证人'在我国的含义,学习英美国家的'专家证人制度'使非鉴定专家以专家证人的身份参与诉讼,这样,专家所提供的意见也相应地成为证人证言,获得证据效力"③。最终,立法稿保留了"有专门知识的人"这一提法,因为这一术语多次出现于《刑事诉讼

---

① 例如,2012 年 4 月 19 日,四川省高级人民法院公布《关于知识产权案件专家证人出庭作证的规定(试行)》,对全省知识产权专家证人出庭作证进行规范。参见聂敏宁、邓岳利、王伟:《四川规范知产案件专家证人出庭作证》,载《人民法院报》2012 年 4 月 19 日。

② 参见《中华人民共和国刑事诉讼法修正案(草案)》,载全国人民代表大会官网(http://www.npc.gov.cn/zgrdw/huiyi/lfzt/xsssfxg/2011-08/30/content_1668533.htm.),访问日期:2022 年 4 月 10 日。

③ 龙宗智、孙末非:《非鉴定专家制度在我国刑事诉讼中的完善》,载《吉林大学社会科学学报》2014 年第 1 期。

法》中,人们对它已经相对能够接受。

或许由于这项制度是一种创设性的尝试,全国人大对"有专门知识的人"的职能定位与意见属性没有再作出具体的规定,因此 2012 年《刑事诉讼法》第 197 条对有专门知识的人的规定较为概括,但也因此衍生出许多亟待探讨和进一步明确的问题。例如,有专门知识的人可否和鉴定人同时出庭,如果根据英美专家证人的证据法原理,这一角色在庭审中通常无权向各方发问,只能被动地接受来自法官、诉讼双方的询问。① 另外,有专门知识的人可否对鉴定人进行发问,可否就鉴定意见之外的专门性问题发表意见。例如,林森浩投毒案中的专家证人主张被害人死于乙肝病毒。诸如此类的问题在之后逐渐暴露出来。现行司法解释对这个问题存在不同的规定,有些司法解释允许有专门知识的人向鉴定人质证。

刑事诉讼中的专家证人出庭在实践中存在哪些模式?归纳起来主要有两种模式。第一种模式是"背对背"模式,即专家证人和鉴定人轮流出庭,控辩双方和法官分别对他们进行发问。鉴定人被发问完毕后,退出法庭,辩方申请的有专门知识的人出庭,在回答了双方和法官的发问后退庭,鉴定人再次出庭,对有专门知识的人的意见进行合理解释。最后,控辩双方发表质证意见。② 这种模式实际上和英美的专家证人模式极为相似,通过向法庭申请通知专家证人出庭的方式引出对己方有利的专家意见。第二种模式则是"面对面"模式,即专家证人和鉴定人同时出庭,控辩双方可以对鉴定人、专家证人分别发问,同时,专家证人还可以直接向鉴定人发问。哪一种模式更适合我国刑事庭审的需要?实际上,从我国专家证人建立的初衷看,该制度更侧重于辅助诉讼双方对鉴定意见进行质证。《中华人民共和国刑事诉讼法释义》一书认为,这一制度"是为了加强对鉴定意见的质证、保证公正审判而增加的规定",由专家证人"根据其

---

① 对此,龙宗智教授与张保生教授的观点相反。龙宗智教授认为,在刑事诉讼中,可以让被告与被告、被告与证人(含被害人),以及证人与证人进行对质。参见龙宗智:《诉讼证据论》,法律出版社 2021 年版,第 141 页。而张保生教授认为,"让一部分专家去询问另一部分专家,等于在法庭上让证人去询问证人,这势必造成诉讼角色的混乱"。参见张保生、董帅:《中国刑事专家辅助人向专家证人的角色转变》,载《法学研究》2020 年第 3 期。

② 参见龙宗智等:《刑事庭审证据调查规则研究》,中国政法大学出版社 2021 年版,第 222 页。

专业知识，发现鉴定中存在的问题，如鉴定方法是否科学、检材的选取是否合适等，从而为法官甄别鉴定意见、作出科学的判断、提高内心的确信提供参考，是兼听则明的科学调查方式在刑事审判中的具体体现"①。可以看出，2012年《刑事诉讼法》增加的这一条款旨在加强控辩双方对鉴定意见进行质证的能力。正是因为控辩双方往往是司法鉴定的外行，所以由其对鉴定意见进行质证难免力所不及，往往无法切中要害。因此，才有必要让专家"辅助"控辩双方进行质证。而英美的专家证人模式建立在当事人主义诉讼模式的基础上，赋予了双方聘请专家证人的权利，实现了专门性证据的平等举证。另外，英美的专家证人和律师之间也有配合，专家证人可以在庭审前为律师如何质证提供技术咨询和策略。而在我国的职权主义模式之下，由官方启动认定专门性问题的司法鉴定，被告人及其律师聘请的有专门知识的人虽然试图推翻鉴定意见，但法官很少会直接根据"有专门知识的人"提出的意见认定专门性问题。从总体上看，法官还是倾向依据鉴定意见认定专门性问题。如果有专门知识的人对鉴定意见提出的质疑有理有据，有力地推翻了鉴定意见，这时候，有专门知识的人的意见实际上相当于一种辅助性证据，对鉴定意见的证明力起到"弹劾"的作用。

四、专家参与庭审的角色定位

（一）专家辅助人向专家证人发展的趋势

有学者分析指出，中国刑事专家辅助人向专家证人发展的趋势，实现这一转变的核心要求包括以下三点：一是实现鉴定人和专家证人诉讼地位的平等，实现专家证人意见和鉴定意见在证据效力上的平等。二是将质证职责交还给律师、检察官，加强公诉人、辩护人对鉴定意见进行质证的能力。三是加强公诉人、辩护人熟练运用交叉询问规则，对科学证据进

---

① 王爱立主编：《中华人民共和国刑事诉讼法释义》，法律出版社2018年版，第421页。

行质证的能力。①

这一观点对我国刑事专家辅助人制度发生的变化有所洞见,并从前瞻角度提出制度改革的发展趋势。从未来的发展看,这一方案具有制度建构的合理性。从目前立法的实然角度看,我国专家证人的职能定位与英美专家证人的职能定位存在根本的制度性差异。从未来改革的应然角度看,它能否向专家证人制度转变,仍然应当全面审视英美专家证人的制度土壤能否孕育我国的专家证人制度。民事诉讼中的有专门知识的人,实际上既包括辅助质证的人,也包括专家证人。我国刑事专家证人制度能否向英美专家证人模式转变,以下将分析现有的制约性因素。

(二)专家证人发展的制约性因素

我国的专家证人制度向英美专家证人模式转变,需要考虑以下制约性因素。

第一,英美专家证人制度建立在控辩平等取证的当事人主义诉讼构造基础上,难以移植成为我国职权主义诉讼构造之下的证据制度。英美当事人主义诉讼模式对抗制之下,刑事诉讼中的控辩双方均有权实现诉讼权利,被告人也有权聘请专家证人,专家证人是英美诉讼中控辩双方委托的具有专门知识、经验或技能的专家,可以就案件的专门性问题进行独立分析,甚至进行鉴定,在法庭上发表自己的意见或观点。专家证人可以接受被告人的鉴定委托,根据当事人提供或者自己收集的检材,就案件有关事实进行独立于控方鉴定人的司法鉴定活动,并据此发表意见。汪建成教授基于比较法考察发现,在英美法系当事人自治的诉讼格局下,当事人聘请的专家证人也能在合法范围内调查取证。② 因此,英美的专家证人有权获得与案件有关的检材,对检材进行鉴定并出具专家意见。从辛普森案中可直观地看到专家证人的上述特征,该案中,警察在收集证据之后,辛普森委托的专家证人李昌钰"建议在辛普森收押前搜集一些基本证

---

① 参见张保生、董帅:《中国刑事专家辅助人向专家证人的角色转变》,载《法学研究》2020年第3期。

② 参见汪建成:《专家证人模式与司法鉴定模式之比较》,载《证据科学》2010年第1期。

据","让在场的护士抽取一些辛普森的血液作为以后的对比样本,再从辛普森的头上抽取多根头发,并从他身体各处搜集皮肤、毛发样本"①,可见,专家证人的调查取证权是其提供专家意见的重要制度性前提。

而我国刑事诉讼采取职权主义诉讼模式,司法鉴定启动权牢牢掌控在公安司法机关手里,犯罪嫌疑人只有申请重新鉴定的权利,并无委托司法鉴定的权利。在这种诉讼制度之下,辩方是不可能从侦查机关处获得鉴定样本实施司法鉴定的。刑事专家证人也无法获取鉴定检材,难以充当英美辩方专家证人的角色。但在民事诉讼中,由于采取当事人主义诉讼模式,双方具有平等的举证、取证权利,如果一方单独聘请的专家证人出具专家意见,另一方当事人对此表示接受的,则专家意见可以作为证据使用。基于民事诉讼契约化的原理,诉讼外鉴定意见可以例外地根据当事人的合意转换为法定鉴定意见,当事人也有权将共同委托的诉讼外鉴定意见作为认定事实的依据。② 因此,民事诉讼中的专家证人制度不存在刑事诉讼中当事人无法收集专门性证据的问题。

第二,英美的专家证言不管代表控辩的哪一方,地位是平等的,接受证据可采性规则的审查认证后可成为定案依据。在美国的法庭审理阶段,控辩双方聘请的专家证人都要接受法庭调查。在庭前听证程序,法官根据《联邦证据规则》第 104 条、第 702 条的规定来判断控辩双方申请出庭的专家证人是否具有专家资格。一旦法庭根据专家的受教育程度、工作实践经验认为某个专家证人具有资格,其在庭上发表的意见就可以作为专家证言,成为事实裁决者评议案情的证据。英美专家证人制度是由诉讼双方通过交叉询问规则引出专家证言的,先主询问,后交叉询问,而不是直接由双方专家证人同时上法庭当面对质。美国法官根据弗赖伊规则、多伯特规则、《联邦证据规则》第 702 条等科学证据或专家意见的可采性规则对专家证言进行判断,认为具有相关性、可靠性的,则允许陪审团将具有可采性的专家证言作为裁决事实的证据。因此,专家证人发表的意见在英美法系国家被认为是专家证言,是一种具有证明价值的证据。

---

① 李昌钰、刘永毅、季树仁:《美国世纪大审判》,广西师范大学出版社 2007 年版,第 22 页。

② 参见曹志勋:《诉讼外鉴定的类型化及其司法审查》,载《法学研究》2022 年第 2 期。

根据我国司法解释的有关规定,目前刑事专家辅助人发表的意见实际上包括两类:一类是针对鉴定人作出的鉴定意见提出的意见;另一类是对案件中的专门性问题提出的意见。对此,官方认为刑事专家证人发表的意见不属于鉴定意见,缺乏鉴定意见的形式要件。代表性的观点和出处有二:一是有观点认为,有专门知识的人就鉴定意见所发表的意见是一种类似于鉴定意见的主观判断,但其不具有鉴定意见的形式要件,所以不属于鉴定意见的范畴……应当将其意见视为专业质证意见,视为申请方的控诉意见或辩护意见的组成部分。二是《中华人民共和国刑事诉讼法释义》一书指出:"提出意见本身不是重新鉴定,只是具有专门知识的人从专业角度对鉴定意见提出质疑意见,作为法官甄别证据的参考。"① 易言之,在最高人民法院大法官和全国人大常委会立法专家的眼中,刑事诉讼中有专门知识的人发表的意见并不属于鉴定意见,缺乏鉴定意见的形式要件。哪怕是同一名专家,若其以司法鉴定人的身份出具意见,则是鉴定意见,但若以专家证人的身份出具意见,则缺乏鉴定意见的形式要件。二者本质上都属于专家意见,或称专门性问题证据。

有学者认为,专家证人与鉴定人在是否服从司法行政管理、司法鉴定行业协会管理,和承担相关刑事、行政法律责任方面不同,因此这二类主体的意见不可等量齐观。② 也有观点认为,必须实现专家辅助人意见和鉴定意见在专家证言意义上的证据效力平等,否则"同一名专家,当他以鉴定人的身份得出专业意见时,其意见可以成为证据且往往被法官采信;而当他以专家辅助人的身份得出专业意见时,其意见却无法成为证据且常常不被法官采信"。"这种奇怪的现象主要根源于鉴定人和专家辅助人法律地位的不平等、鉴定意见和专家辅助人意见证据效力的不平等。要根除上述现象,唯有废除双轨制"。③

对此,笔者认为在专家辅助人意见证据效力的问题上,以上两种观点都

---

① 王爱立主编:《中华人民共和国刑事诉讼法释义》,法律出版社 2018 年版,第421 页。
② 参见陈如超:《专家参与刑事司法的多元功能及其体系化》,载《法学研究》2020 年第 2 期。
③ 张保生、董帅:《中国刑事专家辅助人向专家证人的角色转变》,载《法学研究》2020 年第 3 期。

承认有专门知识的人和司法鉴定人各自在管理体制、法律责任、诉讼权利等方面存在区别,但在有专门知识的人的意见是否与鉴定意见地位平等的问题上存在不同结论。在司法鉴定管理体制之下,鉴定人必须接受司法行政部门的登记管理,而有专门知识的人不受司法行政部门的约束,刑事专家证人也不属于《刑法》伪证罪的主体,收取的当事人的重金也不受司法鉴定收费标准的限制,完全是基于双方合意的收费,另外,专家证人还无权获得检材、参与鉴定,那么如何保证专家证人意见的真实性、可靠性。有鉴定人嘲讽,作为鉴定人,出具一份有错误的鉴定报告必然会引发法律后果,但专家证人即使出具具有偏向性,甚至虚假的意见也不会有法律后果,这种对专家证人制度的诟病反映出在权利义务和法律责任方面存在制度供给的不足。

是"中立性优先"还是"可靠性优先",两种不同的理念形成了不同的价值判断。一种理念认为,只有保证专家证人的"中立性"的法律品质,才能保证专家证人意见的真实性和可靠性。另一种理念认为,允许专家证人存在倾向性,这样才能维护好聘请方的利益,只要专家证人的意见具有"可靠性",有利于法官兼听则明,形成充分的自由心证就能达到制度目的。我国刑事诉讼立法采取哪一种理念?目前的《刑事诉讼法》体现出专家证人"中立性"优先的理念。参与立法的专家认为专家证人要遵从回避制度,可以看出立法机关对这一主体苛以"中立性"的要求,否则难以理解为何这类主体需要回避。但要让专家证人保持"中立性",又要让其辅助诉讼一方,是很难通过制度设计做到的。笔者认为,回避制度的适用对象只限于行使公权力的主体,由检察机关聘请的专家证人应当适用回避制度,但被告方聘请的专家证人无须回避。在允许专家证人存在倾向性的情况下,如何甄别其意见的"可靠性",可以通过质证来为法官提供判断依据。

五、专家参与庭审的意见属性

(一)专家意见属性需区分不同的情形

有论者认为,由《刑事诉讼法》第 197 条的规定可推知,立法机关将专家证人出庭提出意见的功能限于对鉴定意见挑毛病、揭瑕疵①,仅起到"弹劾"的作用。笔者认为,这一观点阐明了专家证人意见的作用,但还没有论及其意见属性;另外,"弹劾"体现的是辩方聘请的专家证人的立场,如果公诉人聘请专家证人出庭,往往是对控方出具的鉴定意见进行补强。另有学者提出,辩方申请专家证人出庭是为了对控方提供的鉴定意见进行质证,弥补律师在鉴定专业问题上的不足,在专门性问题方面发挥类似辩护人或诉讼代理人的职能,因此其意见不属于证据。② 正如林森浩投毒案中,法官在被告人聘请的胡法医发表意见后表明,胡法医所说的内容不属于《刑事诉讼法》规定的鉴定意见或其他证据种类,应该作为对鉴定意见的质证意见,不能单独作为定案依据。笔者在过去的研究中也根据《刑事诉讼法》的规定阐明专家证人针对鉴定意见提出的意见类似于辩护人在庭审中针对控方出具的鉴定意见等提出的辩护意见,虽能为法官查明事实提供依据,但不能据此认为辩护意见与专家证人意见就是证据。

  国内传统教科书对证据的定义存在不同表述,有"材料说""事实说""信息说",但不管哪一种学说,都承认证据是认定案件事实的"依据"。从这个角度看,有专门知识的人提供的意见对查明案件事实有证明作用,可以被作为认定案件事实的依据。另外,还可以从辅助性证据与实质性证据的关系角度对其意见属性进行界定。鉴定意见通常是实质性证据,而专家证人的意见如果可以证明案件事实本身,则其也可以被认定为实质性证据。如果其所证明的不指向案件事实,只是起到增强或削弱鉴定意见的可靠性的作用,则可以将其归入辅助性证据。实际上,除专家证人意见属于这类型的证据之外,刑事诉讼中还存在其他类似的证据,比如检察技术性证据专门审查意见③,虽然其不属于鉴定意见本身,但可以作为鉴定意见的旁证,在法官审查认证专门性证据时提供依据。

---

① 参见黄太云:《刑事诉讼法修改释义》,载《人民检察》2012年第8期。
② 参见樊崇义、郭华:《鉴定结论质证问题研究(下)》,载《中国司法鉴定》2005年第3期。
③ 例如,2018年最高人民检察院《关于指派、聘请有专门知识的人参与办案若干问题的规定(试行)》第9条规定了检察技术人员拟定询问鉴定人、其他有专门知识的人的计划,制定质证方案等职能。这实际上相当于检察机关指派、聘请专家可以提出技术性证据专门审查意见。

需要注意的是，有观点将专家证人意见的性质界定为对鉴定意见的质证意见，亦即证据法理论上的"证据的反驳"，主要的判断依据是《刑事诉讼法》规定的"就鉴定人作出的鉴定意见提出意见"。这一观点在司法解释颁布之前，也许符合《刑事诉讼法》的规定。但随着2017年《法庭调查规程》的实施，特别是从司法实践中的运作现状看，专家证人的职能已不再局限于对鉴定意见提出意见，还包括对鉴定人发问，以及对专门性问题提出意见。因此，以上观点只阐释了《刑事诉讼法》的规定，可能已经无法用来完整概括近年来司法解释实施以后专家辅助人意见的属性。

如何理解专家证人在履行这三项职能时各自的意见属性？笔者认为应当分情况进行分析。

第一，对鉴定意见提出意见在性质上是一种诉讼行为，是对证据真实性、关联性、合法性的反驳。该意见本身不具有证据能力。这是《刑事诉讼法》规定的专家辅助人基本职能，基于这一职能发表的意见，在性质上只是对鉴定意见的质证意见，因此其不具有证据法上的证据资格。例如，念斌投毒案中专家证人指出鉴定意见中的质谱图存在错误①，就属于这种情形，在该案中，有专门知识的人只是论证鉴定意见的错误，并没有提供证据。

第二，对鉴定人发问在性质上属于质证行为，其意见仍属于质证意见，不属于证据。向鉴定人发问是质证权利，是被告人的对质权，质证是诉讼一方对另一方证据的质疑，从而影响法官对案件事实内心确信的证明活动，质证是一种诉讼制度，也是一种诉讼权利。对鉴定人发问是公诉人、辩护人的诉讼职能，归根结底属于被告人的对质权，向鉴定人发问使得有专门知识的人可行使被告人的防御性诉讼权利，所以专家辅助人的意见仍属于对鉴定意见的质证意见。

第三，专家证人对专门性问题提出意见在性质上类似于举证行为，也就是在承认有专门知识的人的意见具有证据资格的前提下，有专门知识的人提出的意见相当于一种"反证"，即证明对方鉴定意见所证明的要件

---

① 在念斌投毒案中，辩方专家证人通过分析质谱图，认为公安的检验程序存在问题。参见何晓慧：《念斌为何被宣告无罪？》，载《人民法院报》2014年8月23日，第3版。

事实不存在的证据。特别是在民事诉讼中,被告方聘请的专家证人提出的意见更近似于"反证",只要让对方的证据体系产生动摇,就达到了目的。专家证人对专门性问题提出意见有别于对鉴定意见进行质证本身。例如,在林森浩投毒案中,胡法医提出被害人死于乙型肝炎病毒这一观点,已经超越《刑事诉讼法》规定的"对鉴定意见提出意见"的基本职能,而是在鉴定意见之外,提出与之结论相反的专门性证据——被害人死于乙型肝炎病毒。证据法理论认为,"反证"是能够证明一方当事人主张的某要件事实不存在的证据;而"反驳"是针对对方所提出证据的证据能力,发表辩驳质疑的意见,并进一步否定、减弱证据的作用加以证明的活动。依据这一法理,专家证人对鉴定意见提出意见只是一种起证据抗辩作用的"反驳",是针对控方鉴定意见的可靠性、真实性发表辩驳质疑的意见。而专家证人对专门性问题提出的意见,可以起到削弱鉴定意见的作用,类似于"反证",本质上是一种举证行为。

(二)专家意见与英美专家证言的异同

2017年《法庭调查规程》赋予有专门知识的人在刑事庭审中对专门性问题提出意见的职能,使得这项制度与英美专家证言具有近似之处。以往许多观点都将英美的专家证人等同于大陆法系国家的鉴定人。但如果作进一步的精确区分,英美专家证人不能简单等同于大陆法系国家的鉴定人,因为英美专家证人实际上包括了两类:第一类是参与实施了司法鉴定活动的专家证人,即通过获得涉案检材,实施司法鉴定活动,最终向法庭出具鉴定报告的专家证人。这种专家证人在性质上类似于大陆法系国家的鉴定人,都是实施司法鉴定活动的行为主体。第二类是没有参与实施鉴定活动的专家证人。这类专家证人并没有获得涉案检材,也不进行司法鉴定活动。例如,仅就一些医学问题回答双方提问的专家。美国《联邦证据规则》第702条并不要求专家证人必须做鉴定才能提供专家证言,也就是说专家证人根据专门知识向法庭提供的专业性意见也是专家证言。

可见,我国刑事诉讼中有专门知识的人对专门性问题提出的意见类似于以上第二类专家证人意见的性质。这种相似之处表现为:第一,有专门知识的人并不是基于对涉案检材的检验鉴定而得出意见。这点与英美专家证人中没有实施鉴定活动的专家相似。第二，有专门知识的人由于没有亲自实施有关案件的司法鉴定活动，其意见的可靠性可能无法与鉴定意见相同。

但我国有专门知识的人的意见与英美专家证言的不同主要在于：我国诉讼法对证据采取穷尽列举的方式，因此，在没有改变证据的法定分类之前，有专门知识的人的意见还难以归入既有的法定证据类型。而英美专家证人，无论是以上哪一种类型，其意见在英美证据法中都是"专家证言"，是与普通证人证言相并列的证据种类。

但如果我们适用英美专家证言的证据法理论，将我国专家证人意见视为与鉴定意见地位平等的证据，则可能面临许多方面的质疑：其一，鉴定人与专家证人的职业虽然可能都是执业司法鉴定人，但二者在选任资格、管理手段、法律责任等诸多方面大为不同，更不能将二者所出具的意见等同。我国是通过一系列司法行政管理、行业管理、法律责任等手段来保障司法鉴定质量的，而专家辅助人缺乏这些方面的基础质量控制机制，难以保证专家证人意见的可靠性，因此不宜将二者等同。其二，鉴定人是由公检法机关依职权指派或聘请，特别是在法院聘请的情况下，需要站在相对中立的立场上发表意见，而专家证人更多的是"依申请"，受雇于当事人一方，属于当事人的单方聘请，天然具有倾向性。其三，鉴定意见是我国法定的证据种类之一，而专家证人意见在诉讼法的相关规定中未归于任何法定证据种类，《民事诉讼法解释》中将意见"视作"当事人陈述，虽不能明确其具体属性，但同样意味着不同于"鉴定意见"。以上足以说明，不能将专家辅助人意见与鉴定意见画等号。

（三）专家意见是专门性证据的一种

我国诉讼法有关证据的种类采取法定主义，只有被法律明文规定的证据种类才具有"证据"的资格。在刑事诉讼中，证据法定主义的功能在于对司法权的钳制，禁止侦查权在法定证据之外取证，规制法官遵循证据裁判原则。但证据法定主义本身的不足在于，证据本身是诉讼中的稀缺性资源，由于立法的滞后性，一些具有证明价值的证据材料，因法律没有及时对其加以规定,无法作为认定案件事实的依据,充其量只能作为"侦查线索""参考",影响和制约了其证明作用。鉴定意见和有专门知识的人的意见显然具有更强的专业性。扩大我国鉴定意见的种类,将有专门知识的人对专门性问题的意见确立为法定证据种类,将这些具有证明价值的信息确定为证据,有利于进一步规范其庭上审查认证活动。

有专门知识的人的意见的属性在理论上存有争议、实践中存在困惑,到底如何界定其证据属性?依据证据"信息说"理论,有专门知识的人对专门性问题出具的报告,对某些待证事实有证明价值,有些则是作为鉴定意见的辅助性证据,起到增强或削弱鉴定意见的作用。在刑事诉讼中引入有专门知识的人对专门性问题发表意见,是为了引入对抗性的专家意见,以平衡控方出具的鉴定意见。在目前刑事司法鉴定启动权由公安司法机关掌控的情形下,引入对抗性的专门性证据,有利于法官审查认定鉴定意见的过程,做到兼听则明。正视其证据属性,从应然的角度赋予其证据资格是有必要的,否则专家证人制度就注定不能发挥其应有功效。

专家证人就案件有关专业知识、事实问题发表的意见具有证据属性,可把它纳入新的证据类型。理由如下:第一,从专家证人意见本身的属性来看,近年来的司法解释赋予了专家证人对案件中的专门性问题提出意见的权利,这种意见将成为法官认定案件事实考虑的因素,需要正视其证明价值。毋庸置疑,专家证人意见在不同程度上具有"专家证言""鉴定意见"的某些特征,比如都涉及对专门性问题的认定。第二,从证据审查认定的需要来看,有专门知识的人对专门性问题发表意见,会对法官认定事实产生影响,赋予其证据资格符合证据裁判原则的要求,这样才能通过法庭调查强化对专家证人意见的审查判断。证据是用于证明案件事实的材料。即使专家证人意见不能等同于事实,但是对于专业性较强的专门性问题,只有专家利用其专业知识或专门技能进行分析,向法庭表述出来,才能让裁判者对其有较为全面的认知和理解,对案件事实作出判断。第三,从控辩双方权利对等的角度来看,赋予专家证人意见证据资格可以对官方垄断的鉴定体制引入对抗性元素。实践中,专家证人没有获取鉴定材料的权利,无法接触检材,这会影响其意见的证明力,但不足以否定其意见的证据价值。因此从以上几个角度来看,有必要将"意见"确认为"证据",

可能的解决方案是在证据种类中增加"有专门知识的人的意见"。

六、结　语

　　我国专家证人制度是在职权主义诉讼构造下,官方主导司法鉴定制度,通过引入非鉴定专家形成与司法鉴定人并行的专家机制,有助于法官对案件专门性问题的认定兼听则明。近年来,司法解释赋予专家证人的职能突破了刑事诉讼法的相关规定,但最终还是要回归到刑事诉讼法中对运行成熟的制度加以巩固,因此其正处于改革发展的阶段,制度的有序运行缺乏保障。本章从刑事诉讼法及司法解释、司法实践等层面分析了专家辅助人的职能定位,厘清这层关系,为今后证据制度明确其职能定位进行分析,同时,针对专家证人意见属性存在的理论争议进行分析。笔者认为,司法解释赋予专家证人对专门性问题提出意见的权利,实际上赋予了专家证人意见一定的证据属性,这种意见也对法官认定案件事实产生影响,赋予其证据效力也是进一步规范专家证人制度的必要举措。厘清专家证人的职能定位,明确其意见属性,方能使该制度在法治的道路上行稳致远。专家证人具有倾向性,如何强化其职业伦理、行政管理和法律责任,以避免专家证人的消极因素,仍然有待今后进一步研究。

第五章
鉴定意见审查认证规则及配套机制的优化

一、引　言

随着科学技术在诉讼中的运用，鉴定意见在辅助司法人员明察秋毫的同时，也给审判人员提出挑战，鉴定意见涉及的专业知识超出普通人的常识，其审查认定一直是证据科学理论和实务的难点。鉴定意见的特殊性决定了其审查认定在遵循一般证据基本原理的同时，又必须尊重科学规律。由于人们对司法鉴定的认识存在差异，鉴定意见的审查认定较为薄弱，专家咨询制度、鉴定人和有专门知识的人出庭制度、司法鉴定标准化等综合配套机制不健全，使得法官在对鉴定意见的审查认定过程中，几乎对它们照单全收。一旦鉴定意见被赋予较高的证明力，鉴定人出庭就会流于形式，庭审质证沦为"纸证"，庭审认定走过场，以至于有错误的鉴定意见误导法官认定案件事实。呼格吉勒图案、张玉环案、张志超案等错案曝出的鉴定意见审查认定的差错，表明了优化审查认证规则的重要性。既往相关研究成果主要集中在：一是鉴定意见可采性的基础原理。① 二是域外的科学证据可采性标准，总结洋为中用的经验。② 三是鉴定意见审查认定的程序制度。③ 既往

---

① 参见何家弘主编：《刑事诉讼中科学证据的审查规则与采信标准》，中国人民公安大学出版社2014年版；陈瑞华：《鉴定意见的审查判断问题》，载《中国司法鉴定》2011年第5期；汪建成：《司法鉴定基础理论研究》，载《法学家》2009年第4期。

② 参见王进喜编译：《证据科学读本：美国"Daubert"三部曲》，中国政法大学出版社2015年版；张南宁：《科学证据可采性标准的认识论反思与重构》，载《法学研究》2010年第1期。

③ 参见胡铭：《鉴定人出庭与专家辅助人角色定位之实证研究》，载《法学研究》2014年第4期；陈如超：《专家参与刑事司法的多元功能及其体系化》，载《法学研究》2020年第2期。

研究较少对将审查认证与司法鉴定管理体制改革结合予以系统性关注。有鉴于此,研究如何系统性优化鉴定意见审查认证规则具有重要现实意义。本章结合代表性案例,针对鉴定管理体制改革、刑事诉讼中鉴定意见的可采性规则等展开分析。

二、鉴定意见审查认证规则的疏漏

鉴定意见的审查认证是一项系统性工作,其中司法鉴定管理居上游环节,审查认证规则处下游环节。近年来,我国司法鉴定管理体制改革存在的问题制约了鉴定意见的审查认证活动,突出表现在以下方面:

(一)鉴定管理权割据造成审查认证标准不统一

我国司法鉴定管理除司法行政部门登记管理之外,还存在公安、检察机关的管理,统一司法鉴定管理格局被割裂。公安、检察机关从部门利益出发对法律规定进行扩张解释,造成统一司法鉴定管理体制的目标被搁置的结果。从全国人大常委会公布的《关于司法鉴定管理问题的决定》的立法背景分析,该决定致力于扭转司法鉴定领域多头管理、重复鉴定的局面,确立了司法行政部门对鉴定主体登记管理的职能,同时取消法院内设鉴定机构,并限制侦查、检察机关内设鉴定机构接受委托鉴定的业务范围。但在执行中,这些规定逐渐走形变样。例如,公安机关、检察机关使内设鉴定机构绕开了司法行政部门的登记管理,并对鉴定委托范围进行扩大。一些地方侦查机关内设鉴定机构面向社会开展有偿服务,有的侦查机关在县医院门诊按比例收取鉴定费。有些地方法院在司法行政机关公布的鉴定名册之外制定鉴定机构名单,直接或间接管理司法鉴定。这些行为架空了全国人大常委会上述《决定》的有关规定。侦查机关内设鉴定机构在鉴定主体的准入资质、鉴定标准、鉴定程序方面与司法行政部门登记管理的鉴定机构不尽相同,造成鉴定意见审查认证的标准无法统一的结果,加剧审查难度。法律和司法解释制定机关对司法鉴定本质属性的认识、制定规则的立场有所不同,使得有些规定不协调,甚至存在矛盾。例如,最高人民法院、最高人民检察院、公安部、国家安全部、司法部《关于办理死刑案件审查判断证据若干问题的规定》第 24 条规定鉴定机构与鉴定人不具备法定资格和条件的,鉴定意见不能作为定案的根据。但由于具备法定资格的鉴定机构也无法穷尽所有鉴定类型,实践中经常遇到"四类外"专门性问题而找不到合适的鉴定机构的情况。2012 年《刑事诉讼法解释》第 87 条规定,在案件中的专门性问题需要鉴定,但在没有法定司法鉴定机构的情形下,检验报告可作为定罪量刑的参考。这实际上是最高人民法院以司法解释的形式拓宽法院认定专门性问题的途径①,但却突破了法定证据的分类,并使得定罪量刑"参考"与"证据"之间模糊,如涉及物价鉴定时多由发改委出具检验报告,这显然不是鉴定机构出具的,不属于鉴定意见,却可以作为定案的参考。《2021 年刑事诉讼法解释》第 100 条修改为,因无鉴定机构,指派、聘请有专门知识的人就案件的专门性问题出具的报告,可以作为证据使用。由"定罪量刑的参考"更改为"作为证据使用",体现出立法明确此类材料具有证据属性的态度。但这一条款也有问题,该条第 2 款规定这类报告的审查适用鉴定意见的有关规定,又表明它在性质上是"准鉴定意见",而不是鉴定意见本身。

(二)鉴定启动权的垄断造成鉴定审查认证缺乏平衡性

鉴定权垄断的格局,使得控辩双方通过司法鉴定发现真相的手段缺乏平衡性。职权主义诉讼构造之下,刑事诉讼中鉴定启动权由公检法机关主导,并且公安、检察机关系统内设有司法鉴定机构,正如熊秋红教授所言,我国的司法鉴定具有官方主导色彩②,在这种制度设计之下,被告人无法自行委托司法鉴定,只能向公安司法机关申请重新鉴定,无法在诉讼中自行启动司法鉴定。这种做法带来的弊病就是司法鉴定审查认证缺乏平衡性。比如在民事诉讼中,如果只有原告有权委托司法鉴定,而被告没有对等权利,就会造成双方在举证、质证上的不平等,容易使得法官审查

---

① 参见易延友:《证据法学:原则 规则 案例》,法律出版社 2020 年版,第 270 页。
② 参见熊秋红:《我国司法鉴定体制之重构》,载《法商研究》2004 年第 3 期。

认证鉴定意见时只听到一种声音。部分有权机关还会滥用鉴定启动权，对没有必要进行司法鉴定的事项故意委托鉴定，随意启动司法鉴定以变相延长侦查羁押期限。此外，有些机关会拒绝当事人申请启动司法鉴定的合理诉求，削弱了司法鉴定的公信力。《刑事诉讼法》设立有专门知识的人参与庭审制度(学界又称之"专家辅助人制度")，使专门性证据由公权力机关垄断的格局面临瓦解，专家辅助人呈现出向专家证人转变的趋势。但目前这类主体还无权接触检材、做鉴定，其地位、权利难以等同于鉴定人，其定位存在鉴定人、辩护人、证人等理论争议，使得相关制度的适用陷入困境。

有些规定缺乏健全的配套制度。例如，由于有专门知识的人的职能定位不清，立法规定这类人员可以就鉴定意见提出意见，但却不能对检验报告等其他技术性证据提出意见，使得鉴定意见质证对象的周延性缩小。另外，有专门知识的人的意见既然可作为法官审查认证鉴定意见的依据，又为何不属于证据。实际上，如果将鉴定意见作为主证，那么有专门知识的人的意见就是辅助证据。有专门知识的人无法和鉴定人一样平等地获取检材、实施鉴定，不承担伪证罪责，获得的报酬还高于鉴定人，如何保证其意见的可靠性是值得研究的问题。实践中，只要法官不愿采纳这类人员的意见，上述任何一条都能成为拒绝采信的理由。

(三)"四类外"鉴定管理缺位加剧审查认证难度

目前纳入司法行政管理的鉴定种类只限于四大类，其他类鉴定还不能归入司法行政管理。但是四大类鉴定不能完全适应诉讼制度和以审判为中心的改革要求，不能完全满足日益复杂化、专业化的司法活动对鉴定提出的要求。全国人大常委会《关于司法鉴定管理问题的决定》规定"四类外"司法鉴定由司法部同最高人民法院、最高人民检察院商议至今，只将环境损害鉴定纳入登记管理。而像司法会计、知识产权、价格估算等至今不属于"四大类"司法鉴定范畴。全国人大常委会认为不能由司法行政部门来管理"四类外"鉴定，应当由其各自所属的行业主管部门来管理，例如知识产权局、财政局等。"四类外"的鉴定事项由国务院司法行政部门、最高人民法院、最高人民检察院商议解决,处于司法行政管理的真空地带,一旦在诉讼中产生争议,当事人的投诉不在司法行政部门的受理范围内,申请重新鉴定又不容易获得司法机关的批准。上海市出台《司法鉴定管理条例》时,一度试图将"四类外"鉴定纳入司法行政部门管理的范围,但该想法因与上位法规定抵触而被打消。① "四类外"鉴定这一问题,不利于司法鉴定管理与使用的衔接,也不利于司法鉴定的审查认证。

从理论上来看,司法鉴定涉及的鉴定对象、鉴定内容涵盖各类专门学科、技术,只要诉讼中涉及某类专门性技术问题,就有可能借助司法鉴定来协助法官查明事实。但从我国现行法律规定来看,纳入国家统一管理的司法鉴定类别主要是四大类,即法医类、物证类、声像资料类、环境损害类鉴定。上述分类出于实践中的惯例,并未遵循严格的分类学标准,其中既有以学科作为标准的分类,又有以鉴定对象作为标准的分类。从对司法鉴定分类和管理现状的归纳来看,我国司法鉴定领域不同学科、不同鉴定对象所涉及的鉴定技术在发展成熟度、认知接受度、需求紧缺性方面存在较大的差异。制定指导司法鉴定意见证据审查认证的重要指导性文件,也需要一个简单、明确、具有操作性的司法鉴定分类标准,来清晰界定不同类型的司法鉴定意见。研制出一份科学、合理的司法鉴定意见分类表,是建立司法鉴定意见可采性规则体系的基础性前提。

(四)可采性规则薄弱造成审查认证流于形式

我国的鉴定可采性规则不完整,因此建构中国自主的证据可采性知识体系尤为紧迫。我国实行全部案卷移送主义,法官在庭前已接触鉴定意见等证据材料。我国在实践中,忽视证据可采性问题,强调证明

---

① 2019年上海市人大常委会专门就此问题向全国人大常委会咨询,回复称《关于司法鉴定管理问题的决定》并没有赋予司法行政部门对"四类外"鉴定机构的登记管理职权,它们本身存在管理部门,例如,物价鉴定归口发改委价格主管部门、工程质量鉴定归口住建部。因此,地方性法规将"四类外"鉴定机构或者鉴定人纳入司法鉴定登记管理的范围与上位法相悖。

力的问题①,鉴定意见可采性规则不完整,侧重鉴定意见的形式要件审查,忽视鉴定意见可靠性的实质要件审查。因此,司法解释确立的审查规则并没有把关联性、可靠性放在法官审查此类证据的重要位置上。在这种背景下,法官通常默认国家级鉴定机构的鉴定意见更权威,且最后一次鉴定结果具有终局性等,科层制的管理理念被不当地推及法庭科学领域。在传统观念中,鉴定意见被认为是借助科学技术手段发现真相的途径,被赋予较高的证明力。大部分法官认为,鉴定意见依据自然科学原理形成,具有较高的客观性,被直接采纳的情况居多,甚至把它作为确凿的证据去印证其他证据的真伪。法官对国家级司法鉴定机构、法院编制名册内的鉴定机构相对信赖,这加剧了鉴定意见庭审质证的虚化。

有些规定的操作性、合理性与逻辑性还存在较大的不足。例如,司法解释规定,当送检材料、样本来源不明或者因污染不具备鉴定条件的,鉴定意见不得作为定案的根据。鉴定意见检材的真实性成为鉴定意见作为定案根据的基本前提,这明显是我国证据制度的重大变化,表明立法已经获得一种新的理论认识,即"实物证据的鉴真是司法鉴定程序启动的前提和基础"②。但由于刑事诉讼法在侦查程序中对涉案物品的提取、保存、送检缺乏一套完整的取证规则,到了法庭上,法官也难以判断鉴定样本是否被调包、污染,很难将鉴定意见作为定案的根据。另外,受证据基本属性"三性说"理论的影响,《2021年刑事诉讼法解释》从合法性、真实性、关联性对鉴定意见审查作出规定,将关联性列为第8项。其实,关联性才是证据在逻辑上的本质属性,无关联即不可采,此时对前7项的审查便是徒劳。③ 这反映出我们忽视了关联性是可采性的前提这一证据法理。此外,司法解释既然允许用测谎鉴定来帮助审查、判断证据,却又不能把它作为证据使用,存在违反证据法理与逻辑之嫌。

---

① 参见最高人民法院刑事审判第三庭编著:《刑事证据规则理解与适用》,法律出版社2010年版,第50页。
② 陈瑞华:《实物证据的鉴真问题》,载《法学研究》2011年第5期。
③ 参见张保生、董帅:《中国刑事专家辅助人向专家证人的角色转变》,载《法学研究》2020年第3期。

三、优化鉴定意见审查认证规则应遵循的理念

(一)转变盲目崇信司法鉴定的旧理念

优化鉴定意见审查认证规则,需转变盲目崇信司法鉴定的旧理念,树立将司法鉴定降下神坛的新理念。1979年、1996年《刑事诉讼法》将鉴定意见表述为鉴定结论。司法实践中存在盲目崇信司法鉴定的现象,将司法鉴定视为可靠的证据,代替法官认定事实的复杂过程,"以鉴代审"的问题突出,其原因在于没有认清鉴定意见的主观本质属性。"对鉴定活动的本质属性存在认识偏差,混淆了鉴定意见与事实裁判的相互关系。"[①]事实认定权不应由鉴定人越俎代庖,法官才是事实裁决者。鉴定意见本身的专业性极强,法官不易理解,而相关的审查认证规则尚不健全,导致法官在无法理解鉴定意见原理和方法的情况下,选择"以鉴代审"规避责任。锚定效应的心理学理论认为,人们在面对不确定的信息时,往往会选择自己认为可靠的信息作为参照物。[②]然而,锚定在专家权威可信度基础上的鉴定意见未必可靠,权威本身不足以构成安全的锚点。锚定鉴定专家,一旦鉴定意见出错,事实认定必然跟着错。

2012年《刑事诉讼法》与2015年全国人大常委会公布的《关于司法鉴定管理问题的决定》表述相统一,将"鉴定结论"改称"鉴定意见",表明司法鉴定活动有别于事实的审查认定活动,鉴定人仅仅为法官认定案件提供证据,但不能僭越法官对事实和证据的审查认定。同时强化鉴定人出庭作证制度,确立有专门知识的人参与庭审对鉴定意见提出意见的制度,辅助法官审查认定鉴定意见,实现兼听则明。特别是根据司法解释的规定,当事人聘请的有专门知识的人不仅可以参与庭审质证,而且可以对

[①] 陈光中、吕泽华:《我国刑事司法鉴定制度的新发展与新展望》,载《中国司法鉴定》2012年第2期。

[②] 参见〔荷〕威廉·A.瓦格纳、〔荷〕彼得·J.范科本、〔荷〕汉斯·F.M.克罗伯格:《锚定叙事理论——刑事证据心理学》,卢俐利译,中国政法大学出版社2019年版,第219页。

案件中的专门性问题提出意见。① 这标志着刑事诉讼中"公权力垄断专业问题判断的传统格局在司法鉴定体制改革中正在逐步瓦解"②,表明对司法鉴定盲目崇信的理念惯性在冤假错案的血泪教训中已经逐步引起有识之士的反思。

(二)树立法官是鉴定意见"看门人"的理念

法官是鉴定意见"看门人"的理念是庭审对证据进行实质性审查的需要。法庭科学的运用对审判活动提出根本性的挑战。用于审查判断普通证据可靠性的传统方法难以适应审查鉴定意见的需要,尤其当面对冲突的鉴定意见时,法官更无所适从。据有关统计,鉴定意见平均采信率高达95%③,但另一事实却是部分冤案是因鉴定意见的错误造成的④。法官对鉴定意见基本全盘接受,其弊端显而易见,一旦鉴定意见出错,事实判断就会跟着错。在以审判为中心的改革背景下,必须改变庭审虚化的现象。实现庭审实质化,就必须通过质证,加强对鉴定意见等证据的审查认证,进而查明案情,防止冤假错案的发生,提高司法鉴定公信力。法官是审查认证鉴定意见的"看门人",也是由证据认证的主体理论所决定。认证是事实裁决者对庭审中经过质证的证据进行审查判断,依据经验常识、逻辑法则和法律规则确定其相关性、可采性、证明力和可信性等属性,并据以认定事实的活动。认证的主体是法官或陪审员,而不是科学家,鉴定人只能就案件的专门性问题进行主观判断,但对案件事实的认定则由法官依据证据裁判规则作出,鉴定人不得篡夺法官认定事实的权力,这与审判在政治上的正当性要求一致。易言之,审判是法官依据法律、证据进行的司法裁判,而不是鉴定人根据科学原理进行的科学裁判。

法官履行鉴定意见"看门人"的职责包括两点:一是,提高法官理解鉴

---

① 参见《人民法院办理刑事案件第一审普通程序法庭调查规程(试行)》第26条。
② 吴洪淇:《刑事诉讼中的专家辅助人:制度变革与优化路径》,载《中国刑事法杂志》2018年第5期。
③ 参见李松、黄洁:《5年10万份鉴定意见逾95%被采信》,载《法制日报》2010年9月30日,第2版。
④ 参见陈永生:《我国刑事误判问题透视——以20起震惊全国的刑事冤案为样本的分析》,载《中国法学》2007年第3期。

定意见的能力。诉讼中经常涉及法官所不熟悉的专门知识,由法官来判断鉴定意见是否可靠,就必须让鉴定人辅助法官理解专业知识。罗纳德·艾伦将审查认定专家证言的理念归纳为尊从模式、教育模式和对抗模式。① 其中,教育模式的本质就是要法官提高理解科学证据的能力,做好科学证据"守门人"。所以,树立法官是鉴定意见"看门人"的理念,进一步要求法官通过驾驭庭审质证,提高辨别鉴定意见可靠性的能力。二是,坚持开庭审查,让鉴定人或专家辅助人出庭,而不是书面审查。法官出于庭审效率的考虑,往往控制鉴定人出庭。许多法官认为,鉴定人出庭对帮助法官采信鉴定意见的作用较大。但法官对鉴定人出庭喜忧参半,既希望鉴定人出庭释疑,又担忧庭审冗长、诉讼拖沓,在案多人少的矛盾下法官更愿意选择书面审查的方式。此外,重新鉴定、庭外咨询专家成为鉴定人出庭的替代措施。② 强调法官对鉴定意见的理解,就要求质证围绕着它是否真实可靠的实质性问题展开,例如日本要求鉴定人在庭审中用口头或书面的形式报告鉴定结果,接受询问则不是简单地要求陈述准确记载,而且必须对鉴定的内容进行实质性询问。因此,法院和当事人要努力理解鉴定的内容。③

(三)破除专门性证据限于鉴定意见的认知局限

我国《刑事诉讼法》确立的法定证据分类中,鉴定意见专门指具备法定资格的专家或机构出具的书面意见,但是,非鉴定专家出具的书面、口头意见,则不是鉴定意见,不属于法定证据类型。这种证据分类具有历史上的原因,即我国法律受苏联法律影响较大,在证据分类上形成了与苏联基本相似但有所区别的分类方式。在职权主义诉讼构造下,在刑事司法中指派、聘请司法鉴定被认为是公安司法机关享有的职权,当事人不享有

---

① See Ronald J. Allen, Eleanor Swift and David S. Schwartz et al., an Analytical Approach to Evidence: Text, Problems, and Cases, 6th ed., Wolters Kluwer, 2016, pp. 772-773.

② 参见胡铭:《鉴定人出庭与专家辅助人角色定位之实证研究》,载《法学研究》2014年第36期。

③ 参见〔日〕松尾浩也:《日本刑事诉讼法》下卷(新版),张凌译,中国人民大学出版社2005年版,第95页。

启动司法鉴定的权利,所以当事人私下聘请的专家提供的意见不被法庭认可。将专门性证据限于鉴定意见的做法严重脱离审判实践,造成诉讼中大量的专门性问题因为找不到鉴定机构而不能将专家意见作为定案依据的结果。这样一来,在封闭式的证据分类体系中,就会造成许多属于专家意见,但又不是鉴定意见的证据材料无法获得法定证据资格的结果。因此,《2021年刑事诉讼法解释》明确在无鉴定机构的情况下,有专门知识的人的意见可以作为证据。但囿于《刑事诉讼法》还未改变封闭式证据分类的框架,这些规定存在牵强之处,例如,将有专门知识的人的意见、事故调查报告囊括于司法鉴定意见中,但实际上它们的概念和鉴定意见有所区别。

受这种观念影响,在司法鉴定的行政管理问题上,也将取得鉴定人、鉴定机构资质设定为自然人或法人从事司法鉴定活动的行业准入门槛。这固然是加强行政管理的手段,但毕竟诉讼中的专门性问题林林总总,司法行政管理只针对"四大类"鉴定,不能因为"四类外"鉴定主体没有法定资质就排除其意见的证据资格。① 非鉴定专家的意见不被赋予证据资格,会造成辩方难以在诉讼中引入平衡性的专家证据的结果,法官在专门性问题的判断上就失去了一次检验的机会。

四、鉴定意见审查认证规则的系统性优化

优化鉴定意见的审查认证规则是避免错误鉴定意见成为定案依据的举措,其核心是鉴定意见的关联性、可靠性、合法性三大要素,其中,可靠性则可借鉴法庭科学对"人机料法环测"这些影响质量要素的方法论,以此展开优化认证规则的逻辑体系。

(一)鉴定意见关联性规则

鉴定意见与案件待证事实没有关联的,不得作为定案的根据,对它的

---

① 参见李学军:《诉讼中专门性问题的解决之道——兼论我国鉴定制度和法定证据形式的完善》,载《政法论坛》2020年第6期。

关联性判断要求法官具有一定的经验和知识,特定情况下,还有必要让鉴定人解释鉴定意见与待证事实之间的关系。英美证据法将关联性作为可采性的前提,具有关联性的证据才具有可采性,无关联性的证据不可采。对关联性的判断通常不是由法律规定的,而要借助经验、逻辑。证据的相关性可从证据与待证事实之间的关系、事件的通常进程、其他证据事实、增加或减少争议事实存在或不存在的可能性等方面衡量。① 威廉·特文宁(William Twining)认为,一个证据与特征事实之间有无相关性,或者有多大的相关性,必须根据常识性概括作出判断。经验知识或常识在证据推论链条中的逻辑形式是概括,而概括是必要且危险的。② 例如,指纹鉴定的相关性建立在"每个人的指纹独一无二且终身不变"的经验之上,但这些概括可能存在以偏概全的风险。可采性理论包含关联性,可防止不相关的证据进入法庭,体现了效率的价值。为避免法官误将本身存在关联的证据排除,英美证据法创设了"附条件的相关性"理论,暂时赋予证据可采性,留到后续庭审质证环节再行判断。而大陆法系的证据法理论认为,"证据能力制度把没有证据能力的证据排除在判断对象之外,间接地保证自由心证的合理性"③。关联性决定证明力的大小,是证明力评价的范畴,其作用在于要求法官在评价证据、形成心证时遵循事物间的客观联系,以免不适当地排除有助于查明案情的相关证据,或者不适当地采纳不具有关联性的证据,而错误地认定事实。④ 可见,英美法系国家将关联性作为证据可采性的前提,无关联性的证据不可采。而大陆法系国家将关联性作为证明力的决定因素,关联性的强弱决定证明力的大小。

我国证据法理论对于关联性在证据规则体系中的位置存在分歧。一般认为《刑事诉讼法》第 50 条规定的"可以用于证明案件事实的材料,都是证据"体现出证据包含关联性的要素。⑤《2021 年刑事诉讼法解释》第 98 条第

---

① 参见齐树洁主编:《英国证据法》,厦门大学出版社 2014 年版,第 89—90 页。
② 参见〔美〕特伦斯·安德森、〔美〕戴维·舒姆、〔英〕威廉·特文宁:《证据分析(第 2 版)》,张保生、朱婷、张月渡译,中国人民大学出版社 2012 年版,第 346—379 页。
③ 〔日〕田口守一:《刑事诉讼法》,张凌、于秀峰译,法律出版社 2019 年版,第 448 页。
④ 参见陈光中主编:《证据法学》,法律出版社 2019 年版,第 144—145 页。
⑤ 参见王爱立主编:《中华人民共和国刑事诉讼法释义》,法律出版社 2018 年版,第 105 页。

(八)项规定"鉴定意见与案件事实没有关联的",不得作为定案的根据,则是以消极条件规定了定案根据的前提。鉴定意见必须具有关联性,即与待证事实之间存在证明关系。普通证据的关联性判断基于一般经验,但由于鉴定意见涉及专门知识,其关联性的判断往往超乎人们的生活常识,涉及自然科学领域的因果、逻辑关系判断。鉴定意见的关联性涉及专门知识,鉴定意见与待证事实之间的关联性判断是难点。实践中,不乏误将原本有关联的鉴定意见当作无关联予以排除的错案,也有错把无关联、弱关联的鉴定意见当作强关联予以认定的冤案。前者如张氏叔侄案中从被害人指甲缝中发现的他人皮屑组织的 DNA 鉴定意见,被认为无关联而排除①,后者如杜培武案的泥土鉴定被认为有关联性,其实泥土的同一性鉴定并无法证明杜培武杀人。所以鉴定意见的关联性判断尤其重要。

诉讼证明过程中不能单独、孤立地认定证据,一项看似与待证事实无关的证据,关联性却可能因其他证据介入而改变。② 罗纳德·艾伦认为,没有一个关于特定证据性事实是否与一个推论性事实相关的先验规则,完全取决于具体案件中事实认定者的知识范畴和当事人提供的证据。③ 对关联性的判断取决于事实裁决者经验法则的中间介质,通常这一中间介质包括知识库、生活经验。对鉴定意见的关联性进行判断,除一般经验之外,还包括专门经验。如果鉴定意见有无关联性的判断涉及专门经验,就有必要由鉴定人解释并分析关联性的大小。

(二)鉴定原理和方法的可靠性规则

鉴定原理和方法的可靠性是鉴定意见具有可靠性的关键因素。而鉴定意见的可靠性是可采性的前提条件。当某一类鉴定原理、方法根据反复的科学实验被认定为不可靠时,依据该原理、方法形成的鉴定意见即不具有可采性。例如,测谎鉴定方法还不够成熟,鉴定结果出现反复,所以

---

① 参见王雪迎:《检察官讲述"张高平案"翻案过程》,载《中国青年报》2013 年 4 月 3 日,第 7 版。
② 参见齐树洁主编:《英国证据法新论》,厦门大学出版社 2011 年版,第 67 页。
③ 参见〔美〕罗纳德·J. 艾伦:《艾伦教授论证据法(上)》,张保生、王进喜、汪诸豪译,中国人民大学出版社 2014 年版,第 125 页。

它不能作为证据使用。从域外实践看,英国 2020 年《刑事程序规则》第 19.4 条规定了专家意见的内容,其中包括法院需要判断专家意见是否可靠才能决定是否作为证据的要求。[①] 美国多伯特规则实质上也包括科学证据方法可靠性的标准。

鉴定意见的可靠性要求仪器设备或检测技术的有效性。仪器设备或检测技术必须能够达到检测的目的,否则就是无效的。因此,实验室应对所有影响鉴定结果的仪器设备制定监控措施,以保证仪器设备在鉴定过程中正常运行。例如,临床上,视力表是测试临床病人视力状况的有效方法,但是在法医学鉴定中,被检测人可能存在伪装视力障碍的故意[②],因此通过该项检测方法得出的鉴定意见是不可靠的。仪器设备或检测技术必须在鉴定标准体系中有所规范,它是影响鉴定结果可靠性的硬件因素。

鉴定标准是司法鉴定可靠性的质量保证,也是法官审查判断鉴定方法可靠性的指针。鉴定标准亟须由权威标准化组织研制。标准不统一会给鉴定意见的适用者带来困惑。以指纹鉴定为例,缺乏统一的指纹认定标准使得指纹鉴定意见可靠性判断的依据不足,鉴定人的经验性判断难以衡量。近年来,我国不断健全完善国家标准、行业标准与技术规范相衔接的鉴定标准体系,《司法鉴定行业标准体系》等 20 项行业标准的颁布,提升了司法鉴定的规范性、科学性和可靠性。以电子数据鉴定为例,技术规范对电子数据存证平台可采用区块链技术、校验技术、云计算和大数据技术等对电子数据的生成、收集、传输、存储和展示作出规定。[③] 这样既能对规范鉴定活动起到指南作用,也能对法官审查鉴定意见的可靠性提供依据。

(三) 检材的真实性、准确性和可靠性规则

检材是司法鉴定活动得以科学、客观地进行的物质条件。评价检材等有形证据,有三个重要属性必须加以考虑:真实性、准确性和可靠性。

---

① See The Criminal Procedure Rules 2020, (Feb. 6, 2023), https://www.legislation.gov.uk/uksi/2020/759/article/19.4/made#text%3Dexpert%20evidence.
② 参见朱广友:《论司法鉴定意见的基本属性》,载《中国司法鉴定》2008 年第 4 期。
③ 参见《电子数据存证技术规范》第 5.10 条。

鉴定人用于分析的鉴定材料必须是来源于案发现场的检材,只有满足司法鉴定对检材充分性、准确性的基本条件,才能保证鉴定意见的可靠性。最高人民法院、最高人民检察院、公安部、国家安全部、司法部公布的《办理死刑案件审查判断证据若干问题的规定》和《2021年刑事诉讼法解释》均对鉴定意见的可采性提出了检材真实性、准确性和可靠性的要求。这提示法官应严格审查鉴定样本真实性,从程序上倒逼取证,保证送检过程中检材保管链条的完整性。实践中出现过这样的案例,虽然司法鉴定证实DNA是被告人所留,但关键物证(沾有精斑的内裤)既未严格按照物证收集程序取证,也未制作照片并妥善保管,最终法院没有采信该DNA鉴定意见。①

实现检材等实物证据真实性的程序保障,必须通过建立严格的检材提取、保管、移送程序确保检材来源于案发现场,不存在替换、虚假或篡改。鉴真规则是实现这一功能的程序规则。确立检材鉴真规则有其必要性,许多国家的诉讼或证据制度中普遍确立了类似的规则。例如,《法国刑事诉讼法》规定,在将尚未启封的封存件送交鉴定人之前,预审法官或法院指定的司法官认为有必要时,进行清点,并在笔录中逐一列明封存件的件数。② 鉴定人对封存物件进行清点之后,应在其报告中有所记载,这种做法既能防止证据灭失,也能保证检材的真实性。美国《联邦证据规则》第902条(13)项也规定了电子数据鉴真的要求。在健全我国检材等实物证据的鉴真规则时,应当注意英美的鉴真规则旨在证明证据与待证事实之间存在关联性,而我国的鉴真规则旨在保证实物证据的真实性。

目前,鉴真规则在实践中存在一些困境。第一,较多地依赖笔录等书面证据去印证检材来源的真实性,而轻视办案人员出庭接受质证。这些笔录本身是侦查人员对其提取的实物证据的书面记载,记载内容的真实性难以分辨。③ 除非发现侦查取得的物证与笔录记载的内容存在明显的

---

① 参见最高人民法院审判指导参考案例"王维喜强奸、侮辱尸体案"。
② 参见《法国刑事诉讼法典》,罗结珍译,中国法制出版社2006年版,第165页。
③ 参见陈瑞华:《实物证据的鉴真问题》,载《法学研究》2011年第5期。

矛盾①,否则法庭很难通过书面记载的印证对实物证据的鉴真发挥实质性作用。第二,由于我国尚未建立直接言词原则,影响了鉴真制度的有效实施,以往的司法解释缺乏可操作性。例如,法官很难对检材的真实性和同一性进行有效鉴别。确立检材鉴真规则必须落实规则的可操作性。我国刑事涉案财物缺乏严格的保管规则,实务部门反映涉案物品移送保管不严,涉案物品管理存在薄弱环节。有专家指出,涉案物品在办案机关大量积压。② 办案人员出于风险考虑,不愿接管贵重物证。因此,有必要畅通公检法对涉案物品的衔接机制,建立集中管理、统一处置、全流程节点监管体系。在鉴定委托环节有条件的情况下,通过检材备份保存、提取过程录像等,保证保管链条的完整性,另外,要禁止办案人员在补正环节中对笔录等书面记载的篡改,完善有关提取、保管、移送责任人员出庭作证的规则,保护关键物证保管链条的完整性。

鉴定意见的可靠性包括鉴定材料的充分准确和质量可靠。以指纹鉴定为例,一般经验认为,指纹是人类基因遗传密码的体现,每个人的指纹都不同且终生不变,所以长期以来都认为指纹鉴定是可靠的。但为什么许多冤假错案中却发现指纹鉴定不可靠?因为指纹同一性判断的主观性大,即使是同一人的指印,也可能由于受力不同而产生变形,无法辨认是否同一。DNA 鉴定常被认为适合于精确同一性认定的鉴定方法,但如果 DNA 的收集、实验室检验、解释等方面存在样本混合、替换或污染,则可能导致误读。因此,严格参照有关鉴定标准收集可靠的检材,才可以保证鉴定意见的可靠性。

(四)鉴定主体资质适格性规则

鉴定主体资质适格性规则是指鉴定意见的生成主体,即鉴定机构和鉴定人必须具有对某专门性问题发表意见的资格,这是鉴定机构和

---

① 例如,杜培武案的泥土鉴定样本,并没有在笔录中记载其来源。又如念斌投毒案中检材送检时间与检验鉴定委托记载的时间相矛盾。参见福建省高级人民法院(2012)闽刑终字第 10 号刑事附带民事判决书。

② 参见李玉华:《论独立统一涉案财物管理中心的建立》,载《法制与社会发展》2016年第 3 期。

鉴定人从事司法鉴定活动的前提条件,也是确保鉴定意见可靠的主体因素。同时,也要避免片面认为只要鉴定机构和鉴定人主体适格,其出具的鉴定意见就是可靠的。主体适格只是鉴定意见可靠的充分非必要条件。由于诉讼中涉及的专门性问题纷繁复杂,远超"四大类"的范畴,对于鉴定主体的适格性问题,应当注意"四大类"和"其他类"鉴定主体的区分情况。司法行政部门要加强对应当实行登记管理的鉴定事项的管理,严格把握鉴定主体准入标准,健全淘汰机制。法院要根据审判工作需要,规范鉴定质证程序,加强审查判断鉴定意见的能力。二者要建立常态化的沟通协调机制,开展鉴定人名册编制,加强对鉴定人执业资格的信息共享。

对于其他类鉴定的适格性问题,司法行政部门认为,虽然诉讼中涉及的专门性问题层出不穷,但是从现实的角度看,将所有的鉴定事项都纳入统一管理体制既不必要也不可能[①],全国人大常委会也认同此观点,如果需要对专门性问题进行鉴定,而登记范围内的鉴定机构、鉴定人不能进行鉴定的,可以由登记范围外的技术部门或人员进行鉴定。[②] 所以,《关于司法鉴定管理问题的决定》没有赋予司法行政部门对其他类鉴定进行登记管理的职权,而是采取了授权机制。但是其他类鉴定事项在诉讼需求和行政管理上的矛盾日趋强烈[③],司法行政管理主要通过与最高人民法院、最高人民检察院商议纳入统一管理体制。从满足诉讼需求的角度看,相关行业的技术鉴定主管部门依法具有行业管理和指导职能,相关部门已建立职业准入办法、职业资格制度和管理办法[④],这些可为法官判断其他类鉴定主体是否适格提供依据。不能因为"四类外"的鉴定机构和鉴定人出具的鉴定报告因为主体没有经过司法行政部门的登记管理,或没有鉴定资质,就排除其证据资格。

---

① 参见霍宪丹:《让科技为正义说话——从建立到健全统一司法鉴定管理体制的改革探索与若干思考》,载《中国司法鉴定》2020年第5期。
② 参见《全国人民代表大会常务委员会关于司法鉴定管理问题的决定》第2条。
③ 参见邓甲明、刘少文:《深入推进司法鉴定管理体制改革创新发展》,载《中国司法》2015年第7期。
④ 参见霍宪丹:《司法鉴定管理概论》,法律出版社2014年版,第20—21页。

根据司法解释,有专门知识的人还可以对案件中的专门性问题提出意见①,需要从实务的角度对专家资格进行明确。非鉴定专家的资质不明,"四类外"的鉴定主体资格缺乏鉴定人的资质证书,也不存在登记或备案形成的专家名册。因此,在鉴定人、检验人、多元化的有专门知识的人尚未整合的情况下,应当赋予法官在庭上审查专家主体资格的裁量权。同时,应当更新理念,特别在对"四类外"的鉴定意见依据主体适格规则审查时,应当摒除根据专家有无司法鉴定主体资质证书判断其意见有无证据资格这一简单粗暴的方法,应针对专家意见证明力的核心展开审查判断,不以"帽"取人。② 鉴定机构能力和规范程度,例如,是否通过实验室认可或资质认定,是否参加能力验证及其结果是否满意,行政质量检查结果如何。需要司法鉴定管理与使用衔接机制发挥信息沟通的作用。此外,既往鉴定意见的采信情况和鉴定人的职业操守也是法院应考虑的内容。

(五) 鉴定意见排除规则

排除规则主要从消极的角度规定鉴定意见的证据资格。我国证据制度主要借鉴了大陆法系的证据法理论,以证据能力、证明力为证据属性的理论得到了我国立法的肯定。德国法关于证据能力的理论,主要按程序禁止与证据禁止的法理加以限定。前者是证据搜集与调查的程序性条件;后者是关于证据资料可被利用加以认定事实的条件,以直接审理主义为其基本。③

排除规则旨在维持证据在法律上的资格。鉴定意见排除规则通常适用于违反鉴定启动程序、回避制度及其他严重违反程序规定的情形。一是鉴定启动程序违法。未按照法律规定进行委托、指派、聘请鉴定机构实施鉴定活动的,鉴定意见原则上不具有可采性。由于刑事诉讼法赋予公检法机关鉴定的启动权,当事人无权启动司法鉴定使得控辩力量明显失衡,辩方参与权利过小,亟待通过改革赋予辩方向法院申请启动鉴定的权利,而不仅仅是

---

① 参见《人民法院办理刑事案件第一审普通程序法庭调查规程(试行)》第27条。
② 参见李学军:《诉讼中专门性问题的解决之道——兼论我国鉴定制度和法定证据形式的完善》,载《政法论坛》2020年第6期。
③ 参见陈朴生:《刑事证据法》,三民书局1992年版,第178页。

申请重新鉴定或补充鉴定的权利。① 可借鉴俄罗斯的做法,将涉及死因鉴定、毒品鉴定、精神病鉴定等鉴定事项作为强制启动鉴定的情形。但是在改革之前,在刑事诉讼中,违背规定自行委托鉴定机构出具鉴定意见的,该鉴定意见原则上不具有证据能力。实践中,存在这类争议,即检察机关依据侦查监督职能委托鉴定②;在部分申诉案件中,当事人已服刑完毕仍然认为原鉴定有误,便自行委托鉴定推翻原有鉴定意见,并作为向法院申诉的材料。如何认定上述鉴定意见的证据能力,按照启动程序要求,这类证据到了审判阶段将不具有可采性。二是鉴定人违反回避制度。鉴定人没有回避,这与客观、中立的鉴定原则相悖,有损司法鉴定程序的正当性。三是其他严重违反程序法的情形。鉴定意见要确立哪些排除性规则,各国法律规定了不同的程序性要求。我国《刑事诉讼法解释》确立了鉴定程序违反规定、鉴定人拒不出庭情形的排除规则。这种排除规则的主要目的是形成一种倒逼机制,促使鉴定人履行出庭的义务。从目前提高鉴定人出庭率的功能看,将其作为证据能力规则具有相对合理性。但从长远看,不应一概排除拒不出庭的鉴定人的鉴定意见的证据资格。

五、鉴定意见审查认证规则综合配套机制的优化

(一)完善专家咨询制度

现行立法确立的专家咨询制度主要包括三类:一是司法技术辅助机构制度。2007年最高人民法院设立司法技术辅助工作部门,供各级法院和专门法院委托咨询解决专业性问题,包括对多个鉴定意见有不同或矛盾,法官如何从科技角度取舍或采信鉴定意见。③ 实践中这项制度运用极

---

① 参见樊崇义、陈永生:《我国刑事鉴定制度改革与完善》,载《中国刑事法杂志》2000年第8期。
② 参见广东省汕头市中级人民法院(2013)汕中法刑一终字第56号二审刑事裁定书。
③ 参见《最高人民法院技术咨询、技术审核工作管理规定》(法办发〔2007〕5号)第2、10、13条。

少。二是技术调查官制度。该制度辅助知识产权民事、行政案件的审理，以满足法官咨询专家的需求。法院指派技术调查官参与知识产权案件诉讼活动、提供技术咨询。① 三是司法鉴定专家委员会制度。例如上海、重庆等地司法鉴定管理条例规定，办案机关可以委托"司法鉴定专家委员会"对重大、疑难、复杂的技术问题提供咨询意见。上述不同专家都向法院提供专门性问题的咨询，实践中也一直在运作。

以上制度存在的争议是不同种类专家咨询意见性质的界定。要注意咨询意见不是原生性的证据，这类专家在主体资格、检材获取方面并不等同于鉴定人，其意见可辅助法官理解鉴定意见，但不能越俎代庖，否则会违背证据裁判原则。另外，应加强此类机制的运行监管，有学者担忧这类专家的科研和实践能力因不从事鉴定活动而受到限制、弱化。② 技术调查官属于审判辅助人员，应视作法官的助手，其职能是辅助法官理解，而不是出具鉴定意见。司法鉴定专家委员会虽由鉴定人组成，但在性质上不是鉴定机构，无权制作鉴定意见。至于这类专家的意见能否代替鉴定意见，法官对他们的意见不应完全遵从，而必须参考教育模式，借助专家理解双方对鉴定意见的分歧。但实践中存在法院委托司法鉴定专家委员会进行司法鉴定的做法，例如最高人民法院公报的案例中便存在这一做法③，该做法有违立法本意。

在鉴定意见采信问题上，美国的法庭聘请专家制度诞生于对抗制背景下，专家为法官采纳科学证据提供相对中立的意见。这项制度的本意是防止对抗制下专家证人误导法庭认定科学证据，但其实施效果堪忧，主要原因是和对抗制的理念不符。法庭聘请专家可能会产生第三种鉴定意见。日本学者谷口安平认为，最根本的原因恐怕在于历史形成的当事人对抗制的信仰，以及助长这种信仰的庞大律师队伍的存在。④ 美国联邦司

---

① 参见最高人民法院《关于技术调查官参与知识产权案件诉讼活动的若干规定》（法释〔2019〕2号）第2条。
② 参见郭华：《论鉴定结论审查模式的选择——从最高人民法院一项"管理规定"说起》，载《法学》2008年第5期。
③ 参见《陆红诉美国联合航空公司国际航空旅客运输损害赔偿纠纷案》，载《最高人民法院公报》2002年第4期。
④ 参见〔日〕谷口安平：《程序的正义与诉讼》，王亚新、刘荣军译，中国政法大学出版社1996年版，第266页。

法中心的研究人员做过一项实证研究,他们对联邦法院实施法庭聘请专家制度进行调研,发现法官极少启动这项制度,主要有以下两个原因:一是许多法官认为法庭聘请专家是极不寻常的。二是许多法官认为对抗制之下,法庭聘请专家会侵犯当事人的权利。① 因为在弗赖伊规则之下,法官只需要遵从专家意见,多伯特规则要求法官承担科学证据可靠性把关的职责,而法庭聘请专家制度要符合教育模式的要求。另外,法庭聘请专家辅助法官理解、解决技术问题,法官才能有理有据地解决鉴定意见的可采性问题。但法庭聘请的专家也会有门户之见,当这种偏见无法克服时,专家必须阐明立场,以便法官判断另外的可能性。在解决鉴定意见采信难题的建议中,英国有学者主张借鉴美国法庭聘请专家制度,认为减少对抗制扭曲的最为明显的方法就是效仿这项制度。② 但也遭到反对,反对观点认为,诉讼中一旦建立法庭聘请专家制度,就会挑战对抗制当事人主义,且不论法庭聘请专家的名册偏见,仅就专家选择而言,将不可避免地引起争议。③ 我国在完善专家咨询制度时必须从美国法庭聘请专家制度中汲取经验教训,避免重蹈覆辙。

(二)适度改变公权力垄断鉴定的局面

我国刑事诉讼采取职权主义模式,其中的司法鉴定为公权力垄断。侦查机关还设有内部的鉴定机构,法院在审查认定鉴定意见时难以兼听则明。鉴定人出庭的证据法原理在于争议性鉴定意见须接受质证,以辅助法官形成心证。但由于缺乏专业知识,辩方无法对鉴定意见展开有效质证。为提高质证效果,2012年《刑事诉讼法》第192条确立了有专门知识的人出庭制度,辅助诉讼双方质证,使辩方有能力提供"弹劾"意见,让法官听到对鉴定意见的质疑声音。如今,这项制度的功能定位正在发生变化。2012年《刑

---

① See Joe S. Cecil, Thomas E. Willging, Accepting Daubert's Invitation: Defining a Role for Court-Appointed Experts in Assessing Scientific Validity, 43 Emory Law Journal 995 (1994).

② See John Spencer, Court Experts and Expert Witnesses: Have We a Lesson to Learn from the French? Current Legal Problem, 1992, p. 213.

③ See Paul Roberts, Adrian Zuckerman, Criminal Evidence, 2nd ed., Oxford University Press, 2012, p. 502.

事诉讼法》只赋予这类人员"就鉴定人作出的鉴定意见提出意见"的权利,如今司法解释已扩展至就鉴定意见进行质证、向鉴定人发问,并对案件中的专门性问题提出意见。① 有专门知识的人的意见属性应如何看待?在林森浩投毒案中,有专门知识的人对被害人死因的判断曾引发争议。而在另一些案件中,这项制度对打破侦查控诉方垄断的司法鉴定体制,提高鉴定意见公信力有所帮助,如在念斌投毒案中,有专门知识的人最终推翻了鉴定意见。可见,这项制度在一定程度上改变了司法鉴定被公权力垄断的局面,并对法官审查认定鉴定意见产生实质性的影响。

但正如第四章所分析,目前这项制度的主要争议是其职能定位和意见属性。职能定位徘徊于辩护人、证人、鉴定人之间。② 意见属性则存在有无证据资格之争。由于职权主义诉讼模式下鉴定制度被官方垄断,有专门知识的人缺乏获得鉴定材料和实施鉴定活动的权利,这势必会影响到意见的说服力。此外,这类主体不要求有鉴定人资格,存在受雇行为之嫌,不受伪证罪的约束,无须遵守回避制度,这些因素使得其意见效力难以同鉴定意见相提并论。

至于其意见属性,从规范法官对意见的心证看,赋予其证据效力是可行的。结合最高人民法院有关的规定看,专家辅助人有向专家证人转变的趋势。如果赋予此类意见证据效力,那么改革决策者顾虑的问题可能是其会打破公权力垄断司法鉴定的局面,担心体制内的认定专门性问题的权力被市场化因素瓦解。但笔者认为,赋予有专门知识的人的意见法定证据地位,并保留法官对专门性意见审查认定的权力,并不会出现以上的问题。激烈的交叉询问,相反证据的提出,以及对证明负担的仔细指示都是攻击薄弱之处,都是可采证据的传统和适当的方法。③ 即使在职权主义国家,增强庭审对抗性对辅助法官查明案情也是有利的。例如,根据德国刑事诉讼法关于交叉询问的规则,审判长应当让检察官、辩护人询问各

---

① 参见《人民法院办理刑事案件第一审普通程序法庭调查规程(试行)》第 26 条。
② 参见张保生、董帅:《中国刑事专家辅助人向专家证人的角色转变》,载《法学研究》2020 年第 3 期。
③ 参见〔美〕罗纳德·J. 艾伦:《艾伦教授论证据法(上)》,张保生、王进喜、汪诸豪译,中国人民大学出版社 2014 年版,第 93 页。

自提名的鉴定人。在交叉询问之后,审判长也可以对鉴定人提出其认为为了进一步查明事实,有必要提出的问题。因此,负有鉴定义务的鉴定人如果应传不到或者拒绝做鉴定,要承担由此产生的费用及秩序罚款。从域外经验可以获得启示,增强庭审对抗性是辅助法官审查认定鉴定意见的必要措施。

(三)加强司法鉴定标准化建设

标准化对司法鉴定行业管理和专业实践具有重要的基础意义。一方面,标准化为司法鉴定质量提供制度保障,鉴定标准是司法鉴定实施的准则和依据,司法鉴定行业准入和监管、鉴定机构质量管理体系建立和运作,以及鉴定方法和程序规范等内容,都需要有完善的司法鉴定标准体系;另一方面,标准化为鉴定意见的审查提供参照尺度。部分鉴定方法缺乏统一的国家标准,依据不同标准的鉴定意见之间存在抵触,诱发重复鉴定申请。构建司法鉴定标准化委员会目前面临许多体制性障碍和操作性难题,有必要在实践试点、域外借鉴基础上研究综合性对策。

当前我国司法鉴定标准体系较为混乱,同一鉴定项目会涉及多个系统制定的不同标准,有些标准严谨性不够,操作性不强。例如,我国没有关于指纹鉴定的明确标准,鉴定依据不同特征符合点,导致结果不同。目前尚未成立全国性的司法鉴定标准化委员会,是制约司法鉴定标准化进程的重要因素。多头管理体制之下,侦查机关内设鉴定机构和司法行政部门统一登记管理的鉴定机构采用的鉴定标准体系不同。即使在统一登记管理的鉴定机构之间,"四类外"鉴定种类的标准也是五花八门,同一事项往往出现不同的鉴定结果,导致当事人怀疑鉴定意见而申请重新鉴定,造成法官对鉴定意见的困惑等后果。

司法鉴定标准体系是鉴定意见规则体系的重要配套制度。许多国家已经把法庭科学标准化纳入国家标准管理体系。以美国为例,缺乏标准化的问题长期被认为是法庭科学的一大缺点,20世纪80年代后期,来自法庭科学领域的批判指出,法庭科学领域的准则五花八门是由于缺乏标准造成的。联邦总检察长在9·11恐怖袭击的报告中指出了联邦调查局实验室的缺陷,最终使法庭科学标准化逐步付诸实践。如今,美国成立了指纹鉴定协会,该组织旨在建立一系列指导性标准,研制共享有关指纹鉴定的方法,确立质量保证和质量控制的规范。① 该协会的运作得到联邦调查局的支持,遵循指纹鉴定的规定标准,包括专业术语、鉴定方法、鉴定文书的文字表述等。我国的司法鉴定标准化建设仍然没有受到重视,这必然会制约鉴定意见可靠性标准的规范化。建立全国司法鉴定标准化技术委员会是打破目前鉴定标准分割局面的迫切需要。如何建设全国司法鉴定标准化技术委员会,可由司法行政系统牵头组建委员会,建立全国司法鉴定行业协会,发挥行政管理和行业管理相结合的优势。②

六、结 语

由于司法鉴定涉及自然科学和社会科学,其审查认证是审判难点,鉴定意见的审查认证规则及其配套机制的优化是理论研究的重要课题,我国的诉讼构造和司法制度决定了证据制度改革的方向,鉴定意见审查认证规则的优化须遵循司法鉴定科学规律,夯实证据法基础理论。本章通过考察典型案例鉴定意见采纳的实践,归纳我国鉴定意见审查认证规则的缺陷及成因,提出优化鉴定意见审查认证规则的思路。鉴定意见的审查必须实现由盲目崇信向理性甄别的理念转变,树立法官是鉴定意见"看门人"的理念,破除专门性证据仅限于鉴定意见的认知局限。结合证据科学的国际化发展趋势,提出我国司法鉴定意见可采性规则优化的具体构想。在"以审判为中心"诉讼制度改革和"统一司法鉴定管理体制"改革的背景下,健全专家咨询制度,完善有专门知识的人之功能定位与意见效力,建立全国司法鉴定标准化技术委员会,是司法鉴定意见可采性规则发挥实效作用的必要综合配套改革方案。

---

① See Andre Moenssens, Betty DesPortes and Steven Benjamin, Scientific Evidence in Civil and Criminal Cases, 7th ed., Foundation Press, 2017, p. 126.
② 参见杜志淳、孙大明:《我国司法鉴定领域目前存在的主要问题及改革建议》,载《中国司法鉴定》2017年第3期。

第六章
医疗损害鉴定不信任问题研究：
以上海一元化模式为例

一、问题的提出

近年来,我国医患关系紧张,患方采取极端的"医闹"方式,给医务人员的生命安全和社会稳定造成恶劣影响。例如,温岭市某医院医生遭遇患者袭击,王云杰医师惨遭杀害[①];北京天坛医院由于错用药物致患者身亡,医患双方对鉴定不满,令紧张的医患关系雪上加霜。[②] 医疗纠纷化解是错综复杂的社会问题,为何它多年来一直被关注,但似乎还没有找到解决问题的良药？既往研究多从多个学科的视角入手。例如,一些研究或从医学、法学视角,或从操作层面、技术层面,为化解纠纷提出良策,但缺乏纠纷解决的系统性部署。另一些研究从政治、经济学的视角对医疗体制改革进行宏观分析,认为医疗纠纷治理涉及公共卫生服务、财政投入、社会组织等,需各方协同共治,但对协同机制如何建构缺乏深入研究。还有一些研究认为医患矛盾只是表象,本质是资本把医生和患者当成自身增值的工具,化解医患矛盾必须先实现平等。基于既往研究,笔者认为医患矛盾是个综合、复杂和深层的社会问题,需要兼顾医学、法学、经济学等基本规律,系统推进医疗体制改革及配套制

---

① 参见《浙江温岭杀医案终审维持死刑判决将报最高法核准》,载中国新闻网（https://www.chinanews.com/fz/2014/04-01/6017808.shtml.),访问日期:2020年10月10日。
② 参见《天坛医院打错吊瓶致病人死亡医疗事故责任》,载法邦网（https://www.fabao365.com/news/shendu/995173.html.),访问日期:2020年10月10日。

度完善,实现标本兼治的目标。

医患关系如同唇齿相依,是对立统一的关系,只要有治疗行为,就难免产生医疗纠纷。医患矛盾的形成有多方因素,从纠纷解决的角度看,如果医疗纠纷没有得到妥善解决,则会造成医患矛盾加剧升级。医疗损害鉴定既是确定医疗纠纷责任、赔偿标准的关键科学证据,也是以法治方式化解医患矛盾的重要方法。① 然而,医疗损害鉴定的公信力、中立性与权威性等方面的不足,极大地影响了医疗纠纷的解决效果。官方的统计数据显示,近几年我国医疗纠纷数量虽呈下降的趋势,但仍然居高②,而根据北大法宝法律数据库案例检索系统收集的裁判文书统计,以及课题组对部分专家的座谈、访谈反映,医患双方对医疗损害鉴定存在争议的案件占绝大多数。这一方面表明通过法律途径理性化解医患矛盾的重要性;另一方面则暴露出对医疗损害鉴定的不信任使医患矛盾加剧。

在医疗损害鉴定问题上,鉴定主体的中立性和鉴定程序的公正性是非常核心的环节,但长期以来,理论界对于医疗损害鉴定问题的关注较为有限,既往研究中,医务人员及鉴定专家对于医疗损害鉴定的关注较早,但主要集中在技术规范、鉴定标准等问题上。③《侵权责任法》颁布前后,民法学者也相继关注到医疗损害鉴定问题,但主要集中在医疗

---

① 也有学者的实证分析表明,医疗损害鉴定是案件事实发现的替代机制,法官是医学的外行,导致凡医疗案件,几乎都要鉴定。医疗侵权纠纷案件的核心问题就是鉴定问题。参见王成:《医疗侵权行为法律规制的实证分析——兼评〈侵权责任法〉第七章》,载《中国法学》2015 年第 5 期。

② 据国家卫计委公布的数字,2013 年我国医疗纠纷数量达到 7 万件左右,参见《国家卫计委:2013 年全国发生医疗纠纷 7 万件左右》,载《中国青年报》2014 年 4 月 8 日;2014 年我国医疗纠纷数量达到 11.5 万件,参见白剑峰:《去年发生医疗纠纷 11.5 万起 数量下降》,《人民日报》2015 年 1 月 22 日;2015 年 1 月至 8 月,全国医疗纠纷数量达到 4.3 万件,参见《卫计委:今年我国 1 至 8 月处理医疗纠纷 4.3 万起》,载中国网(http://cn.chinagate.cn/news/2015-12/11/content_37294552.htm),访问日期:2015 年 12 月 11 日。

③ 相关的研究可参见何颂跃:《论医疗损害赔偿中医疗过错鉴定的特征》,载《人民司法》2002 年第 4 期;朱广友:《医疗纠纷鉴定:判定医疗过失的基本原则》,载《中国司法鉴定》2004 年第 2 期;刘鑫、梁俊超:《论我国医疗损害技术鉴定制度构建》,载《证据科学》2011 年第 3 期。

损害归责原则与法律适用问题上。① 诉讼法学者则主要关注鉴定体制问题。② 而对于医疗损害鉴定不信任问题产生的根源,以及鉴定主体的中立性、鉴定程序的正当性等问题都缺乏深入的研究与讨论。并且,现有的研究普遍存在部门利益主义的局限性,许多研究仅从观点就能推测出作者的身份,鲜有站在中立立场对待这一问题的研究。

笔者结合前期的研究,对上海部分医疗机构、鉴定机构、律师事务所、司法行政部门进行调研。本章运用诉讼法学、司法鉴定学、社会学等多学科的相关知识,就医疗损害鉴定制度及其体制改革展开研究。

二、医疗损害鉴定的相关术语及研究方法

(一) 相关术语

由于医疗损害鉴定制度涉及专业性极强的医学鉴定原理,为了帮助法学研究者了解医疗损害鉴定的相关问题,在开始探讨之前,有必要对医疗损害鉴定的相关术语作必要的交代。《民法典》第 1222 条将过错推定原则作为医疗损害赔偿的依据,实践中要求经法定程序鉴定方可为认定事实的依据。但在我国医疗损害责任纠纷中,长期存在"医疗事故技术鉴定"和"医疗过错司法鉴定"两种不同类型的鉴定。前者指的是由医学会组织相关临床医学专家或协同法医学专家构成的专家组展开的医学鉴定,其主要法律依据是 2002 年国务院颁布的《医疗事故处理条例》的相关规定。后者是指法院在审理医疗损害责任纠纷案件

---

① 相关的研究可参见杨立新:《中国医疗损害责任制度改革》,载《法学研究》2009 年第 4 期;王成:《医疗侵权行为法律规制的实证分析——兼评〈侵权责任法〉第七章》,载《中国法学》2015 年第 5 期;杨立新:《医疗损害责任研究》,法律出版社 2009 年版。
② 代表性的研究如叶自强:《法医鉴定体制的变革》,载《法学研究》1999 年第 1 期;肖柳珍:《医疗损害鉴定一元化实证研究》,载《现代法学》2014 年第 1 期;刘兰秋、赵然:《我国医疗诉讼鉴定制度实证研究——基于北京市三级法院司法文书的分析》,载《证据科学》2015 年第 2 期;窦海阳:《法院对医务人员过失判断依据之辨析——以〈侵权责任法〉施行以来相关判决为主要考察对象》,载《现代法学》2015 年第 2 期。

时,依据职权或者依照当事人的申请,委托司法鉴定机构对医疗行为是否存在错误,以及医疗损害结果与医疗过错之间是否存在因果关系等专门性问题进行分析、评定和判断,从而为诉讼案件的公正裁判提供科学依据的活动。而"医疗损害鉴定"的提法始于《侵权责任法》颁布之后,最高人民法院在2010年颁布的《关于适用〈中华人民共和国侵权责任法〉若干问题的通知》中规定,人民法院适用《侵权责任法》审理民事纠纷案件,根据当事人的申请或者依职权决定进行鉴定的,统一称为"医疗损害鉴定"。这一术语可以视为医学会医疗事故技术鉴定、司法鉴定机构医疗过错司法鉴定的统称。

人民法院在审理医疗纠纷案件时,在实体法适用上一般将医疗纠纷分为医疗事故纠纷、医疗过错纠纷,经鉴定构成医疗事故的,适用《医疗事故处理条例》的规定,经鉴定不构成医疗事故的,当事人可根据《民法典》和最高人民法院《关于审理人身损害案件适用法律若干问题的解释》(以下简称《人身损害司法解释》)的有关规定,要求医院承担医疗过错责任。一般情况下,医疗事故造成的损害后果要严重一些,医疗过错造成的损害后果更轻一些,但由于实体法律适用不同,当事人依据《医疗事故处理条例》获得的赔偿比适用《人身损害司法解释》获得的赔偿要少。《民法典》第1218条规定:"患者在诊疗活动中受到损害,医疗机构或者医务人员有过错的,由医疗机构承担赔偿责任。"理论和实务界认为这一条款从根本上改变了长期存在的医疗损害赔偿双轨制的局面。有关损害赔偿责任的承担,也不再区分是否构成医疗事故,而统一适用《民法典》有关责任构成、损害赔偿等的规定。

(二)研究方法

本章主要采用以下研究方法对医疗损害鉴定问题进行综合分析:

其一,交叉学科研究方法。鉴于研究主题具有交叉学科的特点,本章主要融合诉讼法学、司法鉴定学、社会学等交叉学科原理,对医疗损害鉴定不信任问题进行综合分析。其二,实证研究方法。例如,本章第二部分主要通过客观评估与主观评估相结合的方式①，对上海市有关医疗损害侵权纠纷的案件进行统计分析，为弥补大数据解读的不足，课题组还对上海市2家司法鉴定中心的4名鉴定人、4家律师事务所的5名律师以及部分法院、医院、司法局展开访谈、调研。② 之所以选择上海作为研究的对象，主要是鉴于上海市高级人民法院《关于委托医疗损害司法鉴定若干问题的暂行规定》中规定的"当事人申请医疗损害鉴定的，除双方当事人协商一致以外，应由法院依职权委托医学会组织专家进行鉴定"，因此上海市的医疗损害鉴定基本上是由医学会组织专家组进行的，属于"一元化"鉴定体制，具有一定的代表性。③

三、医疗损害鉴定的历史沿革

(一) 新中国成立后到《医疗事故处理条例》的颁布

目前我国医疗损害鉴定主要有医学会主导的医疗事故技术鉴定和司法鉴定机构主导的医疗过错司法鉴定。这种局面的形成必须从历史发展的角度分析，它和新中国成立后的有关医疗事故应对处理的制度

---

① 客观评估与主观评估结合的评估体系是美国学者在采取实证研究方法时经常采用的评估体系，该评价方法所考虑的既包括对研究对象产生影响的诸多客观变量，又包括主观因素，能够对研究对象的不同变量作出互补的、客观的评估。这方面的研究成果可参见George E. Dix, Norman G. Poythress Jr., Propriety of Medical Dominance of Forensic Mental Health Practice: The Empirical Evidence, 23 Arizona Law Review 961 (1981); Morris B. Hoffman, Paul H. Rubin and Joanna M. Shepherd, an Empirical Study of Public Defender Effectiveness: Self-Selection by the "Marginally Indigent", 3 Ohio State Journal of Criminal Law 223 (2005). 本章借鉴这一方法，通过大数据分析和特定范围调研相结合的方式，对医疗损害鉴定存在的问题进行实践归纳与经验分析。
② 接受座谈、访谈、调研的司法鉴定机构包括司法部司法鉴定科学技术研究所、华东政法大学司法鉴定中心；律师事务所包括上海锦天城律师事务所、明伦律师事务所、元竹律师事务所、信冠律师事务所；司法行政机关包括上海市司法局司法鉴定管理处、上海市松江区司法局调研的时间从2014年9月持续至2016年12月。
③ 目前全国范围内，形成优先委托医学会鉴定模式的省市主要包括上海、湖北、江苏、新疆和天津；司法鉴定机构与医学会具有同等地位的省市主要包括北京、广东、浙江、安徽和福建。

历史息息相关。新中国成立初期,百废俱兴,与卫生医疗体制相关的立法也处于起步的阶段。1955年卫生部颁布了《关于处理医疗事故的草案》和《医疗事故处理暂行办法草案》,由于当时民事法律还没有建立,医疗事故的处理方式一般是对医务人员进行批评教育,对患方在医疗事故中的损害不予赔偿。1980年卫生部颁布《关于预防和处理医疗事故暂行规定》,对医疗事故、医疗差错和非医疗事故进行界定,并且实践中医疗事故的处理依然以刑罚为主。1987年6月,国务院颁布了《医疗事故处理办法》,将医疗事故明确界定为"在诊疗护理工作中,因医务人员诊疗护理过失,直接造成病员死亡、残废、组织器官损伤导致功能障碍的"。医疗单位和卫生行政管理部门对发生的医疗事故或可能是医疗事故的事件,必须坚持客观中立、实事求是的科学态度,及时、仔细地做好查证、分析和鉴定工作,做到案件事实清楚、行为定性准确、法律责任明确、司法处置得当。患者、家属及其所在单位和有关部门应当与医疗单位和卫生行政管理部门合作,共同做好医疗事故的善后处理工作。应该说,这部《医疗事故处理办法》相较于过去对于医疗事故不予经济补偿的做法,有所进步。但这部立法也存在一定的局限性,在医疗损害鉴定方面突出表现为,医疗事故技术鉴定委员会由卫生行政管理部门设立,并且其委托的鉴定人由卫生行政管理部门指定。同时规定对医疗事故技术鉴定委员会所作出的鉴定意见或者对卫生行政管理部门所作的处理不服的,可以向上一级医疗事故技术鉴定委员会申请重新鉴定或向上一级卫生行政管理部门申请复议,也可以直接诉至法院。2002年,国务院将《医疗事故处理办法》修改为《医疗事故处理条例》,最高人民法院也相继颁布了与医疗侵权案件有关的司法解释,《民事诉讼证据的若干规定》中规定,对医疗诉讼实行举证责任倒置,《人身损害司法解释》确立了统一的赔偿项目和赔偿标准,使得对不构成医疗事故的侵权案件赔偿标准,往往比医疗事故得到的赔偿数额更高。

(二)《侵权责任法》颁布之后

2010年《侵权责任法》第七章确定了医疗损害责任制度,实际上,《侵权责任法(草案)》的第二次审议稿的第59条曾经规定:"患者的损害可能是由医疗人员的诊疗行为造成的,除医务人员提供相反证据外,推定该医疗行为与患者损害之间存在因果关系。"①但一些常委提出批评意见,因此该条文最终被删除。《侵权责任法》使用"医疗损害责任"的概念,确立了医疗损害责任采取过错赔偿的归责原则,并且在医疗过错的认定问题上,规定医务人员在诊疗活动中应尽到与当时的医疗水平相应的诊疗义务,造成患者损害的,应当承担赔偿责任。《侵权责任法》同时规定了医疗过错的推定情形,即当出现医疗机构违反法律、行政法规、规章以及其他有关诊疗规范的规定;隐匿或者拒绝提供与纠纷有关的病历资料;伪造、篡改或者销毁病历资料三类情形时,将推定医疗机构存在过错。《民法典》第1221条、1222条对医疗损害责任规责原则、过错推定的情形保留与《侵权责任法》相同的规定。有学者指出《侵权责任法》颁布之后,医疗损害责任概念得以确立,医疗事故的概念从民法领域中退出。②但笔者认为,《侵权责任法》确立的"医疗损害责任"和《医疗事故处理条例》确立的"医疗事故"的概念仍然是并存的,只是它们作用的领域不同,《侵权责任法》属于民法领域,而《医疗事故处理条例》属于行政法领域,后者主要是为了服务卫生行政部门对医疗机构的管理。

2017年,最高人民法院颁布《关于审理医疗损害责任纠纷案件适用法律若干问题的解释》。这部司法解释改变了2002年《民事诉讼证据的若干规定》确立的医疗侵权诉讼举证责任倒置的做法,对医疗损害责任纠纷案件的举证责任分配重新作出规定。立法改变的目的何在?该司法解释的起草者认为,2002年《民事诉讼证据的若干规定》采取举证责任倒置的做法,虽然减轻了患者的举证责任,也在一定时期内发挥了应有的作用,但在执行过程中出现了一些负面后果,既不利于医学发展进步,也不利于从根本上维护患者看病就医的权利。③该解释规定患者依据《侵权

---

① 王胜明主编:《中华人民共和国侵权责任法释义》,法律出版社2013年版,第534页。
② 参见刘鑫、张宝珠主编:《医疗纠纷预防和处理条例理解与适用》,中国法制出版社2018年版,第12页。
③ 参见杨立新主编:《最高人民法院关于医疗损害责任纠纷案件司法解释理解运用与案例解读》,中国法制出版社2018年版,第256页。

责任法》主张医疗机构承担赔偿责任的,必须提交就诊证据、受到损害的证据。患者无法提交医疗机构及其医务人员有过错、诊疗行为与损害之间具有因果关系的证据的,可以通过申请医疗损害鉴定来举证,法院原则上应当准许。该司法解释还根据《民事诉讼法》的规定,赋予当事人申请专家辅助人对鉴定意见或者案件的其他专门性事实问题提出意见的权利。这一司法解释改变了过去法院对于未经过医疗鉴定的案件不予受理的不当做法,有利于做到有案必立、有诉必理,畅通了医疗矛盾的司法救济途径,有助于医疗纠纷通过法治方式得以化解。

(三)《医疗纠纷预防和处理条例》颁布

2018年7月31日,国务院公布《医疗纠纷预防和处理条例》(以下简称《处理条例》),主要内容涉及医疗纠纷预防和民事责任非诉讼处理两个方面,对构建统一的医疗损害鉴定制度作出了一定的努力。《处理条例》第34条规定,"医疗纠纷人民调解委员会调解医疗纠纷,需要进行医疗损害鉴定以明确责任的,由医患双方共同委托医学会或者司法鉴定机构进行鉴定,也可以经医患双方同意,由医疗纠纷人民调解委员会委托鉴定"。这表明以往的医疗损害鉴定通常是进入诉讼程序才启动的专业性活动,但在多元化纠纷解决机制的背景下,需要进行医疗损害鉴定以查清事实的,其也可以用于人民调解委员会的调解程序。另外,进行鉴定的主体既可以是医学会的专家,也可以是司法鉴定机构,还可以是接受医疗纠纷人民调解委员会委托实施鉴定的专家。医学会或者司法鉴定机构接受委托从事医疗损害鉴定的,应当由鉴定事项所涉专业的临床医学、法医学等专业人员进行鉴定;医学会或者司法鉴定机构没有相关专业人员的,应当从专家库中随机选取相关专业专家进行鉴定。这表明《医疗纠纷预防和处理条例》已经认识到临床医学、法医学的区别,并遵循"同行评议"的原则,要求从专家库中抽取相关专业背景的专家进行鉴定。

四、医疗损害鉴定不信任的表现及危害

(一) 医疗损害鉴定不信任的表现

评估医疗损害鉴定公信力的现状如何,可从如下几项标准进行判断:一是医患双方对鉴定意见的信服度,可通过申请重新鉴定率的数值来判断;二是双方对判决的信服度,可通过针对鉴定意见的上诉率来解读;三是对鉴定实施程序是否认同,可从医疗损害鉴定的投诉量进行分析;四是对鉴定工作是否配合,可基于媒体报道以及调研访谈予以研判。

通过对上述几个方面的评估,笔者发现医疗损害鉴定不信任突出地表现为患方对医学会鉴定的不信任和医院对司法鉴定的不信任,有时还表现为医患双方对两类鉴定均不信任。具体体现为以下几个方面:

其一,申请重新鉴定的比率高。

重新鉴定是《民事诉讼法》和《医疗事故处理条例》赋予当事人的对初次鉴定结果存有异议的救济途径,启动重新鉴定的前提是当事人对鉴定意见有异议,如果重新鉴定的数量越多,则当事人对鉴定意见的争议越大,不利于彰显医疗损害鉴定的权威性、信服度。为查明重新鉴定的情况,笔者对北大法宝法律数据库案例检索系统发布的 2015—2016 两年内上海市各级人民法院审理的"医疗损害责任纠纷"一审、二审民事案件进行了统计分析。通过人工筛选将裁判文书中重复、无关的文书剔除,之后收集到有效的样本法律文书。据统计,2015 年上海市各级人民法院一审的医疗责任纠纷案件共 343 件,经过鉴定的案件共 291 件,涉及申请重新鉴定的 65 件,占经过鉴定案件数量的 22.34%。二审同类案件 116 件,含经过鉴定的案件 103 件,涉及申请重新鉴定的 28 件,占经过鉴定案件数量的 27.18%(如图 6-1)。2016 年上海市各级人民法院一审的医疗责任纠纷案件共 138 件,经过鉴定的案件共 105 件,涉及申请重新鉴定的案件 31 件,占经过鉴定案件数量的 29.52%。二审同类案件共 97 件,含经过鉴定的案件 72 件,涉及申请重新鉴定的 24 件,占经过鉴定案件数量的

33.33%(如图6-2)。官方公布的数据也印证了笔者的研究结论。① 根据2005年9月20日颁布实施的《上海市高级人民法院医疗过失赔偿纠纷案件办案指南》第11条规定,当事人对已作出医疗纠纷鉴定不服的,可申请重新鉴定,但应符合下列条件:①鉴定的机构或鉴定人员不具备相关鉴定资格;②鉴定程序严重违法;③鉴定结论明显依据不足;④经质证认定不能作为证据使用的其他情形。因此,当事人申请重新鉴定的案件,只有符合上述条件的,法官才会启动重新鉴定。所以,当事人申请重新鉴定的案件数量必然超过法院决定重新鉴定的案件数量。

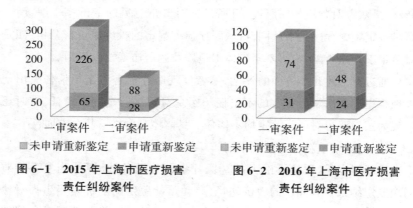

图6-1　2015年上海市医疗损害责任纠纷案件

图6-2　2016年上海市医疗损害责任纠纷案件

为了方便比较,笔者将北京市作为对比组进行比对。之所以选择这一城市,是因为北京市、上海市均为我国一线城市,经济发展水平和医疗服务水平接近;此外,北京市实行医学会鉴定和司法鉴定平等的"二元化"模式,同样具有典型的代表性。② 统计发现,2015年北京市各级人民法院一审的医疗责任纠纷案件合计190件,经过鉴定的案件151件,涉及申请重

---

① 上海市高级人民法院课题组的研究报告显示,上海市黄浦区人民法院2009年至2014年审理的涉鉴定医疗侵权纠纷案件中,有40%的案件启动了二次鉴定,并且其中31.48%的二次鉴定结论改变了初次鉴定结论。参见上海市高级人民法院课题组:《立足核心问题 解开医患千千结——上海高院关于医疗纠纷证据制度的调研报告》,载《人民法院报》2015年7月16日,第8版。

② 根据北京市高级人民法院《关于审理医疗损害赔偿纠纷案件若干问题的指导意见(试行)》的相关规定,北京市的法院采取委托医学会或司法鉴定机构进行医疗损害鉴定的"二元化"模式。

新鉴定的47件,占经过鉴定案件数量的31.13%。二审同类案件131件,含经过鉴定的案件108件,涉及申请重新鉴定的49件,占鉴定案件数量的17.85%(如图6-3、图6-4所示)。通过对比,可以看到无论是"一元化"还是"二元化",当事人申请重新鉴定的比例最高值均超过30%。从接受调研的律师访谈的情况看,上海市的法院在诉前调解阶段①通常会启动鉴定,医患双方如果调解不成功,再进入诉讼程序;也有些案件是直到一审阶段才启动鉴定②。因此,如果把诉前调解程序中的重新鉴定数据统计进去,上海市的重新鉴定率会更高。

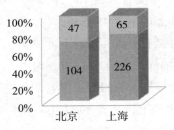

图6-3 2015年京沪医疗损害责任纠纷一审案件

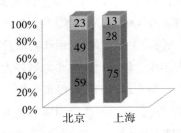

图6-4 2015年京沪医疗损害责任纠纷二审案件

其二,针对鉴定意见的上诉率高于一般民事案件。

由于上海市高级人民法院《关于委托医疗损害司法鉴定若干问题的暂行规定》从2011年1月1日起实施,因此笔者利用大数据,对2011—2016年上海市各级人民法院审结的医疗损害责任纠纷案件进行统计分析,上诉率可以反映当事人对医疗损害纠纷一审判决的服从度,如果上诉案件中,当事人突出鉴定意见异议的,则表明当事人对医疗损害鉴定的不

---

① 2006年以来,上海市浦东新区人民法院积极探索诉前调解机制,即在当事人自愿的前提下,对部分民商事纠纷在立案阶段引导当事人选择该院聘请的诉前调解员或者有关调解组织进行调解,调解成功的由法官审查以后,出具民事调解书,不再进入诉讼程序;调解不成的,允许当事人通过诉讼程序解决解纷。参见包蕾、张嫣:《"诉调对接"的新路径——解读上海浦东新区法院诉前调解机制》,载《中国审判》2009年第10期。

② 访谈编号:Interview L1(访谈编号设置:Interview L1,其中L指代律师,E指代鉴定人,A指代司法局工作人员,J指代法官,1为一类别被访谈对象的序列号)。

认可。上诉率计算公式如下:

上诉率(p)= 二审案件数量(T2)/一审案件数量(T1)×100%

统计发现:医疗损害责任纠纷案件的上诉率远高于其他民事案件的上诉率。2011 年上海市各级人民法院审理医疗损害责任纠纷一审案件合计 214 件,二审案件合计 99 件;2012 年医疗损害责任纠纷一审案件合计 195 件,二审案件合计 102 件;2013 年医疗损害责任纠纷一审案件合计 240 件,二审案件合计 98 件;2014 年医疗损害责任纠纷一审案件合计 342 件,二审案件合计 141 件;2015 年医疗损害责任一审案件合计 139 件,二审案件合计 97 件;2016 年医疗损害责任纠纷一审案件合计 105 件,二审案件合计 72 件。平均医疗损害责任纠纷案件上诉率为 45.98%。(如表 6-1 所示)上诉案件中,由于对医疗损害鉴定意见有异议而提起上诉的案件占多少比例?由于样本总数较大,我们采取抽样调查的方式,2016 年 1 月 1 日至 6 月 30 日,上海市各级人民法院医疗损害责任纠纷二审案件合计 73 件,其中因对医疗损害鉴定有异议而提出的上诉共计 39 件[1],占比 53.42%。

表 6-1　2011—2016 年上海市各级人民法院审理医疗损害责任纠纷案件的数据(单位:件)

年份	一审案件数量(T1)	二审案件数量(T2)	上诉率(p)	平均上诉率(p)
2011	214	99	46.3%	23.7%
2012	195	102	52.3%	21.8%
2013	240	98	40.8%	18.1%
2014	342	141	41.2%	19.5%
2015	139	97	39.9%	15.1%
2016	105	72	69.8%	20.5%
合计	1418	652	46.0%	19.8%

---

[1]　对因对医疗损害鉴定有异议而提出上诉的案件的数据统计,主要是根据二审裁判文书中上诉请求、上诉的事实和理由、法官对案件争点的分析等来提取信息。

其三，对医疗损害鉴定的投诉、信访多。

由于《医疗事故处理条例》并没有为医患双方提供医疗事故技术鉴定投诉的救济途径，对医学会鉴定不满只能通过提起上诉程序救济。从媒体报道的案例中可以发现，患方对医学会状告无门，由于医学会不在卫生行政部门管理范围内，也不受司法行政部门管理，更不受科学技术协会管理，当事人对医学会的不满无法通过投诉解决。① 而关于对司法鉴定的投诉，近年来医疗损害鉴定成为投诉的主要受理类型。就上海市而言，根据长期接触司法鉴定机构投诉信访工作的专家分析，由于专业技术中经验性、主观性所占比例高，法医临床学、法医病理学等四类鉴定成为大量的投诉集中的鉴定类型。② 而在实行医疗损害鉴定"二元化"的北京市③，医疗损害司法鉴定的投诉量居高。从北京市司法局司法鉴定管理处 2011—2014 年投诉受理情况的统计来看，关于医疗损害司法鉴定的投诉数量呈逐年上升的趋势，2014 年，医疗损害司法鉴定的投诉取代了人身损伤程度司法鉴定，成为排名第一的投诉类别。④

其四，患方被动选择医学会鉴定，并对鉴定工作不配合。

据接受访谈的律师反映，在他们代理的诉讼案件中，患方倾向于选

---

① 据上海市律协医疗卫生业务研究委员会主任介绍，上海市曾有患者因为对鉴定不服试图投诉医学会，"投诉到卫生行政部门，卫生行政部门说医学会属于社会团体，不归我们管；投诉到司法局，司法局也说不归我们管，后来打听到说是归科协管，投诉到科协，科协肯定也不管。"参见柴会群：《谁来监督医学会》，载《南方周末》2015 年 12 月 18 日。

② 司法部司法鉴定科学技术研究所法规处处长包建明研究员长期从事该所司法鉴定的投诉信访工作，他指出：实践中的投诉信访量与鉴定专业密切相关，对属于检测实验室范畴的鉴定专业（如法医毒物化学、微量物证学、法医物证学）的投诉鲜有出现，因为此类鉴定活动主要为客观检测，而大量的投诉集中在属于检查机构范畴的鉴定专业（如文件鉴定学、司法精神病学、法医临床学、法医病理学等），因为此类鉴定活动需要依靠经验和主观判断。

③ 2010 年 11 月 18 日北京市高级人民法院印发的《关于审理医疗损害赔偿纠纷案件若干问题的指导意见（试行）》第 21 条规定，人民法院委托进行医疗损害责任过错鉴定的，应当根据北京市高级人民法院关于司法鉴定工作的相关规定，委托具有相应资质的鉴定机构组织鉴定。在国家有关部门关于医疗损害鉴定的新规定颁布之前，人民法院也可以委托各区、县医学会或北京医学会组织进行医疗损害责任技术鉴定。因此，北京市存在医疗事故技术与医疗过错司法鉴定并存的"二元化"鉴定模式。

④ 参见王伟国、李雅杰、霍家润：《医疗损害司法鉴定常见投诉问题及对策》，载《中国司法鉴定》2015 年第 5 期。

择司法鉴定机构进行鉴定，患方对医学会鉴定不信任，并且认为通过司法鉴定胜诉获得的赔偿数额会高一些。① 据官方调研反映，实践中，有部分患者与医学会的矛盾激化导致退卷。② 医方则对司法鉴定机构的鉴定不信任，认为司法鉴定机构不具备这方面的资格。为了求证事实，笔者收集了上海市人民法院的判决书，发现文书中记载了一些当事人对医学会鉴定的不配合的描述。例如，有的患者虽然提供了鉴定材料，但对医院提供的鉴定材料不予质证，且拒绝在笔录上签字，致使医疗损害鉴定不能进行，结果被法院认为对医务人员存在过错承担举证不能的责任。③ 有的案件当事人不认可医学会的鉴定意见，坚决要求司法鉴定机构进行医疗损害鉴定。④ 据报道，上海市徐汇区人民法院开庭审理崔某某诉上海市某儿科医院医疗纠纷案，决定将案件移送北京委托鉴定时，旁听席上响起了掌声和叫好声⑤。从这些资料看，患方不愿意选择医学会进行医疗事故技术鉴定。笔者认为背后主要有两方面的因素：第一，由于医疗事故技术鉴定主要的法律依据是《医疗事故处理条例》第20条，因医疗事故引起的医疗赔偿纠纷，参照条例的规定办理；因医疗事故意外引起的医疗赔偿纠纷，按照《民法典》的有关规定处理，二者在实体法上参照的赔偿范围和标准是不同的，前者的赔偿多，后者的赔偿少，造成患方不愿意进行医疗事故技术鉴定。第二，由于医学会鉴定的主体大部分是具有临床经验的医师，他们与医务人员存在千丝万缕的联系，患方出于这方面的考虑认为"医医相护"，不愿意通过医学会的鉴定来查明事实。

（二）医疗损害鉴定不信任的危害

其一，使得医疗损害鉴定成为诉讼进程的瓶颈。

在医患调解过程中，医疗纠纷调解委员会主要是通过专家咨询制

---

① 访谈编号：Interview L2。
② 参见上海市高级人民法院课题组：《立足核心问题 解开医患千千结——上海高院关于医疗纠纷证据制度的调研报告》，载《人民法院报》2015年7月16日，第8版。
③ 参见上海市第一中级人民法院（2015）沪一中民一（民）终字第3869号民事判决书。
④ 参见上海市第二中级人民法院（2015）沪二中民一（民）终字第2979号民事判决书。
⑤ 参见柴会群：《〈医疗事故处理条例〉当休矣》，载《南方周末》2010年8月19日，第A08版。

度来分析医疗纠纷中的因果关系,这些专家一般具有法学、医学相关的工作经验,但人民调解主要在于化解矛盾,并不要求将案件事实弄得一清二楚。① 与调解不同的是,判决中,法官需要根据证据认定医疗行为是否存在过错,确定赔偿责任,因此就必须通过鉴定来认定事实。由于医疗损害鉴定是医疗诉讼证明环节的关键证据,一旦诉讼双方对鉴定意见不信任,就容易频繁申请重新鉴定。医疗损害鉴定在医患诉讼中发挥着难以替代的证据作用,它是确定医院有无过错、患者有无损害、损害结果与医疗行为是否存在因果关系等事实的重要依据。由于此类诉讼的争点往往是案件事实,并且鉴定活动具有回溯性、专业性等特质,法官只有求助于鉴定专家才能认定事实。当鉴定能够满足诉讼需求时,才能促进医患矛盾的快速化解。如果鉴定本身存在争议,就会加剧医患诉讼的办案难度。

其二,造成医患矛盾加剧升级的后果。

医疗损害鉴定的结果通常只有利于一方。如果鉴定结果表明诊疗行为不构成医疗事故,则意味着患方可能败诉。由于医学会鉴定专家与医务人员属于共同的职业群体,患方容易产生"医医相护"的猜忌,加上患者家属可能因遭受丧亲之痛,从而对医疗机构产生强烈的抵触情绪。如果鉴定结果对患方有利,因意味着医院应当承担赔偿责任。医务人员谙习医术,对鉴定结果的认定是否客观尚且具有判断能力。如果鉴定具备足够的公信力,因医患矛盾可以通过诉讼的方式得到有效解决,客观上能减少"医闹"现象。② 现实生活中也存在这样的情形,有些医闹事件因为鉴定结果还原了事实真相,患者最终也接受了事实,被扭曲的医患关系得以修复。例如,2014年发生在湖南湘潭的产妇死亡案件,从案发之初患方家属就一口咬定产妇死亡的原因是手术方法不当且险些采取过激行为,直

---

① 2016年5月,课题组从上海市松江区司法局下设专业调解中心的沈昊主任的座谈会上了解到,该中心的医疗纠纷调解委员会主要聘请退休的法官、医生担任调解员对医患纠纷进行调解,调解中基本没有要求进行鉴定,尽管如此,人民调解也成为化解医患纠纷的重要途径。对调解不成功进入诉讼程序的案件,鉴定就成为必要的环节。访谈编号:Interview A1。

② 既有的研究表明,医学会鉴定的公信力缺失已经严重影响到医疗纠纷的妥善解决,不少患者因此丧失对司法救济的信心而走上"医闹"之路,恶化了本就紧张的医患关系。参见张新宝:《人身损害鉴定制度的重构》,载《中国法学》2011年第4期。

到家属同意尸检,通过第三方机构进行鉴定,查明"羊水栓塞"为真实的死因,这起医患纠纷才得到化解。当然,该案中政府力量的介入也是化解矛盾的重要因素。

其三,医患矛盾无法及时化解,到头来是广大患者受害。

通过审判引导构建和谐的医患关系是人民法院审理医疗纠纷案件的一项宗旨。通过举证责任的分配、证明标准的设计、司法鉴定制度的完善来推动医患纠纷化解,虽然从事立法和审判工作的法律人未必具有医学卫生的背景,但他们肯定有作为患者或患者家属的经历。所以,医疗损害鉴定制度的设计和实施,既要充分保护患者的合法权益,又要考虑到医学领域面临的无法克服的科学技术客观性、公共医疗服务供不应求的局限性,切实保护医务人员的合法权益,为医学的发展提供司法保障。目前的医疗损害鉴定存在一些鉴定乱象,如鉴定机构和鉴定人的质量参差不齐、鉴定主体制度的公信力不足等,制约了医患双方通过诉讼等法治化途径解决问题,一旦矛盾激化势必会给正在构建的和谐医患关系造成负面影响,且医务人员的合法权益受到伤害,势必会形成连锁反应,对患者今后的诊疗将倾向于采取保守的治疗方法,无奈之下放弃使用一些具有技术前沿性、带有不确定性风险的治疗方案,增加不必要的医疗取证手段的投入,到头来还是加重广大患者的负担,损害其切身利益。

五、医疗损害鉴定不信任问题的根源剖析

(一)医疗损害鉴定自身特征造成的局限性

笔者通过咨询医疗损害鉴定专家,查阅医疗损害鉴定的权威教材,并结合跨专业的知识,归纳出医疗损害鉴定具有如下几方面的基本特征:

1. 鉴定过程的回溯性

医疗损害鉴定是在医疗损害侵权纠纷发生以后才启动的,只能进行事后判断。以死因鉴定为例,通常在患者死亡后48小时至7天以内进行

尸检。① 而对于手术过程的鉴定,需要对术前准备、术中操作、术后管理进行调查。通过鉴定手段对医疗行为实施前后患者的身体状况进行鉴定,并需要对医疗机构的诊断行为作出判断,分析医务人员实施诊疗行为时是否遵守医疗诊断规范,医务人员给患者开具的处方是否妥当,这些判断建立在对病历资料、检查报告、医疗器材、患者陈述等内容审查的基础上,虽然还需根据相关资料进行判读,但毕竟资料不多。整个过程是一种回溯性的活动,鉴定结果具有太多的不确定性。大多数情况下,造成患者损害的原因是多方面的,例如,患者病情的严重程度、患方家属对就诊的配合程度、医疗机构治疗的及时性、医疗设备的安全性等多种因素都会造成最终的损害后果,但各原因对损害后果发生的作用力是存在区别的。理论上普遍采用"医疗过错参与度""损害参与度"学说。法官也是医学方面的外行,难以判断因果关系是否存在、各因素对损害后果的参与度。因此司法鉴定被寄予厚望,法官和当事人希望通过司法鉴定分辨事实,但实际上,鉴定人也难以判断因果关系是否存在,以及各因素的参与度到底有多少。例如,如果医疗机构明确告知患者去找急诊医生,则患者是否可以免受损害?医疗人员"未能及时到达"与患者死亡之间有无事实因果关系,法律上可以进行拟制,但鉴定人有时候也无法判断这种假设性的问题。

2. 知识背景的临床性和综合性

医疗损害鉴定需要运用临床医学、法医学、药理学等学科知识,医学会专家组由医疗卫生系统的专业技术人员组成(这类专家受聘于医疗卫生机构或者医疗教学、科研机构并担任相应专业高级技术职务三年以上)②,他们除掌握医学专业知识之外,还有丰富的医学临床经验。而医疗过错司法鉴定的法医几乎都是法医学专业背景,由司法鉴定机构组织具备司法鉴定人资格的法医学专家主持鉴定,同时可邀请或聘请临床医学专家参与鉴定。鉴定的任务涉及行为主体是否有过错,患者是否存在损害后果,医疗行为与损害后果之间是否存在因果关系。

---

① 《医疗事故处理条例》第18条对医疗损害鉴定中尸检的期限作出规定。
② 《医疗事故处理条例》第23条规定,负责组织医疗事故技术鉴定工作的医学会应当建立专家库,并对专家的条件作出规定。

通过医疗过错对患者损害后果的参与度,判断医疗过程的合理性,并对残疾程度及患者今后的继续治疗提出建议。涉及死因、伤残等级鉴定的,还需要法医加入专家鉴定组。所以,该类鉴定又具有综合性的特征。

3. 较强的主观性

如同绝大部分司法鉴定活动具有主观性一样[1],医疗损害鉴定同样具有主观性,并且与血型鉴定、DNA 鉴定、法医毒物鉴定等其他鉴定相比,医疗损害鉴定的主观性更强。它需要根据鉴定人的经验、病历材料、医患双方陈述、检查报告、病史资料等材料确定医疗行为有无过错,从而对医疗机构是否构成医疗事故、构成何种等级的医疗事故、因果关系和参与度等作出判断。对于"过失"的认识,医学界主要遵从《医疗事故处理条例》,如果违反医疗卫生管理法律、行政法规、部门规章和诊疗护理规范、护理常规就推定其有过失。医疗过失判断涉及对医疗水准、医师差别、医疗环境、医师自由裁量权、紧急因素等的主观判断[2],因此,具有一定的主观性。

(二)举证责任分配不合理的结果

2001 年颁布的《民事诉讼证据规定》规定了医疗损害责任纠纷中因果关系的事实认定和过错要件适用举证责任倒置。也就是说,一般的侵权行为,由原告就侵权行为、损害后果、因果关系、行为人有过错承担举证责任。但由于医学、医术涉及专业性问题,因果关系和医疗过错很难由患者提供证据证明。因此,2002 年实施的《民事诉讼证据规定》第 4 条规定:"因医疗行为引起的侵权诉讼,由医疗机构就医疗行为与损害结果之间不存在因果关系及不存在医疗过错承担举证责任。"该规定虽然减轻了患者在医疗诉讼中的举证责任,但也有负面的后果,即不利于医学的发展进步,医疗机构为了避免举证不能,可能会在医疗过程中要求患者进行一些不必要的检查,无论是基于"以药养医"的原因,还是基于"医疗取证"的动因,都会加重患者不必要的负担,最终无法从根

---

[1] 参见陈卫东、程雷:《司法精神病鉴定基本问题研究》,载《法学研究》2012 年第 1 期。
[2] 参见郭升选、李菊萍:《论医疗注意义务与医疗过失的认定》,载《法律科学(西北政法大学学报)》2008 年第 3 期。

本上维护广大患者看病就医的权利。2020年《民事诉讼证据规定》删去了有关举证责任倒置的规定,一定程度上体现了立法改变了过去对特殊侵权行为采取举证责任倒置的机械做法,交给法官根据生活经验法则进行举证责任的分配。根据《民法典》第1222条的规定,患者在诊疗活动中受到损害,有下列情形之一的,推定医疗机构有过错:第一种情形是违反法律、行政法规、规章以及其他有关诊疗规范的规定;第二种情形是隐匿或者拒绝提供与纠纷有关的病历资料;第三种情形是遗失、伪造、篡改或者违法销毁病历资料。也就是说,一旦出现上述法定情形,法律推定医疗机构有过错,并且一般认为这种推定是法律拟制的,不允许当事人举证推翻,因此上述情形属于"不可推翻的过错推定"。根据《民事诉讼法》第67条和最高人民法院《关于适用〈中华人民共和国民事诉讼法〉的解释》第91条的规定,患方主张医疗机构承担医疗过错赔偿责任的,应当提交到该医疗机构就诊及受到损害的证据,至于医疗行为和损害后果之间的因果关系、医疗过错的构成要件事实,可以通过申请鉴定来查明,这也是医疗损害鉴定容易使医患双方产生争议的原因。

(三)医疗损害鉴定信息的不对称性

社会学研究的理论认为,信任的本质是社会成员在社会不确定性、复杂性增加时体现出的对自己依赖对象所维持的时空性特征。① 信任能够使复杂的社会关系变得简单,正如德国社会学巨擘卢曼认为,信任构成了复杂性简化的有效形式,而熟悉是信任的前提,信任是从可用于信任对象的信息出发作推断的心理活动。② 人们何以产生信任?对此,学者郑也夫认为,信任处于全知和无知之间,全知意味着确定性,它不再需要信任;无知则无法建立信任。全知与无知之间的状态是产生信任的条件,信任则启动了生存所需要的行动与合作。③ 可见,信任具有简化复杂的社会功

---

① 参见翟学伟:《信任的本质及其文化》,载《社会》2014年第1期。
② 参见〔德〕尼克拉斯·卢曼:《信任:一个社会复杂性的简化机制》,瞿铁鹏、李强译,上海人民出版社2005年版,第10—20页。
③ 参见郑也夫:《信任论》,中信出版社2016年版,第270页。

能,信任建立在必要的知情基础上。现代社会是一个不断"陌生化"的社会,信任失去了以往有效的"人际信任"的伦理保障,进而激化了信息不对称所造成的"信任缺失"。建立信任在现代社会无法完全依靠人际信任的维系,还要靠制度信任的保障。[1] 信息沟通是制度信任的基础。在医患矛盾之中,信息的不对称是导致医患双方不信任的重要因素。[2] 医疗服务领域中的信息不对称表现为,医方掌握着有关医疗诊断的许多关键信息,而患方却处于信息闭塞的状态,在这种信息不对称的情况下,患方对医院的不信任感会加剧。[3] 信任模式基于较低的信息成本和特殊的道德情感特质,能够有效地预防医患纠纷。沟通是建立医患信任的桥梁。[4] 在医疗损害鉴定过程中,鉴定机构与患方之间也存在类似的信息不对称问题,导致患方对医疗损害鉴定的不信任。由于医疗损害鉴定的专业性极强,在委托鉴定的过程中,鉴定机构与患方的信息不对称:一方面,医疗诊断行为与鉴定实施活动的专业性极强,患方对这些知识不容易理解和掌握;另一方面,患方在医院只能复印和领取客观病历资料(包括门诊病历、住院志、检验报告、医学影像检查资料、手术同意书等),而主观病历资料(包括疑难病例讨论记录、上级医师查房记录、会诊意见、病程记录等)只能由医院进行封存。因此,二者之间存在着信息不对称的问题。由于信息的不对称,患者对医疗过程中医生的诊疗行为是否存在过错很容易产生种种猜测。这时候本

---

[1] 有学者通过对乡村社会转型时期的医患信任进行实证分析,发现随着社会从传统向现代转型,未来村民对于村医的信任逻辑将是人际信任与制度信任的叠加。这一原理同样可以解释传统熟人社会向陌生人社会转变的医患信任问题。参见房莉杰、梁小云、金承刚:《乡村社会转型时期的医患信任——以我国中部地区两村为例》,载《社会学研究》2013年第2期。

[2] 信息经济学理论认为,根据市场上有关事件的概率分布,可将信息分为对称信息(symmetric information)和非对称信息(asymmetric information),非对称信息是对社会劳动分工和专业化存在和发展的肯定,是社会劳动分工和专业化在经济信息领域的具体表现,是以人们获取信息能力的非对称性为基础的。社会分工使不同行业的劳动者之间产生行业信息差别;专业化使个人在自身的专业领域比其他专业领域的个人具有更多的专业知识。参见陈瑞华编著:《信息经济学》,南开大学出版社 2003 年版,第 53—56 页。

[3] 参见黄锫:《应对医患纠纷的法律措施须从解决信息不对称入手》,载《探索与争鸣》2012 年第 8 期。

[4] 参见伍德志:《论医患纠纷中的法律与信任》,载《法学家》2013 年第 5 期。

应该通过专业资格、科层结构、中介机构的保证而使患方产生信任①,为患方释疑,但由于医疗损害鉴定是一个专业性极强的工作,目前仅仅由医疗损害鉴定机构出具一份鉴定意见,但缺乏有效的沟通。一纸鉴定书没有成为医患之间有效的沟通媒介,却成为患方与医院、鉴定机构之间的隔阂。

(四)一元化造成医学会垄断医疗损害鉴定的局面

目前,全国部分省市(例如北京市)采取"二元化"的鉴定体制,而上海市的医疗损害鉴定体制则采取"一元化"的模式②,即由医学会主导的医疗事故技术鉴定独揽采取全局,从而造成患方对医疗损害鉴定的不信任。实际上,上海市确立统一的医疗损害鉴定模式的初衷是避免"二元化"带来的冲突,但实践证明它又引发了新的矛盾——医学会垄断了医疗损害鉴定。从某种意义上说,"二元化"至少可以避免"一言堂",满足当事人选择不同鉴定机构的需求,为患者增加一条权利救济途径。医学会垄断医疗损害鉴定的后果是让患方认为医学会的鉴定专家与涉事医院存在千丝万缕的关系,难免引发患者的不信任。

"二元化"鉴定模式是如何产生的,"一元化"模式又是如何确立的?这必须从制度演进的历程进行分析。杨立新教授对我国医疗损害责任发展阶段的划分可供启示,他将我国改革开放30年来医疗损害责

---

① 在西方的信任研究中,祖克尔(Zucker)的观点系统地阐明了主要的信任产生机制(trust-producing mechanism),她区分了三种机制,分别为由声誉产生信任、由社会相似性产生信任、由法制产生信任。其中,由法制产生信任是指基于非个人性的社会规章制度,如专业资格、科层结构、中介机构及各种法规的保证而给予信任。参见彭泗清:《信任的建立机制:关系运作与法制手段》,载《社会学研究》1999年第2期。笔者认为医患双方对医疗损害鉴定的信任产生机制同样来自上述不同的机制根源。

② 必须注意的是,由于《侵权责任法》对医疗损害鉴定的主体没有明确,使得实践中许多省市通过相关规定确立了不同的模式。目前个别省市法院制定了医疗损害诉讼司法指导文件,这些文件涉及医疗损害诉讼中证据与鉴定等多方面的问题,它们都对医疗损害鉴定问题作出不同的规定。例如,上海市高级人民法院2011年制定《上海法院关于委托医疗损害司法鉴定若干问题的暂行规定》,规定"异地鉴定"以委托医学会为主,鉴定专家实名制,鉴定程序文件和专家合议书送法院。各地无法采取统一的医疗损害鉴定模式,而应在保持原有"双轨制"的基础上,对优先启动医学会的鉴定还是司法鉴定作出不同的选择。

任制度的发展过程归纳为三个阶段:限制患者赔偿权利阶段(1979—2002年)、加重医疗机构举证责任,初步形成防御性医疗阶段(2002—2008年)、进行反思和理性思考阶段(2008年以后)。[①] 结合史料可以发现,立法对医疗损害鉴定体制的规定印证了主导上述阶段的观念。改革开放以来,1987年国务院制定的《医疗事故处理办法》(现已失效)是最早明确医疗事故技术鉴定法律地位的文件,该办法第13条规定医疗事故技术鉴定是处理医疗事故的依据。法院无权组织医疗事故技术鉴定,也无权审查鉴定结论。这与该阶段过于考虑我国医疗服务的福利性质,偏重于对医疗机构的保护,限制患者民事权利的思想密切相关。实际上,1987年《医疗事故处理办法》和2002年《医疗事故处理条例》在性质上都是行政法规,它们所确立的医疗事故技术鉴定只是一种医学鉴定,服务于医疗卫生系统对涉事医院进行处罚的内部行为,不足以成为法院审理医疗损害责任纠纷的法律依据。然而,当时的立法并没有区分这种内部、外部的鉴定行为。2003年最高人民法院公布的《关于参照〈医疗事故处理条例〉审理医疗纠纷民事案件的通知》(现已失效)进一步肯定了"双轨制"。[②] 其是人民法院、卫生行政系统、司法行政部门相互妥协的产物。而这种妥协也造就了如今鉴定"双轨制"的现象。实践中,多数法院和法官认识到了医学会鉴定对受害患者的不利因素,默许、接受受害患者一方提供其他司法鉴定机构的医疗过错鉴定,对不申请医疗事故责任鉴定和鉴定为不属于医疗事故责任的案件,将医疗过错鉴定结论作为认定案件事实的依据,形成了医疗损害鉴定的"二元化"。2010年最高人民法院公布《关于适用〈中华人民共和国侵权责任法〉若干问题的通知》,但该通知并没有明确"医疗损害鉴定"的主体。

---

① 参见杨立新:《中国医疗损害责任制度改革》,载《法学研究》2009年第4期。
② 最高人民法院《关于参照〈医疗事故处理条例〉审理医疗纠纷民事案件的通知》第2条规定:人民法院在民事审判中,根据当事人的申请或者依职权决定进行医疗事故司法鉴定的,交由条例所规定的医学会组织鉴定。因医疗事故以外的原因引起的其他医疗赔偿纠纷需要进行司法鉴定的,按照《人民法院对外委托司法鉴定管理规定》组织鉴定。

"二元化"鉴定体制在专家人员组成①、鉴定依据②、鉴定实施程序③以及鉴定任务④等方面均有差异,造成两种不同的鉴定证据在诉讼中容易出现意见相左的情况,并由此引发争议。因此,2011年上海市高级人民法院在征求该市有关部门、律师协会和有关专家意见的基础上,确立了由医学会主导的"一元化"鉴定体制。⑤ 时至今日,由医学会主导的医疗损害鉴定模式在上海市仍没有改变,造成了医学会垄断医疗损害鉴定的局面。

(五)"二元化"鉴定体制存在鉴定主体专业性与中立性的失衡

在"二元化"鉴定体制之下,医疗损害鉴定形成了由医学会主导的医疗事故技术鉴定和由司法鉴定机构主导的医疗过错司法鉴定并存的局

---

① 在专家人员组成方面,医学会的专家组成员由医疗卫生专业技术人员组成,他们平时都是受聘于各大医疗机构的医师或科研人员,不仅具备医学专业知识,而且具有医学临床工作的经验,能对医疗行为是否构成医疗事故、医疗损害鉴定中是否尽到诊疗义务进行判断。法医司法鉴定专家主要是专职的司法鉴定人,他们具有司法行政部门授予的鉴定人资质。他们主要是侧重于死因鉴定、伤残等级鉴定,对医疗损害鉴定也能胜任。
② 在鉴定依据方面,医学会的鉴定任务主要是判断医疗行为是否违反医疗卫生管理法律、行政法规、部门规章、诊疗护理规范和护理常规,以及医疗过失行为与人身损害后果之间是否存在因果关系;而医疗过错司法鉴定主要是对医疗纠纷案件是否存在过错以及病历资料真假进行鉴定。
③ 在鉴定实施程序方面,医学会鉴定主要依据《医疗事故处理条例》,鉴定结论以专家鉴定组成员的过半数通过为准,医学会鉴定以专家组的名义进行,并且鉴定人不接受出庭质证。而司法鉴定机构主要依据全国人大常委会《关于司法鉴定管理问题的决定》以及司法部颁布的《司法鉴定程序通则》,采取鉴定人负责制,鉴定人在一定条件下必须出庭作证。相关论述可参见王萍:《医疗损害鉴定意见存在问题与对策》,载《证据科学》2015年第1期。
④ 在鉴定任务方面,医学会鉴定的任务主要在于确定是否构成医疗事故,医疗行为是否违反医疗卫生管理法律、行政法规、部门规章、诊疗护理规范和护理常规;医疗行为与人身损害后果之间是否存在因果关系;医疗过失行为在医疗事故损害后果中的责任程度;医疗事故等级;对患者的医疗护理学建议。医疗事故技术鉴定具有行政鉴定的性质,结论可以作为卫生行政部门对医疗机构和医务人员进行处罚的依据。而法医司法鉴定在于判断是否造成损害,确定因果关系,是否存在过错,它可作为确定民事责任的依据。相关的论述可参见郭升选、李菊萍:《论医疗注意义务与医疗过失的认定》,载《法律科学(西北政法大学学报)》2008年第3期;周敏、邵海:《医疗损害司法鉴定与司法裁判:背离困境与契合构想》,载《甘肃政法学院学报》2015年第3期。
⑤ 参见上海市高级人民法院院长应勇在上海市第十三届人民代表大会第四次会议上的《上海市高级人民法院工作报告2010》,载上海市高级人民法院网(http://www.hshfy.sh.cn),访问日期:2020年12月19日。

面。这两支鉴定队伍在实现专业性的同时,也致力于中立性的建设。但由于两者各自的优缺点没有找到合适的平衡点,在"同行评议"与"第三方评估"这两种不同价值追求的评议模式上,目前的医疗损害鉴定还没有找到一个最佳的平衡点。

1. 医疗事故技术鉴定的优点与缺点

医学会主导的医疗事故技术鉴定的优势主要在于专业性。医疗事故鉴定专家成员组的成员均是具备临床经验的医学专家,只有案件涉及死因不明的鉴定、伤残等级鉴定时才会邀请法医参加。① 这种临床性的特征恰好符合"同行评议"的规则,鉴定需要运用有关案件争议的专门性问题所涉及的医学诊疗知识和经验,因此临床医学专家更能作出准确判断。② 虽然医学会鉴定实现了"同行评估",但是却容易造成医医相护。

其一,医学会鉴定专家组的成员与医疗机构存在千丝万缕的联系。根据《中华医学会章程》的规定,医学会是个临床医学的学术性机构。实践中,医学会与同级卫生行政部门的关系密切,许多医学会的负责人由卫生行政部门的领导兼任。临床医师与医疗机构之间往往存在利益关系,被人们喻为"老子给儿子做鉴定"。如果没有法律制度的规制,仅仅依靠专家的道德自律,恐怕难以获取患者的信任。在患方看来,参与鉴定的医师与涉事医生是同行,可能会为彼此留后路,这样的鉴定难以令人信服。

其二,医疗事故技术鉴定采取专家匿名鉴定的方式,鉴定文书不署名,使得鉴定人的权责不清。匿名鉴定的初衷在于保护医学专家,毕竟裁判其他医师的医疗行为是否构成医疗事故容易得罪同行。同时也为了防止人情干预鉴定,毕竟专家的姓名一旦公布就容易对其带来干扰。"公开是一种正当的压力,而匿名制最坏的结果是沦为不敢承担责任者的避风港。"③匿名鉴定使得患方无法知悉专家是否回避、有无徇私。医疗事故技术鉴定是由专家实施,但却以专家组名义发布,并以医学会的身份担

---

① 参见刘鑫、梁俊超:《论我国医疗损害技术鉴定制度构建》,载《证据科学》2011年第3期。

② 参见郭超群:《医疗损害鉴定制度一元化研究》,载《内蒙古社会科学(汉文版)》2015年第1期。

③ 郑也夫:《信任论》,中信出版社2016年版,第223页。

责,无法有力追究鉴定人的责任。

其三,鉴定人不出庭使得鉴定意见质证的功能无法实现。被抽中参与鉴定的医师只是通过编号呈现在医患双方面前,其真实身份并不为双方所知,也没法接受法庭质证。① 对此,医学会认为,专家平时忙于本职工作,鉴定之后还要继续救死扶伤,所以让他们出庭接受质证势必会影响他们鉴定的积极性;另外,如果鉴定实施实名制,要求公开专家的身份,专家难免心存顾虑,也会拒绝鉴定。这就使得鉴定无法满足庭审质证的要求。虽然医学会将书面回复作为出庭的替代措施,但这与出庭接受质证的价值不可相提并论。

2. 医疗过错司法鉴定的优点与缺点

相较于医学会而言,医疗过错司法鉴定的独特优势主要在于其第三方的法律地位能够满足患方对鉴定主体中立性的愿望。在专家组成方面,司法鉴定机构从管理到人员组成均独立于医疗卫生系统,容易得到患方的信任,并且接到法庭通知后能够出庭接受质证,有利于法官采纳鉴定意见。一个隶属司法行政部门,一个受卫生行政部门管理,二者之间没有太多的利害关系。但是医疗过错司法鉴定也存在一些不足,使其饱受争议:

其一,负责司法鉴定的法医临床医学知识有限,往往没有具体的临床医学分支学科的经验,这点从学科划分中可见一斑。在我国教育部制定的二级学科目录中,基础医学和临床医学是并列的、单独的一级学科,而法医学是从属基础医学的二级学科,和临床医学之间并不存在从属关系,而法医临床是法医学的分支学科,其学科内容主要是伤情与伤残等级的鉴定,尸检属于法医学病理学科的内容。② 而从卫生部 2007 年修订的《医疗机构诊疗科目名录》对二级学科的划分中也可以看出二者的不同。因此,根据"同行评议"的原则,法医学对于医疗事故中临床医学的判断并不属于同一个学科内部的同行评估。

---

① 参见岳远雷:《医学会从事医疗损害鉴定的反思与重构》,载《医学与法学》2013年第2期。
② 参见郑雪倩、邓利强、刘宇等:《医疗损害责任鉴定问题研讨》,载《中国医院》2013年第5期。

10　医学
　　　　1001　基础医学　　　　1002　临床医学
　　　　1003　口腔医学　　　　1004　公共卫生与预防医学
　　　　1005　中医学　　　　　1006　中西医结合
　　　　1007　药学　　　　　　1008　中药学

图 6-5　教育部制定的二级学科目录

　　其二，临床医学专家匿名产生。法医为了弥补自己"医学知识"的不足，往往会咨询临床专家。是否邀请临床医学专家由法医个人决定，最终由法医根据临床专家的意见出具鉴定意见，但鉴定书上却没有临床专家的名字。由于临床医学专家是参与人，不是鉴定人，他们提出的鉴定意见最终能否反映在鉴定意见书中，取决于鉴定人是否将其意见写入，因此，临床专家的意见可能会被法医任意"阉割"。并且，出庭的只是司法鉴定人，而提供意见的临床医学专家从其出现到提供咨询意见，一直处于匿名的状态。

　　其三，司法鉴定机构鱼龙混杂，部分鉴定机构为追求利益可能存在猫腻。目前司法鉴定机构数量多，但质量参差不齐，且鉴定机构的营利性容易使患方花钱买观点。此外，鉴定机构准入门槛不一，有些鉴定机构在市场化的利益驱动下，很难保证不为了迎合当事人的意愿出具鉴定意见。并且有的鉴定机构允许接受患方单方的委托，患方还没进入诉讼程序就已经单方委托鉴定机构，难以保证鉴定的公正性。

(六) 鉴定机构及专家的选任程序存有争议

　　第一项争议是案件涉及的主要学科如何确定。根据《医疗事故处理条例》第 25 条的规定，专家鉴定组进行医疗事故技术鉴定，案件涉及的主要学科的专家一般不得少于鉴定组成员的二分之一。实践中，如何确定"主要学科"往往也容易产生争议。[1] 接受笔者访谈的律师介绍其亲历的

---

[1] 参见《上海市高级人民法院关于委托医疗损害司法鉴定若干问题的暂行规定》第 13 条规定：医学会应当根据医疗争议所涉及的学科专业，确定专家鉴定组的学科组成。参照相关规定的程序进行鉴定。涉及伤残等级和死亡原因不明（双方有争议）的案件，应当抽取法医参加鉴定。

案例：有一患者先后在医院的急诊内科治疗，由于病情复杂，从急诊内科被转到急诊外科，之后又转回急诊内科。期间患者在急诊内科就诊过程中死亡，死因为暴发性心肌炎。上海市某区医学会的专家组成员包括急诊内科的3位专家、心血管内科的2位专家。这意味着急诊内科的专家更多地从急诊应对的标准方面进行审查，患方家属咨询了具有医学专业知识背景的律师，认为心血管内科疾病导致的死亡，主要学科应当为心血管内科，并申请由1名法医参加鉴定。医院坚决不同意，称死因已明，不需要法医参加鉴定。双方无法达成一致，法院也束手无策。[①]

第二项争议是异地委托鉴定。有些案件在选择医学会鉴定组成员时，可供选择的医生几乎都来自同一区（县），各专家也几乎来自相同的学科，由于圈子很小，难以保证回避制度得以落实。以上海市为例，法院委托医学会进行医疗损害鉴定，由医患双方协商选择区（县）医学会进行鉴定；协商不成的，一般由法院在医疗机构所在地以外的区（县）医学会中选择。经区（县）医学会鉴定后，仍有异议申请重新鉴定的，由市医学会进行鉴定。若案情复杂，则直接委托市医学会进行鉴定。根据《医疗事故技术鉴定暂行办法》第6条的规定，负责首次医疗事故技术鉴定工作的，医学会原则上聘请本行政区域内的专家建立专家库。这样就容易造成地方的医疗机构与当地医学会存在利害关系的回避情形。

六、医疗损害鉴定制度的改造

（一）深化医疗卫生服务体制改革

改进医疗损害鉴定制度，提升医患信任，必须深化医疗卫生服务体制改革。

首先，以《基本医疗卫生与健康促进法》为基础，抓好医疗体制改革的顶层设计。近年来，我国医疗卫生服务的覆盖面、公平性得以改善，全民健

---

① 访谈编号：Interview L2。

康水平得以提升。但医疗改革还面临巨大的挑战:看病难、看病贵、看病乱等问题,还没有从根本上解决;住院患者的医保报销比例仍处于较低水平;医务人员的薪酬制度改革的力度不大;公立医院公益性的核心体制机制还没有建立等。深化医疗卫生服务体制改革,全面建立中国特色基本医疗卫生制度,建立健全医保制度,完善医疗风险分担机制,改革医药价格制度和医师收入分配制度,坚持医疗卫生事业的公益性原则、医疗保障制度和优质高效的医疗卫生服务体系,加强基层医疗卫生服务体系和全科医生队伍建设。坚持以预防为主,深入开展爱国卫生运动。这些都是关系我国医疗体制改革顶层设计的重点问题。只有医疗体制完善了,人们对医疗卫生服务的认同感才会提高,医务人员的社会获得感才会提升。

其次,推进医疗卫生服务的供给侧改革,树立预防疾病与治疗疾病并重的健康理念,预防优先、防治对接,以缓解医疗资源紧张的问题。医疗资源的供给侧不足使得患者对医疗资源的需求趋于紧张。我国的医疗资源无论在绝对数量上还是在相对数量上都严重不足。即使在医疗资源相对充足的上海市,医疗资源在人均分布上也依旧紧张。人满为患的现象在各大医院很普遍,医生在高负荷状态下疲惫工作,却仍有诊断不完的病号。健康靠的是良好的生活习惯,对疾病做到防微杜渐,更关键的是平时的卫生保健。医学的发展水平始终是有限的,必须始终坚持预防疾病与治疗疾病并重的全局观。

再次,通过公共医疗卫生知识普及和医患沟通机制,缓解信息不对称的问题。医患之间信息的不对称加剧了两者的紧张关系。信任的本质是当社会成员在面对不确定性、复杂性的因素增加时,表现出的对自己依赖对象所维持的时空性特征①。基于信任带来的安全感,人们在建立社会关系的过程中倾向于选择便捷的交际方式,所以信任具有简化复杂社会关系、降低社会活动成本的功能。在现代社会,建立医患信任无法全靠个体之间通过人际交往维持的信任,还要靠制度对信任的加持。信息沟通是信任的基础。在医患矛盾之中,信息的不对称是导致医患双方不信任的重要因素。因此,必须加大公共医疗卫生知识普及的力度,增进医患沟

---

① 参见翟学伟:《信任的本质及其文化》,载《社会》2014年第1期。

通,缓解信息不对称的问题。

最后,要刚柔并济,以硬法惩治医闹,维护医生合法权益;以软法化解矛盾,重塑医患信任关系。对医闹伤医行为要严惩不贷,建立警医对接机制,可借鉴国外立法经验,通过事前立约,豁免对医闹者的救治责任。同时,要多元化解医患纠纷,司法在社会纠纷解决机制中居于主导地位,但诉讼负担沉重,旷日持久,案结事难了。患方存在认识偏差,败诉后常将怨气泄于法官。而人民调解相对于诉讼的独特优势不仅体现在程序层面的化繁为简上,更在于将法理情理融入其中。调解时可以灵活适用软法,避免打赢了官司,输掉了人心,有利于医患关系的修复。发挥诉调对接在医患纠纷化解中的作用,让被扭曲的医患关系回归常态。

(二)改造医疗损害鉴定的主体机制

第一种思路是建立完善的"一元化"医疗损害鉴定制度,确定医疗损害鉴定的性质为司法鉴定,打破医学会的垄断,实行科学的、符合司法规律的医疗损害鉴定制度。① 第二种思路是由医学会鉴定取代司法鉴定,通过完善医学会鉴定的相关制度,实现医学会垄断医疗损害鉴定的一元化局面。② 第三种思路是原则上允许医学会与司法鉴定机构共同参与到医疗损害鉴定中来,由国家设立或授权某一机构进行统一管理,建立全国统一的医疗鉴定专家库。③ 我们应当在第三种思路的基础上进行改造。

首先,医疗损害鉴定的知识具有综合性、临床性等特征,这决定了鉴定主体专业背景的复合性、鉴定任务的复杂性,单靠医学会或法医鉴定均难以胜任鉴定任务。医疗损害鉴定的任务一般包括判断医疗损害的后果、医疗行为与损害后果之间是否存在因果关系、医疗行为是否存在过错,个别情况下还需要对患者的死因、伤残等级进行鉴定,因此,医疗损害鉴定的特征决

---

① 参见杨立新:《中国医疗损害责任制度改革》,载《法学研究》2009年第4期;周宝金:《论医疗纠纷鉴定"二元化"的统一》,载《中国政法大学学报》2013年第5期。
② 参见赖志光、陈小嫦:《医学会主持下医疗损害鉴定程序存在问题分析及对策》,载《中国卫生法制》2015年第5期。
③ 参见肖柳珍:《医疗损害鉴定一元化实证研究》,载《现代法学》2014年第4期;上海市高级人民法院课题组:《立足核心问题 解开医患千千结——上海高院关于医疗纠纷证据制度的调研报告》,载《人民法院报》2015年7月16日,第8版。

定了鉴定过程的复杂性、综合性,仅仅依靠单一的鉴定力量难以全面实现上述目标。从域外经验分析,西方法治国家均采用不同措施要求从事法医鉴定的专家必须具有跨学科的专业知识。例如,英国有两种从事法医学解剖的专家,一种是大学或法庭科学实验室中具备专门知识的专家;另一种是医院里从事病理学研究的专家。验尸官必须具有五年律师或医生的执业经历,较大的城市通常要求同时具备法律和医学资格,并承担其全部责任。①而在美国,法医病理学教育首先要求学员拥有临床病理教育证书,然后才能学习法医病理,亦即法医病理学家首先应该是一位临床病理学家,其次还要掌握除解剖与临床病理学以外的法医病理知识。② 可见,整合医学会鉴定与司法鉴定资源符合未来发展的趋势。

其次,由于医学会鉴定与司法鉴定各具利弊,需要通过整合鉴定资源兴利除弊。医学会组织的鉴定专家多是医疗卫生系统的专家,与涉事医疗机构存在千丝万缕的联系,因此容易出现"医医相护"的弊病。而司法鉴定机构虽然具有第三方的法律地位,满足了当事人对程序公正的要求③,但也存在一些不足:一是法医鉴定专家毕竟不是判断医疗诊断是否存在过失的"同行评估"专家,缺乏临床医学经验;二是司法鉴定机构面临着诸如多头鉴定、质量水平参差不齐、市场化运作等问题④,使得司法鉴定队伍的整体形象受到一定影响。因此,医疗损害鉴定的二元化整合必须取长补短,避免这些弊端的叠加和放大。

---

① See Francis E. Camps, The Current State of Forensic Medicine in Great Britain, 16 Case Western Reserve Journal of International Law 16 (1969-1970).
② 参见〔美〕托马斯·诺古奇:《美国的法医教学与法医鉴定质量认证体系》,载《中外最新法庭科学技术研讨会论文集(上)》,2004年5月,第10页。
③ 因此有学者主张,为了妥善处理医疗纠纷,可以尝试组建独立于医患双方、卫生行政部门的第三方调解机构。参见覃国慈:《社会冲突理论视角下的医患关系研究》,载《江汉论坛》2014年第3期。
④ 近年来,虽然我国司法鉴定机构和鉴定人的数量增长较快,但整体水平参差不齐。统一的司法鉴定管理体制尚未建立、司法鉴定标准化委员会尚未成立、司法鉴定准入和退出机制的失灵共同导致鉴定机构的水平参差不齐,一定程度上导致了鉴定意见冲突。参见陈邦达:《司法鉴定基本问题研究》,法律出版社2016年版,第174页。针对影响鉴定意见公信力的体制问题,有学者认为我国司法鉴定制度改革应以司法鉴定结论的可靠性和可信性作为路径依赖,借助司法鉴定制度建设来增进鉴定结论可靠性。参见郭华:《我国司法鉴定制度改革的困境与出路》,载《政法论坛》2009年第6期。

再次,"一元化"的鉴定体制虽有利于实现司法鉴定管理体制的统一,但必须避免它可能给患方造成的不利后果。在相当长的一段时期内,我国司法鉴定体制改革的主要目标就是提高司法鉴定的公信力和权威性,并将统一司法鉴定管理体制作为改革的抓手[1],但医疗损害鉴定至今尚未统一。医疗损害鉴定的权威性需要通过个案去实现,让每一个案件中的当事人都感受到公平正义。有学者分析指出,"一元化"之下,对鉴定意见有异议的,可以向上一级鉴定机构寻求救济,这可能造成鉴定机构所具有的科学精神和活动的自主性丧失殆尽,使鉴定机构本身的性质发生异化,成为官僚行政体系。[2] 所以,必须防止"一元化"鉴定体制形成自上而下的科层制体系。如果建立统一的医疗损害鉴定制度,今后,患方对区(县)一级的鉴定意见不满,则只能求助于其上级机构,而上下两级鉴定机构之间必须不存在任何行政隶属关系或利害关系,这样才能做到相互独立地鉴定,否则显然对患方不利。

最后,必须加强对从事医疗损害鉴定的鉴定机构的质量控制。质量控制是提高司法鉴定意见可靠性的重要管理手段。不能因为目前司法鉴定机构存在的负面现象而彻底否定司法鉴定的作用。目前部分司法鉴定机构存在一些负面现象,如司法鉴定机构两极分化,整体水平不高,鉴定机构的业务水平参差不齐,司法鉴定机构和鉴定人的准入门槛过低,不当的市场利益导向成为一些司法鉴定机构运作的驱动力。[3] 部分地区为了争夺鉴定市场份额而批准鉴定机构设立,但它们的业务能力并没有达到领先的水平。一些资质较差的鉴定机构也可以从事医疗损害鉴定,进一步加剧了司法鉴定的混乱。改进医疗损害鉴定制度,必须进一步明确司法鉴定管理的范畴,统一行业准入条件、鉴定实施程序、鉴定标准、鉴定管理规范、监督处罚规范,规范司法鉴定执业活动,提高鉴定质量和社会公信力。[4] 另外,

---

[1] 有鉴于此,党的十八届四中全会《中共中央关于全面推进依法治国若干重大问题的决定》明确提出"健全统一司法鉴定管理体制"的改革任务,旨在通过司法鉴定管理体制的完善促进司法鉴定公正的价值目标的实现。
[2] 参见叶自强:《法医鉴定体制的变革》,载《法学研究》1999年第1期。
[3] 参见霍宪丹:《关于进一步健全完善司法鉴定制度的思考》,载《中国司法鉴定》2014年第1期。
[4] 参见邓甲明、刘少文:《深入推进司法鉴定管理体制改革创新发展》,载《中国司法》2015年第7期。

必须进一步健全司法鉴定准入和退出机制。对于没有通过资质认定或认可的司法鉴定机构依法及时淘汰。

(三)规范鉴定机构及专家的选任程序,适度实现异地鉴定

对鉴定机构及专家的选任程序应当注意公正性、透明度。对鉴定机构的选择必须遵循双方合意优先,法院指定为候补的原则,从具有较高资质的鉴定机构中选择。对于涉及的主要学科专家的认定必须遵循兼顾"同行评估"与"第三方评估"的原则。由于不同学科的鉴定专家鉴定时所依据的"诊疗义务"是不同的,主要学科专家名单的确立对医疗损害鉴定结果的形成具有一定的影响。笔者认为,应当根据《医疗机构诊疗科目名录》从对应学科中遴选专家。对于一些涉及交叉学科并且难以确定主要学科的诊疗行为,在专家选择方面,应当由医患双方平等选择,以体现中立的原则。

此外,禁止司法鉴定机构单方面接受当事人的委托、咨询。2016年《司法鉴定程序通则》也对鉴定机构接受当事人的委托作出了一些限制性规定,旨在提高司法鉴定程序的公正性。在委托鉴定的环节,坚持禁止单方委托的做法,对防止暗箱操作具有一定的帮助。实践中,当事人在诉讼之前往往会单方自行委托鉴定。应该说,这种单方自行委托的鉴定容易产生利益链条,损害鉴定的公正性。但考虑到自行委托鉴定对诉前化解医疗纠纷具有其积极性的一面,因此,为保证鉴定意见的公信力,同时也积极促进当事人依法启动鉴定程序,所以2017年最高人民法院《关于审理医疗损害责任纠纷案件适用法律若干问题的解释》第15条规定,当事人自行委托鉴定作出的医疗损害鉴定意见,其他当事人认可的,法院可以对该鉴定意见予以采信。

在条件满足的情况下适度实现异地鉴定对提高鉴定的公信力也有帮助。医学会鉴定分为区(县)、市、省三级,中华医学会在必要的情况下也可以组织专家进行鉴定。但在实践中,医患双方想通过中华医学会实施鉴定的案件寥寥无几。患者或其家属申请医学会重新鉴定往往也难以得到法院的同意。最好的办法就是适度实现异地鉴定,因为纠纷发生地的医学会往往和涉事医院存在较多的联系,难免有护短之嫌。通过异地委托鉴定可以避免这种情况的发生,提高鉴定的公信力。

(四) 加强医疗损害鉴定信息的对称性

信息的传递对维持社会的合作非常重要，又依赖于技术和制度，前者是指可以让信息传递变得快捷的工具，后者如信息传递的参与者披露信息、分享信息的积极性等。① 目前医疗损害鉴定存在的信息不对称问题导致患者对鉴定意见不信任，解决的方法是加强鉴定程序的公正性和透明度。具体而言，可以通过听证会让医患双方在鉴定材料送检之前有质证的机会，对于鉴定材料无异议的才进行鉴定。鉴定过程中依据的技术规范、鉴定标准、据以认定的事实和检验报告必须向医患双方公开。这是因为，医疗损害鉴定是对已经发生的医疗行为进行回溯性审查，所以病史、医学影像检查资料等是鉴定的重要依据。要对所有的送检材料进行确认与质证，才能避免鉴定文书出具之后，再提出鉴定文书所依据的原始材料存在篡改、伪造等问题。实践中，一场成功的听证会能够增进医患双方、法官对医疗损害鉴定的信任。②

解决医疗损害鉴定信息不对称的另一路径，是实现鉴定意见庭前证据交换的程序功能。相较于其他种类的证据而言，医疗损害鉴定意见专业性极强，对待证事实的证明作用较大，因此，对医疗损害鉴定意见的审查判断对查明案件事实具有主导性作用。患方通常是不懂医学、司法鉴定专业知识的外行，患方及其聘请的律师需要交换鉴定意见的信息。公开的信息应当包括鉴定机构、鉴定人员、材料、意见等各种有关鉴定的信息。程序公开不仅有利于当事人了解信息，而且可以使其参与到鉴定的具体程序中，如鉴定人的选任、鉴定材料的确定等。③ 在这个过程中，确定咨询相关方面的专家以明确哪些鉴定意见赖以推断的理路可能值得推敲，判断到底是鉴定主体资格、鉴定方法、标准规范还是鉴定程序问题，从而为庭审质证做好准备。同行评议中，更为可取的匿名方式是"单向匿

---

① 参见张维迎：《博弈与社会》，北京大学出版社2013年版，第137页。
② 在访谈中，司法部司法鉴定科学技术研究所的程亦斌法医向课题组分析了听证会的实证情况，其介绍的内容在其论文中也有详细的阐述。参见程亦斌：《听证会制度在医疗损害法医学鉴定中的运用》，载《中国司法鉴定》2014年第2期。访谈编号：Interview E1。
③ 参见张新宝：《人身损害鉴定制度的重构》，载《中国法学》2011年第4期。

名",即对被评议者实行匿名,对评议人不匿名,公开每个评议人的态度,也可以为评议的详细过程设定一个保密的期限。①

(五)强化专家辅助人中立性的职业伦理

医疗损害鉴定专业性极强,其自身特征造成的局限性是较难克服的,一方面只能通过加强知识科普给老百姓扫盲,使他们认识到基本科学活动的规律性、局限性及医学诊断的复杂性、风险性;另一方面则需要通过具体制度的完善,填补患者与鉴定机构之间的知识鸿沟。笔者认为"有专门知识的人"参与诉讼能够引入竞争机制,让鉴定人在鉴定过程中感受到同行评议的压力②,同时使这项制度在患者与鉴定人的沟通方面发挥积极作用。此点类似于律师提供法律服务,诉讼活动也是一种专业性较强的司法行为,通过律师,可以避免当事人因对法律的无知而生出的对司法的不信任。同理,专家辅助人可避免当事人对医疗损害鉴定的无端猜忌,还可以强化鉴定意见的质证,分析鉴定意见有无瑕疵,供法官参考。如果通过质证认定鉴定意见是没有瑕疵的,当事人也会对鉴定结果更加信服。

改进医疗损害鉴定中的专家辅助人制度,必须注意把握如下原则:

其一,实现专家辅助人的对抗性。目前的专家辅助人都是由医患双方物色聘请的,实践中,医院在专家资源方面拥有绝对优势,很容易指派代表院方的人作为专家辅助人出庭质证,在庭审中维护医院的利益。但对于患者而言,聘请专家辅助人绝非易事。涉事医院之外的其他医院的医生极少愿意作为专家辅助人出庭,因为这样做容易得罪同行。全国其他省市医院的医生愿意接受委托的也很少,毕竟在医学界的圈子里,他们更愿意维持一种同行协作的关系。目前患方只能聘请一些提供司法鉴定技术服务的专家作为辅助人,但这些辅助人一是难以聘请,二是聘请的费用高昂。因此,必须为患方提供必要的专家辅助人,打破医学会对医疗事故技术鉴定的垄断状态,体现平等对抗性。

---

① 参见郑也夫:《信任论》,中信出版社2016年版,第223页。
② 参见胡铭:《鉴定人出庭与专家辅助人角色定位之实证研究》,载《法学研究》2014年第4期。

其二,加强专家辅助人的中立性。专家辅助人可以由司法鉴定机构的鉴定人担任,与医学会、司法鉴定机构的专家组进行庭审对质,解释法官的疑惑,满足患方对鉴定意见质证的愿望。但必须防止专家辅助人违背事实,无中生有,有意吊患方的胃口。所以,对专家辅助人及其技术服务机构进行管理是保障这项制度能够健康发展的必要手段。必须在强化专家辅助人的职业道德建设的同时,通过法律赋予专家辅助人忠于事实、忠于法律的义务。实践中,我们遇到过类似的问题,患者家属在患者离世后火化的尸体内发现金属物质,但患者生前,体内并没有假牙、人造关节等金属辅材,于是其家属怀疑存在医疗事故,希望通过司法鉴定来发现事实。这种情况下,如果存在"黄牛鉴定"或类似的专家辅助人,必定会答应可以通过鉴定发现事实,则很可能会让患方停辛伫苦,又激化医患双方的矛盾。实际上,据业内人士分析,即使尸体火化后发现有金属球,也很难推断出医方存在侵权行为。从国外的经验看,寻找中立的专家的难题长期困扰着人们[1],于是美国一些州通过州法院的特别规定,使审判法官授权聘请中立的专家证人,当法庭认为专家证人有助于实质性地查明案件事实时,此类专家证人的出庭费用无须由医患双方承担[2]。

(六)探索鉴定人出庭作证的新手段

在医疗损害鉴定中,鉴定人出庭作证可以发挥如下积极作用。首先,鉴定人出庭作证有助于消除医患双方对鉴定意见产生的异议,对避免当事人因不服鉴定结果而申请重复鉴定有一定的帮助。其次,鉴定人出庭作证能够帮助法官发现一些鉴定程序、鉴定方法中存在的瑕疵。最后,鉴定人出庭作证能够增强法院采信鉴定意见的程序正当性。根据直接言词原则的要求,双方有异议的鉴定意见要通过法庭质证才能作为认定案件

---

[1] 在美国存在"沉默的阴谋"(Conspiracy of Silence)的说法,认为医生不愿意在法庭作证,发表可能导致其同行承担医疗事故的法律责任的意见。See The New Mexico Medico-Legal Malpractice Panel——An Analysis, 3 New Mexico Law Review 12 (1973).

[2] See G. Winters, Independent Medical Experts to Testify in New York Injury Cases Under New Plan, in Selected Writings on Evidence and Trial, 1957. Adapted from Notes: The New Mexico Medico-Legal Malpractice Panel——An Analysis, 3 New Mexico Law Review 318 (1973).

事实的依据。

目前医学会鉴定专家组的成员基本上是不出庭的,司法鉴定机构鉴定人的出庭情况也差强人意。我们在 2014 年 12 月对上海市第 A 中级人民法院的 23 名法官及广州市 B 区人民法院的 4 名法官进行鉴定人出庭情况的问卷调查,发现影响鉴定人出庭积极性的因素如下:①鉴定人出庭耗费的"无用功"居高。鉴定人出庭的最短时间为 3-5 分钟,最长为 30-60 分钟,而花费途中的时间却远远高于出庭时间。②鉴定人出庭的费用无法得到保障。① 目前法律对于鉴定人的出庭费用要不要给,由谁来承担均未明确,导致实践中做法不一。笔者认为,可以通过远程视频、隐蔽作证等方式解决鉴定人的出庭难题。在调查问卷中,一部分法官也表示出对远程视频作证的认同,认为既然证人可以视频方式作证,那么鉴定人也应当被允许以视频的方式替代出庭。②

(七)合理把握重新鉴定的启动条件

医学会鉴定与司法鉴定机构的整合,使得诉讼中二者可以根据案件性质共同参与鉴定,医患双方对鉴定不满意的可以提起重新鉴定。目前医学会分为区(县)、市、省三级和中华医学会,而司法鉴定机构也分为国家级鉴定机构、一般鉴定机构(据司法鉴定专家介绍,省级鉴定机构遴选工作正在筹备)。为了防止低水平的重复鉴定,实施重新鉴定的机构级别应当不低于初次鉴定的鉴定机构的级别。

由于医疗损害鉴定具有鉴定过程的回溯性、鉴定对象的复杂性和鉴定结论的主观性,不同鉴定主体对同一鉴定案例难免会产生偏差,这种偏差如果在同行评估中被认定为在可接受的范围内,则不宜视为瑕疵的鉴定。医疗损害鉴定设立三级的目的在于通过不同层级的鉴定进行把关,为对于鉴定意见有异议的当事人提供救济。实践中,重新鉴定的条件尚不清晰,容易造成当事人频繁地申请重新鉴定。所以,法官不宜过多地允许重新鉴定。启动重新鉴定必须满足一定的条件:①双方确有证据证明

---

① 访谈编号:Interview J1,Interview J2。
② 访谈编号:Interview J1;Interview J2。

原鉴定依据的材料、事实、数据确有错误;②双方确有证据证明原鉴定所依据的原理有误;③原鉴定的程序违法。

(八)健全医疗执业风险保险制度

2004年1月8日,深圳市卫生局印发《深圳市医疗执业风险保险管理办法》,这部规范性文件规定了医疗执业风险保险的内容,医疗机构和开展医疗执业责任保险业务的保险公司依法签订保险合同,在医疗机构发生医疗事故、医疗差错和医疗意外应当承担民事赔偿责任时,由保险公司依照合同约定支付赔偿费用。医务人员个人风险储金由医疗机构支付80%,医务人员个人支付20%,依照保险合同的约定使用和返还。发生医疗事故、医疗差错或医疗意外等医疗事故争议时,医疗机构应及时通知保险公司,组织各方按照《医疗事故处理条例》和保险合同约定对案件性质进行认定。这种医疗执业风险保险制度可以较好地保障患者和医务人员的权益,避免医疗事故发生造成无力赔偿的风险。

(九)其他综合配套手段

其他综合配套手段主要包括:一是确立鉴定监督原则,包括鉴定主体的内外部监督。内部监督主要是通过鉴定机构强化内部管理,外部监督则可通过强化法院对鉴定委托、鉴定实施环节的监督实现。二是确立鉴定责任制度。对于故意出具虚假鉴定的,一旦发现便追究其法律责任。这一点,美国的做法可供借鉴。① 三是组建专业化的审判法庭。法院选拔一些具有医学专业、法医学专业、法学专业背景的法官组成合议庭,也是增强此类案件证据采信公信力的方式。例如,日本从2001年开始从医学界、法学界和一般的有识之士中选取一定比例的人组成医疗事务关系诉讼委员会,并在东京地区法院民事4部和大阪地方法院民事2部中设置

---

① 2016年5月12日,美国马里兰州医学检察官李玲教授到华东政法大学讲学,题目为"Medico-legal investigation of medical malpractice in the USA"。其间,笔者陈述中国医疗损害鉴定制度面临的问题并请教李教授美国如何加强医疗鉴定的中立性?李教授的回答是,作为专家的她,绝不愿意冒着丢工作的危险去帮医学同行说(假)话。可见,美国在鉴定人责任制方面管理严格。访谈编号:Interview E3。

医疗案件集中处理部。①

七、结　语

医疗损害鉴定是医疗损害责任纠纷诉讼中的重要证据,目前的司法实践表明医疗损害鉴定不信任的问题凸显,成为了医疗诉讼的瓶颈,加剧了原本紧张的医患矛盾。其成因是错综复杂的,但从客观的角度分析,由于该类鉴定受到科学技术发展水平的局限,加上长期以来我们将医疗损害鉴定制度弊端的成因归结至"二元化"医疗损害鉴定模式上,对"一元化"模式寄予了过高的期待,导致没有对症下药。

本章的核心观点是,医疗损害鉴定不信任问题的成因在于过去对"双轨制"医疗损害鉴定职责分工的错位,将原本作为卫生系统内追究责任所依据的医学会鉴定意见视为医患诉讼的证据。目前"双轨制"的鉴定主体没有兼顾专业性与中立性的双重价值取向,医疗事故技术鉴定在中立性方面无法满足程序正当的要求,而司法鉴定机构良莠不齐,导致医患双方对司法鉴定的不信任。此外,鉴定程序在实现信息对称性、程序正当性方面也存在不足。整合医学会鉴定专家与司法鉴定机构实现中立性鉴定,强化专家辅助人中立性的职业伦理,使专家辅助人制度在患者与鉴定人沟通方面发挥积极作用,并完善重新鉴定和鉴定人出庭制度,唯此,才是化解医疗损害鉴定不信任的路径选择。

---

① 参见〔日〕植木哲:《医疗法律学》,冷罗生、陶芸、江涛等译,法律出版社2006年版,第76—77页。

第七章
技术性证据专门审查问题研究

一、引 言

随着法庭科学在司法证明中的运用日益广泛,案件中的技术性证据呈现复杂多样的趋势,这为检察官审查认定此类技术性证据带来新的挑战。自检察官员额制改革,以及检察人员转隶至监察机关以来,检察技术性证据专门审查工作面临新的考验。以大数据赋能新时代检察法律监督①,适用以审判为中心的诉讼制度改革又对检察机关强化证据审查认定提出了更高的要求。自最高人民检察院确立技术性证据专门审查制度以来②,这项工作在实践中发挥了重要作用,也存在一些实践困境和理论困惑。《"十四五"时期检察工作发展规划》进一步提出推进智慧检务工程建设,加强大数据、人工智能、区块链等新技术应用,为检察机关增添了使命与担当。本章旨在通过前期的调研访谈、大数据平台统计分析等实证研究③,分析归纳技术性证据专门审查的实践困境,揭示背后的制度成因,剖析其深层的理论问题,为技术性证据专门审查工作的制度健全抛出引

---

① 中共中央《关于加强新时代检察机关法律监督工作的意见》明确要求:运用大数据、区块链等技术推进公安机关、检察机关、审判机关、司法行政机关等跨部门大数据协同办案。最高人民检察院明确提出并大力推动实施"检察大数据战略",以大数据赋能新时代检察法律监督。大数据赋能更有利于发挥检察机关法律监督的"利器"作用。参见陈章:《以检察大数据赋能新时代法律监督》,载《检察日报》2022 年 7 月 18 日。

② 最高人民检察院发布的《"十三五"时期检察工作发展规划纲要》提出,全面贯彻证据裁判规则,建立书面审查与调查复核相结合的亲历性办案模式,推行以客观性证据为主导的证据审查模式,实行技术性证据专门审查制度。

③ 此处运用的大数据平台主要包括北大法宝、12309 中国检察网。

玉之砖。

技术性证据专门审查,特指检察机关具有专门知识的检察技术人员或其他具有专业知识的人员,对案件中涉及技术性问题的证据材料,从相关性、真实性、可靠性、合法性等维度进行审查,并出具审查意见书的活动。技术性证据专门审查主要运用于审查起诉阶段,往往能对辅助检察官查明案情、依法审查起诉发挥较大的作用,对加强案件质量管理、强化检察法律监督、促进科技赋能司法具有积极的意义。技术性证据专门审查意见书存在于三大诉讼案件中,但调研发现以刑事案件居多,随着检察公益诉讼业务量的增长,针对生态环境损害、大数据分析报告、鉴定评估等的技术性证据专门审查将逐步扩大至刑事案件以外的其他案件类型。

国内有关技术性证据专门审查的研究主要集中在以下方面:其一,研究技术性证据专门审查工作所涉的证据规则。① 其二,研究技术性证据专门审查工作的专家证人制度。② 其三,研究技术性证据专门审查意见的诉讼程序。③ 英美及欧陆存在的与技术性证据相近似的概念包括"科学证据"及"鉴定证据"。德国的鉴定人具有司法官助手的性质,法院

---

① 例如,何家弘、刘品新提出证据审查的基本步骤包括单独审查评断、对比审查评断、综合审查评断。科学证据的采纳规则既包括合法性规则和关联性规则,也包括真实性规则。参见何家弘编:《刑事诉讼中科学证据的审查规则与采信标准》,中国人民公安大学出版社2014年版,第10页。刘品新指出区块链证据体现了入链后数据真实性有保障、入链前数据真实性可优化两大定律,构建对区块链证据真实性予以推定、司法认知的规则。参见刘品新:《电子证据法》,中国人民大学出版社2021年版,第258页。赵宪伟、刘政以电子数据为对象,研究专门性审查的要点。参见赵宪伟、刘政:《论电子数据审查的"专门性"》,载《警察技术》2021年第3期。陈学权认为科技证据审查的内容包括检材的合法收集、鉴定主体资格和程序的合法性、原理和方法的科学性等,主张确立相关的质证和认证机制。参见陈学权:《科学技术在刑事诉讼中的价值》,载《法学研究》2007年第1期。

② 例如,季美君主张构建鉴定人、专家顾问和专家辅助人三位一体的格局。参见季美君:《专家证据的价值与我国司法鉴定制度的修改》,载《法学研究》2013年第2期。胡铭认为鉴定制度既要保持中立性,又应走向对抗化,允许鉴定人和专家辅助人同时存在,并使之当庭进行必要的对质和交叉询问。参见胡铭:《鉴定人出庭与专家辅助人角色定位之实证研究》,载《法学研究》2014年第4期。陈如超认为刑事专家制度存在明显的体系化缺陷,表现为过度权力化、功能尚未结构化等。参见陈如超:《专家参与刑事司法的多元功能及其体系化》,载《法学研究》2020年第2期。

③ 例如,张保生、董帅认为专家辅助人意见和鉴定意见在专家证言意义上的证据效力平等。参见张保生、董帅:《中国刑事专家辅助人向专家证人的角色转变》,载《法学研究》2020年第3期。龙宗智、韩旭认为有专门知识的人的意见原则上可以作为诉讼证据。(转下页)

将部分裁判权让渡给鉴定人，检察官则负有客观、全面地收集各类证据的义务。法国的鉴定人从鉴定人名册中产生，法官在质证基础上凭借自由心证采纳证据。英美科学证据审查主要在庭审中完成，法官根据相关性、可靠性来判断其可采性，并由专家证人接受诉讼双方的交叉询问。

可见，既往有关技术性证据专门审查的研究存在一定的扩展空间：一是有关技术性证据专门审查的研究较多关注庭审质证、认证等问题，缺少针对检察审查起诉环节技术性证据专门审查的研究；二是既往研究多止步于技术性证据的证据规则，鲜有从程序启动、意见属性、审查范畴等角度分析审查工作机制的研究。域外制度虽然有值得借鉴之处，但毕竟与我国检察、诉讼制度之间存在差异。因此，本章以技术性证据专门审查作为研究对象，有利于反映技术性证据专门审查工作机制的实践困境，健全检察机关指派、聘请"有专门知识的人"的制度规范，优化检察系统业务部门与技术部门协同工作创新机制，促进科技赋能智慧检务建设。

二、技术性证据专门审查的实践困境

基于笔者 2022 年对上海市部分检察官展开调研访谈的实证依据①，聚焦检察官遇到的诸多涉及专业性问题的鉴定意见审查等技术证据的专门审查工作，揭示和反映技术性证据专门审查工作相关法律在实践层面的适用困境，并以此寻求问题的解决之道。

(一) 技术性证据专门审查的主体资源流失

从检察实践分析来看，部分基层检察机关技术性证据专门审查的主

(接上页)参见龙宗智等：《刑事庭审证据调查规则研究》，中国政法大学出版社 2021 年版，第208 页。郭华指出有专门知识的人对鉴定意见的不当异议是影响司法鉴定公信力的关键问题之一。参见郭华：《司法鉴定公信力的内生性基础及其提升路径优选》，载《中国司法鉴定》2021 年第 5 期。此外，我国台湾地区学者林钰雄、傅美惠在其研究中论及技术证据的审查问题。

① 本文的调研时间集中于 2022 年 5 月至 8 月，访谈主要通过线上、线下相结合的方式进行。

体资源薄弱,并存在技术性人员流失的现象。例如,有实证研究发现,中国裁判文书网 2018 年至 2021 年发布的含有"技术性证据"关键词的 303 份裁判文书中,除未明确审查主体的 77 例外,剩余 226 例中有 177 例技术性证据专门审查的主体为省、市级检察机关,其中有 128 起案件为区(县)级检察机关委托上级检察技术部门进行审查,区(县)级检察机关开展技术性证据专门审查的仅有 49 例。① 笔者有限的调研也印证了这一问题的存在,接受访谈调研的检察官和技术人员反映,所在检察机关的技术性证据专门审查专业人员存在流失、不均衡现象。检察人员分类管理及反贪反渎职人员转隶至监察机关之后,检察院技术部门隶属于检务保障部门,部分人员转隶至监察委或晋升入额检察官。地方各级检察机关专业技术资源配置不均衡,技术性证据专门审查工作并没有形成稳健机制,缺乏统筹协调。有观点指出,司法体制、监察体制改革后,大量的检察技术人员转岗到了检察机关其他部门,从事司法行政工作,或者转岗到监察委员会②,还有统计数据显示,随着员额制改革和监察体制改革的推进,某省检察技术人员出现流失,2017 年总人数较 2015 年下降 20% 左右③。以上现象都印证了这一结论,技术性证据专门审查的主体存在流失现象,特别是在基层检察机关,这方面的矛盾更加突出。

(二)技术性证据专门审查的范围与框架不明确

目前有关技术性证据专门审查的规定原则性强、操作性弱。技术性证据专门审查的范围有待界定,对于涉及较多专门性问题的案件,审查工作量大。实践中,技术性证据专门审查包括全面审查、部分审查。全面审查,是指检察技术人员除对技术性证据进行专门审查之外,还要对技术性证据所依赖的基础材料进行审查。部分审查,指的是只需要审查技术性证据本身。有学者认为全面审查的工作量较大,但部分审查容易使检察

---

① 参见袁亦力、申贝贝:《检察机关技术性证据审查的制度反思与重构》,载《人民检察》2022 年第 18 期。

② 参见张俊涛:《基层检察机关技术性证据审查监督权能缺位的原因及对策》,载《中国检察官》2020 年第 3 期。

③ 参见邬颖怡:《检察机关技术性证据审查制度研究》,载《证据科学》2022 年第 4 期。

技术人员忽视对一些基础材料的审查,而这些材料往往会影响技术性证据的可靠性。① 笔者发现,实践中,技术性证据专门审查偏向审查技术性证据本身,较少审查技术性证据所依赖的基础材料。例如,伤情鉴定中,有些鉴定书中引用的病历并未附卷,无法与原始病历进行对比,伤情真假难辨。保外就医案件中,被鉴定人会刻意隐瞒病历,只提交能反映其病情严重的材料。② 因此,如果从这个角度看,对技术性证据的专门审查,应当既审查技术性证据材料本身,又审查其基础性证据材料,并且对其来源、提取、保管、移送是否符合法律规定和行业规范进行审查,否则,的确容易遗漏实质性问题。但调研中的另一种观点认为,技术性证据专门审查的对象主要是"文证",除此之外的物证、书证的审查在性质上属于复核或鉴定,不是"文证"审查本身,"文证"审查主要是从方法、论点、论据、结论等方面进行审查。因此,如果从这个角度看,技术性证据专门审查的全面审查在某些案件中的劳动量是很大的。以司法会计为例,如果全面审查,将意味着检察技术人员需要对司法会计意见所依据的一系列发票、账簿进行逐一核对。此外,还要综合审查案件其他证据,以及其他不同种类的证据与技术性证据之间是否存在矛盾。同时,技术性证据专门审查工作还需要检察技术人员全面了解案件的其他证据情况,依据经验法则、逻辑法则,从证据"整体主义"视角审查不同证据之间是否存在矛盾,并分析其矛盾的成因。

在审查框架方面,目前主要是参照鉴定意见的审查框架对技术性证据进行专门审查,但新类型的技术性证据与传统鉴定意见的审查存在一定的不协调。2021年最高人民法院《关于适用〈中华人民共和国刑事诉讼法〉的解释》第100条、第101条规定了有专门知识的人就案件的专门性问题出具的报告和有关部门对事故进行调查形成的报告中涉及专门性问题的意见具有证据效力,这意味着检察官除对鉴定意见等技术性证据进行专门审查以外,还可能审查司法解释列举的上述新类型的证据。而

---

① 参见朱梦妮、刘品新:《转型中的技术性证据审查》,载《人民检察》2017年第13期。
② 参见高越、李勇、孙赫群:《在司法改革新形势下将法医技术性证据审查纳入诉讼流程的必要性》,载张继宗主编:《法医临床学专业理论与实践——中国法医学会·全国第二十届法医临床学学术研讨会论文集》,黑龙江科学技术出版社2017年版,第328页。

"新证据类型在基础要素质量控制机制方面较为薄弱"[1],会加剧、加重检察技术人员对技术性证据进行专门审查的难度和责任。例如,司法鉴定人和司法鉴定机构必须接受司法行政部门的登记管理,并承担行政责任与刑事责任。但对于非鉴定专家,目前尚未有类似的管理机制与法律。并且,这些新类型的证据在可采性标准上与传统的司法鉴定意见也存在一定的区别。例如,根据上述解释第 97 条,针对司法鉴定意见的审查主要包括鉴定机构和鉴定人的资质、鉴定意见的形式要件是否完备等,而这些新证据类型并无对应的审查要素,以鉴定意见为主的审查框架不完全适用于其他技术性证据,因此应探索有效的实质审查框架,这也是技术性证据专门审查面临的困境。

(三)技术性证据专门审查的启动及审查意见的证据效力争议

虽然按照目前的司法解释规定,检察官对技术性证据材料需要进行专门审查的,可送交检察技术人员或其他有专门知识的人,并由他们出具审查意见。但从调研的情况看,实践中,检察官对如何启动这项工作机制,以及检察技术人员是否出具书面的意见持有不同的看法。由于专门审查工作在模式上未协调好检察系统内部业务部门与技术部门的关系,使得此项工作启动的随意性较大。办理公诉案件的检察官没有将案件中的技术性证据交给检察技术部门等专业部门进行审查,但具有法律专业背景的检察官通常又不具备有关技术性证据的专业知识,无法满足技术性证据专门审查的需求。[2] 虽然《人民检察院刑事诉讼规则》第 334 条规定,人民检察院对鉴定意见等技术性证据材料需要进行专门审查的,按照有关规定交检察技术人员或者其他有专门知识的人进行审查并出具审查意见。但调研中检察官反映,办案中如遇到需要咨询检察技术人员或其他有专门知识的人的情形,对方较少出具审查意见。如遇到技术性证据的专门审查问题,检察官会尽力咨询技术人员,但对方通常不出具书面意见。对此,检察官会在审查报告中一笔带过,写明曾就某技术性证据向检察技术部门询问,交代清楚咨询回复

---

[1] 吴洪淇:《刑事诉讼专门性证据的扩张与规制》,载《法学研究》2022 年第 4 期。
[2] 参见赵宪伟、刘政:《论电子数据审查的"专门性"》,载《警察技术》2021 年第 3 期。

的内容,作为检察官的内心确信及日后案件评查时的凭证。① 技术性证据专门审查意见一般归入"检察内卷",所以"在正式开庭时,技术性证据的咨询回复也不会直接作为证据递交给法院,更多的是作为检察官工作中形成判断或增加内心确信的方法,个别检察机关有出具书面意见,但这种情形比较少见"②。即使出具书面意见,意见能否作为证据使用,实务中的处理也各不相同,检察官在起诉时也较少直接向法院提交这份意见。这制约了专门审查的工作机制,也限制了检察官对专业技术问题的把握和监督。但调研中也有些检察机关将技术性证据专门审查作为必经程序,对于应当进行勘验检查、检验鉴定、技术性证据专门审查而未进行的案件,不得提交检察委员会讨论。从调研的情况看,后面这种情况并不占多数。

笔者通过不完全统计发现,北大法宝公布的检察法律文书中,含有关键词"技术性证据专门审查意见"的文书,从 2014 年至 2021 年共 262 份。其中包括 213 份起诉书、24 份不起诉决定书、2 份抗诉书、23 份刑事申诉复查决定书。案由全部是"刑事",检察院级别为省级人民检察院的有 5 件,州市人民检察院的有 24 件,县区人民检察院的有 229 件,专门人民检察院的有 4 件。这些数据从侧面反映出,检察机关的技术性证据专门审查意见主要存在于刑事案件中,且基层检察院居多。这也说明基层检察机关对技术性证据专门审查的需求较高,因此,技术人才资源的分配应当考虑到该因素。

笔者从北大法宝上检索 2009 年至 2022 年含有关键词"技术性证据审查意见"的法院裁判文书,从这些法律文书的表述看,检察院和法院对技术性证据专门审查意见的看法不一致。大部分检察院法律文书将技术性证据专门审查意见列为证据,而在法院的裁判文书中,只有少数法院在判决书中将技术性证据专门审查意见列为"鉴定意见"。③ 实际上,这类证据同鉴定意见在主体、类型、证明力、质证等方面还是存在根本性区别的。最高人民检察院公布的指导性案例在分析指导意义时还特别提出可

---

① 访谈编号:Interview P1(访谈编号设置:Interview P1,P 指代检察官,1 为一类别被访谈对象的序列号)。
② 访谈编号:Interview P2。
③ 参见山东省聊城市中级人民法院(2020)鲁 15 刑初 18 号一审刑事判决书。

以将技术性证据专门审查意见作为审查判断证据的参考,也可以作为决定重新鉴定、补充鉴定或提出检察建议的依据。① 在这种表述中,当技术性证据专门审查意见不能直接用于证明要件事实时,它仍可以作为辅助性证据,用来强化或削弱实质性证据。

三、技术性证据专门审查困境的成因分析

(一)技术性证据专门审查范围的争议溯源

上文指出技术性证据专门审查的范围存在争议,这说明有关立法规定不明确。因此,要研究技术性证据专门审查困境的成因,就必须梳理这项制度演进的历史。笔者为此梳理了我国有关技术性证据的司法解释及具体规定并进行了规范分析(见表7-1)。

表 7-1 司法解释对技术性证据的相关规定

序号	颁布年份及名称	具体规定
1	1988年《人民检察院法医工作细则(试行)》第20条	**法医文证审查**主要是对起证据作用的法医鉴定书,司法精神病学鉴定书,医疗事故鉴定意见书,病历以及现场勘验、调查访问等文证材料进行审查,并出具**文证审查意见书**。
2	1999年《人民检察院刑事诉讼规则》第257条第2款	审查起诉部门对审查起诉案件中涉及**专门技术问题**的证据材料需要进行审查的,可以送交检察**技术人员**或者**其他具有专门知识的人员**审查。检察技术人员或者其他具有专门知识的人员审查后应当**出具审查意见**。
3	2012年《人民检察院刑事诉讼规则(试行)》第368条第2款	公诉部门对审查起诉案件中涉及专门技术问题的证据材料需要进行审查的,可以送交检察技术人员或者其他有专门知识的人审查,审查后应当出具审查意见。

① 参见最高人民检察院第十九批指导性案例:罪犯王某某暂予监外执行监督案(检例第72号)。

(续表)

序号	颁布年份及名称	具体规定
4	2016年《关于办理刑事案件收集提取和审查判断电子数据若干问题的规定》第21条	控辩双方向法庭提交的电子数据需要展示的,可以根据电子数据的具体类型,借助多媒体设备**出示**、**播放**或者**演示**。必要时,可以聘请**具有专门知识的人**进行操作,并就**相关技术问题作出说明**。
5	2018年《人民检察院组织法》第46条	人民检察院根据检察工作需要,可以设检察技术人员,负责与检察工作有关的事项。
6	2018年《关于指派、聘请有专门知识的人参与办案若干问题的规定(试行)》第9条	人民检察院在人民法院决定开庭后,可以指派、聘请有专门知识的人协助公诉人做好下列准备工作:(一)掌握涉及专门性问题证据材料的情况;(二)补充审判中可能涉及的专门知识;(三)拟定讯问被告人和询问证人、鉴定人、其他有专门知识的人的计划;(四)拟定出示、播放、演示涉及专门性问题证据材料的计划;(五)制定质证方案;(六)其他必要的工作。
7	《2021年刑事诉讼法解释》第100条第1款	因无鉴定机构,或者根据法律、司法解释的规定,指派、聘请有专门知识的人就案件的**专门性问题出具的报告,可以作为证据使用**。

从目前的文献来看,技术性证据专门审查工作的雏形初见于20世纪80年代。1988年最高人民检察院《关于印发〈人民检察院法医工作细则(试行)〉和〈人民检察院文件检验工作细则(试行)〉的通知》,这些规定虽然较为早远,但至今仍然有效,前者的第4条、第20条规定了"法医文证审查"的内容。从这些规定看,这一时期还没有形成"技术性证据"的表述与概念,而是使用"文证"审查的表述。1990年"检察技术"的概念逐渐形成,1991年最高人民检察院召开第一次全国检察技术工作会议。[①]"技术性鉴定材料"出现在1996年《刑事诉讼法》的规定中,技术性鉴定材料是辩护律师可以查阅、摘抄、复制的主要证据材料之一。1997年《人

---

① 参见贺德银:《强化专业技术支持 提升新时代检察生产力》,载《人民检察》2021年第10期。

民检察院实施〈中华人民共和国刑事诉讼法〉规则(试行)》第226条规定,审查起诉部门对移送审查起诉案件中的技术性鉴定材料,可以送交检察技术人员进行审查,检察技术人员在审查后应当出具审查意见。至此,检察起诉阶段的专门审查由"法医文证审查"扩大至"技术性证据材料审查",标志着技术性证据材料的专门审查机制初步得到立法的确立。从立法演进中可归纳出两点特征:

一是由于过去一些法律、司法解释制定的具体背景已发生变化,使得规定滞后,且不同年代、不同机关制定的规范性法律文件存在抵触。有些规定在2005年全国人大常委会《关于司法鉴定管理问题的决定》颁布之后,已经与这部立法确立的原则和制度相抵触,但并没有被废止,使得相关的规定前后出现矛盾。因此,需要加强对这方面立法及司法解释的"立改废"工作。以往的法律、司法解释赋予检察机关的技术性证据专门审查的职能主要局限于法医类技术性证据,而如今技术性证据专门审查的范围呈现扩大的发展趋势。比如,1988年最高人民检察院制定的《人民检察院法医工作细则(试行)》《人民检察院文件检验工作细则(试行)》对法医鉴定、文件检验分别作出了专门规定,这些文件使用的术语是"文证审查",主要包括法医鉴定书、医疗事故鉴定意见书、病历等类型有限的文证材料。法医鉴定主要是指涉及各种医学问题的鉴定,而文件检验主要是有关笔迹、印章、票据等的鉴定,这和当时司法鉴定在诉讼中运用的技术的发展水平有关。如今诉讼证明中的技术性证据已呈现多种形式,包括环境损害鉴定、电子数据鉴定、大数据证据、人工智能分析报告等,为今后的技术性证据专门审查提出了更广泛的要求。2005年全国人大常委会《关于司法鉴定管理问题的决定》施行以来,立法机关认为自侦自鉴、自诉自鉴、自审自鉴有违公正性,但考虑到侦查机关办案的需要,保留了公安机关、检察机关的内设鉴定机构,并对其业务范围进行了限制,而科学技术的发展日新月异,必然会增加检察机关对系统外技术人员的需求,以满足审查形式多样技术性证据的迫切需求。

二是负责技术性证据专门审查主体的范围、职能也在扩大。其一是审查主体的范围有所扩大。从原来的"检察院技术人员"扩大到检察系统外的其他"有专门知识的人",这意味着检察系统外的专家也可以基于检察机关的聘请,成为参与诉讼的有专门知识的人、提供技术支撑的"外脑",这既符合检察工作中审查判断多种多样专门性问题的现实需要,也有利于克服检察技术部门资源的短缺问题。其二是职能扩大。从原来的"出具审查意见",扩大到目前的"检验、鉴定"职能,对专门性问题出具的报告还被视为证据。2018年最高人民检察院《关于指派、聘请有专门知识的人参与办案若干问题的规定(试行)》第9条赋予有专门知识的人6项职能,其中后4项都是这一规定新增的。这反映出改革决策者对检察机关借助"专家"解决诉讼中专门性问题的思路,也是检察机关对技术性证据专门审查工作采取的补短板、强弱项的方法。

对技术性证据范围的认识,是一个对证据概念和证据范畴不断深化的过程,也是一个打破证据法定主义局限性的过程,从早期的主要局限于法医类鉴定,扩大到诉讼中常见的法医类、物证类、声像资料、环境损害"四大类"鉴定意见,还将近年来刑事诉讼法及司法解释所增加的新类型证据纳入其中。例如,随着食品安全司法保护、打击网络犯罪等专项工作的推进,有专门知识的人的意见适用情形的范围呈现扩大的趋势,同时也意味着技术性证据在刑事诉讼中由传统的以鉴定意见为主,转向兼以勘验、检查笔录、视听资料、电子数据,以及有专门知识的人出具的意见等为辅,这就要求检察官在审查起诉阶段对此类技术性证据的审查有所改变,即改变过去形式审查的不足,强化对技术性证据所涉及的检材、原始证据的收集、固定、保管、送检等环节的合法性审查,对证据所涉及技术原理的可靠性进行实质性的把关。所以,技术性证据专门审查的框架不能局限于现有司法解释确立的鉴定意见的审查认定标准,还应当从科学规则的角度,建立起"相关性第一、可靠性第二"的可采性规则体系,加强对此类技术性证据的可靠性审查,同时结合经验法则对技术性证据的可靠性进行检验、印证,并在证据分析过程中,对事实认定者所选择的经验法则是否合适进行审查。

(二)检察机关技术人员流失的制度归因

检察技术人员的流失造成技术性证据专门审查主体的缺失。调研发现,检察技术人员流失的背后原因有多个方面,其中与员额制改革以后,检察人员分类管理制度出现的技术人员不设置员额造成的差别待遇问题存在较大关联。2017年中共中央办公厅印发的《关于加强法官检察官正规化专业化职业化建设全面落实司法责任制的意见》是检察员额制改革的指导性文件,该意见提出"司法技术等非业务部门不设置员额",使基层检察院出现人才流失现象,检察辅助人员不足,无法与员额检察官形成合理的比例。在部分省份,入额检察官与检察辅助人员的比例为17∶5。① 检察技术人员在员额制改革以后,被取消了其检察官的法律职务,并被界定为检察辅助人员,有的检察院甚至撤掉技术部门,将技术人员安排在后勤保障部门。加上检察系统的专业技术职称评定机制不完善,造成部分人员的流失。以重庆市检察院第二分院为例,该院的司法鉴定中心在2017年共有鉴定人员22名,2019年至2021年放弃鉴定人资格的有5名,退休的2名,流失比例超过三成。② 检察技术人员的职称是通过社会统考(比如工程师、会计师职称考试)获得的,职称与收入、晋升空间挂钩,职称问题没法及时解决,加剧了这部分群体的失落感。而检察技术人员流失的背后也反映出检察业务存在重视证据的取得,而轻视证据审查的问题,技术性证据专门审查工作的重要性被忽视。另外,检察院占用技术人员的现象也影响了这部分人员的积极性。内设机构改革以后,检察技术部门被整合到行政办公或政治人事部门,使这部分人员的工作更加繁杂。

最高人民检察院于2016年颁布《关于指派、聘请有专门知识的人参与办案若干问题的规定(试行)》,笔者对这一文件的规定进行了分析,"有专门知识的人"这一制度用于弥补专家自身的短板,其在职能上包括协助办案检察官解决专门性问题或出具审查意见。为了界定这类人员与鉴定人的区别,该文件明确规定"有专门知识的人"不包括以鉴定人身份参与办案的人员。这一类技术人员既可以是检察系统内的技术人员,也可以是检察系统外的专家,他们发挥作用的诉讼阶段主要集中在审查起诉阶段。同时,该文件所确立的"有专门知识的人"的职能还扩展至在法庭审理阶段对鉴定意见发表意见,这一职能也是2012年《刑事诉讼法》第

---

① 参见简小文:《检察官员额制度良性运行对策研究》,载《人民检察》2019年第21期。
② 参见重庆市人民检察院第二分院课题组、邓发强:《新时代检察技术协作办案工作路径探析》,载《中国检察官》2021年第13期。

192 条所规定的职能。所以,这一规定确立的"有专门知识的人"的内涵与外延实际上已经超出了技术性证据专门审查人员的范畴。① 目前存在指派、聘请专业人员的"双轨制",在聘用专家时要用足检察系统内部的技术人员资源,在聘请系统外专家时应当用尽当地救济,避免检察内部技术资源的浪费。根据"一万小时定律",只有保证检察技术人员有足够的办案量,才能提升这类人员的业务能力,并保护他们的工作积极性。司法实践中,对于检察机关没有检察技术部门的,可以委托其他检察院的检察技术部门或者聘请专家提出意见。②

技术性证据专门审查工作有利于强化侦查监督,服务审查起诉,在"捕诉一体"改革的语境下此项工作的重要性愈发凸显。法学研究与改革决策应切实遵循、综合运用司法员额制改革的规律、技术性证据的可采性原理、司法责任制原理,发挥专家辅助人制度对检察技术性资源的补短作用,协调检察部门与技术部门的业务沟通,优化借助"外脑"协助办案的工作模式,强化检察监督侦查取证的职能,精准对接"以审判为中心"的目标。

技术性证据专门审查工作机制的完善,必须处理好检察院内部技术人员、检察系统外部"有专门知识的人"的指派、聘请程序,管理体制等问题,其中涉及如何完善我国的鉴定人制度、其他非鉴定专家参与刑事诉讼的制度设计。这项制度的发展现状离不开历史性因素的影响,20 世纪 90年代,公安、检察、审判机关,司法行政部门设立内部鉴定机构,这在一定程度上造成了国家资源的重复配置,也引发了司法鉴定政出多门、多头管理、重复鉴定的问题。1998 年国务院办公厅《关于印发司法部职能配置内设机构和人员编制规定的通知》确定了"三定方案"(即定机构、定编制、定职能),2005 年全国人大常委会《关于司法鉴定管理问题的决定》规定审判机关不得设立鉴定机构,侦查机关、检察机关(自侦)因工作的需要仍保留内设鉴定机构,但不得对外接受鉴定委托。因此,检察院内设鉴定

---

① 参见 最高人民检察院《关于指派、聘请有专门知识的人参与办案若干问题的规定》第 7 条至第 11 条。
② 参见侯亚辉、刘福谦、向德超:《进一步指导和加强刑罚变更执行法律监督——最高人民检察院第十九批指导性案例解读》,载《人民检察》2020 年第 13 期。

机构的规模、业务量也受到改革的影响。诉讼中又难免涉及诸多专门性问题的证据审查,检察机关形成的"四大检察"职能与"十大业务"的新格局也对检察技术业务提出了更高要求,对技术性证据专门审查专业人员的需求随之上升。

目前我国专家介入刑事诉讼的形式多样。除传统的司法鉴定人以外,还包括检察机关技术部门的技术人员、检察机关指派或聘请的"有专门知识的人"、技术调查官以及侦查机关内设鉴定机构的鉴定人和2012年《刑事诉讼法》第192条增设的"有专门知识的人",专家制度还有待规范化。对此,有学者分析认为,"将多元专家参与模式调整为鉴定人与专家辅助人二元专家模式",有助于"构建系统化的专家制度,为专家服务刑事司法创造制度条件"。① 这是我国职权主义诉讼对专门性问题判断垄断的传统格局的瓦解,使得诉讼中会出现各种各样的专家意见。②

因此,今后应当保留检察机关技术部门技术人员的队伍,同时也要扩大技术人员的职能。让技术人员在审查起诉阶段对技术性证据进行专门审查,并在法庭审理阶段辅助公诉人对出庭的鉴定人及"有专门知识的人"进行交叉询问。③ 对于技术性证据的质证,应当由检察官、律师通过交叉询问来实现,不宜直接让技术人员互相对质,这样质证双方通过法官能理解的语言来表达,可以辅助法官审查认证此类证据。专家辅助人具有向专家证人转变的趋势,今后诉讼中辩方聘请专家辅助人的做法将会逐渐普遍,因此要在诉讼中引入对抗性的技术性证据,并对检察机关向法庭出具的技术性证据进行质证。指派、聘请检察系统外的技术专家,有助于在程序上体现中立性,当然,也要兼顾侦查的保密性和紧迫性。

(三)技术性证据专门审查意见证据资格的争议根源

既有理论研究中,检察官从实用主义的角度主张赋予技术性证据专

---

① 参见陈如超:《专家参与刑事司法的多元功能及其体系化》,载《法学研究》2020年第2期。
② 参见吴洪淇:《刑事诉讼中的专家辅助人:制度变革与优化路径》,载《中国刑事法杂志》2018年第5期。
③ 参见张保生、董帅:《中国刑事专家辅助人向专家证人的角色转变》,载《法学研究》2020年第3期。

门审查意见证据资格,认为这有助于说服司法人员,还可帮助当事人,在利用司法资源提高公信力方面具有价值。① 但其难点在于从理论上证成赋予此类意见证据资格的逻辑。笔者认为从证据法的角度分析,赋予此类意见证据资格具有合理性。

首先,从证据的性质分析,证据信息说认为,证据既不能被称为存在,也不能被称为意识,而是关于案情的信息②,只要是具有证明价值的信息都属于证据③。证据信息说更深刻地揭示了证据的本质,从证据载体的表现形式中抽象和概括出证据最为核心的属性。我国《刑事诉讼法》第50条规定,可以用于证明案件事实的材料,都是证据。证据法理论认为,这一规定的"可以用于证明案件事实"的前面没有修饰的限定,故可以理解为是开放性用语,泛指所有。"用于证明案件事实"可以理解为证据具有的功能属性,即与待证事实之间具有相关性或具有证明价值。④ 英美证据法理论认为,证据无相关则不可采,相关性是证据最基本的属性。证据"包括"八种类型,这一表述改变了1996年《刑事诉讼法》对证据的穷尽列举式规定,从"证据有下列七种"到"证据包括"的转变,表明了证据法理论对穷尽式证据法定分类的反思,为不穷尽列举留下法律解释的空间。只要具有证明案件事实价值的材料、信息都可归入证据范畴。相关性、客观性(或真实性)、合法性是我国证据法理论对证据资格进行限定的条件,也是证据审查的主要依据。从立法、司法解释的角度看,技术性证据专门审查意见是否具有证据资格?英国证据法学家特文宁认为,"那些对一个待证事实仅具有间接相关性的证据……是附属的","附属证据要么是关于证据的证据,要么是关于在推理链条中联系环节强弱的证据"⑤。特文宁所称的"附属证据"相当于我国证据法理论上的"派生证据""辅助性证

---

① 参见王昌奎、王勍视:《应赋予技术性证据审查意见证据资格》,载《人民检察》2014年第24期。
② 参见齐剑候、童振华主编:《刑事证据基本原理》,吉林人民出版社1982年版,第50页。
③ 参见张保生:《证据法的理念》,法律出版社2021年版,第27页。
④ 参见吴洪淇:《证据法的理论面孔》,法律出版社2018年版,第54页。
⑤ 〔美〕特伦斯·安德森、〔美〕戴维·舒姆、〔英〕威廉·特文宁:《证据分析》,张保生、朱婷、张月波等译,中国人民大学出版社2018年版,第94—95页。

据"。结合这一原理,技术性证据专门审查意见可以视为技术性证据的派生证据,一般包括两种情形:其一,检察技术人员根据自己的专业知识和经验,判断认为技术性证据本身是可靠的,因此技术性证据被作为认定案件事实的依据。其二,检察技术人员发现技术性证据本身并不可靠,且与案件其他证据存在明显矛盾,从而排除了该技术性证据。从证据法原理分析,在这两种情况下,技术性证据专门审查意见成为技术性证据的辅助性证据,起到补强或削弱技术性证据证明力的作用。

其次,从司法解释的角度分析,现行的司法解释承认了技术性证据专门审查意见的证据资格。《2021年刑事诉讼法解释》第100条明确了有专门知识的人的意见具有证据资格。其中,"根据法律、司法解释的规定,指派、聘请有专门知识的人"是否包括检察院审查起诉阶段指派、聘请的检察技术人员及"有专门知识的人"? 从法律文义解释的角度看,应当包括在内,因为该解释规制的诉讼阶段,显然包括审查起诉阶段。从目的解释看,这一条是针对实践中大量的关于专门性问题的报告被用于证明案件事实的情况,这些报告的性质没有被明确作为定罪量刑的参考无法反映明确的态度,因此该司法解释才明确"出具的报告,可以作为证据使用"[①]。从司法实践的角度看,"专家辅助人意见事实上已在实务层面成为裁判的基础"[②],最高人民检察院在其公布的指导性案例中,也肯定了此类审查意见的证据资格[③]。而指导性案例的作用就是提供法律规范适用的具体语境,弥补成文法的局限性。

最后,检察环节的技术性证据及其审查意见是否会随着案卷进入审判程序值得动态观察。笔者通过检索北大法宝公布的裁判文书发现,"技术性证据专门审查意见"写入判决书的现象还是普遍存在的。法官一般将鉴定意见、技术性证据专门审查意见放在一起,通过后者去判断鉴定意见的真实性。在这种情况下,技术性证据审查意见主要发挥"辅助证据"

[①] 李少平主编:《最高人民法院关于适用〈中华人民共和国刑事诉讼法〉的解释理解与适用》,人民法院出版社2021年版,第226页。

[②] 李学军、朱梦妮:《专家辅助人制度研析》,载《法学家》2015年第1期。

[③] 参见侯亚辉、刘福谦等:《进一步指导和加强刑罚变更执行法律监督——最高人民检察院第十九批指导性案例解读》,载《人民检察》2020年第13期。

的作用。可将裁判文书中反映的司法原生状态归纳为三种模式:第一种模式是根据技术性证据专门审查意见,同意某鉴定意见。① 这种模式中的技术性证据审查意见是用来增强鉴定意见的证明力的,发挥着辅助证据的作用。第二种模式是根据技术性证据专门审查意见,推翻公安机关或法院委托出具的鉴定意见。这种情况下,技术性证据专门审查意见被用于削弱鉴定意见的证明力,其结果是排除了鉴定意见,并且直接对待证事实起到证明作用。在这种情况下,法院通过让鉴定人出庭,回应和解释针对技术性证据审查意见提出的质疑。② 第三种模式是作为鉴定意见的替代方案。例如,某法院认为,技术性证据专门审查意见以原鉴定意见为基础,系运用专门技术进行的独立法医学文证审查,在被害人尸体已经火化无法重新鉴定的情况下,具有鉴定意见性质。并且对其采取类似鉴定意见的审查方式,"人民检察院法医夏某某出庭对技术性证据审查意见书进行了说明"③。

这充分说明在法官眼里,这类审查意见书近似于鉴定意见。这也从侧面反映出,由于不同部门司法解释对同一问题的解读不一,最高人民检察院制定的《关于指派、聘请有专门知识的人参与办案若干问题的规定(试行)》对"有专门知识的人"不能行使鉴定人职能的限制,与法官视该意见为鉴定意见的做法相悖,这也是今后值得深思的问题。

四、技术性证据专门审查问题的完善

(一)技术性证据专门审查主体制度的优化

强化技术性证据专门审查的功能需要凝聚一支技术性人才队伍,在员额制改革下,要完善检察人员分类管理制度,对于检察技术人员没有被纳入司法辅助人员范畴的情况,要通过职称制度解决这部分人员的晋升

---

① 参见山东省高级人民法院(2016)鲁刑终451号刑事裁定书。
② 参见安徽省蚌埠市中级人民法院(2018)皖03刑终30号刑事裁定书。
③ 安徽省高级人民法院(2019)皖刑终109号刑事判决书。

问题。另外,省、自治区、直辖市一级的检察机关通过统筹整合技术人才资源,如基层检察院通过整合相关技术资源负担起对技术性证据监督审查,把各个门类的技术资源进行整合,建立相关技术人员人才库①。在检察院系统内部形成资源调配,从而保证检察技术人员有一定的办案量,防止业务本领退化。在调研中,也有检察官反映,通过向省级检察机关寻求技术人员支持,解决了本检察院技术人才匮乏的问题。

技术性证据的审查主体既包括检察技术人员、检察体系外的"有专门知识的人",也包括检察官本身,因为检察官本身负有对全案证据进行审查把关、法律监督的职责。有观点认为,兼具法律专业、鉴定技术专业背景的检察技术人员通过员额考试进入检察官序列,会造成人才资源的流失。笔者却认为,这类检察官在办案时遇到技术性证据,会自发地结合技术性专业知识进行分析,反而可以发挥其复合型优势。所以,目前主要是考虑通过健全制度留住技术人员,避免人才资源的外流,而留在检察系统内通过员额考试成为检察官的技术人员,反而有助于在检察办案实务中实现"教育模式"的功能。② 当然,尽快解决跨专业办案的问题,一方面是通过面向社会招录,打破检察技术人员职称评定瓶颈,留住优秀的人才,在当前"捕诉一体"的改革背景下,组建复合型的办案团队;另一方面是聘请检察系统外的"有专门知识的人"以弥补检察技术资源的缺口,加强对技术人员的培训和管理。诉讼中涉及的技术性证据具有多样性,专家辅助办案制度的推行为其转型发展提供了契机,丰富了技术性证据专门审查的内涵。因此,有必要在"有专门知识的人"辅助办案的制度框架下,对技术性证据专门审查的启动、审批程序等工作机制进行重构。必要时应当让技术部门人员参加审查工作。许多冤假错案错就错在技术性证据专

---

① 参见张俊涛:《基层检察机关技术性证据审查监督权能缺位的原因及对策》,载《中国检察官》2020 年第 3 期。

② 美国证据法学家罗纳德·艾伦将审查认定专家证言的模式归纳为遵从模式(Deference Model)、教育模式(Educational Approach)和对抗模式(Adversary Model)。其中,教育模式的本质是使事实认定者提高理解科学证据的能力,履行好科学证据守门人的职责,只有如此,才能判断是否采纳专家证言。See Ronald J.Allen, Eleanor Swift and David S. Schwartz et al., an Analytical Approach to Evidence: Text, Problems, and Cases, 6th ed., Wolters Kluwer, 2016, pp. 772-773.

门审查不严,导致事实认定出错,当引以为鉴。

在人财物编制方面,如何提高检察技术人员参与办案的积极性和队伍的稳定性。公安机关的技术人员按照建立警务技术职务序列的思路为技术人员成才发展提供保障。① 检察机关能否复制这一经验有待探讨。另一种方案是效仿法院的做法。有学者建议"此类人员应按照国家对专业技术干部制定的各类专业技术系列的职称、考核、晋升办法进行管理,享受相应的工资待遇,实行评聘结合"②。可考虑由省、自治区、直辖市检察院分院设立技术部门,协调基层检察院处理委托、借调技术人员的工作,也有学者建议"在市级以上检察机关设置检察技术部门,配置检察办案需要的各门类技术人员,基层检察机关遇专业技术问题,直接呈报市级技术部门指导解决"③。还有一种是通过聘任的方式,从高等院校、科研院所吸纳有关的专家作为蓄水池。可探索建立区分专业知识类型的专家辅助人名册的模式。④

(二)技术性证据专门审查的范围与情形的界定

技术性证据专门审查的范围方面,需要对现有司法解释进行"立改废",将过去司法解释所确定的制度与现行立法相冲突的内容进行重塑。根据司法解释的规定,"文证审查"的本义是对鉴定书、勘验笔录等文证材料进行审查并出具意见,在审查对象、认识程度、审查重点等方面有别于鉴定,其审查重点是材料、检验记载的内容、检验方法、论点、论据和结论。可见,文证审查不同于全面审查。如果诉讼双方对技术性证据所依赖的基础性材料本身存在争议,仅仅通过部分审查无法达到甄别真伪的目的。因此,在制定和修改法律时,应对"文证审查"的表述需要进行修改。另

---

① 2018年3月28日召开的中央全面深化改革委员会第一次会议通过的《公安机关警务技术职务序列改革方案(试行)》对此作出了规定。

② 丛林、黄维智:《检察人员分类管理研究》,载《西南民族大学学报(人文社科版)》2017年第1期。

③ 龙宗智、吕川:《检察机关人员分类管理的问题、矛盾与应对》,载《国家检察官学院学报》2022年第4期。

④ 参见左卫民、官胜男:《刑事错案与鉴定意见:复杂关系的实证考察》,载《华东政法大学学报》2022年第3期。

外,技术性证据的专门审查工作还需要从证据分析的"整体主义"出发,即除对技术性证据本身采用的方法、结论进行求证之外,还要结合技术性证据与案件的其他证据之间是否存在明显矛盾、产生矛盾的原因进行综合分析和排查,特别是重大、疑难、复杂案件,或双方对技术性证据存在争议的案件。

技术性证据专门审查的对象不应限于司法鉴定意见、法医类文证等立法规定的类型。技术性证据除传统的"四大类"司法鉴定意见之外,还包括诉讼中其他的专门性问题的鉴定意见,如知识产权、价格评估、电子数据等鉴定意见,以及勘验笔录、检查笔录、视听资料等。随着科学技术在司法证明中的渗透,技术性证据中还出现了诸如区块链证据、大数据证据、人工智能分析报告等新类型证据。因此,应当以广义的"技术性证据"概念囊括层出不穷的新类型证据,避免概念的外延不周全引起的局限性。这需要突破法定证据主义的藩篱,对技术性证据专门审查范围进行必要的扩展。

对不同类型的技术性证据专门审查的框架,目前《2021年刑事诉讼法解释》第97条参照了司法鉴定意见审查认证的规则,技术性证据包含了司法鉴定意见,但某些技术性证据与鉴定意见在基础要素质量控制机制方面仍比较欠缺,需要从技术性证据的可靠性、相关性出发,优化此类证据的可采性规则体系。全面质量管理理论认为,人、机、料、法、环、测是影响产品质量的六大因素,可以借鉴质量管理理论来分析技术性证据的可靠性,从主体是否适格、设备是否精确、检材是否可靠、方法是否得当、环境是否达标、测量是否准确等方面来审查技术性证据的可靠性。

规范启动技术性证据专门审查的机制,可遵循如下原则:对于需要借助专门性知识,特别是科学技术知识的情形,需有专门知识的人解释,司法人员才能理解这类证据蕴含的信息,以及其与要件事实之间的相关性。对于司法人员根据经验法则、逻辑法则足以判断认定证据的情形,则由法官形成心证。至于如何明确启动的具体情形,基于前期调研和归纳梳理,笔者认为启动技术性证据专门审查的情形应当包括:①当事人对技术性证据提出异议的;②当事人申请重新鉴定或补充鉴定的依据和理由成立的;③存在多份不同结论的技术性证据无法分辨真伪的;④技术性证据与其他证据存在矛盾的;⑤检察官认为有必要咨询技术性人员的其他情形。检察官应当咨询技术人员以决定是否重新鉴定,在保护当事人诉讼权利的前提下启动重新鉴定,以发挥检察机关对侦查取证的监督职能,同时也要避免不必要的鉴定,减少重复鉴定。协调好审查起诉、审判阶段技术性证据专门审查工作的关系,服务以审判为中心的诉讼制度改革,技术性证据专门审查工作是对审判阶段证据审查工作的加持保障。

(三)技术性证据专门审查的逻辑转变和机制健全

有观念认为,鉴定意见、大数据证据、人工智能分析报告等技术性证据具有客观性证据的品质,但其实技术性证据也未必客观。审查技术性证据时必须清醒地认识到它不一定就是客观的,同样必须接受证据可靠性的审查,并在这一理念基础上经过证据推理认定事实。证据法理论认为,证据推理需要运用三种标准的逻辑形式,即演绎推理、归纳推理和溯因推理。① 在审查技术性证据认定事实的过程中,检察技术人员同样需要综合运用这三种逻辑形式。演绎推理是由一般到特殊的推理方法。演绎推理中的大前提必须是一个真实陈述。归纳推理中,大前提不是真实命题,通常也未作陈述,它只是一个经验概括,这种经验概括是在一般情况下可能为真的命题。在证据推理中运用归纳法、演绎法,务必要检验大前提是否为周延的命题,这种概括是证据推理中"危险且必要"的信息,容易造成事实认定错误。由于技术性证据涉及专门知识,检察官在证据推理中需要借助技术人员提供的专门知识,帮助他们理解和分析这些概括是否牢靠。例如,在未接触人工智能证据之前,人们会认为这类技术性证据是客观的,但技术人员提醒我们,人工智能生成的证据可能存在数据黑箱、算法歧视等问题。正是这些专门知识,让检察官懂得修正既有的、偏颇的经验概括,从而帮助认定事实。

而要实现证据推理的逻辑转变,就需要畅通捕诉部门与检察技术部门的沟通协作。专业技术人员可以对技术性事项的争议焦点以及调查的

---

① 参见〔美〕特伦斯·安德森、〔美〕戴维·舒姆、〔英〕威廉·特文宁合著:《证据分析(第2版)》,张保生、朱婷、张月波等译,中国人民大学出版社2012年版,第75页。

范围、顺序、方法等提出建议,参与询问、听证、诉前检察建议会议,对技术调查意见进行解释、说明。让检察院捕诉部门办案人员掌握一些基础的技术性证据专门审查原理和方法。此外,技术性证据专门审查应注意对证据的实体性审查和程序性审查。实体性审查要求技术人员依据上文提及的主体、设备、检材、方法、环境、测量等影响此类证据质量的基础要素进行审查,这种审查的重点是确认此类技术性证据是否可信。而程序性审查要求根据此类证据的收集程序是否符合诉讼程序的有关规定进行合法性审查。遵循平衡性原则,听取辩方提出的异议观点,核实与之矛盾的证据,加强对技术性证据的审查,更有利于检察官审查技术性证据的相关性、可靠性和合法性。在实务中检察人员也认同在通过技术性证据专门审查并出具审查意见后,及时与承办人沟通、解释发现的问题,协助承办人审查技术性证据,以参加案件讨论、技术咨询、重新鉴定、协助出庭等技术支持方式、协助技术性证据的专门审查。①

(四)赋予技术性证据专门审查意见证据资格

赋予技术性证据专门审查意见以证据资格,首先要打破"证据法定主义"的思维羁绊,对证据进行广义上的理解和把握。目前诉讼法规定的法定证据分类虽有利于根据不同类型证据的特征适用举证、质证和认证规则,但证据法定主义也难免存在滞后性,对新出现的证据类型无法及时作出回应。相比之下,证据的理论分类将证据分为实质证据、辅助证据、实物证据、言词证据等开放性证据,该原理有助于透过现象认识技术性证据专门审查意见的本质。赋予此类技术性证据专门审查意见证据资格,也是为了进一步规范其证明活动。

技术性证据专门审查意见的生成主体既包括检察技术人员,也包括其他有专门知识的人,不能仅仅限定于主体是否取得"司法鉴定人"执业资格,还应该强化对主体是否有相关经验和专门知识的审查。这样才能减少设计的审查视角与其他技术型证据专门审查视角之间的偏差。但司

---

① 参见洪翔、褚建新等:《技术性证据审查的实践路径——以浙江省检察机关为视角》,载《中国司法鉴定》2018年第5期。

法鉴定人和有专门知识的人在获取检材的权利、质量监管、法律责任等方面存在区别,这些会在一定程度上影响各自意见的可信性。其实,外国也存在类似的情况,例如美国《联邦证据规则》起草咨询委员会委员丹尼尔·J.凯普罗(Daniel J. Capra)曾经建议,在第 702 条"专家证言的一般规定"中增加"法庭科学专家证人",以此区分鉴定专家和非鉴定专家的意见效力。① 但这不足以否认这些专家意见的证据本质。

针对有专门知识的人出具的意见,《2021 年刑事诉讼法解释》已明确指派、聘请有专门知识的人就案件的专门性问题出具的报告,可以作为证据使用。对这类报告的审查与认定,参照适用鉴定意见的有关规定。当诉讼双方对技术性证据及其审查意见有异议时,法庭原则上应通知司法鉴定人、技术性证据专门审查意见的制作主体出庭接受质证。调研中发现,实践中,以口头方式提供技术性证据专门审查咨询意见的做法虽然灵活简便,有利于检察官咨询与沟通,但口头咨询意见只能作为办案参考。在办理重大案件时仍须由检察技术人员或其他有专门知识的人出具审查意见作为证据,在提起公诉时附在案件卷宗中提交法院,才有利于辩方阅卷,也利于为法院审查认定技术性证据提供更多的心证基础。

(五)健全司法责任制提升技术性证据专门审查工作质量

有的检察官反映技术性证据专门审查工作存在司法责任如何界定和落实的问题,亦即当承办人咨询技术部门,技术部门出具技术性证据专门审查意见时,如果最终证据审查出错,责任应当由承办人承担,还是由技术人员承担。从法理角度分析,技术性证据专门审查兼具技术协助和技术监督的双重功能,其权力归属于检察权的附属权能。② 对此,需要引入司法责任制。司法责任制是司法改革的牛鼻子,健全和落实司法责任制

---

① See Daniel J. Capra, Rulemaking Possibilities: Efforts of the United States Judicial Conference Advisory Committee on Evidence Rules to Address the Challenges to Forensic Expert Testimony.

② 参见龙宗智、陈猛、唐云阳:《技术性证据专门审查工作的运行状况及改进建议》,载《人民检察》2023 年第 6 期。

是提高案件办理质量的管理举措,也是建立权责明确的司法工作机制的核心关键。实现"让审理者裁判,让裁判者负责"是司法责任制的核心理念。技术性证据专门审查工作机制涉及承办检察官与技术人员、有专门知识的人之间对技术性证据专门审查和事实认定的分工。"当案件裁决者由单一化走向多元化时,审理者的角色将不再确定、明晰,导致难以有效问责,会使得正在着力推进的司法责任制改革难以获得真正落实。"[①]易言之,当技术性证据专门审查意见出现有关案件事实认定的错误时,到底是哪一方主体的责任?实践中,有部分检察官认为,技术性证据专门审查认定出错,是此类技术性证据审查意见出具方或技术人员的责任。这种观点是片面的,这是因为技术性证据本身只是证据体系中的一个原子,检察官既然对案件证据体系承担审查认定和法律监督的职责,就意味着他同样免除不了技术性证据专门审查认定的职责,哪怕这项专门审查工作是通过指派、聘请技术人员或有专门知识的人完成的。检察官是刑事错案的第一责任人。当技术性证据专门审查出错时,承办检察官承担不可推卸的责任,而技术人员仅在故意或重大过失的情况下承担司法责任。

[①] 李训虎:《刑事司法人工智能的包容性规制》,载《中国社会科学》2021年第2期。

第八章
美国科学证据可采性规则的嬗变与启示

一、问题的提出

"认定事实必须依据证据进行,是一种凭借诉讼中可资运用的证据资料,推求过去发生的事实的回溯性证明活动。"①鉴定意见在英美法系国家,主要被称为"专家证言""科学证据"或"专家意见"。"专家证言"是相对于普通证言而言的,专家证人属于广义上的证人,其意见属于广义上的证人证言;"科学证据"是根据"Scientific Evidence"翻译成中文的证据法概念,是指在诉讼过程中,仅仅凭借人的感官无法获知,而必须通过科学技术、科学原理、科学仪器等手段和方法才能判读的、对案件事实起到证明作用的证据。鉴定意见作为鉴定人依据专业知识,对诉讼中所涉及的专门性问题进行分析、判断得出的证据,属于科学证据中最为重要的种类。美国比较法学家达马斯卡在《漂移的证据法》中断言:"与应用技术手段密切联系的是,对技术性专家意见的依赖也在增加……在为法院判决提供事实认定结论方面,常识和传统的证明方法就遭遇到了科学数据的竞争。"②鉴定意见所依据的科学原理、操作方法、数据统计分析等需要通过鉴定技术人员进行分析,而法律人在知识结构上难免与此存在鸿沟,因此,鉴定意见的可采性问题一直以来都是司法裁判工作的难点。而美国是研究科学证据制度最为成熟的国家之一,美国的法庭在长期的审判

---

① 刘金友主编:《证据法学》,中国政法大学出版社2001年版,第337页。
② 〔美〕米尔建·R.达马斯卡:《漂移的证据法》,李学军、刘晓丹、姚永吉、刘为军译,中国政法大学出版社2003年版,第200—201页。

实践中，积累了一些科学证据可采性规则，研究这些规则的嬗变过程，有助于我国司法鉴定意见可采性规则的完善。

二、美国科学证据可采性规则的嬗变和现状

（一）科学证据可采性规则的嬗变

纵观美国科学证据可采性规则的发展历程，大致经历了几个重要的阶段。标志性判例、事件主要包括发生于1923年的弗赖伊诉合众国案（Frye v. United States）①、1975年《联邦证据规则》（Federal Rules of Evidence）的颁布、1993年多伯特诉梅里·道医药公司案（Daubert v. Merrell Dow Pharmaceuticals）②，以及2000年《联邦证据规则》第702条的修改等。它们反映了美国在科学证据可采性规则上认识的发展变化，考察这一嬗变历程有助于总结司法鉴定意见可采性的域外经验。

1. 先弗赖伊时代对科学证据的态度

在19世纪和20世纪初期，美国的法院在判断专家证言是否具有可采性时，只要求专家必须具备相应的资格条件，如果专家具有资格，则专家意见就能被审查认定为科学证据（当然也要考虑它与待证事实之间的关联性）。对专业知识的保证基于专家在所从事领域或职业所取得的成就，如果一个人在社会上能够依靠他的专业知识谋生，就可以推定专业知识存在。关于先弗赖伊时代的法官审查科学证据标准的另一种更为谨慎的观点认为，首先应审查案件待证事实之争议焦点所涉及专门问题的自然属性，该问题的认识是否超出了绝大多数陪审员的专业知识领域。如果的确如此，则专家证言便被认为有助于事实的发现。反之，则由陪审团直接判断案件的事实。③ 因此，这个时期的法庭对科学证据的把关主要建

---

① See Frye v. United States, 293 F. D.C. Cir. 1013, 1014 (1923).
② See Daubert v. Merrell Dow Pharmaceuticals, 509 U.S. 579, 580 (1993).
③ See David L. Faigman, David H. Kaye and Michael J. Saks et al., Modern Scientific Evidence：The Law and Science of Expert Testimony, Thomson West Publishing, 2006.

立在对专家资格审查判断的基础上,专家证言科学性的保证主要取决于专家在该领域所取得的职业成就。这使得对科学证据的审查仅仅停留在形式性审查上,并不过问科学证据的生成过程。

2. 弗赖伊规则的由来

发生于1923年的弗赖伊诉合众国案是美国法庭确立科学证据可采性规则的里程碑。该案件的执法机关提供了一份"心脏收缩血压测谎"报告,该报告证明案件的当事人弗赖伊涉嫌谋杀罪。这份报告当时对审理该案的法官来说是一种前所未闻的科学证据。法官范·奥斯德(Van Ostade)认为,当一项科学原则或发现界于实验或可证实阶段时,其可靠性是难以界定的。如何解决这些由科学原理和实验推导出来的专家意见的可采性问题,对法官来说还有很漫长的路。推导的过程必须充分建立在被该专业领域普遍接受的基础上。① 法官进一步认为,测谎技术在心理学和生理学方面还没有达到被专家同行们普遍接受、认可的程度,它的可靠性难以判断,因此不能在诉讼中作为证据使用。弗赖伊案件所确立的这一标准被称为"普遍接受"标准(General Acceptance),根据该标准,一项科学检验必须达到"被其所属的特定领域普遍接受"的程度才能被法庭所容许。通常认为,"普遍接受"的标准包括两个方面的含义:一是该专家证言是否来自科技领域;二是专家证言所依据的科学原理以及鉴定技术方法是否已经得到本领域中的专家同行的普遍接受。在该案之后,法官在审判中认为科学证据可采性的标准必须是该证据已经达到了被领域内专家普遍接受的程度。②

弗赖伊规则具有一定的时代进步性,它较之于先前的科学证据的可采性标准而言,使事实裁决者做到了对专家证言甄别和专家资格评判的区分。尽管该规则在几十年里没有被关注,但是弗赖伊规则最终成为了科学证据可采性标准的里程碑,即所属领域"普遍接受"的标准。弗赖伊规则成为许多法官的选择,主要基于以下三个原因:第一,普遍接受的标准是对专业知识作出社会分工的结果。法官认为科学证据所涉及的核心内容是否可靠,

---

① Frye, 293 F. D.C. Cir., 1014 (1923).
② 参见张泽涛:《刑事审判与证明制度研究》,中国检察出版社2005年版,第226页。

应该交由科学家把关。第二,也是最重要的因素,这项规则在法官看来比较容易应用,它不需要法官掌握过多复杂的科学基础知识。第三,争议性的案件是弗赖伊规则适用于科学证据可采性判断的另一个原因,对新科学技术的判断缺乏"普遍接受"的标准。20世纪中叶,对专家和专业知识的社会分工已经变得更加明显。不仅出现新的领域和新的专业,而且旧的领域也在不断提供新的知识。通过"普遍接受"的标准可以简化问题的判断。

3. 弗赖伊规则的衰落

在美国司法实践中,弗赖伊诉合众国案所确立的"普遍接受"标准在法庭审判中的生命竟长达70年。随着时间的推移,科学技术的日益发展迫切需要一些诸如测谎技术、耳纹鉴定、光谱分析、声纹鉴定等技术形成的新型科学证据进入法庭,一些法官和学者发现"普遍接受"标准具有明显的局限性。[①] 尤其是该标准的模糊性在司法实践中暴露出其在操作过程中容易受到其他因素的影响,以及有使相关性询问模糊的倾向。在美国学界,弗赖伊规则遭到批判的理由主要有以下几个方面:其一,弗赖伊规则常常被批评为过于保守,因为它要求科学证据和方法必须获得同行的普遍接受才能被法庭认定为可采的证据,这就给科学证据进入法庭强加了一段获得技术专家普遍认可、相对漫长的时间。而一些前沿的科学知识往往需要一个相当长久的过程才能获得同行的普遍认可。例如,伽利略的日心说、爱因斯坦的相对论等,这些理论刚刚提出来的时候,遭到了许多人的非议,直到后来人们才认同了它们的正确性。而采取普遍接受的标准意味着法庭将一些新型科学技术拒之于门外[②],使得一些相对落后的科学技术成为发现案件事实的方法,落后的技术进入事实裁决者之视野,不利于发现案件的事实真相。从另一个角度看,一项技术被普遍接受,也不一定就是科学可靠的。例如,占星术在人类愚昧的时代被视为真理,但事实上是由人们对科学真理认识的局限造成的。其二,弗赖伊规则要求在"有关领域"被普遍接受,但是对于如何定义有关领域、咨询哪方面

---

① 参见〔美〕约翰·W.斯特龙:《麦考密克论证据(第5版)》,汤维建等译,中国政法大学出版社2004年版,第871—877页。

② See David W. Louisell, Christoper B. Mueller, Federal Evidence: Civil and Criminal, Lawyers Co-operative Publishing Company, 1993, p. 290.

的专家缺少对应的标准。该规则使法官失去了对科学证据可采性的看守职责,把法律决定权交给了科学家。因为科学证据涉足的常常不止于某一特定领域,法院在判断上存在困难。① 而且,各法院对所谓的"普遍接受"标准存在不一致的理解:有的法院认为科学界内的观点完全一致;有的法院认为被多数成员接受就可以;还有的法院认为没有争议就行。② 其三,法院和评论人士认为"普遍接受"的标准在适用中存在很大的局限性。特别是,普遍接受的模糊性容易被滥用,并使相关领域的界定也存在模糊。其四,在《联邦证据规则》被制定之后,批评者认为弗赖伊判例中所确立的"普遍接受"标准与《联邦证据规则》第702条之规定存在一定的冲突并被后者所替代。第702条对专家证言的可采性问题作出如下规定,如果科学、技术或者其他专业知识能够帮助事实裁决者理解证据或认定案件事实,基于这些知识、技能、经验、训练或教育而具备专家资格的证人可以通过发表意见或其他方式作证。对该条进行注释的学者们认为,弗赖伊规则与《联邦证据规则》第702条之间是存在冲突的,因为从立法本意来看,如果立法者仍然希望继续使用弗赖伊规则,那么他们会在该条中加入一些适当的文字进行修饰。《联邦证据规则》第702条并没有要求科学证据必须达到"普遍接受"的程度,而是将是否采纳的权力交给法官自由裁量。③

4. 多伯特规则的兴起

多伯特规则源于发生在1993年的多伯特诉梅里·道制药公司案。该案中,上诉人詹森·多伯特(Jason Daubert)和埃里克·舒勒(Eric Schuller)都是先天性畸形的患者,他们认为他们身上的疾病是由他们的母亲在怀孕时服用了一种叫做盐酸双环胺(Bendectin)的药物造成的,于是将这种药品的生产厂家梅里·道制药公司告到法庭。该案最终移交联

---

① 例如,在 Cornett v. State 案件中,法院认定相关的科学领域为光谱声音鉴定、语言学、心理学、工程学以及声音光谱。See Cornett v. State, 450 N.E. 2d, 498, 503 (1983).
② 参见季美君:《专家证据制度比较研究》,北京大学出版社2008年版,第94页。
③ See Edward J. Imwinkelried, The Daubert Decision on the Admissibility of Science Evidence: the Supreme Court Choose the Right Piece for All the Evidentiary Puzzles, 5 St. John's Journal of Legal Commentary 22 (1933). 转引自张泽涛:《刑事审判与证明制度研究》,中国检察出版社2005年版,第227页。

邦最高法院审理。①

梅里·道制药公司在法庭上声称：盐酸双环胺不会造成人体先天缺陷，指出上诉人没有提出任何确凿充分的证据，并向法庭出具了在研究人体接触化学物质危险性方面卓有建树的医师和流行病学家史蒂文·H. 拉姆（Steven Lamm）的专家意见。在报告中，该专家表示他研读了所有关于盐酸双环胺与人体先天缺陷的文献，在已经公开发表的超过 30 种涉及130000 名患者的研究报告中，没有一份研究报告表明盐酸双环胺会导致畸形胎或人体畸形。因此，该专家认为在母体怀孕的前 3 个月服用盐酸双环胺并不会造成人体先天缺陷的危险。上诉人多伯特当时没有针对药品公司这一专家报告中关于盐酸双环胺不会造成人体先天缺陷的结论直接提出反驳意见，而是聘请了 8 位来自不同领域，代表相关学科的权威科学家对被上诉人的主张进行回应。该科学家通过对试管及活体动物进行试验发现，盐酸双环胺与胎儿畸形发育存在病理上的因果关系，并声称盐酸双环胺化学结构的药理学分析结果显示，它的化学结构和其他导致胎儿畸形的药物的化学结构具有一些类似的地方。同时，专家还对之前发表的流行病学研究成果进行再次分析，最后的结论是盐酸双环胺存在导致胎儿患先天缺陷疾病的危险。

地区法院的法官认为，考虑到盐酸双环胺的流行病学数据资料较为丰富，对于盐酸双环胺是否会造成人体先天缺陷的结论，必须基于该药物对人体危害的流行病学研究实验得出，而 8 位科学家所提供的报告主要是依据动物细胞研究、动物活体研究以及化学结构分析，并不是基于流行病学专业的研究，难以证实药物与先天缺陷之间存在因果关系；同时，该研究成果尚未发表，未能进行同行审议，因此该证据不具有可采性。第九巡回上诉法院维持了原判。

联邦最高法院通过该判例确立了"全面观察"标准。该标准要求法庭在面对科学证据时，必须从以下四个方面严加把关：一是新的鉴定技术是

---

① 参见〔美〕罗纳德·J. 艾伦、〔美〕理查德·B. 库恩斯、〔美〕埃莉诺·斯威夫特：《证据法：文本、问题和案例（第 3 版）》，张保生、王进喜、赵滢译，高等教育出版社 2006 年版，第 740 页。

否得到了检验;二是科学证据所依据的原理是否已经公开发表,或者已经得到相关领域专家的认可;三是新技术方法的错误率是否已经得到统计明确,并且该科技方法是否有规范的操作标准;四是新科技理论是否达到所在领域"普遍接受"的程度。布莱克曼法官(Blackmun)认为,"普遍接受"是决定专家证言可采性的重要因素,并且它也可以承受质询。该判例同时要求法官必须具备相关科技领域中的一些专门知识,扮演好科学证据"守门人"的角色。① "法官必须确信专家们以可靠方式获得的专业知识恰当地适用于手头的案件"②。

5.《联邦证据规则》第 702 条的修改

2000 年,美国《联邦证据规则》第 702 条的修改被认为是针对多伯特诉梅里·道医药公司案作出的回应③,修改内容包括:如果科学、技术或者其他专门知识能帮助事实裁决者理解证据并认定案件事实,通过知识、技术、经验、训练或教育而具有专家资格的证人,当出现以下情形时可出具意见或其他形式的证言:①该证言建立在足够的事实或数据基础上;②专家证言是依据可靠的原理或方法得出的结论;③专家证人可靠地将原理或方法应用于案件事实。④

修改后的条款附带的评论引用了多伯特诉梅里·道医药公司案并解释道:

在该案例前后,联邦最高法院已经发现其他相关因素会决定专家证言的可靠性。这些因素包括:①专家出庭作证的内容是否是形成于诉讼之外的独立、自然、直接的研究,还是他们专门为了出庭作证而形成这样的观点。②专家是否不合理地从一个可接受的假设前提,推断出一个无

---

① See Daubert, 509 U.S. (1993).
② 〔美〕罗纳德·J. 艾伦、〔美〕理查德·B. 库恩斯、〔美〕埃莉诺·斯威夫特:《证据法:文本、问题和案例(第 3 版)》,张保生、王进喜、赵滢译,高等教育出版社 2006 年版,第 712 页。
③ See Committee on Identifying the Needs of the Forensic Science Community, Committee on Science, Technology, and Law Policy and Global Affairs, Committee on Applied and Theoretical Statistics Division on Engineering and Physical Science et al., Strengthening Forensic Science int the United States: a Path Forward, The National Academies Press, 2009, pp. 92-95.
④ 参见美国《联邦证据规则》第 702 条。

法成立的结论。③专家是否能够对一些明显可作其他解释的事项,进行足够的说明。④专家在被聘请成为专家证人之前,平时的业务工作是否同样仔细认真。⑤专家所主张的知识领域是否是他所能提供可靠意见的领域。在规则被修订之后,以上所有这些因素与专家证言的可靠性都是相关的。

与修订后的美国《联邦证据规则》相应的注释同时也写道:

第702条规则的修正案并不区分科学证据和其他形式的专家证言。该规则适用于衡量判断各种专家证言的可采性问题。判断专家证言的可靠性的相关因素会随着不同专门知识而存在区别,修正案反对"专家证言可以更加自由地对待,仅仅因为它超越科学的范畴"的看法。对于一位并非科学家的专家证人提供的意见,它同样需要经过严格的审查,如同审查声称是科学家的专家证人提供的证言一样严格,一些专家证言更具实证性,因此受制于可证伪性、同行评估和著作发表等。有些专家意见不依靠任何科学方法,因此必须参考其他有关知识领域的标准规范。法官认定专家证言必须建立在合理的基础上,充分分析,而不是猜测,最终才能采纳这种证据。专家证言必须建立在相关专业领域的知识经验的基础上,并且专家必须解释该结论是如何得出的。

修正案要求专家证言必须是可靠原理和方法验证的结果,并被可靠地运用到案件事实的认定中。当原理和方法被应用于科学知识时,能得出对案件待证事实有帮助的结论,当它们应用于技术或其他专业知识时,同样能够具有相关性。例如,当执法人员出庭就毒品交易的暗号进行作证时,其所使用的"原理"就是类似案件的毒品交易嫌疑人都会使用这种暗号进行交易。执法人员所使用的"方法"就是分析对话的含义。原理和方法是可靠的,并且可靠地用到案件事实的分析中,这种证言就具有可采性。

但是这一修正案并没有表明,只有经验和其他知识、技术、训练或教育,不能为专家证言提供可靠的基础。相反,第702条的文本表明专家可基于经验而获得专家证人资格。在某些领域,经验是最主要的,例如,判例中指出"没有人可以否认专家可以基于大量、专业、实践的观察得出结论"。

对于"帮助事实裁决者"这一规则,许多法院和评论者认为其确立了科学证据的"相关性"规则。在科学证据可采性规则中,联邦最高法院解释认为,相关性是首要的问题。具体而言,不管科学证据的可靠性如何,都必须与案件争议事实具有相关性。正如联邦最高法院所概括的第702条规则:要求将与有关待证事实之间有效的、科学的、关联的作为可采性的前提条件。只有科学与案件事实问题有关,专家证言才能说得上对事实裁决者有帮助。因此,"有帮助"的要件构成了《联邦证据规则》第702条的核心内容。

此外,"有帮助"的标准也是《联邦证据规则》第104条确立的科学证据可采性标准之一,在一些辖区仍然适用。该标准要求专家证言提供的知识"超乎"普通人的认知范围,有些辖区仍然坚持这一更加严格的标准。第702条强调,专家证言必须超出普通人的认知范围,这样才能称得上对事实裁决者有帮助。通过这样的方式,第702条将"有效性"的标准和《联邦证据规则》第401条规定的"相关性"证明价值进行了吸收。

当然,如果说"有帮助"的概念已经在第402条的"相关性"要求中得以体现,且它是第702条的唯一内核,那么它的存在要么是重复累赘的。联邦最高法院认为第702条包含其他两项要求:第一,规则中已经明确专家资格问题的审查。第二,科学有效性问题,这个问题在规则中比较模糊,但是该条款的核心内容。

在专家的资格审查方面,联邦最高法院一直要求所谓的"专家"必须是"有资格的",才能成为"专家证人"。但问题是,专家资格不仅是专家证言的必要条件,也是专家证言的充分条件。尽管没有法院认为只要专家有资格就足够,但许多评论人士怀疑,实践中法院坚持了这一观点。另外,这一要求看似直接却包含了相当大的模糊性。突出地表现为两个问题:第一,什么样的资格是专家所必须具备的。例如,专家是否需要获得特定专业学位? 第二,专家在某一领域的资格证书是否必须与他作为专家证人出庭从事的特定专业领域相同。①

(1)专家证人的必要资格

《联邦证据规则》第702条规定广泛的"专门知识",不仅限于获得诸

---

① See David L. Faigman, David H. Kaye and Michael J. Saks et al., Modern Scientific Evidence: The Law and Science of Expert Testimony, Thomson West, 2006, pp. 15-19.

如理工科博士学位或医学博士学位,还包括通过各种各样途径获得的专业知识。因为范围非常广泛,所以资格的标准也具有宽泛性。因此,《联邦证据规则》表述为"通过技术、经验、培训或教育"。法院通过灵活的方式来确定专家必须具备的资格。

总体来说,法院将专家证人主要的资格条件阐释为对专家主张的专业知识、专家证言的要求。因此,通常认为发表医学问题意见的专家必须具有医学学位,或适合的资格和经验。就机动车问题发表意见的专家,则必须具有长年累月的经验和擅于展示的技巧。在许多情况下,经验足以让人具有专家资格,但在某些情况下,缺乏经验将会严重削弱专家资格。作为实践的问题,法庭会咨询专家某个领域的问题,从而判断其是否是"合格"的专家。然而,并非所有的领域都有明确的标准。

(2)专家证人必要资格的特征

20世纪末,科学的品质特征在于其专业性。这一趋势使得法院对于"百事通"的人才是否可以被允许就某一高度专业化的问题发表意见态度不一。法院试图通过灵活的方式解决这一问题。一些法院要求专家必须具有某方面的经验,而一些法院则认为"百事通"可以就专业领域的问题出庭作证,若他们缺乏相关的专门知识,则会影响法院赋予专家证言的证明力。

联邦最高法院在多伯特诉梅里·道医药公司案中阐述了四项非排他因素:第一,可检验性(或可证伪性);第二,错误率;第三,同行评估和公开发表;第四,普遍接受。其他法院和评论者提供的其他因素可以作为评估科学证据是否可靠的因素。

起初,通过上述四项因素可以形成对可靠性的判断。多伯特诉梅里·道医药公司案中只有两项因素涉及科学的价值,另外两项因素则涉及代理利益。具体而言,"同行评估"和"普遍接受"是科学圈内人士对专家意见可靠性评估的标准,因此更加类似于弗赖伊规则中的遵从模式。联邦最高法院指出,法官必须成为科学技术的"消费者",且必须理解科学方法所引申的哲学层面和实践层面的因素。他们有时可以在鉴定人的辅助下来解决这些问题。

没有唯一的清单可以罗列各种各样的因素用于判断科学实验结果的可靠性。事实上,有时候建议往往会有误导性,有效性不是一个绝对的结论。

科学家倾向于以他们对结论有多少信心来表达有效性。类似的，法官必须评估有效性，从而决定是否采纳或排除专家证言，法官不需要有观点。人们所希望的是，法官能够通过多伯特诉梅里·道医药公司案确立的因素（和其他因素）去判断"方法""原理"是否可以有效地支持专家证言的科学性。

对于科学证据的可检测性，"如何识别独特的科学知识"这个问题在科学哲学领域探讨已久。在法院所能作出的多种多样的选择中，联邦最高法院选择了"可证伪性"这一标准，这一标准与波普尔的哲学理论密切相关。联邦最高法院只引用了波普尔的一段话，也就是选择了波普尔的可证伪性标准作为区分科学与非科学的标准，特别用于对伪科学的判断。总之，可证伪性的标准主张一项理论或主张是……可以被检验的，当且仅当它存在至少一个潜在的矛盾——至少一个基础判断在逻辑上无法自圆其说。科学意见的品质在于它们存在允许反驳的可能性。

如同联邦最高法院引用波普尔的一句话：理论的科学地位标准在于它的可证伪性、可反驳性或可检测性。科学陈述的品质在于他们允许反驳。与波普尔的可证伪性公式不同，联邦最高法院选择"可证伪性"作为"有效性"的四项可能的标准之一。事实上，法官会发现，他们适用多伯特规则存在困难，如果他们将"可检测性"作为一项可选择的因素，那么其他的三项因素都可以判断"可检测性的因素"。在科学领域，一项无法检测的假设是不可能存在错误率的，也不可能在同行评估的杂志上被发表并获得普遍接受。在多伯特诉梅里·道医药公司案之后，法院倾向于将"可检测性"作为一个前提，而不是另外一个因素。实践中，多伯特的可检测标准完全符合波普尔的哲学理论。

可证伪性不同于科学原理通过观察已经被证实或证伪的问题。科学性意见的品质取决于它是否服从检验。陈述的科学程度取决于它在多大程度上能够经受得住反驳。科学判断的方法和尺度由法官根据多伯特规则进行判断，尽管该规则增加了必要的步骤——专家证言的基础必须是可检测的并且已经得到检测。这要求下级法院建立这些复杂的标准。这些标准通常包括以下方面：

（1）评估错误率的实证检测

并非任何理论的实证检测都是有价值的。有的检测，例如通过水晶球预见未来显然没有科学道理,但法官必须认识这些方法超出了研究者的创造力,并且必须认识到评估科学方法是一项困难而复杂的工作。

(2)必须检测的具体内容

当在法庭背景下应用科学技术时,错误率的标准包含了增加的复杂性。具体地说,法官并不完全清楚科学的哪些方面必须通过检测才可以达到可采性的要求,哪些因素是属于证明力的问题,基于此,可以由陪审团进行评议。多伯特规则写道:第702条的拷问是一个灵活的方式。它的首要问题是科学的可靠性,因此证据法上的"相关性"和"可靠性"是提交鉴定意见书的要求。法院关注的重点自然在于"原理"和"方法",而不在于结论。

这一判断造成一些学理上的困惑,因为它没有提供明确的界限以区分法官和陪审团的分工。当科学家(鉴定人)进行实验时,他们通常不对研究方法和结论作出明确的区分。有些结论通过特定的方法得出是被允许的,但有些并非如此。因此,当研究药物的毒性作用时,使用动物而不是人体会影响结论的可靠性。使用多元回归分析的方法而不是方差的方法会影响从数据分析到得出结论的可靠性。对白血病的研究如果没有将对比组的因素考虑进去,就会造成研究结论伪准确。简言之,研究中的方法和分析的价值完全取决于研究的假设和意图。用小白鼠进行实验来研究二手烟的致癌物质,得出一包二手烟相当于一天抽十包烟的结论。但如果研究人类,我们必须评估方法和分析的理由。科学结论离不开方法和原理。因此,布莱克曼大法官试图在法官(针对方法和原理)和陪审员(针对结论)之间进行分工是注定要失败的。

(二)美国法院审查认定科学证据的现状

在联邦最高法院确立了上述有关科学证据的可采性标准之后,法官对科学证据的审查认定主要建立在控辩双方对专家证人交叉询问的机制基础上。英美法系的法律赋予当事人对质权,对不利于己之专家证人的对质是甄别专家证言真伪正误的重要武器。法官在此过程中依据科学证据可采性规则,履行科学证据"守门人"的把关职责。

对专家证人进行资格审查是法庭检视专家证言的第一道程序。美国对专家证人资格的审查主要采取"庭上审查"的方式。这是因为英美法系国家的专家证人资格不采取大陆法系国家"庭前备案登记"管理的模式，而注重通过法庭审查专家证人资格的方式，实现审查鉴定主体资格的目的。美国的法律并不对专家证人的资格作过多的限制，一个人不仅可以通过相关专业的教育成为专家，还可以通过接受培训获得实践经验等方式成为专家，而不需要像大陆法系国家那样，通过考试获取鉴定人的职业资格。另外，由于美国专家证人在很多情况下是兼职，在平常工作中，他们的身份可能是牙科医生、生物学教授、建筑工程师等，仅仅是因为案件中的事实认定问题牵涉专业知识，他们才被当事人或司法官员聘请为专家证人。所以，为了实现对专家证人资格的严格把关，美国对专家证人资格采取"宽进严出"的方式，即通过法庭上控辩双方对专家是否具备从事特定专门问题鉴定的能力进行质问，实现专家证人的资格审查。

法庭还注重对专家中立性的审查。由于专家是受当事人聘请而参与到诉讼活动中来的，他们会倾向于出具对聘请方当事人有利的专家证言。法庭质证中，控辩双方会围绕专家接受委托鉴定的一般收费标准和在该案中提供鉴定服务的实际收费情况的差距来对专家证人与一方当事人是否存在长期委托关系，专家证人是否与一方当事人存在其他利害关系，专家证人对某一专业问题的看法是否存在门户之见等问题进行质问，从而使法官对专家证人是否客观中立形成心证。

法庭还注重鉴定样本的来源是否可靠。如果辩方提出鉴定样本可能存在被调包、污染或蜕变的情形，而控方无法作出合理解释，那么专家证言的效力将会大打折扣。例如，在美国辛普森(O.J. Simpson)案中，控方呈交法庭的一份证据是杀人现场发现的被告人的血迹，由于温纳特警长身上携带的血样在凶杀案现场逗留了3个小时之久，导致证据不可靠，存在可能被人栽赃的嫌疑。另外，警方在案发现场用纱布提取了7份样本，按照操作规定，用纱布提取的血样应当阴干以后再放入袋中封存，而专家证人李昌钰发现，在盛装血纱布的纸袋里有4块沾血的印迹。因此他怀疑有人拿刚染上血的还没有干的血纱布换掉了在现场提取的血样，才会在纸袋里面留下沾血的印迹。[①] 可见，鉴定样本的来源符合鉴定标准和程

[①] 参见刘晓丹:《论科学证据》，中国检察出版社2010年版，第127页。

序法规是确保其科学可靠的一项重要因素。

此外，法庭还注重审查专家证言逻辑推导的有效性、科学实验方法的有效性、统计推理过程的有效性等，从而对科学证据的客观性、真实性进行充分审查。

三、美国科学证据可采性规则的启示

通过对美国科学证据可采性标准嬗变过程的考察，我们可以从中抽象、归纳出联邦最高法院对待科学证据可采性规则的经验，这些经验也给完善我国的司法鉴定意见可采性规则带来了一些启示。

（一）重视对科学证据"科学"的实质性把关

从弗赖伊规则到多伯特规则的转变表明，联邦最高法院的法官们强调对科学证据的审查判断，探索如何把握其科学性。弗赖伊规则确立了同行"普遍接受"的标准，其由于无法使法官履行把关"科学性"的"守门人"职责，受到了法官的批判。多伯特规则确立了综合考量科学证据所依据的原理、实验方法的错误率、技术的科研成果发表情况等"全面观察"标准，强调事实裁判者对科学证据的"科学性"特征的评估和实质性把关，要求法官扮演科学证据"守门人"的角色。这种现象的成因主要有以下几方面：一是与英美专家证人制度有关。在美国，专家证人是由当事人聘请的，当事人根据有利于自己诉讼结果之目的聘请专家证人在诉讼中提出对己方有利的科学证据，这种专家证人的产生方式使法官对专家证言一直保持着谨慎、怀疑的态度。法官认为，专家证言天生带有偏见，必须在双方专家证人的庭审对抗中理解专业问题并了解事实的真相。[①] 二是与英美庭审"对抗制"的诉讼模式密切相关。[②] 在这种对抗式之下，科学证据可采性规则要求双方

---

① 参见汪建成：《专家证人模式与司法鉴定模式之比较》，载《证据科学》2010年第1期。
② 在美国采取的对抗式的庭审结构中，专家证人受聘于控辩双方，法官对专家证言常常秉持怀疑的态度，对专家意见的审查也是通过交叉询问的方式进行。参见〔英〕詹妮·麦克埃文：《现代证据法与对抗式程序》，蔡巍译，法律出版社2006年版，第206页。

专家证人必须就科学实验的数据、科学原理进一步展开辩论(对抗制下允许就专家证言未披露的信息进一步展开),从而达到降低对方专家证言可信度的目的。在这个过程中,法官"坐山观虎斗",通过庭审听取双方法庭质证意见,强化了对科学证据的实质性把关。三是与英美"二元化"法庭结构密不可分。在实行陪审团与职业法官两分模式的"二元化"结构之下,陪审团由许多非法律专业人士组成,为了防止专家证人用一些伪科学混淆陪审团的判断,英美法庭质证强调对科学证据"科学"的实质性判断。

(二)通过长期的判例不断调整可采性标准

从美国科学证据可采性规则的嬗变过程可以发现,诸如弗赖伊案、多伯特案和后来发生的锦湖轮胎案(Kumho Tire Co. v. Carmichael)[①]等大量的经典案件,以及《联邦证据规则》的制定并在 2000 年对第 702 条进行修改,这些都对科学证据的可采性标准进行了调整,联邦最高法院积累了审查认定科学证据可采性的经验,不断调整法官审查科学证据必须综合考虑的因素。这与美国判例制度不断应对层出不穷的司法实践,以及证据规则注重总结司法判例规律、开放式、零散性的特征有关。通过这种方式可以将新型的科学技术及时应用到诉讼证明中,从而提高法庭对日益发展的科学技术的吸纳能力。当代西方著名的哲学家、社会学家卡尔·波普尔(Karl Popper)认为,科学知识都是一种猜想,它们是不可证实的,不能得到充分的支持。"衡量一种理论科学地位的标准是它的可证伪性或可反驳性或可检验性。"[②]科学活动是一个不断提出假设、不断证伪的追求真理的过程,可证伪性是区分科学和非科学的实证标准。当法官发现某种科学证据所依据的假设存在错误时,就会否定这种科学方法的有效性,从而促使科学家修正这种假设或者提出新的假设。只有经受得住反复推敲的理论,才能最终成为颠扑不破的真理。2000 年,美国在总结多伯

---

① 该案件发生于 1999 年,焦点在于多伯特规则是否能扩张适用到"技术或其他专业知识"领域的专家证言的可采性判断中。See Kumho Tire Co. v. Carmichael, 119 S. Ct. 1167, 1175(1999)。

② 〔英〕卡尔·波普尔:《猜测与反驳——科学知识的增长》,傅季重、纪树立、周昌忠等译,上海译文出版社 2015 年版,第 162 页。

特诉梅里·道医药公司案的基础上,还对《联邦证据规则》第702条进行了修改,增加了判定专家证言可信性的标准。① 英国学者 J. W. 塞西尔·特纳(J. W. Cecil Turner)肯尼曾经指出:"英美法系国家的证据规则大都是多年经验的基础上建立起来的,其宗旨只有一条,就是保障求得案件的实质真实,防止发生冤枉无辜的现象。"②美国法学家罗斯科·庞德(Roscoe Pound)也解释道:"在普通法法律家富有特性的学说、思想和技术的背后,有一种重要的心态。这种心态是:习惯于具体地而不是抽象地观察事物,相信的是经验而不是抽象的概念;宁可在经验的基础上按照每个案件中似乎正义的要求……"③新型科学证据的面相如同普罗米修斯的脸一样变化无穷,它在为事实裁决者提供认识案件辅助手段的同时,也挑战着法官扮演科学证据"守门人"角色的能力。美国正是通过大量案例不断调整总结科学证据可采性规则,从而对将科技运用于诉讼证明始终保持了开放的姿态。

(三)以证据规则弥合法官判断科学证据的知识鸿沟

达马斯卡认为,科学技术的发展造成人类感官与科学证据之间的鸿沟不断加大。随着科学证明方法在司法裁判领域的应用不断增多,其与现行司法制度之间的紧张关系也会进一步加剧。④ 科学家与法律人之间的鸿沟是客观存在的,即使由熟悉该科学证据专业知识的人充当事实裁判者,他对专家证词所涉及的所有专门知识也无法全部了解。而从法律事实与客观真实关系的角度来思考这一问题,事实裁判者通过科学证据认定案件事实始终只能得到一种相对的真理、法律意义上的事实,而不可能回溯到案发时候

---

① 2000年美国在对《联邦证据规则》第702条的修改中增加了判定专家证词可采性的三点标准:(1)证词建立在充分的事实或者资料的基础上;(2)证词来源于可信的原理和方法;(3)证人以可靠的方式将原理和方法应用于案件事实上。

② 〔英〕J. W. 塞西尔·特纳:《肯尼刑法原理》,王国庆、李启家译,华夏出版社1989年版,第484页。

③ Roscoe Pound, What is the Common Law, 3 The Future of Common Law 18(1937). 转引自高鸿钧:《英国法的主要特征——一个比较观察》,载《比较法研究》1991年第4期。

④ 参见〔美〕米尔吉安·R.达马斯卡:《比较法视野中的证据制度》,吴宏耀、魏晓娜译,中国人民公安大学出版社2006年版,第229页。

的原生状态。事实裁判者对事实的认定享有自由心证的裁量空间,但自由心证并不等于他们可以恣意使用对科学证据是否具有证明资格进行认定的权力。相反,采信必须受到程序的约束,遵循证据规则。美国正是通过不断调整可采性规则弥补法官与科学技术知识之间的鸿沟,而不是简单地将法官的审判裁决权拱手相让给陪审团中具备鉴定专业背景的专家或者专家证人。面对科学证据,法官先从证据法角度对其可采性予以判读,后由陪审团对科学证据所证明的事实予以判断。为防止"伪科学"(junk science)混淆裁判者的视听、误导陪审团决议,法官在长期的司法实践中形成一套科学证据可采性规则。通过可采性规则,对专门性问题、何者为科学的标准进行量化、系统化地展现,从而为法官采纳科学证据提供更为充分的依据。例如,在多伯特诉梅里·道医药公司案中,联邦最高法院认为原告提出的证据所依赖的科学原理不充分,未建立在流行病学研究的基础上。我们从美国几个经典案例的判决书中可以看到,法官对如何取舍该类科学证据基本上都做到了判决说理。因此,只要科学证据符合这些程序性要件,法官审查认定科学证据便建立在程序正当的基础上。

(四)强化对抗制为法官审查科学证据提供依据

美国科学证据可采性规则的背后揭示了与美国诉讼构造,尤其是与对抗制诉讼相适应的特征。诉讼构造抽象、概括地反映了主要诉讼参与人的法律地位和相互关系。李心鉴博士认为,刑事诉讼构造既存在于诉讼程序之中,也存在于证据规则之中。① 诉讼构造对证据法则的形成具有重要的作用。相应地,证据法则也能反映控、辩、审三方在诉讼中的法律地位与相互关系。不同的诉讼构造观决定着不同证据规则的取舍。美国科学证据可采性规则在一定程度上受诉讼构造的影响。就刑事诉讼构造而言,帕克(Packer)提出的"犯罪控制模式"和"正当程序模式"②,达玛什卡提出的"科

---

① 李心鉴博士认为,帕克探讨的证据规则的模式问题,是其模式学说兼具构造论性质的方面,证据规则中确实存在构造问题。从刑事诉讼构造上完善我国证据规则的问题,大有文章可作。参见李心鉴:《刑事诉讼构造论》,中国政法大学出版社1997年版,第9—10页。

② 〔美〕哈伯特·L.帕克:《刑事制裁的界限》,梁根林等译,法律出版社2008年版,第292页。

层理想型"和"协作理想型"①,都是宏观上对刑事诉讼构造的抽象概括。从微观上看,"对抗制"对美国证据法则,尤其是科学证据可采性规则的孕育和发展产生了重大的影响。当事人主义之下的对抗制使法庭对科学证据的审查建立在控辩双方针锋相对、专家唇枪舌剑的基础上。对抗制下的法庭审理,科学证据的提出、专家的聘请均可由当事人自主决定。允许控辩双方聘请的专家当庭对质,可以达到控辩平等之目的。此外,对抗制之下,当事人及其辩护律师可以通过科学证据开示程序了解控方收集的科学证据,从而为质证做好充分准备。控辩双方针对科学证据的真实性、合法性、有效性展开的激烈对质,也为法官审查科学证据提供了更全面、充分的依据。

当然,对抗制使得法官评估科学证据做到兼听则明的同时,也不可避免地存在一些负面因素。具体表现为:诉讼不经济、专家中立性缺失、引发鉴定"大战"等问题。② 伍尔夫(Woolf)大法官的报告曾指出,如果科学证据的技术性非常强,那么允许法官在两个冲突的观点中作出选择是否公平,还远没有搞清楚……将对抗式程序变成提供和分析科学证据的论坛是不适当的,应当改革。③ 对抗制使得专家证人的中立性、权威性遭到质疑。在对抗制之下,专家证人好比当事人雇佣的"枪手",常常忠诚于重金聘请自己的雇主。

四、我国鉴定意见可采性标准的现状

(一)鉴定意见可采性标准尚不完备

我国《刑事诉讼法》中虽然没有"科学证据"的提法,但如果按照科学证

---

① 〔美〕米尔伊安·R.达玛什卡:《司法和国家权力的多种面孔》,郑戈译,中国政法大学出版社 2004 年版,第 24—35 页。
② 相关的论证可以参见徐继军、谢文哲:《英美法系专家证人制度弊端评析》,载《北京科技大学学报(社会科学版)》2004 年第 3 期;邓晓霞:《论英美法系专家证人制度的基础与缺陷——兼论我国引入专家证人制度的障碍》,载《中国刑事法杂志》2009 年第 11 期。
③ 参见〔英〕詹妮·麦克埃文:《现代证据法与对抗式程序》,蔡巍译,法律出版社 2006 年版,第 213—214 页。

据这一"舶来品"的内涵外延来看,那么包括 DNA 鉴定、骨龄鉴定、足迹痕迹鉴定等在内的鉴定意见都可以归到科学证据的范畴。《刑事诉讼法》对鉴定意见的可采性标准问题只作了简单的规定,如"鉴定意见只有经过查证属实才能作为认定案件事实的依据"等。有关司法解释对几类鉴定报告是否具备证明力、如何确定其可采性标准等问题也有零散的规定。① 近年来,随着刑事诉讼中司法鉴定问题的突出,相关的司法解释对鉴定意见的标准作出了一定的回应。例如最高人民法院、最高人民检察院、公安部颁布的《关于办理死刑案件证据若干规定》规定,对鉴定意见审查认定的因素,主要包括:鉴定人是否回避,鉴定机构及鉴定人是否具备合法的资质,鉴定程序是否符合法律及有关规定,检材的来源、取得、保管、送检是否符合法律的有关规定,与相关提取笔录、扣押物品清单等记载的内容是否相符,等等。② 通过司法解释,可以弥补《刑事诉讼法》规定的不足,及时总结实践中新类型的科学证据是否具备鉴定意见资格等问题的经验。但总体上,我国立法对鉴定意见可采性标准的规定仍然不能满足实践的需求,从实践中暴露的错案来看,相当部分案件是由司法人员对鉴定意见的可采性标准认识不够充分造成的。

(二) 依据鉴定机构等级评估科学证据的做法欠妥

诉讼中,法官在面对不同的鉴定主体针对同一事项出具的不同鉴定意见时该如何取舍? 有些地方采取根据鉴定机构等级判断鉴定意见孰优孰劣的做法。③ 有的法官认为国家级司法鉴定机构出具的鉴定意见更加

---

① 例如,1999 年四川省检察院就多道心理测试能否作为证据使用的问题请示最高人民检察院。最高人民检察院的批复指出,多道心理测试鉴定结论与《刑事诉讼法》规定的鉴定结论不同,不属于《刑事诉讼法》规定的证据种类,因此只能用于帮助审查、判断证据,不能作为证据使用。最高人民检察院《关于 CPS 多道心理测试鉴定结论能否作为诉讼证据使用问题的批复》。此外,2000 年最高人民检察院《关于"骨龄鉴定"能否作为确定刑事责任年龄证据使用的批复》指出,骨龄鉴定如果能够准确确定犯罪嫌疑人实施犯罪行为时的年龄的,可以作为判断犯罪嫌疑人年龄的证据使用。如果无法准确确定而且认为犯罪嫌疑人的年龄在刑事责任年龄边缘的,对该鉴定意见应当慎重对待。

② 详见《关于办理死刑案件审查判断证据若干问题的规定》第 23 条、第 24 条规定的内容。

③ 例如,湖南黄静案,被害人家属委托的鉴定机构出具的鉴定意见与法院委托的最高人民法院司法鉴定中心出具的鉴定意见存在矛盾。最终,合议庭认为最高人民法院司法鉴定中心排除了被害人家属委托的鉴定机构出具的意见。这显然是以"级别论高低",确定鉴定意见的真伪。参见湖南省湘潭市雨湖区人民法院刑事附带民事判决书(2004)雨刑初字第 65 号。

准确,这实质上误解了鉴定机构等级设置的目的。从国家级司法鉴定机构的设立看,鉴定机构的权威性是为了提高鉴定意见的准确性,旨在解决长期以来存在的同一鉴定事项出现不同鉴定意见的问题,减少实践中重复鉴定、多头鉴定的问题。国家级司法鉴定机构在研究员、高级工程师等专业技术人员队伍,实验室设备配置,国家重点实验室资质,内部管理规范等方面具有一定优势。所以,权威鉴定机构的专家出具的鉴定意见相对于市场上那些业务水平低下、大搞重复建设的鉴定机构出具的鉴定意见更具有可靠性。但不能简单地认为国家级司法鉴定机构出具的鉴定意见便是科学可靠的,而我们的法官常常会犯这个错误,认为"鉴定意见、勘验检查笔录具有当然效力,产生争议时往往以鉴定主体的级别高低作为标准"①。况且,法院内部也有鉴定机构的名册,许多法院对长期委托的鉴定机构秉持着相对信任的态度,对鉴定意见具有先入为主的信赖心理,这不利于法官对鉴定意见作出客观、理性的判断。

(三)法官对科学证据的采纳存有难点,且说理少

法官往往是根据经验法则对证据的真伪进行甄别。相对于书证、口供、证人证言等传统证据而言,鉴定意见具有很强的专业性,它需要经过有专门知识的人进行解读、分析,才能将证据隐含的信息以及它与待证事实之间的关联性予以揭示,而法官主要通过经验法则、各种证据之间的印证程度对传统证据进行审查判断。而鉴定意见涉及法律人所难以掌握的专业知识,即使法官在长期审理涉及司法鉴定的案件中积累了一定的经验,也只能熟悉某些领域的科技知识,难以对法庭上纷繁复杂的司法鉴定做到样样熟悉、精通。科学鉴定的推导过程依赖于科学原理的运用、数据的统计分析,缺乏相关专业背景的法官只能尽力去理解和接受鉴定人在法庭上解释的科学技术原理,但无法对其真伪作出确凿的判断。② 有的法

---

① 房保国:《刑事证据规则实证研究》,中国人民公安大学出版社2010年版,第60页。
② 例如,曾经有一位法官告诉我:在重庆,有一宗刑事案件需要对一具面目全非的无名尸体进行辨认,该案件由辽宁省铁岭市的一家司法鉴定机构进行鉴定。鉴定人根据颅骨成像技术恢复了死者生前的容貌,并和另一名女子的照片进行同一性认定,结果鉴定意见表示二者为同一人。法官对于该技术是否可靠难以判断,不得不求助于相关的专家。

官通过科学实验的可重复性进行检验,看专家能否在同样的条件下作出同样的判断①,但重复实验也可能会出现同样的错误。由此可见,我国法官对鉴定意见如何审查是存在困惑的。然而从法官的判决书中却发现,法官对审查认定鉴定意见基本上不说理。②

(四) 忽视对科学证据"科学"的实质性审查

当自然科学的知识可以确定某一事实时,此时法官的心证即无适用之余地。③ 如果说司法人员因为知识结构无法判断鉴定意见是一种客观知识局限的结果,这种受制于客观知识局限的行为尚且无可厚非,那么忽视对科学证据"科学"的实质性审查则是迷信科学证据的愚昧表现,是难以推辞的责任。司法人员在诉讼中运用经验法则、攻心战略、审判智慧实现对事实的认定,是传统意义上的审判技艺。④ 的确,随着科学技术的发展,人类依赖的感官认识正在逐步退化,但是科学鉴定技术运用于案件事实的认定,本身也存在一定的风险。法官过分相信科学证据,不重视科学证据的实质性审查,主要有几个方面的成因:一是我国的鉴定制度与大陆法系国家的鉴定制度具有更多的相似性,而在大陆法系国家,鉴定人被看

---

① 法官为了检验鉴定人的判断是否准确,让鉴定人对一份法官事先做好区分的样本进行鉴定,如果鉴定结果正确,法官就对鉴定意见予以采信。法官的这种检验办法是根据科学实验是否具有可重复性来判断鉴定意见是否可靠,但这并不能排除鉴定人有误打误撞的可能。

② 有学者对 DNA 证据在我国刑事诉讼中的运用进行实证研究,发现 288 起涉及 DNA 鉴定的刑事裁判文书对 DNA 鉴定意见的表达方式极不规范,我们也可以看到法官对如何采信该类鉴定意见基本上不予说理。参见陈学权:《刑事诉讼中 DNA 证据运用的实证分析——以北大法宝数据库中的刑事裁判文书为对象》,载《中国刑事法杂志》2009 年第 4 期。笔者在"北大法宝"检索了 2006—2010 年我国法院的刑事判决书 37476 篇,其中含有 DNA 鉴定的 925 篇、指纹鉴定的 219 篇、血型鉴定的 70 篇,并发现这些判决书中对法官为何采信鉴定意见鲜有说理。

③ 参见〔德〕克劳斯·罗科信:《刑事诉讼法(第 24 版)》,吴丽琪译,法律出版社 2003 年版,第 121 页。

④ 《圣经旧约》记载了这样一个故事:古代所罗门王面对两个争当婴儿生母的妇女,受制于当时的科学技术水平,所罗门王最终虚张声势,命令手下"将婴儿切成两半",话音刚落,两位妇女中的其中一位拍手同意,另一位赶紧松手并请求所罗门王收回成命。最后,所罗门王巧妙地将孩子的生母辨别出来。现在看来,这种办法存在很大的争议。但是在法庭科学技术并没有像今天这样发达的特定历史条件下,这种方法却展示了一种审判的智慧。

作"法庭的助手",法官对鉴定人持相对肯定的态度。二是受传统认识观念的影响,大多法官认为鉴定结论就是可靠的,可以直接拿来作为认定案件事实的依据。所以,2012年修改的《刑事诉讼法》将"鉴定结论"修改为"鉴定意见",主要目的就是扭转这种对鉴定意见的错误认识。三是司法人员为了规避错误裁判的风险,一旦鉴定意见出错造成事实认定的错误,便把事实认定错误的风险转嫁给鉴定机构。① 实际上,事实裁判者对科学证据必须尽到"守门人"的职责,而不是盲目迷信科学证据。这种盲目迷信的弊端表现在许多方面,最突出的表现即法官在庭审中,对鉴定意见的审查判断仅仅停留于形式审查,而对鉴定所使用的方法、标准、原理是否科学、可靠基本不作深入考究。加上侦查人员在办案过程中忽视对一些关键证据的收集,轻视它们与鉴定意见之间的联系,忽略了一些必须通过缜密观察才能发现的、能印证鉴定意见的细节,法官对科学证据的实质性审查更是难上加难。在刑事诉讼中,既要加大司法鉴定的运用力度,减少对口供的依赖②,也要加大司法人员对科学证据进行实质性审查的力度。忽视对科学证据"科学"的实质性审查,势必造成一旦鉴定意见出错,法院的事实裁判也建立在错误的心证基础上。

(五)科学证据审查对抗性不足,难以为法官审查认定提供依据

为了加深对我国鉴定意见庭审质证效果的认识,笔者对鉴定人出庭作证进行了实证考察,发现当下我国刑事诉讼中鉴定人出庭质证的功能虚化的现象。③ 对鉴定人进行质证的主体——法官、公诉人、当事人、辩护人和诉讼代理人——都不是鉴定技术专家,缺乏司法鉴定的学养。他们

---

① 从目前司法鉴定机构不断受到当事人的投诉,甚至是出现闹访的现象来看,司法鉴定机构已经不堪重负地被置于社会舆论的风口浪尖。这与司法裁判将事实认定的风险转嫁给鉴定意见的不当做法不无关系。

② 当然,加大司法鉴定的运用力度,减少对口供的依赖,还必须防止矫枉过正,不能忽视口供等其他证据的价值。参见陈学权:《科学技术在刑事诉讼中的价值》,载《法学研究》2007年第1期。

③ 鉴定人出庭现象的实证考察表明:鉴定人出庭作证的功能呈一定的虚化现象。可参见陈邦达:《鉴定人出庭作证新论——兼论新刑事诉讼法的相关条款》,载《中国司法鉴定》2012年第3期。

对鉴定意见的质证也围绕着一般证据的"三性",即关联性、客观性、合法性进行提问,但很少命中要害。鉴定人出庭就科学原理和实验数据的准确性、鉴定仪器的精确性、技术方法的可靠性、鉴定标准的统一性等问题进行阐释、论证,并在庭审中回答法官及控辩双方的提问,进而帮助法官审查认定鉴定意见。实践中,鉴定人出庭的效果如何?笔者对S省A市某家鉴定机构的鉴定人出庭的10件案例进行了抽样调查,并对相关人员进行了访谈,将其中当事人、律师询问鉴定人的主要问题进行了梳理、归类(见表8-1)。

表8-1 庭审中询问鉴定人的主要问题(N=10件)

类型	鉴定主体的资格		鉴定程序合法性			鉴定方法科学性				其他	
内容	鉴定机构是否有资格	鉴定人资格、受教育情况、工作年限等	鉴定机构、鉴定人是否回避	鉴定委托程序是否违法	检材是否存在调包、污染、来源不明等情况	死亡多久后进行法医鉴定才有效	鉴定花费的时间是否过短	鉴定器材是否可靠	鉴定标准是否合格	鉴定内容是否存在矛盾	与专业知识相关的问题	鉴定人的工作态度	鉴定人的品德
频次	6	8	4	3	2	1	2	3	2	1	5	4	4

调查发现,庭审中对鉴定人的询问集中在以下几方面:一是质疑鉴定人的资质。即主张不具备鉴定主体资格的,其鉴定意见不得作为证据使用。但问题在于实践中鉴定机构多有主体资质,当事人的质疑可谓"多此一问"。二是司法鉴定的具体程序问题。鉴定意见的形成程序合法是鉴定意见科学可靠的重要方面,但当事人无法临检鉴定的过程,无法监督检样的提取,无法知悉检样来源,因此无法提出有效的质疑。三是鉴定技术是否可靠的问题。四是与案件的实体或程序关联较小的其他问题。案件的当事人对鉴定意见不认可,但又不知如何提出质疑,在鉴定人解释了鉴定意见得出的过程之后,法官仍然一头雾水。总之,由于我国《刑事诉讼法》缺乏关于鉴定意见质证的具体规则,通过质证挑出鉴定意见毛病的情况并不多见。鉴定人出庭的功能整体上存在虚化现象,仅仅起到彰显程序正义、减轻法官的裁判风险、避免重复鉴定等作用,但相较于美国法庭审理中对专家证人提供的鉴定报告展开的富有成效的唇枪舌剑,我国在

这方面还存在差距。

五、域外经验对我国鉴定意见可采性规则的启示

刑事诉讼在未来应该如何面对司法鉴定带来的全新挑战？在这个问题上，学者达马斯卡曾经预测：两大法系国家面对科学证据的态度可能出现"渐进式""突变式"的转变，而且越来越多的证据规则将规定，对特定案件事实必须依靠科学证据加以认定。① 可以预见，随着科学技术的发展，以及侦查手段科技化含量的提高，以司法鉴定意见为主体的科学证据将在诉讼中发挥日趋显要的作用。科学证据的发展在帮助法官认定案件事实的同时，也对法官审查判断科学证据、甄别科学证据的真伪提出更高的要求。诚如有的学者所言："科学证据的采信重在科学证据的生成，包括科学证据生成的知识环境和法律环境，法官所需要的，只不过是一个采信科学证据的方法的技术与法律指南。"②虽然我国的诉讼构造与美国的当事人主义存在根本区别，但在两大法系国家相互借鉴融合的大浪潮中，以及我国刑事诉讼制度改革逐渐吸纳当事人主义合理因子的大背景下，科学证据可采性规则的完善可以学习借鉴美国的经验，既要吸收美国庭审对抗制之下的科学证据质证的合理元素，又要摒弃对抗制下专家证人中立性缺失、诉讼不经济等弊端。法官对科学证据的审查认定必须有理有据。我国科学证据可采性规则可以从以下四个方面健全和完善。

（一）推进司法鉴定意见可采性评价指南的构建

司法鉴定意见可采性评价指南可根据法庭科学的发展水平，确定司法鉴定意见被法庭采纳为定案依据的标准。因此，司法鉴定意见可采性评价指南的构建意义重大。

---

① 参见〔美〕米尔建·R.达马斯卡：《比较法视野中的证据制度》，吴宏耀、魏晓娜译，中国人民公安大学出版社 2006 年版，第 230 页。

② 张斌：《科学证据采信基本原理研究》，中国政法大学出版社 2012 年版，第 374 页。

首先,深化推进"以审判为中心"的诉讼制度变革和"统一司法鉴定管理体制"的改革,客观上要求研制司法鉴定意见可采性评价指南。"以审判为中心"就是要建立科学规范的证据规则体系,促使侦查取证依照审判程序的证据标准;而"统一司法鉴定管理体制"要求不同隶属关系的鉴定机构要遵循规范统一的鉴定标准。根据司法鉴定各学科的研究水平,制定司法鉴定意见的采纳标准,并制定与之相适的可采性评价指南,从此为司法机关提供较为成熟的司法鉴定意见可采性评价指南,规范司法鉴定实践活动,并助力人工智能辅助办案。

其次,随着刑事诉讼法的修改,以及鉴定人、专家辅助人出庭制度的落实,实践中因缺乏司法鉴定意见可采性评价方面的规范,诉讼双方难以在同一话语体系中对话,时常将庭审引入歧途,甚至出现乱象。研制司法鉴定意见可采性评价指南对促进鉴定意见的正确运用,规范鉴定人、专家辅助人出庭,辅助司法人员审查认证鉴定意见具有积极的作用。

最后,从国际的视野看,司法鉴定意见可采性评价指南符合法庭科学发展的潮流。大陆法系国家主要从司法证明的逻辑与机理角度研究司法鉴定意见的证据能力。在德国,司法鉴定意见必须经过严格的调查程序才能获得证据能力。法国则主要通过合法性原则确定司法鉴定意见的证据能力,法官依据信任程度从鉴定人名册上选任鉴定人,在质证的基础上通过自由心证将司法鉴定意见采纳为证据。如今,司法鉴定技术的发展推动了其前沿研究。例如,瑞士法庭科学正在研究如何统一欧盟国家的法庭科学标准。

目前,我国的司法鉴定意见可采性标准存在一些不足,制约了司法鉴定以科学捍卫公正目标的实现。

其一,可采性标准缺乏系统性。目前有关司法鉴定意见可采性标准的内容分散于最高人民法院、最高人民检察院、公安部、国家安全部、司法部公布的《关于办理死刑案件审查判断证据若干问题的规定》《关于办理刑事案件中排除非法证据若干问题的规定》及相关司法解释、两高批复中,存在零散、不周延等问题。其二,鉴定人出庭率低。大量的书面司法鉴定意见被法庭采纳,与传闻证据排除规则、直接审理原则相悖。其三,司法鉴定依据的标准不统一,制约了司法鉴定意见可采性标准的确立。

其四,传统证据可采性标准无法满足司法鉴定意见采纳的特殊需求。如法医类、物证类、声像资料类、环境损害类鉴定不同于传统证据,如何确定该类证据的可采性标准仍值得研究。其五,现有司法鉴定意见可采性规则操作性不强,法官对司法鉴定意见的审查仍存有难点。

如何构建司法鉴定意见可采性体系? 从理论上说,司法鉴定涉及的鉴定对象、鉴定内容可涵盖人类社会各类专门学科、技术,只要诉讼中涉及某类专门性技术问题,就有可能借助司法鉴定来协助诉讼各方查明事实。但从我国现行法律规定来看,纳入国家统一管理的司法鉴定类别主要有:法医类、物证类、声像资料类、环境损害类鉴定。上述分类的依据是实践中的惯例,并未遵循严格的分类学标准,其中既有以学科作为分类标准的,又有以鉴定对象作为分类标准的。如"法医类"和"物证类"的表述带有明显的学科特点,而"声像资料"和"环境损害"又明显带有以鉴定对象分类的特点。其中,法医学学科的发展最成熟,相关鉴定技术的应用最广,认知度也最高。但在法医学鉴定领域,目前纳入全国统一管理的鉴定领域主要有法医病理鉴定、法医临床鉴定、法医物证鉴定、法医毒物鉴定、法医精神病鉴定五个小类,其他诸如法医人类学等尚未纳入统一管理范围。物证类鉴定包括痕迹鉴定、文书鉴定、微量鉴定三小类。声像资料鉴定明显是以鉴定对象进行的命名,鉴定内容也比较明确、固定,当然涉及的范围也比较小。实践中,声像资料鉴定与计算机司法鉴定、电子证据等在内涵、管理制度等方面均存在着一定的交叉、重叠。环境损害鉴定的具体内涵有待进一步明确。

以上对司法鉴定分类和管理现状的归纳,表明我国司法鉴定领域中的不同学科、不同鉴定对象所涉及的鉴定技术在发展成熟度、认知接受度、需求紧缺度方面存在着较大的差异。作为指导司法鉴定意见证据审查、采纳的重要指导性文件,也需要一个简单、明确、具有可操作性的司法鉴定分类标准,来清晰界定不同类型的司法鉴定意见。研制科学、合理的司法鉴定意见可采性评价指南,是建立司法鉴定意见可采性体系的基础性工作,也是推进以审判为中心的诉讼制度改革、完善我国证据规则的必由之路。

（二）强化对司法鉴定主体的庭上审查

美国主要是通过交叉询问的方式对科学证据的生成主体——专家证人进行审查判断的。借鉴美国庭审对抗制中的合理因子,我国对司法鉴定意见的出具主体——鉴定人及鉴定机构的合法性审查必须遵循"庭前登记为主,庭上审查为辅"的原则。首先,庭前登记主要通过司法行政管理部门的备案登记完成,庭上审查除了考虑鉴定人是否取得鉴定人职业资格,还要对他们的专业知识背景进行判断,考查其是否具备从事特定领域的鉴定主体资格。例如,从事法医伤残等级鉴定工作的专家就不一定能胜任法医病理方面的鉴定。其次,对鉴定人的工作态度进行审查。审查鉴定事项是鉴定人亲力亲为的,还是委托其他鉴定人代为鉴定的,或是交给助手单独完成的。这些因素都会影响鉴定人对鉴定结果是否真实的把握。最后,鉴定人的中立性审查。美国通过对专家证人进行交叉询问,结合专家证人因提供鉴定服务而获得的报酬,包括对作证准备开销的补偿、不断被同一当事人雇佣的情况等方面来审视鉴定人的中立性。[①] 因此,美国存在"五颗银子弹"的说法。[②] 我国刑事诉讼中的增强庭审对抗性改造可以借鉴这种方式强化法官对鉴定人资格的审查。当然,也必须辩证地看待对抗制,摒弃其中的负面因素,做到选任环节上不被当事人诉讼利益左右,保证鉴定人的中立性。为了防止提出与案件无关的问题,也要注意审查质问内容的相关性和质问方式的适宜性。

除对鉴定人资格进行审查以外,还必须对鉴定机构进行审查。审查鉴定机构的实验室是否能通过能力验证。质量能力验证是司法鉴定质量的制度保障。它通过权威机构的认证,建立了一套严格的标准和行业要求,规范司法鉴定活动的环节,鉴定质量控制可以最大限度地保证司法鉴

[①] 参见〔美〕约翰·W.斯特龙:《麦考密克论证据》,汤维建等译,中国政法大学出版社 2004 年版,第 33—35 页。

[②] 美国一位资深律师在接受美国律师协会采访时谈到,他对专家证人进行交叉询问时通常会问五个问题,这五个问题如同五颗"银子弹",能准确击中对方专家证人的要害。其中第一个"银子弹"就是有关质疑对方专家证人中立性的问题。参见徐继军:《专家证人研究》,中国人民大学出版社 2004 年版,第 149 页。

定的准确性。对鉴定机构水平的检验还要考虑该机构是否已经获得实验室认可。目前实施的 CNAS 能力验证对于评价鉴定机构的技术能力,确保鉴定机构具有技术检测能力具有重要的意义。[①] 另外,ISO/IEC17043《合格评定能力验证通用要求》也为司法鉴定机构的认证认可提供了基础性文件。[②] ISO 指南 2-1986《标准化、认可与实验室认可的一般术语及其定义》规定,实验室认可指正式承认一个检测实验室具备从事特定检验或特定类型检验的能力。实验室认可是一种国际公认的检测、校准能力的评价手段。[③]

我国除了存在由司法行政机关统一管理的鉴定机构,还存在隶属于侦查机关的鉴定机构。在我国侦查机关内设鉴定机构这个问题上,有学者认为其天生具有倾向性,难以实现客观公正。[④] 徐静村教授也认为,侦查机关的技术部门对物证的检验结果只能为侦查人员确定侦查方向、锁定犯罪嫌疑人服务,不是诉讼意义上的鉴定意见。侦查机关应当委托合法登记的鉴定机构中具有鉴定主体资格的鉴定人员进行鉴定,其鉴定意见才能作为证据使用。[⑤] 在笔者看来,侦查机关内设鉴定机构能够满足侦查工作及时性的要求,虽然理论上,"自侦自鉴"有违鉴定中立,但可通过对鉴定意见的审查判断进行严格把关,即对侦查机关内设鉴定机构的鉴定方法、标准进行判断,防止将错误的鉴定意见作为认定案件事实的依据。

(三)审查检材、样本的提取程序

精确、可靠的科学证据的形成依赖于微量物证、生物样本等检材、

[①] CNAS 发布了《实验室认可指南》CNAS-GL01 和《检查机构认可指南》CNAS-GI01 两个规范性文件。从证据法的角度如何对该类认定进行定位?有学者认为,刑事鉴定结论的 CNAS 认可应当定位在证据能力方面,不能定位在证明力方面。参见张斌:《科学证据采信基本原理研究》,中国政法大学出版社 2012 年版,第 391 页。

[②] 参见朱淳良、陈邦达:《能力验证:司法鉴定质量的保障——2010 中国司法鉴定论坛会议综述》,载《中国司法鉴定》2010 年第 4 期。

[③] 参见刘晓丹:《论科学证据》,中国检察出版社 2010 年版,第 150 页。

[④] 参见郭华:《侦查机关内设鉴定机构鉴定问题的透视与分析——13 起错案涉及鉴定问题的展开》,载《证据科学》2008 年第 4 期。

[⑤] 参见徐静村:《论鉴定在刑事诉讼法中的定位》,载《中国司法鉴定》2005 年第 4 期。

样本的规范、合法的提取程序,鉴定样本必须满足诉讼证据最基本的价值①:一是样本的特定价值,防止样本遗失或者被替换;二是样本的证明价值,防止其变质或者被破坏;三是样本的法律价值,防止因保管手段不健全而导致证据失去法律效力。样本的规范化收集、保管对实现上述三大价值十分重要。如果检材、样本在收集过程中存在被污染、调包的可能,又无法作出合理解释的,通过其得出的鉴定意见的证明力必然会受到质疑。例如,上文提及的美国辛普森案,由于警方在案发现场提取血样时没有严格按照操作守则进行,造成该鉴定证据最终得不到法庭的认可。可见,科学可靠的鉴定意见必须做到检材样本的提取程序符合标准,防止出现瑕疵遗漏,否则可能会对鉴定意见的客观公正造成不良影响。

我国《刑事诉讼法》规定了强制采集生物样本的程序②,最高人民法院《关于适用〈中华人民共和国刑事诉讼法〉的解释》也对检材的来源、保管等作出了规定。在今后具体操作的过程中还应尽可能细化采样行为的实施细则和监督规范,防止采样行为的不规范造成样本的污染、遗失等。在采集鉴定样本时,也必须对样本的来源是否可靠进行必要的监督和审查判断。

(四)审查科学证据所依据的原理是否可靠

法官只是将法律适用于事实裁决的行家,但不是科学家。法官在科学知识方面存在欠缺,因此在科学原理的审查方面相当于外行。所以法官要审查鉴定意见所依据的原理是否可靠,必须求助于有关领域的专家,这里可以借鉴美国的一些做法。

首先,科学原理必须得到同行复核。同行复核要求司法鉴定所依赖的某种理论必须经过同行专家的严格审查,尤其是公开发表的论文、学术团体的专门性报告,以及各种控制技术运作的标准当中所主张的理论和

---

① 参见何家弘主编:《证据调查实用教程》,中国人民大学出版社2000年版,第182页。
② 2012年《刑事诉讼法》第130条第1款规定,为了确定被害人、犯罪嫌疑人的某些特征、伤害情况或者生理状态,可以对人身进行检查,可以提取指纹信息,采集血液、尿液等生物样本。

技术。① 由于鉴定意见涉及的原理和技术很专业，不是一般人通过短期的学习就可以掌握，或者根据生活经验就可以判断的，法官必须求助于特定领域的专家才能知道鉴定意见是否可靠。这又引发新的问题：一是如何判断该专门性问题所涉及的专业领域；二是同行的认可需要达到怎样的程度才能据此判断原理的可靠性。对于前者，可以咨询相关专家，顺藤摸瓜地确定问题之所在。对于后者，虽然没有必要达到多伯特规则所确立的同行普遍认可的程度，但法官必须通过咨询专家判断其原理技术是否可行。对于存在门户之见的技术，则必须广泛地求助于相关领域的专家，以更加充分、客观地认识鉴定问题。

其次，分析科学实验的适用标准是否符合统一的技术标准规范。目前我国司法鉴定行业标准化存在的主要问题是相关的鉴定缺乏统一、权威的技术标准规范，导致一些鉴定机构和鉴定人对同一问题的鉴定适用不同的标准。这其中既有宏观的因素，也有微观的因素。例如，我国鉴定管理体制存在司法行政管理部门备案登记与侦查机关内设鉴定机构备案登记并存的模式，二者的鉴定标准存在一定的差异。即便在同一管理体制下，某些鉴定方法的统一标准也尚未形成。最高人民法院《关于适用〈中华人民共和国刑事诉讼法〉的解释》涉及对鉴定意见着重审查的内容，包括"鉴定的过程和方法是否符合相关专业的规范要求"。亦即，法官既要审查鉴定意见的形式要件是否完备，还要分析鉴定过程和方法是否规范，这对法官把握科学证据可采性提出了实质性审查判断的要求。法官在审查科学证据时必须关注有关的标准。例如，在侦查阶段，为了排查侦查对象，可以进行 ABO 血型鉴定，但由于血型鉴定不够精确，在审判中不能作为同一性认定的依据。又如，在侦查阶段，为了实现高效的目的，可能会对 DNA 鉴定采取 14 个位点以下的检测方法进行检查，因此通过这种低位点的检查方式得出的结果的精确性是存在一定质疑的，需要在审判中加以斟酌。

再次，分析鉴定方法的错误率。诚如有的专家所指出的，科学的过程

---

① 参见〔美〕肯尼斯·R. 福斯特、〔美〕彼得·W. 休伯：《对科学证据的认定——科学知识与联邦法院》，王增森译，法律出版社 2001 年版，第 87 页。

就是提出假设,检验假设的过程。科学家往往倾向于用归纳的方法来证实这些假设。而归纳的最大的缺陷就在于永远无法穷尽列举,所以假设无法得到证实,但如果假设存在错误,却能够被证明。① 所以必须认真对待司法鉴定所依据的理论的错误可证实性。

最后,由于实验过程会受到大量因素的影响,并且鉴定意见的分析建立在大量数据统计的基础上,这种概率性认定必然存在某种程度的错误可能。在多伯特规则中,要求新技术的错误率是否已经知晓就是一种科学态度的体现。长期以来,由于司法办案人员对鉴定意见的认识存在一定的误区,认为司法鉴定就像以温度计测温度,最终会有一个确切的数字,鉴定意见的准确性应当遵循非此即彼、非真即伪的二分法,要求鉴定意见必须准确,不能有或然性的鉴定结果。这种认知是有悖科学的。在统计学上,错误率包括假阳性(错误肯定)和假阴性(错误否定),每一种错误率都有潜在的危害。例如,对于测谎检验,如果假阳性太高,就意味着诚实者被错误地当作说谎者,无辜者被当作有罪者的风险较大。实验中出现的错误率常常表现为以下四种情况:真阳性、假阴性、假阳性、真阴性,错误率就是根据这些因素进行统计分析得来的。在鉴定意见书中写明鉴定方法的潜在错误率,可以帮助法官判断鉴定意见的可靠性。

---

① 参见朱广友:《论司法鉴定意见的基本属性》,载《中国司法鉴定》2008 年第 4 期。

第九章
鉴真规则及其借鉴价值

一、引　言

　　司法鉴定所依赖的大部分检材来源于案发现场，从侦查取证到庭审出示往往历经较长时间，虽然现行法律规定涉案物品应当随案移送①，但实践中没有严格做到。有专家指出，涉案物品在办案机关大量积压，这种现象在公安机关最为明显，其次是检察机关。② 从调研的情况看，在检察环节刑事涉案物品鉴定实务中，存在毒品分量鉴定，取样未制作笔录；对不同形态的毒品取样未予编号，未按照规定进行随机取样送检；取样的部位、分量未达标；见证人实际上还是受聘用的辅警人员等问题。③ 这些问题反映出刑事涉案物品的收集、提取、保管和送检等程序存在一定的薄弱环节，一旦庭审中辩护人提出异议，相关证据将可能因存在瑕疵或非法而被质疑，甚至有被排除的危险，更严重的是存在造成冤假错案的风险。因此，完善刑事涉案物品鉴真制度，规范涉案物品的提取、保管、移送程序，保障司法鉴定检材的真实性、可靠性是刑事涉案物品鉴定意见具有可靠性的前提。在推进以审判为中心的刑事

---

① 2020年公安部公布的《公安机关办理刑事案件程序规定》第288条规定，对查封、扣押的犯罪嫌疑人的财物及其孳息、文件或冻结的财产，作为证据使用的，应当随案移送，并制作随案移送清单一式两份，一份留存，一份交人民检察院。对于实物不宜移送的，应当将其清单、照片或者其他证明文件随案移送。

② 参见李玉华：《论独立统一涉案财物管理中心的建立》，载《法制与社会发展》2016年第3期。

③ 自2018年6月起笔者相继对上海市部分检察机关和司法鉴定机构进行访谈、调研。

诉讼制度改革中,法庭对鉴真规则的贯彻落实将对规范侦查取证起到积极的倒逼作用。近年来,我国司法解释确立了物证、书证等证据的真实性审查方法。① 上述制度目的在于保证刑事涉案物品保管链条的完整性,进而保证证据的真实性。

我国除英美证据法学的译著之外,陈瑞华教授较早地提出了我国刑事证据中的鉴真规则、方法和理论。② 随后,刘品新、谢登科等学者开始研究电子数据的鉴真问题。③ 张保生教授主编的教材《证据法学》较为系统地研究了鉴真的知识体系。④ 鉴真规则的理论研究逐渐引起学界的关注,并在司法实践中得到一定的应用。在我国,鉴真规则从域外制度评介,发展成为我国刑事诉讼模式下证据保管链条规则的理论体系,从英美证据法理论体系中的术语转化为我国证据制度中的概念。但目前国内研究鉴真规则的法学文献数量有限,因此对这一"舶来品"的基本属性及证据法理的认识还不够全面,对域外鉴真规则的评介,大多缺乏体系性的认识,如管中窥豹。国内证据法学界对我国有无建立鉴真规则的必要也存在争议。因此,从比较法的视野研究美国的鉴真规则内容、特征及制度成因,分析我国司法鉴定意见可采性规则有关的检材保管的制度,具有一定的学术价值。

---

① 例如,《关于办理死刑案件审查判断证据若干问题的规定》第 6 条、第 23 条、第 24 条对鉴定样本的真实性判断确立了一些规则:物证、书证在收集、保管及鉴定过程中是否受到破坏或者改变;不能证明物证、书证来源的,不能作为定案的根据;对鉴定意见应当着重审查的内容包括检材的来源、取得、保管、送检是否符合法律及有关规定,与相关提取笔录、扣押物品清单等记载的内容是否相符,检材是否充足、可靠;排除送检材料、样本来源不明或者确实被污染且不具备鉴定条件的;鉴定对象与送检材料、样本不一致等情形下的鉴定意见。此外,《法庭调查规程》第 46 条第 1 款规定:通过勘验、检查、搜查等方式收集的物证、书证等证据,未通过辨认、鉴定等方式确定其与案件事实的关联的,不得作为定案的根据。

② 自从我国 2010 年两个"证据规定"颁布实施,尤其是《关于办理死刑案件审查判断证据若干问题的规定》确立了实物证据的来源和提取过程的审查规则要求以后,有学者指出这实质上是一种旨在鉴别证据之真实性的审查方法,并认为这种方法就是"鉴真"。参见陈瑞华:《实物证据的鉴真问题》,载《法学研究》2011 年第 5 期。

③ 代表性研究还包括刘品新:《电子证据的鉴真问题:基于快播案的反思》,载《中外法学》2017 年第 1 期;谢登科:《电子数据鉴真问题》,载《国家检察官学院学报》2017 年第 5 期。

④ 参见张保生主编:《证据法学》,中国政法大学出版社 2018 年版,第 231—247 页。

二、鉴真在英美证据法中的概念

鉴真,在英美证据法中用以证明法庭上出示的某项证据与案发现场的证据具有同一性,我国证据法学界对鉴真理论的研究,最初源于美国证据法术语"authentication"的翻译①,早期学者将它翻译成"验真"②,也有学者将它翻译成"鉴真"③,二者表达之义相同。鉴真规则在美国《联邦证据规则》中对应的条款主要包括第 901 条"证据的鉴真和辨认"、第 104 条 b 款"证据的相关性取决于某种事实是否存在"和第 601 条"有关证人具有资格"。鉴真是指提出证据的一方必须向法庭证明某一证据确属举证方所声称的那份证据,即某一证据就是来源于案发现场的证据,并没有被调包、污染或篡改之可能性。从这个定义出发,鉴真的要素主要包括两个方面:一是证明证据的真实性,即法庭上出示的证据就是来源于案发现场的东西,二者具有同一性。例如,检察官在法庭上出示的毒品,就是被告人贩卖毒品时被查获的涉案物品,整个过程不存在替换的可能。二是证明

---

① 鉴真是美国证据法术语"Authentication"的翻译,"Authentication"在《布莱克法律词典》中的解释是:Authentication, 1. Broadly, the act of proving that something (as a document) is true or genuine, esp. so that it may be admitted as evidence; the condition of being so proved (authentication of the handwriting). (Cases: Criminal Law 444; Evidence 366–381.) 2. The concept of authentication, although continually used by the courts without apparent difficulty, seems almost to defy precise definition. Some writers have construed the term very broadly, as does Wigmore when he states that when a claim or offer involves impliedly or expressly any element of personal connection with a corporeal object, that connection must be made to appear ... So defined, authentication is not only a necessary preliminary to the introduction of most writings in evidence, but also to the introduction of various other sorts of tangibles. McCormick, Charles Tilford McCormick on Evidence § 218, 5th ed., 1999, p. 350. Specif., the assent to or adoption of a writing as one's own.,即从广义的角度讲,鉴真是证明某物(例如文件)是真实的或客观的,尤其是它可能被法庭采纳为证据。See Bryan A. Gamer, Black's Law Dictionary, 8th ed., Thomson West, 2004, p. 403.

② 参见王进喜:《美国联邦证据规则(2011 年重塑版)条解》,中国法制出版社 2012 年版,第 307 页。

③ 参见〔美〕罗纳德·J. 艾伦、〔美〕理查德·B. 库恩斯、〔美〕埃莉诺·斯威夫特:《证据法:文本、问题与案例(第 3 版)》,张保生等译,高等教育出版社 2006 年版,第 200 页。

证据的关联性,即证据与案件事实之间、证据与其他同案证据之间存在关联性。例如,被害人指认枪支就是歹徒的作案工具,枪支的特征与被害人所描述的特征一致。鉴真体现了英美证据法中的一项基础原理——必须首先证明有关证据就是提出证据的人所主张的证据,在此基础上才产生了该证据的可采性问题。① 鉴真规则广泛适用于实物证据、书面证据、电子证据及其他证据,它要求提供证据方必须证明该项证据源于案发现场。

由于鉴真的概念还没有被普遍接受和理解,因此有必要明确"鉴真"与"鉴定"之间的关系。鉴定是鉴定人借助专门知识或科技手段对案件问题提供鉴定意见的活动;而鉴真是案件的知情人,通过感官认知对证据的真实性、关联性进行辨认,或通过证据保管链条的完整性证实不存在调包、替换的活动。通过鉴定可以得到鉴定意见,但鉴真并不会形成鉴定意见。通常,能够通过鉴真证实证据同一性的,就没有必要进行鉴定,但如果通过鉴真仍然无法判断证据真实性的,就有必要借助鉴定来辅助法官判断真伪。此外,有些鉴定必须依据检材实施检测,检材的真实性将决定鉴定意见的可靠性,这时检材的真实性就必须通过证据保管链条是否完整来判断。

三、鉴真规则的内容、方法、功能及其局限性

(一) 鉴真规则的基本内容

根据美国《联邦证据规则》第 901 条(a)款的规定,为满足对证据进行鉴真或辨认的要求,证据提供方必须提出其他证据来证明证据来源于案发现场。② 鉴真的原理源于:在案件事实发展过程中,证据并非一盘散沙,而是与案件事实具有内在、固有、客观的逻辑联系。举证方必须将该证据与案件事实建立起联系,例如,控方声称"这是被告人在抢劫过程中使用

---

① 参见〔美〕罗纳德·J.艾伦、〔美〕理查德·B.库恩斯、〔美〕埃莉诺·斯威夫特:《证据法:文本、问题与案例(第 3 版)》,张保生等译,高等教育出版社 2006 年版,第 205 页。

② See Daniel Capra, Federal Rules of Evidence, West Academic, 2017, p. 234.

的手枪"或者"这是被告人在醉驾之前喝过的酒",这些主张在效果上等同于说服法官和陪审团——法庭上出示的证据就是来源于案发现场的证据。鉴真有助于对实物证据、书面证据,包括鉴定样本的来源是否可靠进行验证。如果辩方认为鉴定样本存在被篡改、污染、调包的可能性,而控方无法作出合理解释的,那么其依据鉴定样本所作出的鉴定报告的可靠性就会被削弱。例如,美国辛普森案中,控方呈交法庭的一份证据是案发现场发现的血迹,由于警察身上携带的血样在凶杀案现场逗留了数小时之久,并且血样中含有防腐剂成分,导致科学证据不可靠,存在被人栽赃的嫌疑。① 这实际上就是对鉴定样本来源的真实性提出质疑。

经过鉴真或辨认,是实物证据具有可采性的前提,提供证据的一方,必须证明证据具有真实性、相关性。② 美国法学理论界通常将"鉴真"形象地称为"为证据奠定基础"或"铺垫"(laying a foundation),即证据提出者主张该证据材料是什么,并提供证据说明证据材料就是其声称的证据。美国鉴真的证明标准和民事诉讼优势证据的标准相类似,"足以支持证明某项事实为真的证据"③,这种用来提供支持的证据,可以连同需要鉴真的证据一并向法庭出示,也可以是同案中已经被采纳的证据。用来提供支持的证据本身必须具有可采性,举证方不能使用传闻证据、非法证据等不可采的证据进行鉴真。

(二)鉴真规则的主要方法

《联邦证据规则》第901条列举了鉴真的常见方法,这些方法在经验法则的基础上归纳了"鉴真"和"辨认"的常见方法。美国证据法学家威格摩尔(Wigmore)认为,鉴真的需求源于"一种内在固有的逻辑需要"(an inherent logical necessity)。④ 但法律条款中的例子并不具有严密的逻辑周

---

① 参见刘晓丹:《论科学证据》,中国检察出版社2010年版,第127页。
② 参见〔美〕罗纳德·J. 艾伦、〔美〕理查德·B. 库恩斯、〔美〕埃莉诺·斯威夫特:《证据法:文本、问题与案例(第3版)》,张保生等译,高等教育出版社2006年版,第212页。
③ 美国鉴真程序的证明标准为"Evidence sufficient to support a finding",笔者将它翻译为"足以支持证明某项事实为真的证据"。
④ See John Henry Wigmore, A Treatise on the Anglo-American System of Evidence in Trials at Common Law, 2nd ed., Little, Brown and Company, 1923, p. 564.

延性,这些例子大部分与实物证据相关,也有部分与言词证据相关。比如,笔迹、实物证据、声音、对话、言词证据、陈年文件或数据汇编。这些例子实际上发挥了指导作用。

《联邦证据规则》第 901 条(b)款列举了许多方法适用于不同种类证据的鉴真。总体而言,对不同种类证据的鉴真方法可分为有特殊表征之物的鉴真、无特殊表征之物的鉴真。在具体证据类别的鉴真方法上,又根据常见的证据分为笔迹手稿、照片、声像资料、电子邮件和社交网络等特别的鉴真方法。

(1)有特殊表征之物的鉴真方法。如果证据有自己独特的外部特征,知情人员可以在法庭上辨认该证据。这类鉴真属于以"知情者的证言",证明"该证据就是主张者声称的那份证据"。诉讼双方经常通过这种方式进行鉴真。例如,侦查取证人员要证实菜刀是本案的凶器,可以根据刀柄上的外观特征来识别。

(2)无特殊表征之物通过保管链条来鉴真。查看证据保管链条是否具有完整性是鉴真、辨别的常见方法,常用于物证没有明显外部特征的情形。证据保管链条的完整性是通过签字背书的方式来实现的,即由第一次接触该项证据的侦查人员、移送司法鉴定的办案人员、接收检材的鉴定人等经手人员签字背书。证据保管链条的完整性用于证明司法鉴定的涉案物品没有受到污染或者篡改。证据保管链条的记录通常包括:①侦查取证中取得该证据的办案人员;②将证据送往实验室检测的过程;③物品在鉴定检测之前的保管情况;④鉴定完毕之后所剩的检样。① 例如,在毒品犯罪中,警察从犯罪嫌疑人身上搜到毒品后将它封存起来,对袋子进行标记签字之后,才送交鉴定机构检测。

《联邦证据规则》第 901 条列举的鉴真具体方法还包括以下几种常见类型:

笔迹手稿的鉴真方法。法庭有时会要求当事人提供证据证明某份书面材料或记录是他们手写的或经他们签字的。《联邦证据规则》提供

---

① See Andre A. Moenssens, Betty Layne Desportes and Steven D. Benjamin, Scientific Evidence in Civil and Criminal Cases, 7th ed., West Academic, 2017, p. 58.

了若干种对笔迹手稿进行鉴真的方法。例如,亲自签字或手写记录的人可以辨认该手稿是否为自己所写;看到作者书写过程的人也可以证实是谁写的文件;专家证人可通过比对笔迹判断是否为同一人所写;法官或陪审团通过对比笔迹也可大致判断手稿是否出自同一人;此外,允许与作者关系密切的人在法庭上辨认笔迹。这类人通常包括家庭成员、同事、朋友。

照片和声像资料的鉴真方法。诉讼中,当事人经常通过照片或声像资料来还原案发现场。当使用这类证据时,检察官必须对这些资料进行鉴真,保证它们的准确性。有时当事人会申请法庭通知拍照或录像的人员出庭对图像进行鉴真。比如,让摄像师证实照片上的尸体正是被害人。但在更多的情况下,是由犯罪现场的目击证人就照片、声像资料是否与案发现场的状态相一致进行作证。

电子邮件和社交网络载体的鉴真方法。电子邮件的作者可以出庭就自己编辑过的内容对电子邮件进行鉴真。类似地,亲眼目睹作者发送邮件的证人也有资格进行鉴真。但如果作者身处异地,或否认编辑过该邮件,则法官对电子邮件的鉴别会更加谨慎,因为无法排除邮件是否已被篡改的合理怀疑。因此,只凭收件人的证言或提供发件人的邮箱并不足以对电子邮件进行鉴真。当事人通常能根据第901条(b)款第(4)项对电子邮件的特征进行鉴真[1],包括通过发件人的 IP 地址来证明。同样地,法官如果没有直接证据证明某个人发送了信息,则法庭在判断信息内容的特征时可将它与特定主体联系在一起。

(三)鉴真规则的功能与局限性

由于美国鉴真规则强调涉案物品从源头到庭审流程保管的严密性,它在诉讼中主要发挥以下几个方面的作用[2]:

---

[1] 美国《联邦证据规则》第901条(b)款第(4)项规定:Distinctive Characteristics and the Like. The appearance, contents, substance, internal patterns, or other distinctive characteristics of the item, taken together with all the circumstances。

[2] See Deborah Jones Merritt, Ric Simmons, Learning Evidence From the Federal Rules to the Courtroom, 5th ed., West Academic, 2015, pp. 875-876.

其一，鉴真是确定某项证据是否具备关联性的必要手段。不具有关联性的证据，即不具备可采性，不能成为陪审团评议案件事实的依据。英美证据法认为证据的关联性是由法官根据逻辑法则、经验法则进行判断的。关联性包括证据与诉因在实体法上的相关性，以及证据与待证事实之间的逻辑联系。鉴真通过举证方提供的"足以证实其主张的事实"，证明证据与待证事实之间的关联性。例如，向法庭出示的涉案财物钱包与案件是否具有关联性。只有举证方证实钱包来源于案发现场，而不是来自与案件无关的其他来源，才能将钱包与待证事实连接起来。

其二，鉴真规则为确定某项证据的真实性提供了基本的制度保证。为了确认一袋白色粉末就是警方从犯罪嫌疑人身上搜查到并扣押的，警察在必要的情况下，必须作为证人出庭并向法庭宣誓，证实这袋粉末就是被告人非法持有的。毒品样本的鉴真确认，对保证司法鉴定意见的真实性、可靠性而言至关重要，因为只有当鉴定样本来源于涉案物品本身，鉴定人的判断建立在检材真实性的基础上时，鉴定意见的科学客观才能得到基本的保证。通过这一系列看似烦琐的鉴真程序，涉案物品、司法鉴定意见在事实裁决者看来，才能具备真实可靠的基础条件，从而有利于事实认定。

尽管鉴真规则发挥了上述两方面的积极作用，但它仍然存在一定的局限性：

第一，鉴真只是为证据进入法庭进行铺垫，证明标准较低，因此一旦对方对鉴真结果提出异议，证据的真实性仍可能留到法庭上继续接受审查。为实现鉴真，诉讼一方想方设法提供信息，以证实某一证据是他们声称的原物。然而，由于鉴真的标准很低，只是解决证据材料的准入问题，即使证据通过鉴真并获得可采性，对方仍可能质疑该证据的鉴真过程有瑕疵。例如，扒窃案中的被告人也会狡辩，称钱包是他自己的；贩毒案中个别被告人也会试图指出，警察将袋子在办公桌上放了几天，在这过程中袋子有可能被他人做了手脚。

第二，鉴真只是证据具有可采性的前提，通过鉴真的物证还要受到其他证据规则的筛选。鉴真只是从程序上保证某项证据为举证方声称的那份证据。与此同时，证据的提供方也必须满足其他证据规则的要求。以书面材料为例，如果一份书面材料包含着证人在法庭外的陈述，那么要使这样的书面材料成为证据,当事人除必须对书证进行鉴真之外,同时还要遵循传闻证据排除规则的要求。同理,通过鉴真的证据也要接受《联邦证据规则》第 403 条规定的有关禁止证据出示造成陪审团偏见等不良后果的过滤筛除。

四、英美鉴真规则的制度成因

鉴真是英美诉讼制度和证据规则中独具特色的机制,在大陆法系国家中很难找到与其完全相同的制度。结合英美证据法的特点,鉴真规则的制度成因大致有如下几方面:

(一)陪审团是鉴真规则的制度成因之一

如果说英美证据规则的形成离不开陪审团制度,那么鉴真规则同样离不开陪审团制度的运作,在由职业法官与陪审团组成的"二元化"庭审构造之下,陪审团由不具备法学专业知识的普罗大众组成,与职业法官在案件事实认定与法律适用等方面进行分工合作。① 为防止这些非职业化的陪审员评议案件时受到不相关的、非法的、虚假的、具有煽情性的证据影响,干扰其理性、准确地作出事实判断,英美等国设计了一套证据规则,用以筛选进入陪审团评议阶段的证据。因此,美国证据法学家塞耶(Thayer)在其毕生著作《普通法证据导论》中认为,证据规则是陪审团制度的产物。② 为防止非职业化的陪审员将法庭上证据提供者出具的任何展示性证据都误认为认定案件事实的依据,鉴真规则成为一种对证据关联性、真实性进行筛选的过滤机制。正是因为鉴真规则运作的重要因素

---

① 有学者指出,在理论上很难找到清晰而明确的标准区分刑事陪审中的法律问题和事实问题,英美主要是通过程序机制的方法,明确法官与陪审团的具体职责,形成一般裁定和问题清单两种不同的模式。参见陈学权:《刑事陪审中法律问题与事实问题的区分》,载《中国法学》2017 年第 1 期。

② See James Bradley Thayer, A Preliminary Treatise on Evidence at the Common Law, Little, Brown and Company, 1998, p. 47.

在于陪审团制度,在没有陪审团的审判中,或是在证据听审程序(vider hearing)中,由于没有陪审团的存在,几乎不会适用鉴真规则,因为法官具有相对丰富的审判经验对证据的真实性和关联性进行判断。① 而对于某些证据,如果陪审团对其进行鉴真,会造成陪审团先入为主,产生偏见的结果。这种情况下,就必须通过庭前听审程序,由法官在陪审团不在场的情况下判断证据的可采性。如果某些实物证据(例如枪支、毒品)需要在证人面前出示并辨认,或如果当事人认为陪审团看到这些证据后会产生偏见,则也可以在基于善意的前提下,请求法庭在陪审团不在场的情况下进行鉴真。② 在这种情况下,鉴真规则看似脱离陪审团而运作,但其实是出于对避免陪审团先入为主的考量。

(二)可采性包含关联性的理论决定了鉴真的任务

英美证据法理论认为,证据必须具有可采性才能成为法官或陪审团认定案件事实的依据。而证据的关联性是证据可采性的前提。可采性要求证据首先必须具有关联性,不具备关联性的证据则无可采性可言。但关联性并不是证据可采性的充分必要条件,亦即并非所有具备关联性的证据都是可采的,因为证据还要接受广义上的"证据排除规则"的筛选。例如,根据美国《联邦证据规则》第 403 条的规定,如果使用某项具备相关性的证据对案件事实证明产生的危险远远超乎其证明价值(比如不当拖延庭审时间、使陪审团产生偏见等),则法院可以排除这项证据。又如,侦查中通过非法取证获得的证据即使具有关联性,但也不具备可采性。

如何判断一项证据具有关联性?美国《联邦证据规则》第 401 条规定,下列情形下的证据具有相关性:第一,某一证据的存在相较于该证据缺失,更有助于证明或反驳某个事实;第二,证据证明的事实是某种行为造成的结果。英美证据法理论认为,证据的关联性包括两个方面的内容:一是实质性(materiality),即被提供的证据欲证明的主张和案件中的争议

---

① See Ronald J. Allen, Eleanor Swift and David S. Schwartz et al., an Analytical Approach to Evidence: Text, Problems, and Cases, 6th ed., Wolters Kluwer, 2016. p. 89.

② See Ronald J. Allen, Eleanor Swift and David S. Schwartz et al., an Analytical Approach to Evidence: Text, Problems, and Cases, 6th ed., Wolters Kluwer, 2016, p. 206.

事实之间的关系。这通常由诉因的要件决定,或由实体法决定。① 二是证明价值(probative value),即证据能够让证明的主张成立的倾向性。也就是一项证据的存在,必须使某一事实主张更有可能成立。证据的"关联性"是指证据具有任何的倾向性,使得某一待证事实相较于没有该证据的情况而言,更有可能发生或更无可能发生。并且,该待证事实属于实体法规定的要件事实。如果某项证据符合这些条件,那么,这样的证据就具有一定的关联性。美国证据法学家罗纳德·艾伦教授将证据关联性涉及的两对概念"证明价值"与"实质性"的区别归纳为,证明价值是证据与主张之间的联系;实质性是主张与审判之间的联系。② 在关于证据可采性、关联性理论的前提下,提供证据方向法庭提交证据时,必须对证据的真实性,以及证据与案件事实的关联性进行证明,通过这种鉴真的过程,也实现了对证据相关性的证明,从而使证据具有可采性。总之,鉴真的任务,就是对证据的真实性、关联性进行确认。

(三)对抗制下的举证活动要求适用鉴真规则

诉讼构造概括地反映了控辩审各方在诉讼中的法律地位和相互关系,同时也对不同证据规则的取舍产生了关键影响。鉴真规则的产生、运用和发展同样与英美刑事诉讼构造,尤其是对抗制诉讼模式具有密切关联。总体而言,当事人主义诉讼模式、对抗制诉讼模式、口头证据的诉讼传统对鉴真规则的运用具有决定性的作用。对抗制诉讼模式之下,案件事实的发现主要通过控方和辩方的举证、辩论,法庭调查环节的交叉询问实现,具有强烈的对抗性。③ 美国学者兰博约(Langbein)认为,英美法系审判最显著的特点,就是允许律师收集、筛选、展示和探寻证据。传统的陪审团在法官指导下,自己并不发挥调查事实的作用。法

---

① 参见〔美〕罗纳德·J.艾伦:《艾伦教授论证据法(上)》,中国人民大学出版社2014年版,第121页。
② 参见〔美〕罗纳德·J.艾伦:《艾伦教授论证据法(上)》,中国人民大学出版社2014年版,第121页。
③ 参见〔英〕詹妮·麦克埃文:《现代证据法与对抗式程序》,蔡巍译,法律出版社2006年版,第206页。

庭在诉讼双方提交的证据基础上,作出有罪与无罪的裁决①。英国证据法学者认为,当事人主义诉讼模式下,控辩双方都可以向法庭提供证据。诉讼双方通过案情陈述,影响事实裁决者,使他们相信己方提供的案情陈述符合事实真相。② 可见,对抗制赋予控辩双方取证的权利,并通过交叉询问对证据的真实性、关联性进行质疑,说服陪审团相信自己主张的事实,也为法官采纳证据提供依据。主张某个事实的一方可以围绕着某一特定事实进行陈述,案情陈述的内容必须符合逻辑法则和经验法则,并且能够让陪审员相信己方的事实主张。控辩双方围绕着证据的相关性展开辩论,论证提供的某项证据是如何与己方所主张的案件事实产生客观联系的。同时,法庭对于实物证据的真实性难以发挥积极的调查作用,而只能由控辩双方通过挑战对方证据的真实性避免证据运用上可能出现的错误③。州宪法确保被告人享有对质的权利,美国宪法第六修正案保护的对质权同样被解释为保证被告人在刑事诉讼中拥有交叉询问的权利。这些权利为鉴真提供了制度保证。此外,传闻证据规则原则上禁止证据以书面证言的方式提交,禁止以书面方式代替出庭作证,要求用于支持鉴真的证据,本身必须具有可采性。某项证据如果是传闻证据排除的对象,就不能成为鉴真的依据。

五、鉴真规则的证明标准和法律后果

英美证据法理论认为,鉴真只是"为证据奠定基础"。这是因为鉴真无法从根本上保证证据的真实性。事实上,某一项证据经过鉴真,并不意味着真实性问题就彻底解决,它的真实性仍可能在庭审交叉询问阶段受到反对方的质疑。如果公诉方证实某项证据(比如一份合同)是被告人与

---

① See John H. Langbein, The Originals of Adversary Criminal Trial, Oxford University Press, 2003, p. 1.
② See Paul Roberts, Adrian Zuckerman, Criminal Evidence, 2nd ed., Oxford University Press, 2012, pp. 46–51.
③ 参见陈瑞华:《实物证据的鉴真问题》,载《法学研究》2011 年第 5 期。

被害人共同签署的合同,即便控方已经达到《联邦证据规则》第 901 条规定的有关鉴真的要求,被告人也仍然可以质疑合同的真实性。例如,他可以向陪审团证明合同是伪造的,如果被告人能够证明合同系伪造的,该合同即使已经具有可采性,法官也会提醒陪审团在评议时忽略这份证据,陪审团将不会赋予这份合同任何证明力。① 而如果法官认为陪审团不会理性地认为那是被告的签名,那么法官将会排除该份未通过鉴真的合同。②

如同民事证明责任的原理一般,《联邦证据规则》第 901 条(a)款规定的"足以支持某项证明的证据"(ESSF)源于举证责任(a burden of production)的原理,意味着提供证据的一方有义务证明展示性证据是真实的。"足以支持某项证明"的证明标准通常是指,法官认为一个理性的陪审团会认定证据可能是真实的。因此,如果一个理性的陪审团基于证人证言发现枪支上有被告人的指纹,并且案发后第二天在被告人家附近搜到了枪支,认为枪支是被告人在抢劫时使用的凶器,则在这种情况下,枪支就会被法庭认定为达到了鉴真的标准,具备可采性。对方当事人可以指出这一主张缺乏证据基础,并采用下列方法予以反驳:第一,指出用来支撑展示性证据的证据尚未达到"足以支持某个事实"的程度。例如,指出枪支曾经是被告人的,即使枪支上留有被告人的指纹,也并不代表着被告人就是凶手。第二,提供相反的证据来反驳举证方提供证据的真实性。如果提供证据方已达到充分的标准,那么,原则上该证据就具有可采性,除非还受到其他证据规则的制约。例如,如果用来为展示性证据鉴真的证据是传来证据,它便会受到传闻证据排除规则的限制;又如,如果该证据是一段被害人遇害时血淋淋的镜头,具有煽动陪审团情绪的危险,可能使陪审员难以冷静、理性地对被告人的罪行作出评价,那么就存在造成陪审团评议时产生偏见的可能。当它的证明价值实质上被使用该证据产生的消极后果所超越时,则同样会受到《联邦证据规则》第 403 条有关"避免产生偏见"规定的规制。总之,美国的法学研究文献表明,司法实践中的这

---

① See Richard Lempert, Samuel R.Gross and James S. Liebman et al., a Modern Approach to Evidence: Text, Problems, Transcripts and Cases, 4th ed., West Academic, 2013, p. 1203.

② 参见〔美〕阿尔娃·奥伦斯坦:《证据法要义》,汪诸豪、黄燕妮译,中国政法大学出版社 2018 年版,第 225 页。

项证据规则并没有对展示性证据鉴真设置太高的准入门槛。实际上,即使是在刑事诉讼中,鉴真环节的证据也不要求达到排除合理怀疑的程度①,相反,法庭只判断在证据进行鉴真之后,陪审团是否会理性地相信证据是真实的。

六、鉴真规则的步骤

美国主流证据法学文献对鉴真规则的运作步骤存在不同的表述,从中归纳共性,可得出以下基本的鉴真步骤:

第一步,为证据材料标记编号。举证方申请法庭对展示性证据进行标记。传统的方法是要求法庭书记员将该展示性证据标记为证据目录(用编号方式)。书记员会用标签将其标注为控方证据第几号。许多法庭要求展示性证据在法庭开庭之前由双方辨认或标识,以节省法庭庭审时间。这是鉴真的第一步,展示性证据成为证据资料的一部分,为法庭审判和证据审查提供了可能。在这个阶段,展示性证据还不是证据,不得向陪审团宣读或出示。

第二步,听取控辩意见。对方当事人有权提前了解证据的内容,从而决定是否让陪审团看到。有些证据一旦让陪审团看见,会造成先入为主的影响。例如,枪支、毒品必须让证人在庭上辨认,这样一来,即使它们因最终达不到鉴真的条件而不具备可采性,但证据在陪审团面前一经出示,也会影响陪审团的事实评议。因此,如果当事人认为这种做法会造成陪审团先入为主,可一开始便向法庭申请在陪审团不在场的情况下解决证据的鉴真问题。

第三步,展示性证据的鉴真。举证方必须完成两件事情:第一,举证方必须提供证据说明展示性证据是什么。例如,举证方声称这是一封被告人写给被害人的信,信件的内容与案件具有相关性。第二,举证方必须

---

① See Ronald J. Allen, Eleanor Swift and David S. Schwartz et al., an Analytical Approach to Evidence: Text, Problems, and Cases, 6th ed., Wolters Kluwer, 2016, p. 198.

提供足以支持鉴真的证据,该展示性证据就是举证方主张的那份证据。例如,原告出庭作证时表示,他能够辨认被告人的笔迹,并且在收到这封信之前看到过被告人签字。

第四步,提请法庭采纳展示性证据。通过鉴真之后,举证方提请法庭将展示性证据作为证据。当举证方认为鉴真的任务已经履行完毕时,将申请法庭把它采纳为证据。

第五步,听取对方的反驳意见。提请法庭采纳展示性证据的申请,也给对方当事人释放了一个信号:对方当事人有机会对鉴真过程提出反驳意见,或通过庭前会议解决证据的争议性问题。反对方可以通过对证人进行反询问,指出用来支撑鉴真的证据还没有达到"足够的鉴真标准",即达到"足以支持证明某项事实为真的证据"(ESSF)的标准;或者指出用于鉴真的证据是传闻证据,存在《联邦证据规则》第 403 条禁止的情形。

辩护律师会尝试质疑控方鉴真证言中的薄弱之处,例如,辩护律师会指出:"证人,你说你曾经收到过被告人写给你的其他信件,但事实上,你只收到过一次被告人给你的信。"法官通常会按照《联邦证据规则》第 901 条规定的最低标准,也就是由非专家证人来辨认被告人的签字。如果这一招行不通,法官还会尝试其他的鉴真方法。

第六步,公开展示性证据的信息。在展示性证据被采纳之前,通常不得向陪审团出示。因此,只有在信件被法庭采纳为证据后,才能向陪审团宣读信件的内容。举证方会提出请求:"请原告将信件的内容向陪审团宣读。"这表明,举证方能够在陪审团面前公布展示性证据(信件)的内容。同样地,在认定声像资料具有可采性之前,不得在陪审团面前播放。

以上的鉴真步骤烦琐且低效,如果几百件展示性证据在法庭上都按照这个程序进行鉴真,将会耗费许多时间,并可能分散法官及陪审团对案件实质性争议的注意力,因此实践中有各种简化鉴真程序的方法,最重要的方法就是在法庭审判前解决证据的鉴真问题。联邦法院和州法院通常要求当事人在审判前交换展示性证据的目录,尤其是在民事诉讼中。例如,《联邦民事诉讼规则》第 16 条规定,取得对事实、文件的承认和规定,避免不必要的证明,对证据的可采性作出事先裁定民事审判要求审前证据交换,并要求对方当事人在陪审团听审之前先对证据提出异议。这样可以避免法庭审理阶段才解决证据的鉴真问题。尽管举证方可能会在陪审团面前提供足够的鉴真证据,尤其当证据的真实性存在疑问时。

七、鉴真规则的几点借鉴价值

(一) 中国式鉴真制度的性质和功能有别于美国

美国证据法中的鉴真规则只是为证据的准入设置了基本的门槛,只有通过鉴真的证据才具有可采性,但对于满足鉴真基本要求的证据,一旦到了法庭审理阶段,控方或辩方提出异议,法官仍然要对证据的真实性进行审查,控辩双方仍可以通过交叉询问去伪存真。可见,鉴真规则只是将不具有真实性、关联性的证据材料排除出去,但鉴真的门槛很低,无法保证证据的真实性。因此,美国证据法学理论将鉴真作为奠定证据基础的程序,强调鉴真是证据具有可采性的前置条件,鉴真相当于对举证方施加责任,没有经过鉴真的证据就不能进入陪审团评议的范围。鉴真设置了较低的证明标准,举证方只需要证明达到"足以支持证明某项事实为真"的标准,也就是让陪审团合理地认为证据是真实的,证据就具有可采性。但从这个角度看,较低的证明标准只解决了证据的准入问题,而将审查证据真实性的任务继续保留到了法庭审理阶段。因为满足鉴真最基本条件的证据,仍然可能存在不属实的情形。因此,鉴真完毕的证据还要接受控辩交叉询问,对方当事人仍然可以提出其他证据,证明经过鉴真的证据并非来源于案件。因此,美国的鉴真规则可以起到较粗糙的筛选作用,剔除绝大多数与案件不相关的证据。

相比之下,中国式鉴真规则旨在强调证据的真实性。之所以强调在我国刑事诉讼中要健全和完善涉案物品鉴真规则,是因为它对避免不真实、不可靠的证据成为定案依据,防止冤假错案具有重要的意义,在推进"以审判为中心"的刑事诉讼制度改革中,庭审对鉴真规则的贯彻,将会倒逼侦查取证活动严格遵循鉴真规则所提出的合法取证、严格保管、防止篡改等方面的要求。我国《刑事诉讼法》和司法解释确立的"对物证、书证、检材来源的真实性进行确认的规范",也被我国学者认为是鉴真规则。然而,必须指出的是,中国式鉴真规则在性质与功能定位上应有别于美国式鉴真规则,绝不可简单复制域外经验。这是因为:

第一,我国的法庭结构在性质、功能、运作等方面不同于英美的二元化庭审结构。中国式鉴真规则并非旨在防范陪审员受到误导的风险。我国对证据真实性、关联性、合法性的审查是通过法庭调查进行的,合议庭成员在法庭调查之前已经接触过证据材料。即使是在庭前会议环节提出异议的证据,也是留到庭审时重点调查。① 因此,我国《刑事诉讼法》及司法解释确定的鉴真规则主要通过证据保管链条、取证时的录音录像来审查证据的真实性。第二,我国没有建立起包含相关性的证据可采性理论。我国传统证据法理论认为证据具有三大基本属性,即真实性、合法性和关联性。② 司法人员对证据的审查判断也大致从这三个方面进行。这是因为我国受大陆法系证据法理论的影响,主要采取"证据能力说"来解决证据的资格问题,而把关联性作为判断证明力大小的因素。因此,中国式鉴真规则主要解决证据的证据能力问题,并没有采纳将关联性包含于可采性之中的理论。③ 因此,我国目前的鉴真规则在功能上主要是确保证据的真实性,而未将确保证据的关联性作为鉴真的任务,不同于美国鉴真规则,既解决证据的真实性问题,又解决其关联性问题。

(二)中国式鉴真的主体、步骤、范围有特殊性

美国的鉴真制度被视为"为证据奠定基础",因此凡是提供证据的一方,都有义务先向法庭证明其提供的证据是真实的,要符合"足以支

---

① 2012 年最高人民法院《关于适用〈中华人民共和国刑事诉讼法〉的解释》第 184 条第 2 款规定,庭前会议上审判人员可以询问控辩双方对证据材料有无异议,对有异议的证据,应当在庭审时重点调查;无异议的,庭审时举证、质证可以简化。可见,庭前会议只确定哪些证据材料存在异议,其鉴真只能留到庭审时去解决。

② 我国主流的刑事诉讼法学和证据法教材对于证据基本属性的论述,普遍持传统的三性说,即真实性、关联性、合法性。陈光中主编:《刑事诉讼法(第 5 版)》,北京大学出版社、高等教育出版社 2013 年版;樊崇义主编:《证据法学》,法律出版社 2006 年版;叶青主编:《诉讼证据法学(第 2 版)》,北京大学出版社 2013 年版。

③ 参见陈光中主编:《证据法学(第 4 版)》,法律出版社 2019 年版,第 139—143 页。

持某项证明的证据"源于举证责任的原理。英美当事人主义诉讼模式下,控辩双方都有权举证、质证和辩论,因此美国式鉴真的义务主体既包括控方,也包括提出证据的辩方,这与美国当事人平等举证的理念相符。

我国鉴真规则如何确定义务主体?有观点认为,刑事取证主体限于侦查机关和公诉机关,犯罪嫌疑人、被告人及其辩护人并不承担举证责任,因此,辩方不应当成为鉴真规则的义务主体。笔者认为,这一观点应当适用于一般情形,但不可推及全部。即一般情况下,鉴真的义务主体应当是公诉机关,但是在特殊的情形下,辩方提出证据的也会成为鉴真义务主体。① 这些法律条款表明,辩方在出示证据时,必须对证据的来源进行说明,这也说明辩方在特定情况下可以成为鉴真的义务主体。所以,我国的鉴真义务主体主要是公安、检察等司法机关,特殊情况下也包括提供证据的辩方。

2012年最高人民法院《关于适用〈中华人民共和国刑事诉讼法〉的解释》第218条规定,举证方当庭出示证据后,由对方进行辨认并发表意见。控辩双方可以互相质问、辩论。有观点认为该解释存在值得商榷的问题,辨认是举证程序,应当坚持"谁主张、谁举证、谁辨认"的原则,由举证方对所出示证据的同一性进行辨认,而不能把辨认这种履行举证责任的行为推给对方当事人。② 笔者对此理念表示认同,司法人员在适用这一条款时,不应当将由被告人进行辨认解读为将鉴真的责任由公诉方转移至辩方。实际上,由被告人进行辨认只是给被告人反驳的机会,一旦被告人对涉案物品的真实性有争议,法官就可以依照职权要求控方对证据的真实性提供说明。

中国式鉴真并不是证据的"基础性"问题或为证据铺垫问题,因此,并

---

① 例如,根据《刑事诉讼法》第43条规定,辩护律师经证人或者其他有关单位和个人同意,可以向他们收集与本案有关的材料,也可以申请人民检察院、人民法院收集、调取证据。可见,辩护律师也享有收集、调取证据的权利,一旦他们向法庭提交由其收集的证据,辩护律师便负有鉴真的义务。又如,2012年最高人民法院《关于适用〈中华人民共和国刑事诉讼法〉的解释》第203条规定,控辩双方申请证人出庭作证,出示证据,应当说明证据的名称、来源和拟证明的事实。

② 参见张保生主编:《证据法学》,中国政法大学出版社2018年版,第235页。

不要求举证方对所有证据都要进行鉴真,而是限于在特定的条件下,比如,当双方都对证据的真实性存有疑问时,法官才会要求举证方尽到鉴真的义务。又如,根据《关于办理死刑案件审查判断证据若干问题的规定》的要求,只有办理死刑案件时才涉及鉴真,而并非所有类型的案件中的物证、书证、视听资料都必须进行鉴真。

(三)我国宜借鉴具有可操作性的鉴真方法

美国鉴真规则发挥的作用主要是通过具体可操作性的鉴真方法得以实现,例如对于有明显特征的实物证据,主要通过知情人出庭作证来辨认。通过辨认、交叉询问等方式来证实"该证据就是举证人声称的那份证据"。例如,让熟悉信件作者笔迹的证人出庭,或让鉴定人出庭作证,这些是相对传统的做法。在《联邦证据规则》刚实施的年代,这些方法足以实现鉴真,但它们毕竟是低效的,这是美国鉴真制度的弱点。

通过证据保管链条的完整性来实现鉴真的功能,具有可借鉴之处,这是法庭对证据可采性的标准,会反过来倒逼侦查取证行为,使得侦查人员严格地遵循鉴真规则,即保证证据保管链条的完整性。这种方法可以用于缺乏显著外部特征的涉案物品的鉴真。参与制作保管链条的主体包括在犯罪现场发现该证据的警察,也包括审查起诉环节的检察官,以及在诉讼过程中接触过该证据的其他承办人员。如果该证据通过司法鉴定获得鉴定意见,则鉴定人也成为证据链条中的一个环节。如果涉案物品储存在特定的场所,也要证实其保管严密。这就要求规范办案人员收集涉案物品的程序,通过粘贴标签、编排号码等证明涉案物品具有同一性。如果检察官向法庭提交的实物证据是种类物(例如现金),证人也无法准确地辨认出这些种类物就是涉案物品,在这种情况下,法院会认定这些证据无法满足同一性要求。但如果这些种类物上被标记了特殊符号(如人名、数字编号),则该类物证将变得独特,从而使证人能够识别。①

我国目前的鉴真制度在可操作性方面存在的问题主要包括:一是较

---

① 参见陈邦达:《如何实现涉案物品的鉴真》,载《人民法院报》2018年10月10日,第6版。

多地依据笔录、勘验笔录、检查笔录等书面证据进行印证,而轻视对证人、鉴定人出庭的质证。① 二是我国的直接言词原则会影响鉴真制度的有效实施。以往的司法解释缺乏具有可操作性的规则,例如,如果仅仅依照司法解释所确立的"检材的来源、取得、保管、送检是否符合法律及有关规定,与相关提取笔录、扣押物品清单等记载的内容",法官很难对实物证据的真实性和同一性进行有效的鉴别。三是过去的司法解释明显倚重各种笔录证据的印证作用,仅仅依靠笔录的印证,实物证据的鉴真就不可避免地带有形式化的验证性质。在实物证据的持有人、收集者、制作者、保管者几乎都无法出庭作证的情况下,法庭只能凭借侦查机关提供的一纸笔录去证明证据的保管链条,这样,当实物证据的真实性产生争议时,法庭对实物证据的采纳就缺乏贯彻直接言词原则的基础。② 我国目前强调的是勘验笔录、检查笔录等各种笔录证据的印证作用,但这些笔录本身是侦查人员对其提取实物证据的书面记载,除非能发现侦查取得的证据与笔录记载的内容存在明显的矛盾,否则很难对实物证据的鉴真发挥实质性的作用。例如,杜培武案中,警方对案发现场车辆离合器上的用作司法鉴定样本的泥土,并没有在笔录中记载其来源,这才引起后来人们对侦查鉴定材料真实性的怀疑。③

美国鉴真规则能够发挥作用,有一个重要的前提是证人、鉴定人要出庭作证。比如,对有特殊表征的物证书证,要求证人在法庭上辨认该证据,虽然通过保管链条的完整性(类似于连续背书的方式)来鉴真,但是一旦控辩双方对物证的真实性产生合理怀疑,那么保管链条中的证人、保管人、持有人都负有出庭作证的义务。如今,我国推进"以审判为中心"的刑事诉讼制度变革,将对证据的审查判断提出更高的要求,重要的证据在法庭上质证,进一步落实贯彻证人鉴定人出庭作证制度。并且随着人工智能、区块链技术在刑事司法中的应用,证据的防篡改功能将面临前所未有

---

① 参见刘品新:《电子证据的鉴真问题:基于快播案的反思》,载《中外法学》2017年第1期。
② 参见陈瑞华:《实物证据的鉴真问题》,载《法学研究》2011年第5期。
③ 参见《杜培武:我是反侦查经验丰富的警察,但是到最后,我还是招供了》,载网易(http://www.163.com/dy/artick/FT145NQ1541QVU7.html),访问日期:2020年7月29日。

的革新。这些问题需要我国建立一套可操作性强的鉴真方法。

（四）不宜设置违反鉴真规则的刚性后果

美国式鉴真被形象地称为"为证据奠定基础"，无法通过鉴真的证据不能进入陪审团的视野，不具有证据的可采性。因此，美国式鉴真确立了刚性法律后果。那么我国鉴真规则是否可以效仿美国鉴真规则的刚性法律后果？须结合刑事司法现状辩证对待。

在我国刑事证据规定中，鉴真规则具有规范证据能力的特征。[1] 对不符合鉴真规则的证据，我国司法解释将其分为"强制性的排除"和"可补正的排除"两种，对于上述司法解释规定的"不能作为定案的根据"采取了强制性排除的态度。对此有学者认为，无法通过鉴真程序的实物证据，并不必然是不真实、不可靠的证据。基于来源不明、收集不规范、保管不完善等将证据材料排除于法庭之外，很可能是不切实际的。[2] 笔者认同这一观点，并认为在当前我们对刑讯逼供等"非法证据"进行排除尚且难以做到的情况下，要对未满足鉴真规则的证据采取排除的做法，恐怕会给侦查机关、公诉机关的工作带来巨大的冲击。在我国现有鉴真规则的法律后果方面，还不宜设置绝对排除的后果，否则会造成打击犯罪不力，增加在我国刑事诉讼中建立鉴真制度的现实阻力的结果。

但不设置刚性的法律后果，如何保证鉴真规则在实践中得以切实执行？笔者认为可能的解决方案如下：第一，可以规定特定的案件必须严格遵循鉴真规则，否则法庭不能采纳无法通过鉴真的证据材料。所谓特定案件可限于被告人可能被判处死刑的案件，因为此类案件的证明标准必须是超越合理怀疑的，这样才能防止无辜者被错杀，从而使死刑案件经得

---

[1] 最高人民法院、最高人民检察院、公安部《关于办理死刑案件审查判断证据若干问题的规定》第8条规定：原物的照片、录像或者复制品，不能反映原物的外形和特征的，不能作为定案的根据。书证有更改或者更改迹象不能作出合理解释的，书证的副本、复制件不能反映书证原件及其内容的，不能作为定案的根据。第9条规定：不能证明物证、书证来源的，不能作为定案的根据。《关于办理刑事案件收集提取和审查判断电子数据若干问题的规定》第27条规定：电子数据的收集、提取程序有下列瑕疵，经补正或者作出合理解释的，可以采用；不能补正或者作出合理解释的，不得作为定案的根据。

[2] 参见陈瑞华：《刑事证据法的理论问题（第二版）》，法律出版社2018年版，第269页。

起时间的考验。第二,规定其他类型的案件对鉴真规则只作出正面的要求,至于违背鉴真规则是否排除,由法官根据侦查人员的补正和合理解释作出自由裁量。

八、结　语

本章基于比较法和实证的视野,介绍评述了美国《联邦证据规则》确立的鉴真规则,从这一规则的法律文本、证据法理、实践操作等角度对包括司法鉴定检材在内的涉案物品鉴真规则的核心内容、基本方法、功能与局限、制度成因、证明标准和基本步骤进行了多维分析,旨在通过比较域外制度,分析英美鉴真制度与中国式鉴真制度的性质,对我国近年来诉讼法与证据法学界学者们广泛呼吁构建的鉴定检材鉴真规则,以及"不能证明物证、书证来源的,不能作为定案的根据"的"强制性的排除"主义作出理论回应。由于我国刑事诉讼构造与美国当事人主义诉讼构造存在根本差异,我国证据法理论并没有建立起英美的包含相关性的证据可采性理论,同时,我国庭审结构与美国二元化庭审结构存在根本性差异,使得在借鉴域外经验引入鉴真规则时,必须立足我国的司法现状,应当明确中国式鉴真的性质、功能定位不同于美国式鉴真。中国式鉴真的主体、步骤、范围具有特殊性。中国式鉴真的要务在于确保证据之真实性,鉴真证明标准远远高于美国鉴真标准。目前相关司法解释确立的鉴真规则还需要从构建具有可操作性的鉴真方法等方面努力。鉴真的义务主体应当既包括司法机关,又包括辩方,并且目前尚不宜设置违反鉴真规则的刚性法律后果。唯此,才能建立起中国式鉴真规则,确保刑事涉案物品、司法鉴定检材的鉴真规范性,切实发挥这项制度在准确打击犯罪、防止冤假错案方面的积极作用。

第十章
法庭聘请专家证人制度研究

一、引　言

随着法庭科学技术的发展,越来越多的案件事实需要通过科学证据进行认定。一方面,科学技术应用于诉讼证明过程能够提高法庭认定事实的能力;另一方面,由于法官大多是鉴定技术专业知识的外行,因此,对科学证据的审查判断对法官来说素来都是棘手任务。为提高鉴定意见质证的质量,帮助当事人对鉴定意见展开质证,为法官采信鉴定意见提供更加充分的依据,我国 2012 年修改后的《刑事诉讼法》和《民事诉讼法》均规定"有专门知识的人"参与庭审质证制度,这意味着我国"专家辅助人"的制度确立。这项制度在保留司法机关垄断鉴定启动权的基础上,辅助当事人对鉴定意见进行质证,提高鉴定意见质证的对抗性。但它在适用过程中存在诸如专家辅助人的定位不明、职能不清、威信不足、管理缺位等问题。国内个别法院也开始尝试制作专家辅助人名册供当事人选择[1],以强化专家辅助人的中立性。笔者在前期研究中亦指出由省级人民法院建立专家辅助人数据库之可行性。[2] 与此同时,在美国,法官采纳科学证

---

[1] 例如,为促使专家咨询机制常态化、委员履职保障工作体系化以及咨询结果运用多样化,北京市海淀区人民法院成立了全市基层法院首家专家咨询委员会,在民事案件中引入专家辅助人协助庭审调查。参见王晓丹:《海淀法院自成立专家咨询委员会后首用专家辅助人制度》,载海淀法院网（http://bjhdfy.chinacourt.org/public/detail.php? id＝4975）,访问日期:2017 年 9 月 1 日。

[2] 参见陈邦达:《司法鉴定基本问题研究:以刑诉法司法鉴定条款实施情况为侧重点》,法律出版社 2016 年版,第 105 页;另参见陈邦达:《鉴定人出庭作证制度实证研究》,载《法律科学（西北政法大学学报）》2016 年第 6 期。

据同样面临着考验,他们通过一些制度弥补法官的知识短板。美国法庭聘请专家证人制度就是服务于法官采信科学证据的一项制度创新。① 它实施以来积累的经验、教训值得我国借鉴。为此,本文通过评介美国的法庭聘请专家证人制度的立法、实践与法理,从实证的视角关注其代表性判例中法庭聘请专家证人制度的成效与问题,以期对我国专家辅助人制度的完善提供借鉴。

二、法庭聘请专家证人制度成功运用的实证聚焦:硅胶丰胸案

鉴于当事人聘请的专家证人可能存在"党派性",同时由于法官是鉴定技术的门外汉,美国法官通过行使普通法赋予的固有权力(inherent authority)聘请法庭专家证人。早在 1920 年,法庭就聘请具备专门知识的人担任专家,他们帮助法官整理案件事实的争点,阐释疑难复杂的统计数据。② 后来,这项制度发生了嬗变,法官将专家证人的报告作为证据,并提供给各方当事人以让他们有机会质证。

发生在美国 20 世纪 90 年代的一系列有关硅胶丰胸致人体损害的侵权诉讼案件,是法庭聘请专家证人制度运作的典型案例。这些案例虽久远,但鉴于我国学者对这些案例较少涉足,因此,这些案例对当前我国专家辅助人制度的完善仍有一定的参考价值。这些案例是法庭聘请专家证人制度的成功案例,它们见证了美国法官如何聘请中立的专家证人自完成"多伯特诉梅里·道医药公司案"③以来,联邦最高法院赋予法官科学

---

① 美国的法庭聘请专家证人制度是一个广义的概念,具体包括《联邦证据规则》第 706 条所规定的"法庭聘请专家"(Court Appointed Expert)和《联邦证据规则》第 104 条(a)款派生的"技术顾问"(Technical Advisor)两项制度。从狭义上讲,法庭聘请专家特指第 706 条的"法庭聘请专家"(Court Appointed Expert)。本章主要是从广义上分析美国法庭聘请专家证人制度。
② See Ex parte Peterson, 253 US 300, 312(1920).
③ See Daubert v. Merrell Dow Pharmaceuticals, 509 US. 579, 580 (1993).

证据"守门人"职责的历史。

硅胶,几十年以来一直被用作心脏起搏器、注射器、人造关节等医疗器材的原料,自 20 世纪 60 年代美国市场上出现硅胶丰胸器材以来,长周期的流行病学研究还没有开始涉足这个领域。美国食品药品监督管理局(FDA)也没有要求临床医学研究丰胸产品的安全问题。然而,从 1982 年开始逐渐有报道称硅胶丰胸会引起人体各种免疫疾病。这些疾病包括系统性红斑狼疮、类风湿性关节炎、多肌痛等。[①] 这些报道大多是根据患者的症状作出的推论,但未被医学人士、鉴定专家的研究所证实。刚开始,人们对这些报道并不在意,尤其是考虑到它们在方法上可能存在缺陷,例如样本有限、缺乏同行评议。然而,随着越来越多硅胶丰胸医疗诉讼案件的发生,这些事实开始引起人们的关注。

20 世纪 80 年代,美国食品药品监督管理局开始着手调查硅胶丰胸是否对人体有害的问题。1982 年,食品药品监督管理局开始收集相关案例。但由于缺乏对整个行业的临床医学数据的统计分析,1988 年,食品药品监督管理局要求制造硅胶材料的厂家在接下来的 30 个月内必须持续配合调查。但直到 1991 年,唯有 4 个厂家遵照要求执行。刚开始,有位女士获得 200 万美元的赔偿金,作为丰胸所致身体缺陷的赔偿。[②] 紧接着,其他案件接踵而来,而且在接下来的 10 多年里,赔偿金额不断攀升。到 1992 年,美国食品药品监督管理局在仍然缺乏对整个行业安全统计数据的情况下,断然命令暂停硅胶的生产。这一暂停令刺激了数量空前的硅胶丰胸索赔案件诉至法院。

在早期的判决中,硅胶丰胸会造成疾病的论断一直影响着各法庭陪审团对案件事实的认定。部分商家也因此支付了巨额的赔偿金。考虑到科学证据在认定事实上存在一定的失误风险,硅胶丰胸案成为法庭聘请专家证人制度在司法实践中得到空前应用的系列代表性案例之一。多位审理硅胶丰胸案的法官陆续聘请多组专家证人评估、复查科学证据是否可靠,以完成其肩负之科学证据"守门人"职责。

---

① See Marcia Angell, The Clash of Medical Evidence and the Law in the Breast Implant Case, 37 Science on Trial 104 (1997).

② See Sten v. Daw Corning Corp., C-83-2348-MMP(1985).

其中,有位俄勒冈州波特兰地区法院的罗伯特法官(Robert),他在1996年根据《联邦证据规则》第104条(a)款的规定,以法官"内在固有的权力"聘请由四名"技术顾问"构成的专家组帮助他判断丰胸与人体结缔组织病变之间的因果关系。① 他要求专家们回答这样一些问题:当事人出具的专家证言是否得到了科学界认可之数据和方法的支持? 相关的统计数据是否可以用来解释目前的案件?② 法官在听取专家组分析和建议的基础上,认定丰胸与疾病之间的因果关系最多只是一种未经检验的猜测。③ 同样地,纽约州东区法院杰克温斯坦法官(Jack Weinstein)也亲自对诉讼双方提供的专家证据进行复核,用这一方法解决纽约州发生的同类案件。

鉴于上述法官聘请专家证人的成功经验,1996年,负责美国联邦硅胶丰胸案审前听证程序的法官山姆普因特(Sam Pointer),根据美国《联邦证据规则》第706条聘请了专家组。专家遴选小组推荐了几名合适的专家人选,专家组在原、被告律师的参与和同意下通过遴选产生。最终,专家组由4名分别来自风湿病学、免疫学、流行病学、毒物学专业的专家组成。法官引导专家组回答这样的问题:"根据现有的医学原理,你们认为硅胶丰胸手术是否会导致人体自身免疫疾病的发生,或加剧这一疾病的病情?"④法官明确告知专家组,他们的发现将可能成为今后美国各地法院认定硅胶丰胸案件因果关系的主要科学证据。在法官宣布这项报告之前,专家组必须对他们所发现的一切保密。

专家组在联邦法院的经费资助和当事人诉讼费用的支持下,于1996年以"国家科学专家组"(National Science Panel)的名义着手研究。⑤ 1997年,普恩特(Pointer)法官聘请了一位特别的顾问作为专家组的代表,并作

---

① See Michael E. Reed, Daubert and the Breast Implant Litigation: How is the Judiciary Addressing the Science? 100 Plastic and Reconstructive Surgery 1322 (1997); William W. Schwarzer, Joe S. Ceil, Management of Expert Evidence. In Reference Manual on Scientific Evidence, 2000, also see https://www.fjc.gov/sites/default/files/2012/sciman00.pdf.

② See Jocelyn Kaiser, Breast Implant Ruling Sends a Massage, 275 Science 21 (1997).

③ See Hall v. Baxter Healthcare Corp 947 F Supp 1387(1996).

④ National Science Panel, Silicone Gel Breast Implant Products Liability Litigation (1996).

⑤ See William W. Schwarzer, Joe S. Ceil, Management of Expert Evidence. In Reference Manual on Scientific Evidence, 2000, also see https://www.fjc.gov/sites/default/files/2012/sciman00.pdf.

为法官与律师沟通的专家证人。1996年10月至1997年7月，专家组多次听取双方当事人提供的专家证言。1997年11月，专家组委派代表总结他们的研究结论及相关成果。这名专家在陈述的过程中，并不接受双方律师的交叉询问，而只接受专家组内部成员的提问。1997年冬天，双方当事人聘请的专家证人向专家组提供了2000多份文件，但并没有标识这些文件是由哪一方当事人提供的。同时，双方律师向专家组成员递交了80份他们认为"最重要的文件"。但是，专家组必须亲自收集文献，他们的研究对象并不局限于律师们提交的文献，也没有义务去使用这些文献。专家组同时还咨询了法庭认可的其他科学家，与他们一起合作撰写了报告。在撰写报告的过程中，专家对自己撰写的章节负责。

1998年11月30日，在分析了成千上万页的科学文献、听取双方专家证言、参考专家组内部成员意见的基础上，专家组公布了一份题为《硅胶丰胸与结缔组织及免疫机能障碍之间的关系》的报告。[①] 这份耗时两年多、超过300页的报告表明：现有占优势的数据并不能支持原告所主张的硅胶丰胸会改变患者自身免疫疾病的发生概率与严重程度，也不能证明它们会引发人体新的免疫反应或造成系统性炎症。不久，专家组的发现得到类似的同行评估研究发现的支持。例如，英国卫生部聘请的独立专家组和美国医学研究所得出了相同的结论——没有科学原理证明硅胶丰胸会造成人体自身免疫疾病。

三、美国法庭聘请专家证人制度的理论阐释

(一) 制度的法理依据

美国学者认为，通常有两种重要的决定必须在庭审中作出：一是判断

[①] See Betty A. Diamond, Barbara S. Hulka and Nancy I. Kerkvliet et al., Silicone Breast Implants in Relation to Connective Tissue Diseases and Immunologic Dysfunction: A Report by a National Science Panel to the Honorable Sam C. Pointer Jr. Coordinating Judge for the Federal Breast Implant Multi-District Litigation(1998).

证据是否具有可采性;二是鉴于可采之证据认定的案件事实,判决哪一方当事人胜诉。① 法官始终肩负着判断证据可采性的重任②,这一点无论案件是否存在陪审团都不会改变。但在没有陪审团的情况下,法官将发挥双重职能:既决定证据的可采性问题,又决定案件事实的认定和审理结果的裁判。③ 在陪审团参与的情况下,尽管法官的作用在于初步调查事实和进行裁判,但陪审团才是事实发现者与案情是非曲直的认定者。④

通常认为,美国的法庭聘请专家证人制度的法理依据主要来自两个方面:

第一,这项制度主要是依据《联邦证据规则》第104条(a)款的规定,该条款规定,法院必须就某个人是否具有作为证人的资格、特免权,是否存在以及证据是否可采的前置性问题作出决定。在作出决定时,法院不受证据规则的约束,但有关特免权的规则除外。法官可以根据其固有的权力(Inherent Authority)聘请技术顾问帮助他确定证据的准入资格。同时,这种固有的权力行使的基础,也是建立在普通法赋予法官由判例不断积累形成的经验层面上。

第二,这项制度依据《联邦证据规则》第706条的规定,法庭聘请专家证人出庭进行解释,帮助法官和陪审团完成他们对科学证据的认识。法院可依照职权或依照当事人的申请,要求当事人说明不指定专家的原因,并要求当事人提供专家人选。法院可指定当事人一致认可的专家,也可依职权指定自己认可的专家。法庭指定专家必须得到其本人同意。对于指定的专家证人,法院应书面告知其任务,有关文书副本应由书记员存档或在当事人在场时出示。专家证人如果有新的事实发现,应告知各方当事人,诉讼双方可传唤专家证人出庭作证,接受各方的交叉询问。

(二)法庭聘请专家证人的根源

美国法庭聘请专家证人制度的成因大致有以下几个方面:

---

① See David. L. Faigman, David H. Kaye and Michael J. Saks etal., Standards, Statistics, and Research Issues, West Group, 2002.
② See Federal Rules of Evidence Rule 104(a).
③ See Federal Rules of Evidence Rule 104(a).
④ See Federal Rules of Evidence Rule 1008.

第一,法官为更好地履行科学证据"守门人"的职责,通过指派专家证人弥补其技术知识短板。自从多伯特诉梅里·道医药公司案这一在美国科学证据可采性规则演进过程中具有里程碑意义的判例发生以来,联邦最高法院掀起了科学证据可采性标准的革命。联邦最高法院给地区法院施加了理解科学证据的责任。强调法官肩负科学证据"守门人"的职责,法官只能允许可靠性强、证明力高的科学证据进入法庭,进入陪审团的视野。① 1920 年的 Ex parte Peterson 案,联邦最高法院认识到地区法院可以根据普通法赋予法庭的权力聘请专家证人。该案件涉及对超过 30000 美元的煤炭价值的认定。联邦最高法院维持了地区法院聘请会计员的做法,对当事人提供的统计数据进行验算,并对双方交易账户予以核实。布兰迪斯法官(Brandeis)在其撰写的判决书中提到专家证人对法官的作用。他指出,法官为了完成审判的任务,可依据法庭内在固有的权力给自己提供工具。这种权力包括聘请非隶属于法院系统的专家帮助法官处理案件。②

聘请专家证人已经成为地区法院法官普遍青睐的做法,用以帮助法官扩展科学技术知识。此外,法庭聘请专家证人对事实裁决者也很有帮助,尤其是在疑难复杂的科学证据让由普罗大众组成的陪审团应接不暇的情况下。法庭聘请专家证人进行释疑,无疑让事实裁决者在扑朔迷离的案件事实面前如添慧眼。

第二,专家证人制度是对抗制诉讼中的关键元素。然而,由于专家证人是由诉讼双方当事人选择并重金聘请的,其党派性明显,"鉴定大战"问题已经引起美国学者的批判。"伪科学"(Junk Science)证据使得法庭在采纳专家证言时常被误导。当事人聘请的专家证人无法向陪审团客观阐明案件事实的争议点。专家证人会任性"裁剪"专家证言以迎合当事人的诉愿,而不如实还原真相。③ 例如,前第二巡回法庭法官弗兰克(Frank)这样批判专家证人对抗模式:"党派性的律师阻挠案件主要证据的发现……扭曲案件

---

① See Daubert v. Merrell Dow Pharmaceuticals, Inc. 509 US. 592, 593(1993); Gen Elec. Co. 522 US at 142.

② See Ex parte Peterson, 253 US 300, 312(1920).

③ See Samuel R. Gross, Expert Evidence, 19 Wisconsin Law Review 1113 (1991).

事实。"①另外,联邦司法中心调查认为当事人聘请的专家证人违背客观事实而为他们的雇主声张权利。基于上述原因,《联邦证据规则》第 706 条被制定,立法者希望杜绝"专家证人市场化""重金收买专家证人"等现象,改变"伪科学"畅通无阻的现状。②

(三) 两种专家的职能差异

根据《联邦证据规则》第 104 条(a)款派生的"技术顾问"和第 706 条规定的"法庭聘请的专家"具有不同的职能,技术顾问只服务于法官,帮助法官评价各方当事人所提供之科学证据是否具备可采性,唯有具备可采性的科学证据,法官才能提交陪审团。例如,在 Reilly v. United States 案中,技术顾问的唯一作用是向法官解释科学技术术语,教会法官如何理解当事人提供的专家证言。然而,技术顾问不必提供意见或提交他们所发现的事实,不必提供另外的证据,也不必满足科学证据开示、交叉询问等对抗制提出的要求。法官聘请技术顾问的职权主要源于:一是《联邦证据规则》提及的法官内在固有的权力去解决证据的可采性问题,途径之一便是通过聘请技术顾问来解决。在这种情况下,技术顾问的职能只是服务于法庭,他们无须在陪审团面前出庭,接受交叉询问,也无须向各方当事人提交他们发现的事实。二是地区法院法官根据普通法赋予的"内在固有的权力"聘请技术顾问,1920 年的 Ex parte Peterson 案第一次对此作出规定,也被认为是《联邦证据规则》第 104 条(a)款证据规则的应有之意。允许法庭在决定证据是否具备可采性时不受证据规则的拘束。

而第 706 条"法庭聘请的专家"是帮助事实裁决者认定案件事实。"法庭聘请的专家"的作用是帮助事实裁决者尤其是陪审团,准确衡量双方专家证人提交的科学证据,从而作出客观裁判。但是有时也会引起困惑,即当法庭聘请的专家被用来帮助法官解决证据的可采性问题时,与上述的"技术顾问"存在职能上的交叉,由此造成人们对两种制度的区别产生困惑。不过技

---

① Hyongsoon Kim, Adversarialism Defended: Daubert and the Judge's Role in Evaluating Expert Evidence, 34 Columbia Journal of Law and Social Problems 223 (2000).

② See Federal Rules of Evidence Rule 706 Advisory Committee's Notes.

术顾问的职能更加单一,他们只能帮助法官决定科学证据的可采性问题。

(四) 两种专家聘任程序的异同

"技术顾问"和"法庭聘请的专家"这两类不同专家证人在聘请程序方面存在差异。第706条对法庭聘请的专家在程序上设置了诸多限制,这些限制包括:其一,专家本人必须接受法官的聘请;其二,专家必须向各方当事人提供他们所发现的事实;其三,各方当事人有机会对法庭聘请的专家提出罢免或进行交叉询问;其四,法庭必须以书面的形式告知专家任务的内容,并告知各方当事人;此外,法庭选任专家的决定可以作为当事人上诉的理由,当事人可能以法官滥用自由裁量权的名义提起上诉。① 法庭可以征求各方当事人的意见,或自己选择专家证人。近几年,在帮助法官选择专家证人的过程中,一些科学组织机构制定了相关专家名册,供法官参考。例如,美国科学发展协会(AAAS)尝试为法官提供在医学、科学、技术等领域中立的专家名单。② 当法官面临许多涉及专门性知识的案件时,由中立专家构成的专家组对法官的帮助确实很大。

四、美国法庭聘请专家证人制度在适用中的困惑

"技术顾问"和"法庭聘请的专家"在以下三个层面存在区别,实践中不同法官的做法有异,容易造成这项制度理解和适用上的困惑。

第一,"技术顾问"的专业术语并没有法律的明文规定。③ 即使是《联邦证据规则》第104条(a)款也没有明确提出"技术顾问",该制度主要通过普通法判例演化而来,该顾问由法官根据证据规则赋予的"内在固有的权力"聘请产生,在法庭上无须提供专家证言。相反,第706条"法庭聘请

---

① See Joe S. Cecil, Thomas E. Willging, Court-Appointed Experts: Defining the Role of Experts Appointed under Federal Rules of Evidence 706, Generic, 2020.

② See Sophia Cope, Ripe for Revision: a Critique of the Federal Rule of Evidence 706 and the Use of Court Appointed Experts, 39 Gonzaga Law Review 182 (2003).

③ See Reilly v. United States, 863 F 2d 156 (1988).

的专家"在法庭上必须提交科学证据,宣誓并接受诉讼各方的交叉询问。但在具体案件审判中,不同法官存在不同的做法。例如,在 Reilly v. United States 案中,法官在判决书中写道:"我们不赞成那些要求技术顾问撰写鉴定报告的主张。"亦即,在法官看来,技术顾问无须向当事人出具鉴定报告。相反,在另一案件①中,华莱士法官(Wallace)写道:"我始终认为地区法院最低限度的义务……必须通过专家的报告或通过单方面交流的记录②,来明确技术顾问之建议的性质和内容。"③

第二,《联邦证据规则》第 706 条的表述本身具有一定的模糊性。一些法院(包括第一巡回法院、第九巡回法院)已明确将法庭聘请的"技术顾问"排除在第 706 条规定的专家范畴之外。例如,第一巡回法院在审理 Reilly v. United States 案时承认了这一观点。然而,杰克·温斯坦(Jack Weinstein)法官认为第 706 条的解释会给法官更多的灵活性去聘请"专家"和"技术顾问"。这表明第 706 条已经包括了"技术顾问"的概念,易言之,"技术顾问"和"法庭聘请的专家"都是受第 706 条调整的。

尽管第 706 条经常指代法庭聘请的专家,最明显的表现就是该规则的标题即"法庭聘请的专家",但是该规则并没有就专家之目的、具体职能作出规定。该条要求专家证人被告知他所应当尽到的"职责",但"职责"具体包括哪些并不清楚。④ 该条没有明确限定专家的作用是帮助事实裁决者理解证据的证明力大小,以认定案件事实。第 706 条允许专家证人帮助法官解决科学证据的可采性问题,而这又和传统上"技术顾问"被赋予的职能相重叠。

第 706 条也没有明确专家证人被赋予了哪些权利以实现他们的任

---

① See Association of Mexican-American Educators v. California. No. C-92-3874 WHO. (1996).

② Ex parte communications 表示单边交流的意思。"Ex parte"是一个拉丁法律术语,表示"单边的当事人"。

③ Association of Mexican-American Educators v. California, 231 F. 3d 572, 611(2000).

④ 美国《联邦证据规则》第 706 条规定法庭聘请的专家的职责包括:(1)必须就专家作出的任何研究发现告知当事人;(2)可以为任何当事人进行证言存录;(3)可以被法院或者任何当事人传唤作证;以及(4)可以接受任何当事人的交叉询问,包括申请该专家证人出庭的当事人。

务。该规则允许专家告知诉讼双方其"发现"的事实,但它本身的意思并没有明确。该规则没有强制要求专家出庭,只笼统地规定专家"可以"被通知出庭。① 如果法庭认为,根据第706条专家证人不需要出庭,那么,在这种情况下,就很难理解专家如何帮助陪审团并在事实裁决中起作用。另外,该条允许专家和法官进行单独沟通,这又混淆了传统上"法庭聘请专家"和"技术顾问"的区别。②

此外,咨询委员会对《联邦证据规则》第706条的建议表明"技术顾问"的概念在1976年《联邦证据规则》起草时已经形成。③ 因此,由于法院"内在固有的权力"已与聘请"技术顾问"相联系,咨询委员会认为该证据规则起草之目的在于将普通法中"技术顾问"的概念囊括其中,并通过立法加以巩固、进行必要的调整,使技术顾问也有义务出具鉴定报告、接受交叉询问等。④ 作出这样的调整是基于对多种政策的考量,包括尊重对抗制诉讼,确保法庭聘请的专家具有可靠性。该建议提到,"法官自主聘请专家的固有权力实际上是无可置疑的",并写道:"法庭聘请专家的计划是由1946年《联邦刑事诉讼程序规则》第28条适用启动的。"因此,专家证人的宣誓、交叉询问被加入该法第28条⑤,最终在《联邦证据规则》第706条中得以规定。

第三,当法庭反复无常地对"法庭聘请的专家"或"技术顾问"适用同一规则,分配交叉重叠的任务时,"法庭聘请的专家"与"技术顾问"之间

---

① See Rule 706(b) Expert's Role. The court must inform the expert of the expert's duties. The court may do so in writing and have a copy filed with the clerk or may do so orally at a conference in which and have a copy filed with the clerk or may do so orally at a conference in which the parties have an opportunity to participate. The expert: (1) must advise the parties of any findings the expert makes; (2)may be deposed by any party; (3)may be called to testify by the court or any party; and(4)may be cross-examined by any party, including the party that called the expert.

② See Joe S.Cecil, Thomas E. Willging, Defining a Role for Court-Appointing Experts in Assessing Scientific Validity, 43 Emory Law Journal 995 (1994).

③ In the federal practice, a comprehensive scheme for court appointed experts was initiated with the adoption of Rule 28 of the Federal Rules of Criminal Procedure in 1946. See Daniel Capra, Federal Rules of Evidence, West Academic, 2017, p. 165.

④ See Improving Judicial Gatekeeping: Technical Advisors and Scientific Evidence, 110 Harvard Law Review 941 (1997).

⑤ See Federal Rules of Evidence Rule 28: The court may select, appoint, and set the reasonable compensation for an interpreter. The compensation must be paid from funds provided by law or by the government, as the court may direct.

的界限就会变得更加模糊。例如，在多伯特诉梅里·道医药案中，布莱克曼法官（Blackmun）似乎混淆了第706条法庭聘请的专家的职责，他认为法庭聘请的专家可以帮助地区法院决定证据的可采性问题。① 布莱克曼法官在判决书中写道："法官在根据证据规则第702条评价专家证言的时候，也要考虑到其他规则……第706条允许法官在裁量权范围内获得聘请专家的帮助。"②

硅胶丰胸案集中反映了专家职能被混淆适用的状况。③ 罗伯特法官聘请了由"技术顾问"组成的专家组。普恩特法官根据第706条聘请了专家组，专家组不作证据可采性判断，而是回答实质性问题"硅胶丰胸是否会造成人体各种疾病？"罗伯特法官声称"技术顾问"的职能是协助法官决定科学证据的可采性问题。④ 然而，技术顾问不仅帮助法官给专业术语下定义，解释背后的原理，而且，他们认为原告提供的"硅胶丰胸确实会造成人体疾病"的专家证言是站不住脚的。而这又超出了 Reilly v. United States 案中"技术顾问"的职能权限。⑤ 另外，罗伯特法官同意为根据第706条聘请的专家提供程序性保护⑥，允许律师通过有限的机会就鉴定报告的内容向技术顾问提问⑦。尽管遵照先例，"技术顾问"不能向法官提供额外的证据，但罗伯特法官最后还是向专家组提出了具体问题：如果流行病学的研究无法下定结论，是否可以从其他数据中寻找证明硅胶丰胸致病的医学原理？⑧ 事实上，正如华莱士法官在 Mexican-American Educators v.

---

① See Daubert v. Merrell Dow Pharmaceuticals, 509 US. 579, 580 (1993).
② See Daubert v. Merrell Dow Pharmaceuticals, 509 US. 579, 580 (1993).
③ See Hall v. Baxter Healthcare Corp., 947 F Supp.1387, 1391–1395 (1996).
④ See Laural L. Hooper, Joe S. Cecil and Thomas E. Willging, Assessing Causation in Breast Implant Litigation: The Role of Science Panels, 64 Law and Contemporary Problems 139 (2001).
⑤ See Reilly v. United States, 863 F. 2d 156 (1988).
⑥ See Laural L. Hooper, Joe S. Cecil and Thomas E. Willging, Assessing Causation in Breast Implant Litigation: The Role of Science Panels, 64 Law and Contemporary Problems 139 (2001).
⑦ See Laura L. Hooper, Joe S. Cecil and Thomas E. Willging, Neutral Science Panels: Two Examples of Court-Appointed Experts in the Breast Implants Product Litigation 9, Federal Judicial Center 2001.
⑧ See FDA Says No to Silicone Implants, San Francisco Chronicle, January 9, 2004, at 155.

California 案中发表反对意见时所指出的,技术顾问经常超出顾问的权限,以"建议"或"额外的记录"等方式向法官提供附加的证据。[1] 他指出:"当法官聘请技术顾问时,也存在这样的风险:法官会过度依赖技术顾问的建议,违背法官独立裁判的地位,也违背案件事实认定必须建立在案卷证据基础上的原理。"[2]

总之,《联邦证据规则》第 104 条(a)款缺乏对"技术顾问"的明文规定,加上第 706 条的规定模糊,造成美国司法实践中法官混淆了"技术顾问"与第 706 条"法庭聘请的专家"之间的差别。这种困惑表明修改法庭聘请专家规则是有必要的。

五、法庭聘请专家证人制度的利弊分析

(一) 法庭聘请专家证人制度的优势

第一,法庭聘请专家证人制度能够克服当事人聘请专家证人制度的局限性。当事人聘请专家证人制度通常存在以下弊端:其一,对抗制诉讼使得专家证人的客观性常常受到腐蚀,并最终导致社会公众对专家证人及其职业伦理产生怀疑。其二,专家证人被要求给出是非回答,而对于这些问题,专家证人本身的知识并无法保证答案的精确性,只能尝试作出可能、猜测的回答。但在当事人的请求下,专家证人难免会替当事人说话。其三,专家证言的影响暴露出许多问题,或者因为证言会影响陪审团的评议意见而混淆对案件事实的判断;或者因为它无法超出常识范畴而显得可有可无。其四,对抗制诉讼使得专家证人经常夸大科学证据的证明力。[3] 因此,法庭聘请专家证人制度恰恰是为了克服对抗制诉讼下专家证

---

[1] See Assoc. of Mexican-American Education v. California, 231 F. 3d 572, 611 2000.
[2] Id. 610-611.
[3] See Nietzel Michael T., Mc Carthy Denmis M. and Kem Momca J., Juries: the Current State of the Empirical Literature, in R. Roesch, S.D. Hart and J.R.P.Ogloff eds., Psychology and Law: The State of the Discipline, Kluwer Academic Publishers, 1999 pp. 23-52.

人党派性的上述弊病。当法官和陪审团处理错综复杂的证据时,可向第三方专家证人寻求帮助,专家证人独立于诉讼各方,不像当事人聘请的专家证人那样充满对抗性。法庭聘请的专家证人能够协助法庭搭建起一座桥梁,有助于消除当事人和专家证人之间的鸿沟。同时,法庭聘请的专家证人能够保持相对中立的立场,符合法庭探知真相的目标。因为法庭聘请的专家证人不会被怀疑"裁剪"专家证言以追求特定的诉讼结果,不像当事人聘请的专家证人那样,其收费数额取决于当事人胜诉抑或败诉。①

根据《联邦证据规则》第706条的规定,法庭聘请的专家证人可为陪审团评议提供参考意见,使科学证据的采信建立在同行评议的基础上,防止受到当事人聘请的专家证人偏颇意见的影响。② 法庭聘请的专家证人可以帮助法官判断当事人提供的专家证言是否建立在科学可靠的基础上。③ 此外,法庭聘请的专家可以帮助法院在审前程序判断科学证据的可采性。④

第二,事实裁决者必须基于对证据的全面把握才能作出正确的裁判。法庭聘请的专家能够帮助法官决定科学证据的可采性、可靠性,帮助法官履行科学证据"守门人"的职责。在多伯特诉梅里·道医药公司案中,联邦最高法院重申第702条规定的专家证言的分析和方法是否符合科学原理,是否分析的方法能够运用于案件事实的发现是审前程序必须解决的问题⑤,法庭聘请的专家证人能够帮助法官判断科学证据所依据的原理是否建立在科学基础上。法官虽谙习法律,但在面对错综复杂的科学证据时,他们只能向专家证人求助,以在审前程序中解决科学证据的可采性问题。⑥

---

① See Federal Rules of Evidence Rule 706(d).

② See Developments in the Law: Confronting the New Challenges of Scientific Evidence, 108 Harvard Law Review 1583 (1995).

③ See Joe S. Cecil, Thomas E. Willging, Court-Appointed Experts: Defining the Role of Experts Appointed under Federal Rules of Evidence 706, Generic, 2020.

④ See B. Black, F.J. Ayala and C. Saffran-Brinks, Science and the Law in the Wake of Daubert: A New Search for Scientific Knowledge, 72 Texas Law Review 715 (1994).

⑤ See Daubert supra note 5, at 592-593.

⑥ See, e.g., Bert Black supra note 50 at 795-796. (suggesting court-appointed experts as a method for applying the Daubert test); Joe S. Cecil, Thomas E. Willging, Accepting Daubert's Invitation: Defining a Role for Court-Appointed Experts in Assessing Scientific Validity, 43 Emory Law Journal 995 (1994) (advocating increased use of court-appointed experts).

第三,法庭聘请专家证人制度能发挥鼓励诉讼双方积极达成和解的作用。法庭聘请的专家在审判前和各方当事人及其聘请的专家证人进行积极沟通,可以明确各方专家证言的分歧所在,有助于律师重新确定诉讼请求,允许他们选择诉讼外和解的方式化解纠纷。如此一来,既降低了双方的诉讼投入,也减轻了法院的审判负担。如果法庭指派的专家化解了审判的争议点,法庭审理的效率也会大大提高。联邦最高法院的案件日益增加,而有限的司法资源迫使法庭寻求提高诉讼效率的方式。①

(二)法庭聘请专家证人制度的弊端

第一,法庭聘请专家证人制度的初衷在于强调专家证人的中立性,但这与英美当事人对抗制诉讼的理念相违背,使得这项制度受到当事人的抵触。美国的诉讼理念认为,审判应当保持对对抗制诉讼的忠诚,当事人主义诉讼的基本前提之一,是事实裁决者基于诉讼双方收集的证据,在此基础上通过举证、质证,最终认定事实并作出判决。当事人并不欢迎法庭聘请专家证人制度。因为这项制度会影响当事人的发挥。律师更是强烈主张反对法庭聘请专家证人,因为他们会失去操纵专家作出判断的机会,律师不被允许向法庭聘请的专家证人暗示他们所追求的结果。② 另外,法庭聘请的专家证人的成本太高。这些费用最终会转嫁到当事人身上,而且当事人必须投入额外的准备时间以应对交叉询问。这些准备通常包括:了解专家的教育背景为在法庭上交叉询问、罢免专家做好准备。对于法官而言,有时候会选择放弃聘请专家证人,因为识别专家证人有无资格、是否中立是一桩耗时费力的事情。尽管尚且无法获得专家的名单,但是一般认为可供选择的专家渠道主要包括专家证人资源中心、政府代理的专家证人专家组。联邦司法中心鼓励法官利用专业组织帮助他们找到中立的专家证人。

---

① See Richard A. Ponser, The Federal Courts: Crisis and Reform, Harvard University Press, 1985, pp. 317–318. See Thomas E. Baker, Rationing Justice on Appeal: The Problems of the US Courts of Appeals, West Publishing Companpy, 1994.

② See Karen Butler Reisinger, Court-Appointed Expert Panels: A Comparison of Two Models, 32 Indian Law Review 237 (1998).

第二,法庭聘请专家证人制度存在专家篡夺法官和陪审团认定事实权力的风险。① 反对这项制度的学者们担心陪审团会听信法庭聘请的专家的一面之词,而忽视陪审团在评议过程中的互相交流。并且这种担忧被一些实证研究所证实,例如美国联邦司法中心研究员在报告中指出,在被调查的 58 个案件中有,56 个案件的陪审团对事实认定的结果与法庭聘请的专家证人的意见一致。② 然而,对于这一问题,美国的研究结论也是富有争议的。1991 年美国某学者的研究表明③,陪审团并没有倾向于法庭聘请的专家的证词。相反,他们认为专家证人获得了更好的庭审效果。这是因为对抗制之下的交叉询问使得当事人聘请的专家证人给陪审员留下了更加深刻的印象,从而在评议案件事实时更多地受到专家证人的影响。

第三,法庭聘请的专家证人未必真的中立。即使法庭聘请专家证人制度的出发点在于寻找中立的专家证人,但现实中难以判断专家证人是否能真正做到中立。美国学者在 1993 年的研究中指出,在 431 名接受调查的联邦法官中,有 86 名法官聘请过中立的专家证人,并且大部分法官对法庭聘请的专家表示满意。然而,在聘请过专家的法官中,将近 20% 的人表示不太愿意再次适用这项制度,即使是面对复杂的案件。④ 美国学者乔·塞尔西和托马斯·威尔金的研究表明,有三个原因造成法官纠结的心态:一是法庭指派专家证人的机会相对较少;二是法官会考虑法庭聘请的专家证人可能会与当事人主义对抗制诉讼相抵触;三是法官对能否选到中立的专家表示怀疑。而且中立的专家的观点也未必正确,其也可能受到自身学术门户之见的影响。如果陪审团遵照所谓的"中立"专家证言,那么对案件事实的评议将会受到专家证言的影响。⑤ 在一些案件审理

---

① See supra note 34. at 1583, 1595.

② See Joe S. Cecil, Thomas E. Willing, Moore's Federal Practice: Reference Manual on Scientific Evidence, 547 Matthew Bender Company (1994).

③ See Nancy J. Brekke, Peter J. Enko and Gail Clavet et al., Of Juries and Court Appointed Experts: The Effect of Non-Adversarial versus Adversarial Testimony, 15 Law and Human Behavior 451 (1991).

④ See Joes S. Cecil, Thomas E. Willgng, Court-Appointed Experts: Defining the Role of Experts Appointed under Federal Rules of Evidence 706, Generic, 2020.

⑤ See Elwood S. Levy, Impartial Medical Testimony-Revisited, 34, Temple Law Quarterly 416 (1961).

过程中,法庭聘请的专家竟然还通过报告建议法庭否认一方的专家证言,而判决另一方胜诉。如果法庭聘请的专家无法真正做到"中立",将会破坏对抗制诉讼。就技术顾问而言,双方无法分辨顾问是否有偏见,也不能有效反驳技术顾问向法庭提供的意见。

六、法庭聘请专家证人制度对我国的启示

科学证据改变了传统的证明方式,也对法官采纳此类证据提出了前所未有的挑战。这是我国和美国法院共同遇到的困境。存有瑕疵的鉴定意见会误导法官作出错误的裁判,使科学证据沦为冤假错案的"帮凶"。为了解决这一问题,在法庭审判中引入鉴定人或专家证人弥补法官对科学技术认识的不足,是两大法系国家共同总结的经验。但美国的诉讼建立在当事人主义对抗制的基础上,而我国的刑事诉讼建立在职权主义的基础上,这一宏观差异决定了两种司法鉴定制度在管理、启动、使用等方面的不同。

美国主要通过法庭聘请专家证人制度弥补法官对科学证据的知识短板,无论是"技术顾问",还是依据《联邦证据规则》第706条规定的"法院聘请的专家证人"制度,都是通过专家证人帮助法官解决科学证据的可采性问题。但美国和我国解决问题的思路略有不同。美国是在目睹专家证人制度对抗性弊端的前提下,试图建立中立的法庭聘请专家证人制度,对抗制下的专家证人制度造成专家证人为维护当事人权益而完全为雇主说话。就像美国有些学者讽刺的,"专家证人如同律师的萨克斯,吹出和谐的旋律"[1]。因此,美国通过采取法庭聘请专家制度以帮助法官辨别双方提供的专家意见的真伪。我国不同于美国的专家证人制度,采取类似于欧洲大陆法系国家的司法鉴定人制度。在刑事诉讼中,司法鉴定的启动程序由司法机关垄断,鉴定机构及鉴定人也由司法机关指派或聘请,当事

---

[1] John H. Langbein, The German Advantage in Civil Procedures, 52 University of Chicago Law Review 823 (1985).

人仅享有申请重新鉴定、补充鉴定的权利,并无聘请鉴定人提供对自己有利的鉴定意见的权利。因此,在刑事诉讼中,鉴定意见通常表现出指控犯罪的浓烈色彩。

法庭聘请专家证人制度在实践中的运用较少,美国学者的研究表明,这项制度最大的理论与实践障碍是美国奉行当事人主义对抗制的诉讼理念,中立的专家未必会受到当事人的欢迎,反对声音认为法庭聘请专家违背了对抗制诉讼的精神。在硅胶丰胸案中,法庭聘请专家制度即使运作得比较成功,也难免遭到一些批判,主要原因是这项制度对对抗制诉讼造成了一定的冲击。

即使法院聘请的专家证人也难以做到中立,一方面,专家本身可能对某些专业理论问题存在门户之见;另一方面,判断专家是否中立绝非易事。我们不能理想地认为,在我国,法院建立专家辅助人名册就能保证专家辅助人的中立性。在这方面,美国的经验足以为鉴。即使法院设立专家辅助人名册,也只能从形式上保证专家辅助人不是替当事人说话,但实质上很难判断专家发表的意见是否客观中立,况且司法鉴定专业领域的门户之见始终存在,难以保证专家的客观中立。

最后,解决法官的知识短板问题,归根结底还是要提高法官的科学技术知识水平。社会科学和自然科学专业理论的融合,促进了法学教育与司法鉴定教学的融合,有利于提高法官处理科学证据的能力。对此,美国证据法学家罗纳德·艾伦教授也认为,提高法律职业教育中学生的科学技术知识水平,是今后提高法官采信科学证据能力所应当致力的改革方向。

第十一章
美国和加拿大法庭科学标准化实践概览

一、美国法庭科学标准化实践

(一)美国法庭科学标准化的历史

美国国家标准与技术研究院(National Institute of Standards and Technology, NIST)2013年2月宣布建立全国性的法庭科学标准化委员会以加强法庭科学实践的制度构建。该委员会考虑为联邦和各州、地方法庭科学实验室(由从事法庭科学的科研人员和执业人员组成)提供实践指南。该委员会将有职责为发展有关法庭科学和审判的交叉互动提供意见,并发布政策建议,包括培训和资格认证的专业责任和要求。该方案将在联邦政府的领导下,为各州和地方成员的合作提供法庭科学学科的基本框架。司法部通过参与这一委员会,在发展政策建议和协调实施方面发挥积极作用。美国国家标准与技术研究院主管的指南组织将研究制定特定学科的指南,这些指南将对外公开,并成为得到委员会和司法部部长认可的标准。这一共同努力将有助于促成法庭科学的国家标准化指南。另外,美国国家标准与技术研究院将继续完善法庭科学的方法及科学标准。[1]

2009年,美国国家科学研究委员会(National Research Council, NRC)的报告《美国法庭科学的加强之路》,被认为是美国法庭科学改革的历史性标志。2017年,随着美国法庭科学国家委员会(National Commission on Forensic Science, NCFS)工作的结束,白宫科学与技术政策办公

---

[1] See Simon A. Colea, Who Will Regulate American Forensic Science? 48 Seton Hall Law Review 563 (2018).

室的工作（White House Office of Science and Technology Policy，OSTP）也随着前总统奥巴马的任期结束而告终。当人们寄希望于美国总统科技顾问委员会（President's Council of Advisors on Science and Technology，PCAST）对有关法庭科学报告的影响发挥作用时，这份报告戛然而止，并无法继续下去。

科学领域委员会组织（Organization of Scientific Area Committees，OSAC）是由NIST管理的，该委员会组织对法庭科学标准的授权是相当有限的。长期以来，缺乏标准化被认为是美国法庭科学的一大缺点，许多学者已经指出这一问题。当然，这一问题不是当前美国法庭科学的唯一症结，美国学者对法庭科学的调查反映，除了该问题，还存在如下问题：①政府对法医学投入的资源不足，无法满足执法部门对法医学的需求；②法医学与主流科学的联系还不够紧密；③法庭科学报告或专家证言经常出现逻辑错误；④法庭科学报告和专家证言夸大证据的价值；⑤许多法庭科学技术未经过验证；⑥法庭科学协议没有采取程序性措施以减少确认偏差；⑦大部分法庭科学实验室是由执法部门监管的，造成执法部门不中立，甚至干扰鉴定人独立鉴定，丢失了忠于科学、忠于事实的品质；⑧对法庭科学的基础研究还不够；⑨大部分法庭科学的自我管理体系缺乏活力，鉴定人资格和实验室的资格不够理想，并被职业本身控制到不合理的程度；⑩法庭科学的教育和培训制度不够完善；⑪许多实验室的协议、质量保证和控制机制缺乏灵活性。

实现法庭科学规范化的诸多路径困难重重，相较之下，法庭科学标准化是一项可行的途径选择。这一判断并非无稽之谈。在其他许多领域，这一标准已被多数州、组织认为是替代管理手段的、行之有效的方法。这一标准能否规范法庭科学呢？我们必须首先了解美国法庭科学标准化的简史，然后再看看标准和标准化如何解决这个问题。

20世纪80年代后期，除了少数的例外，在美国，没有任何一家标准制定组织颁布法庭科学标准。实际上，每个实验室及其鉴定人都可以在各自领域的学科权威或教材的通用标准中，自由地选择他们认为适合的实践操作守则。同时期，来自法庭科学领域内外部的批判指责纷纷指出诸多法庭科学领域的依据缺乏实践检验和确认的问题，准则五花八门的现象更是不断遭到批判,评论者认为这是由缺乏标准的实践造成的。法庭科学界人士向美国材料与试验协会(American Society for Testing Materials, ASTM)请求帮助,希望能够在部分法庭科学学科领域率先启动有效的标准化工作。美国材料与试验协会是美国历史最为悠久、规模最大的标准化制定组织,主要负责制定、颁布合意性标准,也是世界上历史悠久的标准化组织之一。其行业材料和程序标准被业内人士广泛接受和遵循。

较早采纳美国材料与试验协会制定的新标准的领域主要集中在司法鉴定文书鉴定方面,这也许是因为早期存在文书检验的分委员会,或者是因为20世纪80年代后期,司法鉴定文书在合法性方面比较薄弱,遭到较多的批判,因此法庭科学标准针对这一领域进行了强化。

20世纪90年代,美国材料与试验协会的发展逐步加快。这一时期有两件事的发生,对标准化进展产生了重要影响。其一,1993年的多伯特诉梅里·道医药公司案使得联邦最高法院因此确立了法庭证据准入的多伯特规则。其二,美国司法部和美国联邦调查局(Federal Bureau of Investigation, FBI)对多伯特规则的反应,以及联邦总检察长关于世贸中心2001年遭"9·11"恐怖袭击的第一份报告,这份报告揭露出联邦调查局实验室的缺陷。这一反应最终使得建立"技术工作组"的愿望付诸实践,它开始在各个法庭科学分支领域进行不懈努力。1995年到1998年,这一组织的名称从"技术工作组"改为"科学工作组",美国材料与试验协会分委员会的成员以自愿加入、对外开放为原则,但是科学工作组的成员接受联邦调查局的管理,其成员主要是来自政府执法部门实验室的鉴定人。因此,他们在专业领域无法和美国材料与试验协会分委员会相提并论。

在组成方面,全国性的法庭科学标准化委员会的成员组成会影响标准活动的效果。这个过程好比激烈竞争的权力游戏,个别强势的一方能够影响标准化的制定。该委员会的组成不可避免地造成一种机构偏颇。[1]

---

[1] See Stefan Timmermans, Steven Epstein, A World of Standards but not a Standard World: Toward a Sociology of Standards and Standardization, 36 Annual Review of Sociology 77 (2010).

其组成已经成为科学领域委员会组织的争议问题。这一进程的最初目的是为各委员会的组成制定明确的配额制度。全国性的法庭科学标准化委员由70%的执业人员，20%的科研人员以及10%的研发人员组成。这种局面可能被认为是有利于执业人员的，他们会倾向于支持以上的方案。例如，美国总统科技顾问委员会完成的报告评论道："科学领域委员会组织的成员几乎没有独立的科学家：其是由鉴定人构成，鉴定人超过总数的三分之二，该组织缺乏足够的独立科学知识，缺乏为克服法医学中的严重缺陷而进行的必要监督。"①

美国决定开放北加利福尼亚研究所并获得必要的资金。该项目于2005年11月启动，该研究所将帮助重建公众信心和政府公信力，通过向决策者提供司法鉴定标准，帮助他们制定法律、政策和执法活动，并且基于目前的领先科学技术，最大化地实现法庭科学服务于逮捕、起诉和定罪量刑等刑事诉讼活动。

除建立这个研究所之外，美国司法协会将组建法庭科学和公共政策国家委员会以实施研究所制定的法庭科学标准。该委员会的成员将包括全国知名的鉴定专家、执法官员、检察官、律师、学者和司法官员并将开拓前行的道路，制定法庭科学标准，为司法体系中绝大部分部门的决策者服务。②

(二) 美国法庭科学标准化存在的问题

1. 法庭科学面临不确定性和被误读的风险

美国前总统奥巴马于2017年在《哈佛法律评论》上刊发了一篇题为《国家总统在推动刑事司法改革中的角色》(The President's Role In Advancing Criminal Justice Reform) 的文章。③ 奥巴马在文中指出，与公众在电视节目中产生的对法庭科学的认识相反的是，现实中的法庭科学面临许

---

① President's Council of Advisors on Science and Technology, Forensic Science in Criminal Courts: Ensuring Science Validity of Feature-Comparison Methods (2016).

② See Allan D. Sobel, Building Public Trust and Confidence, 89 Judicature 57 (2005).

③ 有关该报告的中文内容，参见〔美〕巴拉克·奥巴马：《国家总统在推进刑事司法改革中的角色》，汪诸豪译，载《比较法研究》2019年第4期。

多不确定性,以及被误读的风险。2009年,美国国家科学院向奥巴马提供的一份研究报告提出,许多法庭科学学科的可靠性、合法性普遍遭到质疑。DNA鉴定研究的不断深入和其他法庭科学领域的发展将提高科学证据的可靠性,促进司法正义目标的实现,助力准确惩罚犯罪,防止无辜者含冤入狱。

奥巴马政府已经支持了较大范围内的科研攻关和政策倡议以加强法庭科学建设,这项改革横跨数个领域,从DNA鉴定分析,延伸覆盖到指纹鉴定、轮胎鉴定、轮胎刮痕、子弹分析、笔迹鉴定、痕迹鉴定和毒物鉴定、电子数据鉴定等。2013年,美国国家标准与技术研究院建立了全美首家全国性的法庭科学标准化委员会,联邦咨询委员会就有关如何加强法庭科学的合法性和可靠性的问题提出系列建议。为回应这一系列建议,司法部公布若干项蓄势待发的措施以改变目前的政策。这些措施包括:要求司法部的法庭科学实验室必须获得并持续保持资格认证,在条件可行的情况下,要求所有检察官在此后五年内(即2017—2022年)使用具备资格认证的实验室实施司法鉴定活动。

2015年,美国国家标准与技术研究院投入2000万美元在爱荷华州大学成立了卓越法庭科学中心(Forensic Science Center of Excellence),以整合不同学科的统计数据平台,包括指纹鉴定、枪支鉴定、咬痕鉴定等。

同时,美国国家标准与技术研究院又协同司法部管理法庭科学国家委员会,该组织由超过500名的司法鉴定人组成,致力于研制法庭科学标准和指南。2016年,美国总统科技顾问委员会也重点关注了这些重要领域的问题。

联邦调查局不仅支持关于法庭科学科研和技术发展的前瞻性建设,同时史无前例地承担起对已决案例和专家证言、证人证言的审查任务。2012年,联邦调查局在"无辜者计划"和全国刑事辩护律师协会的协助下,启动关于对显微毛发鉴定的专家证言的复核。联邦调查局复核了超过21000件案件,在这些案件中,联邦调查局提供了1972—1999年期间的显微毛发分析。通过这些评估和复查,至少有2起案件得以平冤昭雪,还有其他几起案件处于待定状态。2017年年初,美国司法部也成立了法庭科学学科复核机构以巩固法庭科学的质量保证成果,将实践中涉及的相关学科纳入质量认证体系。

加强法庭科学建设是个错综复杂的具有挑战性的难题,要求联邦政府、法庭科学、法学研究和司法实务等社会各界人士持续努力、协同作战。推动法庭科学的攻关研究和发展法律法规、行业标准等工作,将要求联邦、各州、地方的政府机构、学术界、执法部门以及法庭科学领域的专家继续协同奋进,实现以法庭科学促进司法公平正义的光荣使命。①

2. 法庭科学领域危机四伏

美国国家科学研究委员会在2009年发布的名为《美国法庭科学的加强之路》的调研报告②中指出,美国法庭科学领域危机四伏。其中主要问题包括缺乏合适验证的法庭科学方法、缺乏中立的鉴定、存有偏见的分析、缺乏足够的法庭科学培训和法庭科学标准,经常出错而误导司法办案的鉴定结果且缺乏独立的监督等。面对如此困境,该报告坦言,美国政府任重而道远。

美国国家科学院不是政府部门,而是民间的、非营利的、科学家的荣誉性自治组织,由从事科学和工程类研究的杰出学者组成,致力于推动科学技术的发展和增进社会福祉。其会员由内部自我推选产生,该组织的会员资格被认为是科学家和工程师们的最高荣誉。2010年,美国国家科学院就已经吸纳了2100名成员和380名国外同行,其中200名成员获得过诺贝尔奖。美国国家科学院发布的科学报告被认为是权威的并且是被人们普遍接受的标准。因此,该科学院发布的报告,不是简单地遵从某一位专家的意见,而是科学界同行的专业判断。

在认识到法庭科学亟待推行重要改革的基础上,美国国会授权美国国家科学院着手研究法庭科学并最终形成报告。美国国家科学院的一大任务就是推广有关法庭科学采集与分析方法的有益经验和行动指南,以保障法庭科学技术的可靠性和规范性。国家科学院由鉴定人、科学家、法

---

① See Barack Obama, The President's Role in Advancing Criminal Justice Reform, 130 Harvard Law Review 811 (2017).

② Committee on Identifying the Needs of the Forensic Sciences Community, National Research Council, Strengthening Forensic Science in the United States: a Path Forward, http://www.nap.edu/catalog/12589.html.

庭科学管理层、法庭科学培训师、法庭科学研究人员、标准化组织代表、政府执法部门中熟悉如何运用科学证据指控犯罪的专家组成，大家集思广益指出法庭科学存在的严重问题，以引起有关方面的关注，建立强制性标准，促进法庭科学的实践教学，进而提升法庭科学的可靠性。

《法庭科学和标准法案（2013）》以及之前的法案均希望形成全美的法庭科学规范以推进联邦法庭科学方面的研究。法庭科学报告和法庭上与此相关的其他专家证言，必须包括有关鉴定的限制性规范。这些规范应当包括报告中涉及的结果不确定的手段，以及可能的相关评估概率。

法庭科学中的许多领域非常有必要提升报告和专家作证的标准。实验室报告作为科学分析的结果，必须完整和彻底。其必须描述最低限度的标准、方法和材料、结果和结论，同时必须表明，视情况而定、在程序和结论过程中的不确定因素。一些法庭科学实验室符合这些对鉴定报告的要求，但还存在着不符合要求的实验室。而是否考虑某些关键鉴定结果的不确定性，将会对法官作出有罪判决或无罪判决产生重要影响。

标准是由被认可的机构在合意的基础上通过批准而确立的规范，这些规范可以反复使用，以形成一定的规则、指南，规范行为和结果的基本特征。好的标准能够确保服务或产品质量的可靠性、高效性并得到同行认可。所以，标准对于法庭科学活动的实施非常关键。而这些标准必须建立在可靠的科学、技术和经验基础上。自愿一致的标准一般是通过严格的同行评估才被制定出来的。由于标准的颁布和修订必须始终与国际、地区、全国、全省的标准同步，且这些标准必须被大多数有代表性的专家认为反映了行业内技术水平发展的现状。全球有好几家标准化组织，其中包括国际标准化组织（International Organization for Standardization，ISO）、美国国家标准与技术研究所和美国材料与试验协会。

在法庭科学领域，标准能够为评估鉴定的质量、可靠性和有效性提供制度保障。坚持按照标准实施鉴定，可以减少偏见、推动统一化、加强鉴定结果的有效性和可靠性。

案件事实与科学真相一致的目标，可以通过要求科学证据遵守鉴定人所坚持的标准和规则实现。同法庭科学打交道的司法人员、当事人和律师需要确保法庭科学按照标准方法进行，这样他们才能据此判断鉴定意见的准确性、可靠性和相关性。最重要的是,标准不仅能指导实践,还可以作为法庭科学认可和认证项目的指针。

美国材料与试验协会由美国法庭科学学会(American Academy of Forensic Sciences,AAFS)成员组成,该组织在 2010 年就已颁布超过 50 项法庭科学标准。许多公立的法庭科学实验室成员加入了美国材料与试验协会。

此外,正如其他科学学科一样,一些组织的主要职责是颁布具体学科的标准,这些组织主要包括美国犯罪实验室、法医毒物学会、美国法医毒物和法定计量国际组织。

法庭科学标准化在诸多方面发挥着积极作用。全国法庭科学标准化的存在能够为实验室和鉴定人提供资格认证。而提供一个全国性的职业资格项目能够为所有实验室提供标准的基线,并加强对科学证据审查的可预测性。此外,法庭科学标准化组织能够创造法庭科学学科的认证体系。这些认证要求将作为教育、实践、专业知识的最低标准,从而方便法庭判断专家是否适合、证言是否可靠。鼓励大学设置更多的法庭科学课程,这有助于鼓励法庭科学研究和促进教育项目知识的传播。

法庭已经依据或允许依据国际标准化组织、美国国家标准与技术研究院、美国材料与试验协会的标准以及其他标准来判断科学证据是否具备可靠性、普遍接受性,以及是否有助于事实发现,或者评估科学证据的证明力。例如,在部分判例中,法官在裁判文书中提到,没有使用美国材料与试验协会的标准,因而使得证据方法未能得到普遍接受。当专家证人合理地依据国际标准化组织的标准,遵守这些标准所规定的指南时,根据多伯特规则和《联邦证据规则》第 702 条的规定,他的意见是可靠的。国际标准化组织的标准对于判断科学方法是否被普遍接受是有帮助的。①当根据《联邦证据规则》第 702 条、多伯特规则、库霍规则评估科学证据的可采性时,法庭必须同时审查专家参照的标准是否由独立的标准组织颁布。如果缺乏联邦层面规定的法律规范,他们必须提供具体的标准。

---

① See Ted Voska, DUI Evidence and the National Academy of Sciences Report on Forensic Science, 2020, pp. 1-38.

3. 部分法庭科学缺乏整个行业的匹配标准

近年来,美国几乎所有的法庭科学都遭到批判,大多数批判将矛头指向法庭科学缺乏足够的检测,甚至有些检测是无效检测。典型的法庭科学证据经常包含两个样本的对比,其中一个来自已知的犯罪嫌疑人,另一个来自案发现场。结论应是两者相互匹配。无论是专家证人的陈述还是陪审团的认定,这种匹配被解释为事实上确信被告人到过案发现场。这一结论的可靠性取决于两个环环相扣的猜测性因素的叠加:第一,这种匹配是通过某种技术标准,而不是根据专家证人肉眼的判断;第二,这种匹配是使人入罪的,与样本特征的特殊符合是独特的或者至少是极不寻常的。

然而,美国的研究表明,这些必要的假设在许多法庭科学领域并不存在。部分法庭科学因为缺乏整个行业的匹配标准而受到批判。例如,齿痕分析没有全行业的标准,无法确定多少个位点相一致才能算是"匹配"。美国牙科法庭科学协会的参考指南是由一些相对粗糙的规范组成的。尽管指南罗列了一些价值不大的词汇,来表明牙齿咬痕与样本匹配的评判依据,但没有任何能用来判断是否匹配的标准。

另外一种缺乏标准的法庭科学是指纹鉴定。指纹鉴定缺乏行业标准的现象长期存在,直到 2009 年联邦咨询委员会在报告中批评指出,这一问题才得以改观。自那以后,相关组织颁布了标准。用美国总统科技顾问委员会的话来说,他们"开始将指纹鉴定朝着客观文本的方面推进"①。

联邦立法对此问题的反映较为缓慢,2009 年,美国国家科学研究委员会发布的《美国法庭科学的加强之路》引起法官和学者的大量评论,批判了法庭科学的不足。2013 年,美国制定旨在改进法庭科学标准的法案"刑事司法和法庭科学改革法案"②。

(三)美国法庭科学标准化改革的概况

美国法庭科学标准化改革主要随着刑事司法改革涉及的证据问题而

---

① Stephanie L. Damon-Moorea, Trial Judges and The Forensic Science Problem, 91 New York Univesity Law Review 1532 (2016).

② Eric Maloneya, Two More Problems and too Little Money: Can Congress Truly Reform Forensic Science? 14 Minnesota Journal of Law, Science & Technology 923 (2013).

逐步推进,主要分布在指纹鉴定、文书鉴定、车辆鉴定、电子数据鉴定、法医 DNA 鉴定、管制物品鉴定、精神疾病司法鉴定等领域。法庭科学和证据法专家安德烈·莫森思(Andre A·Moenssens)等学者的代表性著作《民事和民事案件中的科学证据》①对法庭科学标准化改革作了较为系统、深入的阐述。美国早期有一些民间的标准化组织开展了法庭科学领域的标准化工作,主要包括美国材料与试验协会、美国齿科协会。其中,美国材料与试验协会在 1970 年就成立了法庭科学委员会,1989 年美国材料与试验协会与法庭科学国家委员会联合加快推进标准化建设。1994 年,刑事技术、文件检验和工程学三个分技术委员会分别在通用标准(证据的标识、接收、记录、存储和检索)、刑事技术标准(燃烧残留物、涉及残留物和油漆分析方法)、文件检验标准(书写油墨分析方法和文件检验人员工作范围指南)和工程学标准(专家意见、数据分析、事故材料的收集、保管、分析以及术语)等方面发布了 20 项标准。②

美国材料与试验协会于 1998 年设立法医心理生理学技术委员会,负责制定法庭科学标准,这些标准主要适用于电生理检验方面的设备标准、方法标准和人员教育培训标准等。2008 年,工程学技术委员会独立成立法庭工程学技术委员会,负责制定法庭工程领域的检查、检验和出庭作证等方面的标准。

美国官方也开展了法庭科学领域的标准制定工作。如美国国家标准与技术研究院早在 1986 年就颁布了指纹鉴定数据交换标准。但是美国国家标准与技术研究院只是在信息、实验室建设、理化、生物物证保管、电子物证检测与现场调查等有限领域内制定了少数标准和指南。美国政府的相关部门牵头成立的科学工作组在标准化方面发挥了重要作用。1988 年 11 月,美国联邦调查局实验室成立 DNA 分析方法科学工作组,该工作

---

① 本章所分析的美国法庭科学标准化的现状,除特别指出的之外,主要是参考、翻译和梳理了安德烈·A.莫森思教授的这部著作中有关指纹鉴定、文书鉴定、车辆鉴定、电子数据鉴定、法医和 DNA 鉴定、管制物品检测、法医精神病学鉴定等领域的标准化内容。See Andre A. Moenssens, Betty Layne DesPortes and Steven D. Benjamin, Scientific Evidence in Civil and Criminal Cases, 7th ed., Foundation Press, 2017, p. 126, 208, 358, 415, 666, 691, 734, 823.

② See Andre Moenssens, Betty DesPortes and Steven D. Benjamin, Scientific Evidence in Civil and Criminal Cases, 7th ed., West Academic, 2017, p. 126.

组由对该领域新技术进行确认的科学家组成,分享和交流行业内的经验并尽可能地建立工作指南。

20世纪90年代,美国联邦调查局实验室进一步倡导成立各个领域的科学工作组以提高检测水平,促进联邦、各州和地区实验室工作的标准化。此后,美国国家司法研究院、国防部、国土安全部和缉毒署等部门相继成立了各个专业领域的科学工作组,开展专业技术方法、质量管理标准和指南的制定工作。

2009年,美国国家科学研究委员会发布了《美国法庭科学的加强之路》的报告,针对法庭科学存在的问题作出回应,美国科技政策办公室协调成立了国家科学技术委员会法庭科学分委会。2014年,美国政府加大对科学研究、标准、指南等方面的资金投入,提升科技研发与实践运用水平,促进学术交流、教育培训、国际合作等。

2013年2月,在标准、指南与最优方法制定方面,美国司法部与国家标准与技术研究院共同提出设立美国法庭科学国家委员会和科学指南组(Scientific Guidance Groups)的计划,以求整合现有资源,提升法庭科学技术的可靠性,减少分歧。

美国法庭科学国家委员会是为司法部提供服务的委员会,由与法庭科学活动相关的各利益相关方组成,包括联邦、州和地方法庭科学服务提供者、研究人员与学者、检察官、律师、法官等。主要任务是向司法部提供意见和建议。①

(四)美国法庭科学标准化的现状

1. 指纹鉴定的标准

自1990年以来,美国指纹鉴定协会的成员组成指纹分析、科研、技术科学工作组。该组织的职能与目标主要包括:①扩大和提升指纹鉴定人的专业知识、业务技能,建立一系列指导性标准。②研讨和分享有关指纹鉴定的方法和协议。③鼓励和促进与指纹鉴定相关的科研探索和技术创

---

① 参见花锋、周红:《中美法庭科学领域标准化工作比较研究》,载《刑事技术》2016年第1期。

新。④确立和宣传质量保证和质量控制的规范和标准。⑤与国内和国际组织进行合作,共同制定标准。⑥传播美国指纹鉴定协会的科研信息。

美国指纹鉴定协会的工作得到联邦调查局的支持,制定掌纹、指纹鉴定的规定和标准,包括专业术语、鉴定方法、鉴定报告的行文表述和其他方面的规范。在美国国家标准与技术研究院成立之后,美国指纹协会于2014年遂停止运作。在国家标准与技术研究院制定和采纳新的标准之前,指纹脊线分析科学工作组(Scientific Working Group on Friction Ridge Analysis, SWGFRA)的自愿性规范被普遍认为是该领域最具有应用性的规范。除指纹鉴定标准的发展之外,联邦调查局也拥有一套自己的指纹鉴定程序标准。

美国司法部也计划制定标准用语,规范指纹鉴定报告文书的行文。该标准主要涉及以下三个方面的内容:第一,确定性鉴定(Identification)。鉴定人可以明确或暗示鉴定结果为两枚指纹具有同一性。因为有足够的质量和数量的相关信息,鉴定人不会在其他案件来源里重复看到相同的指纹纹路。研究表明,由更多的可靠性特征发现相互吻合的指纹,意味着在其他来源中发现相同指纹特征的可能性极小。第二,不确定性鉴定(Inconclusive)。鉴定人可以明确或暗示这是一份不确定的鉴定意见,其是鉴定人在没有足够的质量和数量的相关信息的条件下作出的判断,表明鉴定人无法辨认或排除指纹的来源。第三,排除性鉴定(Exclusion)。鉴定人可以明确或暗示这是一份具有排除性的鉴定意见,其是基于两个指纹。不是来自同一个来源得出的意见。因为有足够的数量和质量的特征表明这些指纹相互吻合。美国司法部标准列举了"排除所有其他来源""绝对或可量化""零错误率"等禁止的表述方式。

2. 文书的鉴定标准

文书鉴定人较早使用标准来规范鉴定业务。文书鉴定需要对鉴定报告中涉及的术语表达进行规范化,这样才有助于不同鉴定机构的专家更好地理解,委托鉴定的法官和辩护律师也能更好地分析鉴定报告的确切含义。1900年,美国有两家文件鉴定组织采用了推荐的标准,在鉴定报告和专家证言中使用了这些标准。在制定这些标准的过程中,标准起草者发现,除了三种基本的结论"识别""排除"和"无结论"之外,大批合格的鉴定人同时也提供了结论。此外,除了六种合格的鉴定意见,起草者确立了九个层次的数值范围用于文书鉴定,具体包括:①确定性鉴定(鉴定的准确结论);②较强的可能性(高度的可能性或非常有可能);③可能;④迹象(建议的证据);⑤没有结论(完全不确定的,不能确定的);⑥迹象表明没有(非常微弱的意见);⑦很可能不是;⑧极可能不是;⑨排除。① 实践中,指南为鉴定意见提供清楚的指示,"指示"某个人"可能写"或"可能没写"被鉴定的文书,导致一些误解。指示(建议的证据):手写的笔迹有部分用于对比笔迹的显著特征,但是这些特征和另一个书写的内容具有相似之处。例如,有证据表明,被告人已经手写了被鉴定的文件,但是证据远远没有达到能证明一项具体结论的程度。

值得注意的是,有一种证明力很微弱的鉴定意见,一份鉴定报告可能会被误读为"鉴别"的类型,如其仅仅简单地写道:"证据表明被告人手写的材料。"这里必须有其他限制性词汇或修饰短语。例如,"可能是"或"但该证据远未能得到定论"。这个鉴定意见写出来,要确保法官能理解其证明力是较为薄弱的。

在司法鉴定文书标准化迈向未来的征途上,1997年,美国文书鉴定界人士成立了一个团队,简称文书技术工作组(Technical Working Groups for Forensic Document, TWGDOC),这个团队后来成为文书科技工作组(Scientific Working Groups for Forensic Document, SWGDOC)。该团队通过美国材料与试验协会发布了标准,建立了指纹鉴定9个位点的标准。2012年,该组织通过网站发布了21条同行评估标准,随后又陆续提供了几种效果不错的标准供文书鉴定参考。国际标准化组织委员会将持续关注司法鉴定分析、对比和文书评估的标准和指南。

3. 车辆鉴定标准

车辆鉴定标准用于鉴定速度,包括汽车、站台雷达和激光设备。该行业已经提供了一些合适的标准。必须根据道路的类型来选择设备。例如,对于居民区和其他低分贝区域,手提式雷达是足以适用的。激光设备

---

① See Thomas McAlexander, Jan Beck and Ronald Dick, The Standardization of Handwriting Opinion Terminology, Letters to the Editor, 36 Journal of Forensic Sciences 311 (1991).

主要在主干道(在速度和声音数值都很高的情况下,定位一辆车辆更加困难)。移动雷达设备,包括单一、双天线,在市区的高速公路上很管用。①

为了提供具体详细的规定,提高公众对测速设备的准确性、可靠性的信任,国际警察局长协会的执法技术项目明确了哪些产品符合标准并发布了合格产品名单。制造商必须提交他们的产品,且产品必须通过评估才能列入这个名册,产品将根据他们的标准进行评估。满足这些标准的将被列入名单,但这并不意味着其必然和地方、各州的规定相一致。大部分的州同时要求州内的政府机构允许某些设备用于执法,同时要求按照规定的时间表,对设备进行认证。

4. 电子数据鉴定标准

美国联邦调查局在1998年建立了电子证据科学工作组以推动电子证据和多媒体证据的组织积极参与、促进交流与合作,同时确保了鉴定和司法鉴定专业领域的交流。该组织由联邦、各州、地方的各级执法部门人员组成,主要关注实验室布置的电子证据,但同时也在推动该领域的顶尖实践标准和指南的制定。美国犯罪实验室负责人和实验室鉴定认证协会在2016年与美国国家标准研究所国家认可委员会(ANSI National Accreditation Board,ANAB)合并,制定了一系列的标准,这些标准、建议和最佳实践文件广泛覆盖了电子和多媒体侦查领域。

美国国家标准与技术研究院也有一系列的指南和标准。该研究院同时也支持科学领域委员会组织,包括2014年9月被聘任的电子数据和多媒体委员会。其宗旨在于"促进发展和宣传基于共识达成的文件标准和法庭科学指南,推进适用于合适目标并建立于牢靠科学原理基础上的标准和指南。通过认可和认证,促进该委员会的标准和指南的应用,建立并维持与其他同行组织的联系"。电子数据和多媒体委员会致力于制定专业机构颁布的文件。

5. 法医和 DNA 鉴定标准

美国有关生物样本的采集和鉴定标准、指南于2015年1月15日由

---

① See U.S. Department of Transportation, National Highway Traffic Safety Administration, Speed Enforcement Program Guidelines, 2008, p. 17.

DNA 分析方法科学工作组颁布,该标准不具有强制性。该组织在 DNA 分析领域是具有一定影响力,这些新制定的指南也被广泛接受和采纳。对血清鉴定程序质量的苛刻要求,对于准确分析 DNA 具有关键的作用。生物证据保存科学工作组织的同时还制定了有关收集和处理生物样本程序的指南。

与许多领域的司法鉴定不同的是,DNA 鉴定分析已经确立了普遍接受的标准。美国国会于 1994 年颁布的《DNA 鉴定法》(DNA Identification Act),要求成立专家组从事质量控制和与 DNA 鉴定的相关工作。DNA 咨询专家组成立于 1995 年,起草制定 DNA 鉴定标准,为联邦调查局执法提供规范。联邦调查局在 1998 年发布了《DNA 司法鉴定实验室质量保障标准》,并于 1999 年制定了《已决犯 DNA 数据库实验室质量保障标准》,这些标准均在 2009 年进行修订,修正案于 2011 年 9 月 1 日生效。这项标准对于美国所有联邦运作的实验室、享受联邦财政资金实验室、参加组合 DNA 指引系统数据库项目的 DNA 实验室而言,都是强制性的规范。当 DNA 顾问委员会法定期限到期时,《DNA 鉴定法》责令该小组负责建立额外的质量保证标准,并在必要时进行修订。该专家组由 50 多位来自美国和加拿大及 DNA 司法鉴定实验室的科学家组成,团队负责人由联邦调查局任命并对其负责,该团队的成员则由主席根据成员委员会的推荐任命。在一年两次的会议上,该团队形成了对包括培训、批准程序、DNA 片段解读、Y-STR 分析、混合 DNA 样本的 STR 分析等涉及 DNA 分析的重要内容制定了自愿指南和建议。只要办理涉及 DNA 鉴定的案件,都必须按照官方网站的内容和文件、办证标准进行操作。

6. 管制物品的检测标准

在缉获毒品领域,美国目前主要依据两个专业化标准组织:一是美国材料与试验协会;二是缉获毒品分析技术工作组。① 前者发布的主要标准是"ASTM E2329-14:用于扣押毒品的鉴定标准"。该标准被实验室用于

---

① 欧洲法庭科学研究所系统(The European Network of Forensic Science Institutes, ENFSI)也制定了缉获毒品鉴定标准,这些标准有时被美国有关组织和机构参考和使用。ENFSI 成立于 1995 年,其宗旨是促进欧洲法庭科学领域的信息交换。有 17 个不同的专家工作组处理不同的法庭科学专业领域。ENFSI 已经成为欧洲公认的法庭科学领域的权威组织。

检测扣押的毒品。美国材料与试验协会制定了其他有关扣押毒品分析的标准。

缉获毒品分析技术工作组由美国毒品执法机构和国家毒品控制政策办公室于1997年组建。该组织为扣押的毒品分析提供建议,包括规范程序、职业道德守则、鉴定人教育和培训要求。其制定的主要标准性文件是《扣押毒品分析科学工作组建议》。

美国国家标准化与技术研究院和科学领域委员会组织组建了缉获毒品分会,由其颁布管制物品的检测标准。在法庭科学标准和指南的发展经历变化方面,目前生效的标准在更新的文件替代之前将长期有效。2016年1月11日,科学领域委员会组织法庭科学专家组投票,拟将"ASTM标准"提升为注册的标准。这是第一项注册的标准,这一做法也富有争议。成员反对以下由ASTM E2329-14规定的内容:在没有不可预见的错误的情况下,适当的分析方案能有效地消除报告的不确定性。

这句话中"有效地导致鉴定报告的确定性"的表述作为科学分析是不合适的,这是因为基于可接受的科学协议,没有经过测量的、定性的或定量的因素,必须定位为没有错误或者不确定的风险。NIST、OSAC、ASTM等机构表示同意协同研究这句话的文字表述,传达清晰的涵义,并期望在6个月以内完成新的修订。截至2016年12月,更新的语言还没有在注册的文件中出现。

除专业的标准之外,每个实验室将对扣押的毒品进行分析。实验室将备用一般质量控制手册和特定科学测试程序手册,例如监控物质分析。① 具体的学科手册将描述实验室使用的分析方法的程序和通常分析的不同类型的管制物质的方法。该手册必须提供鉴定报告中的不确定性的程序。对于认可的实验室,这些程序将被审查以确保其和国家及国际标准相一致。

7. 司法精神疾病鉴定的标准

大部分的州没有强制要求司法精神疾病鉴定技术方法,并且具体的

---

① 弗吉尼亚法庭科学中心就是标准化实验室的例子,在他们官方网站上有说明守则和实施程序,https://anab.ansi.org。

方法操作留给鉴定人自由裁量。一些州已经采纳了具体的指南,这些方法和标准主要限于评估的具体内容。① 例如,佛罗里达州制定了具体的指南,对刑事案件中被告人的受审能力进行规定。不同于许多司法鉴定领域通过政府机关推出的标准发展,司法精神疾病鉴定领域依靠专业组织发展和提升行业标准。

美国心理学协会(The American Psychological Association, APA)已经通过《司法精神疾病具体指南》,其服务于"在任何心理学领域(例如,临床心理学、发展心理学、社会心理学、认知心理学)的任何精神鉴定人,当他们运用科学、技术或者司法心理学的专业知识解决法律、合同和行政性事务时"。该指南的应用并不取决于鉴定人的头衔,而取决于鉴定业务。这些指南是强制性的,同时也为司法精神疾病鉴定的实践提供行业标准,这些标准包括责任、能力、相互关系、费用、通知的同意、注意事项、实践中的冲突、隐私、保密、权利、方法和程序、评估、专业和其他公共交流。在与美国心理学协会的合作中,牛津大学出版社也出版了涉及"精神疾病评估"的文献。这一系列出版物描述了相关的法律、科学、职业伦理和其他最佳实践。

美国心理学协会已经公布了许多领域的指南,包括精神障碍人士的司法学评估、受审能力的鉴定和评估、精神疾病指南、被告人提出精神疾病辩护的评估、心理学评估的视听记录等。这些指南介绍了法律纠纷的背景,包括相关评估仪器、检测工具、司法鉴定报告的相关结构和主要内容。对于受审能力的鉴定设备的使用限制将再深入探讨。这些指南,在强制的同时,也被很好地认识,鉴定人参加领域必须有所熟悉。

美国心理学协会已经发展和出版了 23 种有关各种精神失常的治疗和对待的实践指南。重要的是,该协会已经适用了成年人心理评估的实践指南。协会特别提醒:操作指南的目的不在于作为"医疗护理的标准"而发挥作用其提供了有关鉴定如何启动和起草文件的行业建议。

美国律师协会(American Bar Association, ABA)于 1984 年为律师、法

---

① 例如,宾夕法尼亚心理学组织公布了一部执业道德规范,其中有条款规定:作为执业人员和研究人员,心理学鉴定人从事人类和动物有关的科研和实践,必须遵照美国心理学协会的标准和指南进行。

官和其他在刑事司法系统中办理精神疾病鉴定案件的人员制定了标准①,并被纳入一个为期4年的审查和修订项目。更新的标准"刑事司法精神卫生标准",于2016年8月被美国律师协会(ABA)采纳。② 这项标准"代表了如何对刑事诉讼中的精神失常行为人进行判决和处遇的全面系统方法。在不损害宪法和其他法律权利的情况下,如何实现促进公平和人道待遇的平衡,以及不违反竞争性、可靠性目标的精神障碍者的决策自主权"。标准的第三部分强调鉴定、专家证言和标准,包括评估和证明精神卫生专业从业人员的必要资格等内容。

二、加拿大法庭科学标准化实践

(一)加拿大标准委员会

加拿大政府通过《加拿大标准理事会法案》授权加拿大标准委员会(SCC)主管加拿大标准制定工作。该法案由加拿大议会于1970年颁布,之后在1985年、1996年和2012年进行了三次修订。加拿大标准委员会成立于1970年,其总部设在渥太华。从性质上看,其属于加拿大联邦皇家公司。加拿大标准委员会拥有13名理事会成员(由联邦政府任命)和约90名员工(分为认证服务、沟通和企业规划、企业服务、标准和国际关系、战略与利益相关者5个部门)。该委员会通过加拿大产业大臣向议会报告。加拿大标准委员会包括两个常设委员会,即审计委员会和公司治理委员会。审计委员会负责监督该组织的财务管理;公司治理委员会负责监督和改进理事会及其咨询委员会的运作。咨询委员会确保理事会能

---

① 最早颁布的文件包括90多项刑事司法精神健康标准(Criminal Justice Mental Health Standards)。刑事司法精神健康标准主要适用于:①精神健康专业人员在刑事司法体系中的职责;②有关政策与精神失常人员之间的相互作用;③有关心理健康专业人员鉴定和评估的基本问题;④参与司法过程的基本能力;⑤精神疾病辩护和相关辩护;⑥精神错乱被宣告无罪者;⑦特殊处遇,有关精神失常人员的定罪和服刑问题。

② See Christopher Slobogin, The American Bar association's Criminal Justice Mental Health Standards: Revision for the Twenty-first Century, 44 Hastings Constitutional Law Quarterly (2016).

够获得各种咨询意见。①

1. 加拿大标准委员会的职责

加拿大标准委员会的职责由《加拿大标准委员会法案》规定。通过履行职责,加拿大标准委员会发挥着推动经济发展,支持长久发展,维护公众的健康安全和福利,保护消费者,促进国内外贸易和国际合作等积极作用。其法定职权主要是在立法尚未明确规定相关强制性标准的情况下,推动制定高效的自愿性标准,尤其针对下列情形:①推动加拿大参与制定自愿性标准化的立法。推进与加拿大自愿性标准化相关的各组织之间的合作,协调标准化活动,制定通用标准和规范。②促进公私部门在自愿性标准化方面的合作。促进加拿大自愿性标准化组织与加拿大各级政府部门和机构之间的合作,以实现标准和规范的兼容性和共同使用的最大化。③协调和监督与国家标准体系有关的个人和组织的工作。④通过与标准化有关的活动,促进加拿大商品和服务的质量、性能和技术创新;制定、起草、审查、批准和颁布与加拿大自愿性标准相关的准则和程序,或对上述标准和程序提出建议。⑤制定与标准化相关的战略步骤和长期目标。

加拿大标准委员会的官方网站公布了有关该组织如何运作的介绍。根据这些宣传内容,笔者梳理归纳了加拿大标准委员会的具体职责和流程。该委员会根据董事会批准的相关准则和程序,认可加拿大的合格评定机构,并对认可的机构及合格标志保存记录,在合适的情况下,批准标准制定组织提交的标准成为国家标准,并更新国家标准索引;对新标准、现有标准修订和附加合格评定服务的需求进行认可与评估;代表加拿大加入ISO、IEC和其他类似的国际组织,与自愿性标准化组织和合格评定机构开展合作,同时与其他国家的相关组织开展信息交流与合作;为加拿大自愿性标准化活动中的个人和组织提供财政资助,以帮助他们满足国家和国际要求;通过网络或其他方式,收集和传播国内外与标准和标准化活动相关的信息,并进行翻译,推进标准化在法律法规中的引用,并出版

---

① 参见王小兵、李艺茹:《国外部分典型标准化机构概况比较分析》,载《中国标准化》2017年第8期。

年报,等等。①

2. 加拿大标准委员会的使命

加拿大标准委员会领导和促进国家标准和认证服务的开发和使用,以提高加拿大的竞争力和增进社会福祉。该委员会提供的项目和服务将考虑到国民的最大利益,使他们从中受益。这意味着该委员会将继续维护并推进标准化体系,以及展示其价值方面的声誉。

加拿大标准委员会是加拿大全国性的认证机构,如测试实验室和产品认证机构。合格评定是确定产品、服务或系统满足特定标准要求的必经之路。

加拿大标准委员会对实验室的质量控制是通过 ISO/IEC 17025 标准检测和校准实验室的能力总体要求来实现的。这一标准历经数次修订,规定了执行试验和校准的具体要求、样本的采集等,覆盖了标准方法、非标准方法、实验室培养发展方法、检测和校准活动等多方面。这一标准适用于所有实施检测和校准活动的组织包括:第一方、第二方、第三方实验室或校准形成检验和产品认证的部分组织。如果实验室不从事本标准所规定的一项或多项活动,例如取样和设计、涉及新的方法,则这一标准将不适用于这些情形。此外,标准适用于实验室开发质量管理体系和技术操作管理体系(管理体系是指实验室运行的质量、行政和技术系统)。实验室客户、监管当局和认可机构也可将其用于确认或认可实验室的能力。该标准不作为实验室认证的依据,如测试及校正实验符合该国际标准的要求,则其测试及校正活动的质量管理体系也必须符合 ISO9001 的原则。

3. 加拿大标准的分类

标准是为活动或其结果提供一系列达成一致的规则、指导方针或特征的规定。标准为许多领域提供可接受的技术要求和术语。大多数标准旨在既定的情形下最大程度地维持产品或服务的质量。由于标准易于识别和参考,因此组织和机构能够确保其产品或服务在世界各地生产、实施和销售。标准可以是自愿性或强制性的。就自愿性的标准而言,如果组

---

① 参见刘春青、马明飞:《加拿大标准化管理体制机制研究》,载《标准科学》2018 年第 12 期。

织或机构没有法定义务遵守标准,则它们是自愿性的,组织可以选择遵循标准以满足消费者或行业的需要。就强制性的标准而言,当法律或规定要求组织或机构必须遵守标准时,标准则是强制性的,强制性标准通常出现在健康或安全领域。

标准多种多样。性能标准通过模拟产品在实际使用条件下的性能来测试产品。规范性标准用于识别产品特性,如材料厚度、类型和尺寸。服务标准指定服务要满足的需求,并确定其适合于某一目的,通常用于酒店管理、运输、汽车服务、电信、贸易、保险和银行等领域。

4. 加拿大的标准体系

加拿大的标准体系包括国家标准和团体标准。国家标准由加拿大标准理事会认可的标准组织制定。加拿大标准理事会不直接参与制定标准。获得加拿大标准委员会认可的标准制定组织(SDOs)可以成立自己的技术委员会,制定本组织标准。SDOs可以根据国家标准审批程序,申请将其所制定的标准认定为国家标准。只有达到加拿大标准委员会的制定标准,才可以被批准为国家标准。加拿大国家标准由标准委员会认可的组织制定,这些组织参与标准制定、产品或服务认证、产品检测和质量、环境管理体系登记等。

团体标准独立于国家标准体系之外,并且无须获得国家标准委员会认可。未被国家标准委员会认可的社会组织、行业协会、专业社团、团体均可制定团体标准。据文献记载,截至2018年,包括CSA、ULC、CGSB在内的等10个被认可的组织共制定了6000多项标准,其中,国家标准约占六成,其余的四成则是团体标准。

加拿大标准化工作分为三个层次。最外层是加拿大标准化工作利益相关方,具体包括产业、消费者、非政府组织以及政府;中间层是标准化相关职能机构,包括实验室、认证机构、监督机构等;核心层是SCC及其认可的标准制定组织。

通过有关加拿大药物实验室管理规范的文献,我们可以大致了解加拿大药物实验室的标准化管理实践。加拿大对药物的检验方法主要是参照美国食品药品监督管理局(FDA)出版的《美国药典》所规定的标准方法和通用指导原则。该药典详细规定了每一种已注册药物的检验方法,包括所用仪器、操作过程、数据处理、合格标准和注意事项等。各专业检测机构如果发现某种更科学的检测方法，可以向药典委员会申报，在权威机构复核、药典委员会审查合格之后，向全国发布执行。

加拿大在药品实验室管理方面，对仪器设备实行年检，保证仪器设备处于最佳状态，对检验的操作方法进行严格审查，包括使用的试剂、仪器、操作条件、数据处理、注意事项等，操作人员不得随意更改。数据合格的标准采取明确化的方式公布，采用内部质量控制的机制确保这些标准得到遵守。实验室日常管理程序化，具体落实到实验室工作的每一个细节。实验室尽可能实现操作自动化，大大节省人力资源。实验室实行信息化管理，提高工作效率。

（二）加拿大法庭科学协会

加拿大法庭科学协会的职责是推动法庭科学专业知识和业务技能的交流，提高法庭科学标准并巩固法庭科学作为独特学科的法医学地位，为达到这一目的，该协会主要展开以下工作：①查看、接收、整理、评估、记录、报告和传播来自法医学和相关研究的信息。②主导或协助进行法庭科学事务、技术、程序及实务的研究，建立或协助健全相关设施。③促进和鼓励公众就法庭科学信息进行研讨。④资助或出版与法医学有关的期刊和其他文献。⑤为法庭科学及相关研究的非专业或专业教育课程提供资金或其他援助。⑥在适当的赞助和隶属关系下，设立、承保、赞助、支持或协助设立、赞助或支持法医学和相关研究的奖学金、研究金和讲座。⑦通过政府的资助、赠予和捐款（包括不动产和动产）来征求、吸纳和管理资金。

1. 酒精检测专门委员会（ATC-Alcohol Test Committee）

（1）酒精检测专门委员会的概况

加拿大法庭科学协会（CSFS）在1967年成立了酒精检测专门委员会进行专门问题的管理，为科学、技术、执法等部门提供有关酒精吹气检测的技术服务。该委员会认为采用吹气方式检测酒精含量是一种科学可靠的鉴定方法，但是必须严格按照相关标准进行执法操作，才能保证鉴定结果的可靠性。因此，加拿大法庭科学协会制定了一套推荐性程序制度，以解决警察执法过程中使用仪器的最基本标准,并满足他们职业培训的需要。这些标准已于1969年年底发布。

鉴于法庭科学协会在制定标准化发展方面的贡献,加拿大司法部邀请法庭科学协会作为首席科学咨询单位,就有关醉驾检测提供咨询。在过去数年中,酒精检测专门委员会研究了最前沿的酒精检测技术发展动态,修订了加拿大刑法典和有关酒精检测的其他法律。一些重要的举措包括投入并使用路边筛选设备、自动吹气酒精检测设备、移动式吹气检测设备,以及抽血设备。

过去,加拿大酒精检测专门委员会推荐的标准和程序以单个文件的形式颁布。最新颁布的文件跨越40年,根据最新的标准和程序重新将该推荐的标准分成三个文件:①推荐性执行程序文件。该文件强调如何使用合格的仪器、合格的筛选工具、合格的容器等。②推荐性最佳操作方案。这一文件主要突出吹气检测项目的管理关键人员的职责及其任命资格,以及有关开展培训、监督、修订标准等活动的规范。③设备标准和鉴定程序文件。这个文件主要规定设备、材料和设备鉴定程序。

自法律作出一系列限制以来,酒精检测专门委员会以不同的形式存在并运作。目前的10名成员主要是自加拿大各地区具有丰富经验的酒精鉴定人,他们为联邦司法部部长提供有关酒后驾驶酒精测试的建议。加拿大酒精检测专门委员会在吹气测试技术方面一直保持着国内领先地位。自吹气醉驾检测仪首次获得合格批准以来,吹气酒精检测技术已取得长足的进步。

该委员会早期的一些重点工作包括引进路边筛检装置、使用自动吹气测试设备、移动吹气测试和要求血液样本的规定。随着这些技术的进步,质量保证协议也取得了进展。该委员会推荐的醉驾操作守则和质量保障指南,提高了吹气酒精检测的能力。由于吹气酒精检测技术在短期内不会被取代,其他的非依靠吹气手段的新技术正在不断推陈出新,该委员会将同时对这些崭新技术设备的投入使用做好可靠性审查的准备工作。

醉驾是常见的刑事案件之一。就加拿大刑法的预期目标或实际状况而言,加拿大酒精检测专门委员会在就有关刑法对醉驾行为规制的预期或实际的变化方面提供科学建议,并发挥着关键的作用。该委员会曾出具过一份有关吹气酒精测试结果的准确性和可靠性的评估文件。这份文件被认为具有里程碑式的意义,自发布以来,被大量的判决书所引用,由此可见,加拿大各级法院非常重视该委员会的意见。

加拿大的三所重要的省级实验室主要位于多伦多和索圣玛丽两处分部的法庭科学中心,以及蒙特利尔的法庭科学实验室。加拿大皇家骑警有三个联邦实验室,分别位于渥太华、埃德蒙顿和温哥华。

(2)加拿大法庭科学协会有关酒精检测的标准

质量保障体系的核心内容来自实施鉴定的设备的公信力,加拿大酒精检测专门委员会确立的标准和程序能够确保吹气检测结果的可靠性和稳定性,这些标准和方法始终与科学技术和法律的发展水平并行不悖,这些文件适用的对象包括设备仪器的鉴定、设备的筛选尺度、血样容器的规格,以及所有酒精标准的具体要求。

设备方面,加拿大刑法典列举了三种用于酒精检测的设备,即合格的仪器、合格的筛选设备、合格的容器。所有在检测中使用的设备必须是市面上可用的生产装置。如果制造商生产各种设备,并对整体部件和功能进行重大改装,则提交评估的设备上必须有醒目的标注。制造商应提供一套精确的规格,包括被评估设备和任何相关系统的原理图。同时,制造商应提供相关的数据以证明其产品满足标准对实际性能方面的要求,设备的具体使用说明必须一并附上。

2. 药物和驾驶委员会(Drugs and Driving Committee)

药物和驾驶委员会(DDC)是加拿大法庭科学协会的专业组织。该组织的职能是为司法部提供有关吸毒驾驶问题的咨询建议。该委员会由国内法庭毒物学专家和其他相关学科的专家组成。药物和驾驶委员会主要致力于加强警察调查吸毒驾驶的执法力度。2008年7月,标准化酒精检测(Standardized Field Sobriety Tests)以及使用毒品检测和分类项目检测(Drug Evaluation and Classification Program)被写入加拿大刑法典。

以下提供了唾液药物筛选的一般信息。讨论的内容主要围绕着四氢大麻酚、可卡因和甲基苯丙胺、DDC毒品筛选仪(即唾液毒品筛选仪)的检测标准和程序。

在刑事侦查中,毒品筛选仪被认为是鉴定特定毒品物质(四氢大麻酚、可卡因和甲基苯丙胺)的初步手段。DDC标准设计用于区分最大化特异性(鉴定真阴性)、敏感性(鉴定真阳性)。

为鉴定的化合物设定合适的临界浓度指数;指定目标化合物必须是药物本身,而不是其他相关化合物或代谢物;检查交叉反应结果,应尽量避免相关化合物和代谢物引起的"假阳性"。这些标准用于:尽量增加目标化合物高于正常值的人在毒品筛选仪上检测呈阳性的概率;尽量减少血液中目标化合物高于正常值的人在毒品筛选仪上检测呈阴性的概率。通过唾液进行检测,优点在于容易提取,对行为人的健康和安全造成损害的风险较小,并且可以避免收集过程中对行为人隐私权的侵犯。然而,使用这一方法进行鉴定也难免存在一些挑战。例如,有些毒品,包括四氢大麻酚、可卡因和甲基苯丙胺,可能会减少唾液的分泌量,从而造成提取足够量的唾液进行检测存在难度。为了解决这个问题,检测设备制造厂家普遍追求样本数量最小化。DDC标准要求筛选仪器必须收集足够量的唾液,以满足至少4分钟的检测时间的需要。

本章通过归纳美国和加拿大法庭科学标准化实践,系统梳理了北美的两个代表性国家在法庭科学标准化的立法建设和实践方面取得的成果,以及目前这两个国家在法庭科学标准化方面存在的突出问题。它山之石可以攻玉,域外的这些成果和经验将为我国推进司法鉴定标准化建设提供正反两方面的经验。

总体而言,美国已建立全国性的法庭科学标准化委员会。但是美国法庭科学标准存在着一些问题,具体包括法庭科学面临不确定性和被误读的风险、缺乏合适验证的法庭科学方法、缺乏中立的鉴定、存有偏见的分析、法庭科学、缺乏足够的培训、法庭科学标准稀缺、经常出错误导鉴定结果、缺乏独立的监督等问题,部分法庭科学缺乏整个行业的匹配标准。法庭科学领域存在的这些问题,也促进了美国法庭科学标准化推行系列的改革,这些改革主要是随着刑事司法改革涉及的证据问题而逐步推进的。

加拿大通过法理授权标准委员会(SCC)主管标准化工作,这一组织也是加拿大全国性的认证机构,其制定的标准相关活动有利于达成一致的规则、指导方针。加拿大标准体系包括国家标准和团体标准,国家标准是由加拿大标准理事会认可的标准组织制定;团体标准独立于国家标准体系之外,无须获得国家标准委员会认可。此外,加拿大法庭科学协会肩负着促进法庭科学专业知识和业务技能的交流,提高法庭科学标准并巩固法庭科学作为独特学科的法医学地位等职责。

标准化对司法鉴定行业的治理和专业实践有着重要的基础价值。司法鉴定以解决三大诉讼活动中与案件事实认定相关的专门性问题为基本任务,它是我国司法行政工作的重要内容之一,也是司法公正的重要保障系统之一。司法鉴定服务水平的高低、质量的优劣,将直接影响司法公正的目标能否得以实现。影响司法鉴定质量的因素有很多,但从总体层面上来讲,不论是对微观的人、机、料、法、环、测等方面的因素控制,还是对宏观的新型监管体制和监管机制的构建和运作等,均不同程度地取决于司法鉴定标准所提供的质量控制基础。

近年来,我国司法鉴定领域标准化建设取得了令人瞩目的成绩,国家标准(GB)以及公共安全行业标准(GA)涉及司法鉴定的标准文件体系不断丰富和完善。但是,由于在现行司法体制框架下,司法鉴定的管理实践涉及"多头"的参与,而且,2018年开始实施的《标准化法》提出了"国务院标准化行政主管部门统一管理全国标准化工作。有关行政主管部门在分工管理本部门、本行业的标准化工作的要求下,如何理顺国家的"统一管理"与涉及司法鉴定各部门的"分工管理"的关系,仍有待深入研究。因此,这也是笔者在本章中介绍美国和加拿大法庭科学标准化实践的初衷。

第十二章
人工智能应用于刑事证明的证据法逻辑

一、问题的提出

随着科学技术的迭代更新,人工智能对各行各业产生挑战。习近平总书记多次强调,加强人工智能相关法律、伦理、社会问题研究,建立健全保障人工智能健康发展的法律法规、制度体系、伦理道德①,"推动大数据、人工智能等科技创新成果同司法工作深度融合"②。最高人民法院也表示,推动人工智能技术等在司法领域应用取得实质性突破③。近年来智慧法院、数字检察、智慧警务等不断迭代更新,司法区块链的运用倒逼诉讼证据制度改革。可见,研究人工智能在刑事证明中的应用场域,分析其带来的挑战,思考如何积极回应人工智能给刑事证明带来的颠覆性挑战,重构信息时代及智慧社会的法律规则,探索新的规制方式,已成为当下法学研究的前沿课题。

研究法律人工智能在刑事证明中的证据法问题,首先要界定法律人工智能技术在司法证明应用中使用的基本方法,通过这些方法取得的证据才可称为"人工智能证据"。人工智能的创始人之一马文·明斯基将人

---

① 参见新华社:《习近平在中共中央政治局第九次集体学习时强调 加强领导做好规划明确任务夯实基础 推动我国新一代人工智能健康发展》,载《党建》2018年第11期。
② 《法治社会建设实施纲要(2020-2025年)》,人民出版社2020年版,第10页。
③ 参见周强:《坚持公正司法 努力让人民群众在每一个司法案件中感受到公平正义——在政法领导干部学习贯彻习近平新时代中国特色社会主义思想专题研讨班上的辅导报告》,载《人民司法(应用)》2018年第16期。

工智能表述为"制造机器的科学,如果由机器人完成则需要智能"①,人工智能是使用计算机科学的概念和工具研究认知过程的学科。人工智能本质上是人类智慧在工具使用方面的延伸,通过制造模拟的、程序化的深度学习机器来代替人类在特定情境下的决策和执行。可见,人工智能的概念本身就表明这种技术能够"以假乱真",但其不等同于人类智慧本身。人工智能辅助司法是由机器通过特定的算法辅助法官进行司法审判,达到提高诉讼效率,让司法人员从低水平、重复性劳动中解放出来,提高司法资源的利用效率,缓解当前"案多人少"的矛盾的目的。我国目前在法律人工智能领域的水平已超越许多西方国家,人工智能在刑事证明中的运用也对证据的相关性判断、证明力评估、概率论、似真性理论、证据推理等传统证据法理论带来挑战,研究人工智能在刑事证明应用中的证据法逻辑,其本质就是揭示事实裁决者通过证据进行事实认定过程的规律。本章基于对应用现状的归纳,分析人工智能应用于刑事证明的证据法逻辑。

二、人工智能在刑事证明中的有限应用场景

诚如学者通过实证分析所指出的,"中国在顶层设计、官方政策、学术界研究方面对人工智能的重视程度超过不少国家,但却在司法实践运用效果层面遇冷"②。如果从宏观视角进行归纳,目前人工智能在刑事证明方面发挥的主要作用可归结为以下几方面。

(一)人工智能算法决策辅助事实认定

人工智能最大的优势就在于能进行深度学习的惊人算法。在自然科

---

① 1956年的达特茅斯会议上,约翰·麦卡锡、马文·明斯基、克劳德·艾尔伍德·香农首次提出用机器来模仿人类学习以及其他方面的智能。参见〔美〕艾德温娜·里斯兰达:《人工智能与法律:法律推理模型的成果》,樊沛鑫等译,载赵万一、侯东德主编:《法律的人工智能时代》,法律出版社2020年版,第273页。

② 左卫民:《热与冷:中国法律人工智能的再思考》,载《环球法律评论》2019年第2期,第53页。

学领域,阿尔法狗之所以曾经胜过围棋冠军李世石,依靠的正是它能穷尽围棋比赛中的棋路,并通过大数据算法计算出最可能胜出的一条。何谓"算法"?在计算机语言中,算法是指为解决某一问题或达到某项目的而采取的逐步法,也就是一套具备逻辑性的完整指令,介绍如何自始至终完成一项任务。① 算法是通过一系列的数学运算,涉及方程式、代数、微积分、逻辑学、概率学,将它们转化为计算机可以识别的语言,将现实应用中的数据输入计算机系统就能算出实现目标的步骤。算法决策是人工智能在数字时代的新型权能,在刑事证明中,人工智能通过算法决策辅助司法人员认定事实。将人工智能应用于刑法定罪量刑方面的探索,可追溯至上世纪的电脑量刑。② 如今在程序性事实方面,司法机关采取强制措施时可以运用人工智能预设的算法,根据犯罪嫌疑人、被告人的犯罪前科、危害后果、情节等信息分析他们的危险性指数,从而为办案机关决定是否对其适用取保候审、逮捕提供参考。在取保候审的适用条件中,关于"采取取保候审不致发生社会危险性"的事实,以及对被取保候审人遵守规定的情况等程序性事实,可参考人工智能对上述事实的认定。实践中,浙江省检察系统为贯彻"少捕慎诉慎押"的政策推出"非羁押码",该系统根据大数据、人工智能、云计算、区块链等技术,对被取保候审人非羁押期间的行动轨迹进行数字监控,以"外出提示、违规预警、定期打卡、客观评分、随机抽检"等方式及时掌握被取保候审人的情况,并按照风险等级将二维码划分为绿色、黄色和红色,一旦发现违反取保候审规定的事实,就会转化为逮捕。③ 在这种应用场域中,人工智能的主要作用是根据犯罪嫌疑人犯罪的相关情节判断危险性,从而为取保候审、逮捕的适用提供参考依据。因此,人工智能通过算法决策发挥着辅助审查认定事实的作用。证据标准库、电子监控与扣押、司法区块链的去中心化、不可篡改性、不可否认性、

---

① 参见〔英〕汉娜·弗莱:《算法统治世界》,李英松译,贵州人民出版社 2021 年版,第 10 页。
② 早在 1993 年,武汉大学赵廷光教授就在发表的论文中进行了规范化量刑研究,参见赵廷光:《〈电脑辅助量刑系统〉的一般原理》,载《中国法学》1993 年第 5 期,第 14 页。
③ 参见范跃红、史隽、赵云:《从"大海捞针"到"精准出击"浙江杭州:积极构建"全域数字法治监督体系"推动市域治理现代化》,载《检察时报》2022 年 5 月 25 日。

公开透明性"共同促成了区块链作为信任基础设施的可行性,解决了参与者之间的共识问题"①。

(二)人工智能定性判断网罗海量证据

定性判断是人工智能基于数字化的定义,对海量数据中符合概念特征的信息进行同一性识别。例如,人工智能通过人脸识别技术发现犯罪嫌疑人。这主要是运用人工智能技术对海量的照片、视听资料、电子数据等证据中的人脸同犯罪嫌疑人的人脸进行比对。侦查人员调取犯罪现场监控的录像,通过人脸识别技术发现嫌疑人,并且法官接受这一系统的结论。②一般是根据公安机关数据库中保存的人脸照片,通过人脸识别技术发现犯罪嫌疑人。警方在车站、机场等人流密集的场所安装人脸识别仪器,一旦识别到可疑人员,系统就会向公安机关报案。又如,案发现场收集到犯罪嫌疑人的人脸图像,根据这些信息由人工智能通过人脸识别锁定犯罪嫌疑人。案发现场安装的监控摄像头拍摄下犯罪嫌疑人的人脸,将人脸图像在数据库中进行比对。浙江衢州警方通过人脸识别技术,仅用二十分钟就锁定了犯罪嫌疑人。③湖南永州市警方探索未来如何将人脸、身份证、网络虚拟身份的 ID 链接起来,实现人工智能、大数据赋能破案。④此外,人工智能技术还被用来作为侦查中监视和调查犯罪嫌疑人的主要工具。例如,美国的 Avista 智能传感器使用"机器学习",根据几千个变量对监控视频进行分析,一旦发现犯罪嫌疑人,便会立即向警方报告。⑤

---

① 徐恪、李沁:《算法统治世界——智能经济的隐形秩序》,清华大学出版社 2017 年版,第 311 页。

② 参见马国洋:《论刑事诉讼中人工智能证据的审查》,载《中国刑事法杂志》2021 年第 5 期,第 162 页。

③ 该案中有三张来自同一摄像头的视频截图,凭肉眼只能看清照片中有三辆车、四个人,但要想看清长相、锁定嫌疑人,照片的清晰度远达不到。"天鹰"能通过人机交互快速定位目标对象,抽离出嫌疑人的身形、着装、电动车等多个结构化属性,仅用 20 分钟就锁定目标。参见《这对夫妇作案 6 年 没想到栽在人工智能的手上》,载新闻网(https://zj.zjol.com.cn/news/994016.html),访问日期:2024 年 6 月 24 日。

④ 参见《永州:向科技要警力 人脸识别技术成侦查破案"杀手锏"》,载中国警察网 2018 年 8 月 3 日。

⑤ 参见赵万一、侯德东主编:《法律的人工智能时代》,法律出版社 2020 年版,第 177 页。

检察机关从公安机关的数据库获取犯罪嫌疑人的户籍、房产、车辆、银行联网及出行轨迹等信息,并从中获取与其存在业务往来的人员、机构等基础信息。这些基础信息衍生出资金记录、通话记录、财产状况等信息,有利于提高线索利用率和成案率。① 甚至有人断言,如果 2001 年美国 9·11 恐怖袭击发生之前,美国情报部门善于证据分析,这场灾难大可避免。因为在事件发生后,他们才发现有恐怖分子在美国人眼皮子底下学习民航驾驶,但奇怪的是他们从不学起飞,只学习降落,并且用现金而不是信用卡支付学费。如果把这些信息和劫机的预备联系起来,问题就初见端倪。而这一切可由人工智能通过大数据的碰撞,发现上述证据之后向职能部门提出风险预警。②

(三) 人工智能自动程式辅助证据校验

辅助证据校验是指运用人工智能帮助司法人员核实证据。通过人工智能技术将证明的标准数字化嵌入办案中,智能辅助系统会提示办案人员案件证据的疑点。③ 上海市高级人民法院人工智能辅助刑事审判 206 系统具备单一证据合法性校验功能,即梳理法律和司法解释中的证据规则,明确证据的收集程序、形式要件、排除情形,并将这些要素转化为证据校验标准。④该系统还通过证据标准指引⑤,针对刑事案件常见罪名的证

---

① 参见韩兵、何其伟、张凤全:《用活大数据提高成案率》,载《检察日报》2015 年 10 月 19 日。

② 参见〔美〕特伦斯·安德森、〔美〕戴维·舒姆、〔英〕威廉·特文宁:《证据分析(第二版)》,张保生等译,中国人民大学出版社 2012 年版,第 64 页。

③ 例如,系统发现尸体检验报告通知书中没有犯罪嫌疑人的签字,第一次讯问笔录中只有一人签名,犯罪嫌疑人血液中含有酒精,可能涉嫌酒后驾驶。识别上述问题,提示在提讯中甄别解决。参见:《最高人民检察院:人工智能将辅助办案 可自动生成逮捕意见书》,载艾媒网(https://www.iimedia.cn/c460/57276.html),访问日期:2024 年 6 月 24 日。

④ 比如,过去同一名见证人多次参与不同案件的见证,一般难以被人发现,但经过人工智能大数据比对,就会很容易发现这种情况,从而质疑见证活动的有效性。又如,系统自动审查发现犯罪嫌疑人在送看守所之后,讯问的地点仍然在派出所,指出讯问场所不合法。

⑤ 据有关资料记载,"证据标准"的提法是中央政法委书记孟建柱提出的,他指出,把统一的证据标准镶嵌到数据化的程序之中,减少司法任意性,既提高审判效率,又促进司法公正,参见孟建柱:《善于运用科技创新成果提升政法综治工作智能化水平》,载《当代贵州》2016 年第 37 期。

据特征制定标准化、清单式、统一化的分类指引,并通过制定不同诉讼阶段的证据标准进行分段指引,为侦查取证提供方向,避免取证因任意、疏忽出现瑕疵。这种清单式的操作可以提醒办案人员注意收集证据的规范,也为法官审查证据提供依据。由于法律的立、改、废没有及时跟进,不同时期的不同立法和法律解释对证据制度的规范存在一定的抵触,这给司法人员检索和运用司法解释、适用证据规则带来一定的难度。正因如此,党的二十大报告指出要统筹立改废释纂,增强立法系统性、整体性、协同性、时效性。利用人工智能辅助证据校验的优点在于通过人工智能法条检索、类案推送,能最大程度避免不同法律规定之间的交叉重复、相互抵触造成的适用困惑。该系统通过将证据规则转化为计算机可识别的语言"校验规则",具备单一证据校验的功能,将证据分解为形式要件、程序要件编写程序,还对具有关联性的证据设定完整性校验规则,避免程序性文件的缺失。[①] 当然,目前的人工智能在这方面还存在一定的局限性,需要人工进行复核,技术方面的原因是目前的技术能力尚不能达到人工校验的标准,如对手写或签名捺印的识别率不够。[②] 根本原因则是人工智能无法替代人类,它只是工具,不能替代履行办案人员的审查职责并帮其规避法律责任。

三、对人工智能在刑事证明应用中的证据法理追问

在人工智能程序开发的环节让司法机关的办案业务骨干和人工智能技术人员一起参与,将造成冤假错案的各类因素写入系统程序,在证据收集环节对这些"陷阱"予以排除,为侦查收集证据提供提示。通过人工标

[①] 例如,对现场勘验笔录,以勘验的时间、地点、人员作为形式要件,以勘验的照片、现场图、附见证人资格说明作为程序要件。办案人员对现场勘验笔录与提取痕迹、物证登记表这一关联证据进行相互捆绑校验。

[②] 例如,对于照片辨认的复核,目前的技术只能判断照片的数量是否符合要求,但对照片的内容是否具有"同类"的相似性,还无法自动识别,需要进行人工审查。参见崔亚东:《人工智能与司法现代化——"以审判为中心"的诉讼制度改革:上海刑事案件智能辅助办案系统"的实践与思考》,上海人民出版社2019年版,第134页。

注、自动标注等方法,将案件证据材料中与定罪量刑有关的要素予以标签化处理,目的在于将为机器"投喂"的案件信息作为机器深度学习的材料。但目前录入人工智能的实证样本还相对有限,只是对上海法院系统五年内(2012—2016年)审结案件的卷宗、审理报告、裁判文书进行综合分析,但诸如庭审笔录等可全面体现司法证明过程的许多材料并未被充分利用。这造成目前的人工智能在刑事司法中的应用还存在诸多局限性,人工智能的运用不能背离证据法的基础原理,在实现法律人工智能治理过程中,我们要冷静、清醒地认识哪些是人工智能力所不逮的,从而廓清其适用的合理边界,实现有效数字治理。

(一)人工智能证据的主观性与客观性之辨

追问人工智能证据的基本属性,应当坚持对证据客观性理论的批判。证据客观性理论在我国证据法学理论体系中长期占支配地位,通常认为证据是客观的,它不依赖人类的意识而存在。证据客观性理论受到辩证唯物主义认识论的影响。[①] 一般认为,证据客观性混淆了证据同事实之间的关系,不仅束缚了认识论基础的研究,而且阻碍了我国现代证据制度的构建。[②] 因此,在证据法哲学层面上,应当看到证据客观性理论在司法实务中存在的现实障碍,司法实务中围绕证据客观性所展开的质证,其实质上是在讨论证据是否真实,并非哲学意义上的不依赖意识转移的客观存在,而应当以"真实性"代替"客观性"。当对证据客观性进行批评时,应当看到部分证据具有主观性的特征。而证据法理论分类将言词证据视为主观性证据,将实物证据视为客观性证据。这种区分的根据是证据是否具有较强的稳定性,是否依赖人的意识而存在。因此,我们探讨人工智能

[①] 新中国成立初期的教材中,巫宇甦教授主编的《证据学》是新中国成立以来的第一部证据法教材,第一次提出新中国证据制度的理论基础是辩证唯物主义认识论。2000 年以后,樊崇义教授在《刑事证据法原理与适用》中提出"哲学基础",在《客观真实管见》中提出从"认识论"到"价值论"的观点。张建伟教授提出认识论、价值论及平衡选择理论。易延友教授在《证据法学》中提出裁判事实的可接受性为中心,"裁判事实的可接受性"打破了辩证唯物主义认识论的唯一基础。2010 年以后,裴苍龄教授在《论证据学的理论基础》一文中重申辩证唯物主义为证据学的理论基础。

[②] 参见张保生、阳平:《证据客观性批判》,载《清华法学》2019 年第 6 期。

生成证据是客观性证据抑或主观性证据,是从后者的角度对其进行界定。司法人员在人工智能的辅助下获得证据的过程,基本不需要专家参与,例如,利用人工智能可以实现指纹的同一性鉴定。因此,有学者认为,人工智能证据是机器算法给出的实质判断,不同于专家借助仪器设备作出的判断。[①] 那么,人工智能生成的数据分析报告究竟是客观性的证据,还是主观性的证据?

(二)人工智能在刑事证明中的辅助性与替代性之争

人工智能强大的算力在广度、速度方面超越了人类的计算能力,在未来,随着通用人工智能和大模型的建成,人工智能是否可以模仿人类的分析能力,最终替代法官进行事实认定?这将决定人工智能究竟是处于辅助性地位还是替代性地位,人工智能在刑事证明中是否存在极限。在上海市高级人民法院人工智能辅助刑事审判206系统工程中,人工智能基本能完成辅助法律检索、类案推送、文书制作、语音速录、卷宗归档等司法程序性工作,未来的人工智能是否会取代法律人的工作?如同外语翻译行业,如今科大讯飞的同声翻译基本上可以替代翻译,未来人工智能是否会在法律事实认定上代替法官?

(三)人工智能在刑事证明中实现证据推理之维

证据推理,又称证据分析,是指事实裁决者根据证据性事实,结合经验法则和逻辑法则,从证据性事实推理出待证事实的过程。司法实践中,我国刑事法官主要是通过印证、拼图等方法进行事实认定,相对缺乏证据推理的能力。在传统理论中,事实裁决者对证据的处理往往被视为一个内心确信的过程,证据分析往往采用直接和内省的方式。但从形式逻辑上看,证据推理的过程是一个归纳推理、准演绎推理和溯因推理交错进行、交叉适用的过程。总的来说,证据推理之所以被如此描述,是因为它在推理过程中同时运用了这三种推理方式,从而更全面地考虑了各种可

[①] 参见马国洋:《论刑事诉讼中人工智能证据的审查》,载《中国刑事法杂志》2021年第5期。

能性,提高了推理的准确性和可靠性。当前的刑事法官在裁判文书中经常写到"不合情理",情理具体指代什么却语焉不详。最高人民法院强调,裁判文书的释法说理应积极讲明情理,"不断提升司法裁判的法律认同、社会认同和情理认同"。情理具有区别于法律规范的非实在性。此外,情理具有充当审判依据的规范性。这些均为人工智能实现证据推理的新课题。

(四)人工智能辅助证据可采性审查之道

人工智能辅助刑事证据首先要解决证据资格的审查认定问题。根据证据可采性理论,可从两方面衡量:一是相关性规则,即不相关的证据不可采。证据的相关性是证据和待证事实之间存在的某些联系,但这种联系不同于哲学层面所泛指的事物之间普遍存在的联系,而是特指证据事实与某个要件事实之间存在的时空条件、因果联系等,主要是由事实裁决者通过经验法则、逻辑法则进行判断。当出现某个证据时,相较于缺乏该证据的情形而言,待证事实更有可能发生,或更无可能发生。二是排除规则,这是基于证据法求真与求善的价值取向而不得不排除一些本来具有相关性的证据。例如,美国《联邦证据规则》第403条规定,只有当一个或多个危险实质性地超越相关性证据的证明力,法庭才可以排除相关证据。我国刑事诉讼法所确立的非法证据排除规则也是这个逻辑。此外,诸如传闻证据排除规则、证据规则、品格证据规则、非法证据排除规则等都属于广义上的排除规则,而根据大陆法系的证据适格性理论,证据资格主要是通过证据禁止的理论来规定,包括证据取得的禁止、证据使用的禁止。借助人工智能的算法算力,辅助司法人员进行证据可采性审查以提高司法公正与效率,将是今后努力的方向。

(五)人工智能以概率赋值证明力之谜

人工智能的优势在于它的计算能力超越了人类。如果证明力可以用概率来衡量,即每一个证据的证明力都通过测算得到某个区间的概率值,那么这将意味着人工智能惊人的计算能力可被运用于大数据分析、抽样调查、田野调查等社会科学分析过程,并在较短时间内完成统计分析报告,得到某个事件发生的概率,测算证据的概率值,从而为事实裁判者分析证据证明力提供相对量化的参考,限制法官自由心证的滥用。正如,栗峥教授认为,如果将证据转化为证明概率,证据就能实现数据化。这些数值可以用百分比表示,反映证据的证明力,以及事实裁决者的认可度。证据转化为一系列概率值,将这一系列概率值由计算机通过贝叶斯公式累计求和就可得到案件事实的整体评价值,继而将评价值和证明标准进行比较就可作出事实认定。① 但是,这真的能做到吗?如果能做到,它的结论有多可靠?这不得不察。

(六)人工智能在刑事证明中的应用之忧

人工智能在刑事证明中的运用存在一定的隐忧,需要立法机关和司法机关积极应对。人工智能的算法决策要达到客观准确并不容易,它们不仅存在犯错误的风险,而且一旦犯错,极可能是愚蠢的错误。历史上存在活生生的例子,1983 年苏联军官彼得罗夫值班时,警报响起。苏联卫星探测到美国导弹正在向其领土袭来,但一件事让他有些迟疑,因为算法只检测到 5 枚导弹,这不太符合经验逻辑。最终,事实证明他的判断是对的,算法出现了错误。② 刑事司法关乎对生命自由的剥夺、限制,如果事实认定出错,势必会造成冤假错案。在证据的真实性、可靠性方面,人工智能所依据的案例数据还非常有限,如何保证它辅助司法的可靠性还需要谨慎。比如,上海市高级人民法院人工智能辅助刑事审判 206 系统工程的前期建设基于 5 年内上海审结刑事案件的数据分析,还不算是大数据,其算法所依赖的数据是否有足够的代表性还需要小心求证。因此,有学者建议需针对算法决策设立相应的规制和救济机制,注入公开、公平及责任理念,进而兴利除弊。③

---

① 参见栗峥:《人工智能与事实认定》,载《法学研究》2020 年第 1 期。
② 参见〔英〕汉娜·弗莱:《算法统治世界》,李英松译,贵州人民出版社 2021 年版,第 22—23 页。
③ 参见马长山:《司法人工智能的重塑效应及其限度》,载《法学研究》2020 年第 4 期。

四、如何消除人工智能在刑事证明应用中的困惑

(一)人工智能证据的主观性

依靠人工智能得到的分析报告虽然从表面上看是由机器算法得到的数据分析结论,从数据输入到结论输出的过程没有人为的干预,但人工智能的算法本质是由相关技术人员、法学家、法律实务人员基于对法律条文的理解和司法实务经验,运用专业技术设计做出的运算程序。人工智能算法本身就是专家给机器开发的程序,只不过专家参与主要在人工智能算法的研发阶段,而在个案信息输入和系统自动生成数据阶段,不需要专家参与而已。因此,人工智能证据并非物证、书证等证据,它仍然是意见性证据、主观性证据。相较于人工智能证据而言,鉴定意见是由鉴定人在仪器设备辅助下根据专业知识或实践经验,对专门性问题作出的判断,所以二者都离不开专家的参与。

人工智能证据在类型上可界定为科学证据的一种表现形式。科学证据是利用某门科学专业知识或者依靠科学原理形成的具有证明价值的事实或意见。[①] 人工智能本身就是一门专业知识、一项科学技术原理,通过辅助司法办案人员完成一些重复性、机械化的任务,把司法人员从案牍劳形中解放出来,把时间和精力用于办理重大疑难复杂案件,提高司法效率。例如,人脸识别克服了过去肉眼辨认的低效,高速公路自动抓拍缓解了警力的不足,爬虫提取海量网络信息节省了人力和时间。因此,将这项科学知识和技术原理应用于刑事证明,生成的证据应归属于科学证据。认识这类证据的本质属性,有利于我们正确运用科学证据的可采性规则,对人工智能证据的相关性、可靠性进行审查认定。根据科学证据可采性规则,法官可对人工智能生成的分析报告的可靠性进行审查认定,在这方面,美国的多伯特规则主要从四个方面对科学证据可采性进行检验,即鉴

---

① See Bryan A. Gamer, Black's Law Dictionary, 8th ed., Thomson West, 2004, p. 1685.

定技术是否得到检验;所依据的原理是否公开发表或得到相关领域专家的认可;新技术方法的错误率是否统计明确,并且该科技方法是否有规范的操作标准;新科技理论是否达到"普遍接受"的程度。① 这需要从理论上对这类取证行为可能产生的公民隐私权侵犯、司法责任规避、司法职业伦理失范等风险予以关注,并对相关的证据规则作出调整,将可信性作为人工智能证据的可采性标准之一。

概言之,对待人工智能生成的证据应避免产生两点错误:一是,错误地认为人工智能生成的证据是客观的。其实,人工智能证据也隐藏着研发机构的主观色彩,程序技术员完全有可能把自己对事实的认知偏见、对证据规则的错误理解复制给法律人工智能程序,因此它天然具有主观性。二是,错误地认为人工智能证据的主体是机器。这种判断没有看清机器的本质,这项技术背后的程序技术人员才是此类证据真正的生成主体。从性质上看,都是一种人工智能技术辅助司法活动形成的算法。

(二) 人工智能在刑事证明中的辅助性地位

如前所述,当下法律人工智能的应用场景主要集中于辅助法律检索、类案推送、文书制作、语音速录、卷宗归档等司法程序性工作,但在事实认定方面的能力尚且薄弱。人工智能在刑事证明中只处于辅助地位,不能过分夸大其作用。这主要是基于以下三点原因。

第一,人工智能无法适应刑事证明过程的复杂性。人工智能包括两种截然不同的含义,一种是狭义人工智能(Narrow AI),也称弱人工智能;另一种是通用人工智能(General AI),也称强人工智能。目前法律人工智能还只是狭义人工智能。② 这种人工智能在自然语言识别、直觉模拟、不确定性思维、形象思维方面,还难以达到人类的智力水平,无法理解多种复杂性因素并运用到计算过程。人工智能的优势在于数理、逻辑的运算,可以根据数学公式、逻辑关系进行推算,在广度、深度、速度方面,人类是所难以匹及人工智能的。但由于刑事证明的过程不同于数学、逻辑等数

---

① See Daubert v. Merrell Dow Pharmaceuticals, 509 US.579, 580 (1993) .
② 参见〔美〕拜伦·瑞希:《人工智能哲学》,王斐译,文汇出版社 2020 年版,第 58 页。

理推理的过程,司法证明过程中可能会面临各种各样的复杂性因素,而这些复杂性是难以计算和预测的,所以成为人工智能运算的变量参数。例如,证人在作证时浑身冒冷汗、神情慌乱,这可能是证人撒谎时的下意识动作,这个参数的加入,对证言可信性会产生什么影响,几乎无法通过计算来赋值,需要结合其他因素判断。另外,证据法中存在事实认定的"推定规则",在没有相反证据的情况下,允许法官根据生活经验推定某项待证事实成立,但如果出现相反的证据,则推定的事实不成立。人工智能缺乏人类的生活经验,无法将这种经验常识运用于司法证明。例如,在案发现场发现被告人的指纹、毛发,而被告人却否认到过现场,且无法作出合理解释,法官可以根据经验认定被告人撒谎。但如果让人工智能来作判断,恐怕无法得到同样的结论。在人工智能辅助刑事证明的过程中也要强调复杂性这一点。① 人工智能运用于刑事证明的原则包括辅助性原则、有限性原则、可反驳性原则②,其难以替代法官的裁量,决定了它在刑事证明中只能处于辅助性地位。

第二,人工智能无法归纳并进行证据推理。人们常常对法律推理比较熟悉,对证据推理却知之甚少。其实,证据推理是法律推理的一项重要内容。③ 从证据推理的理论看,证据推理包括三个步骤。一是,通过证据推理查明事实真相,将其作为法律推理的小前提。例如,证据证明被告人实施了投毒行为。二是,依据这个小前提检索法律规则。例如,根据投毒的行为检索到刑法对故意杀人罪的规定。三是,法律适用,即从大前提到小前提而得出结论的演绎推理。例如,根据刑法的规定得出该如何对被告人定罪量刑。因此,有学者认为:"法律推理过程的起点是证据推理。"④如果让人工智能辅助处理司法程序工作,可以减轻司法人员的重复性、机械性劳动,那么这一思路是具有可行性的,但如果让人工智能来

---

① 参见赵万一、侯东德主编:《法律的人工智能时代》,法律出版社 2020 年版,第 310 页。
② 参见纵博:《人工智能在刑事证据判断中的运用问题探析》,载《法律科学(西北政法大学学报)》2019 年第 1 期,第 63 页。
③ 参见〔英〕威廉·特文宁:《证据:跨学科的科目》,王进喜译,载何家弘主编:《证据学论坛(第 13 卷)》,法律出版社 2007 年版,第 277 页。
④ 张保生:《事实认定及其在法律推理中的作用》,载《浙江社会科学》2019 年第 6 期,第 25 页。

代替法官作出对事实的认定,则存在一些难以突破的理论困境。在证据推理方面,这项工作的难点主要集中于两个方面:一是证据分析;二是归纳方法。就证据分析而言,证据的相关性、合法性、真实性是证据分析的基本维度,证据的可采性、可信性、证明力是证据分析的主要任务。证据分析是证据推理的前提性步骤。就归纳方法而言,事实裁决者依据证据推出案件事实的过程,依赖于经验基础上形成的"概括"。特文宁认为,"知识库"并非由每个人的经验验证和易于表达的命题组成,它们很像一锅由或多或少的完备信息组成的复杂羹汤。① 即便我们把大百科全书储存在人工智能的数据库里,也无法让人工智能形成自己的经验,何况有许多经验、概括本来就是相互矛盾的,有些经验、谚语在特定的语境下适用才是合理的。例如,选择接受"虎毒不食子"还是"无毒不丈夫"这两个不同的概括,对于"武则天弑女"这一段野史,将会产生两个不同版本的故事。② 证据分析和归纳方法需要事实裁决者根据经验对事实进行回溯性分析。但目前的障碍是人们还难以给人工智能植入人类所积累的经验和知识,毕竟这些知识体系庞杂,良莠不齐。

第三,人工智能不具备像人类一样基于直觉、顿悟、情感而形成的因果推理能力。溯因推理是指从结果出发去推断原因的推理逻辑。皮尔士提出"溯因推理"并将它与演绎推理、归纳推理并列。我们常常举这样的例子来区分这三种推理。如果从一袋豆子里取出很多颗豆子,发现它们都是白色的,我们可以推测这袋豆子都是白色的。此时我们运用的是归纳推理。如果已知这袋豆子都是白色的,我们可以知道从袋子里取出的豆子必然是白色的,这时我们运用的是演绎推理。而如果从口袋里取出的所有豆子都是白色的,此时我们会猜测这些豆子也是从袋里取出的,这时我们运用的便是皮尔士所提出的溯因推理。人类的常识不仅以静态的方式为证据推理提供前提,而且也会以动态的方式服务于推理过程。例如,如果我们知道被害人在早上和晚上都还活着,尽管缺乏中午他活着的证据,但我们可以基于常识断定他在中午也是活着的。又如,如果桌子上

---

① 参见〔美〕特伦斯·安德森、〔美〕戴维·舒姆、〔美〕威廉·特文宁:《证据分析(第二版)》,张保生等译,中国人民大学出版社2012年版,第362页。
② 参见张保生等:《证据科学论纲》,经济科学出版社2019年版,第76页。

的玻璃杯的水溢出来了,那么我们根据物理常识可以预见,水在溢出来之后,很可能会流到地板上。① 这种将常识动态地联系起来形成的因果链条,在刑事证明中发挥着"溯因推理"的作用。但人工智能还不具备这种能力,无法理解事物之间存在的因果联系。② 人工智能的推理主要是依靠概率算法,计算的关系建立在不同元素之间的数量关联上。计算机并不是在思考,只是根据逻辑算法进行数据处理而已。

此外,人类还会在情感认知的基础上建立起证据与待证事实之间的因果关系。但人工智能缺乏人类的情感,所以无法从人类情感的角度来理解证据与待证事实之间是否具有因果关系。例如,在某个案件中,孟某和女友温某遇到醉汉谷某,谷某搭讪调戏温某,孟某和谷某推搡之后发生肢体冲突,醉汉因心脏病发作猝死。这个案件一审法院认定的事实为防卫过当。二审法院改判为正当防卫。对于"醉汉调戏温某"的证据,在一、二审法官看来,可从人的情感出发判断这一证据与孟某和醉汉发生肢体冲突是否存在因果关系,从而证明要件性事实。但如果让人工智能分析证据,其未必能够理解这种情感,因此也难以分析其中的因果关系。又如,念斌投毒案中法官根据证据(念斌被隔壁店主抢去商机)认为其遂起杀机,这里面隐藏一个概括,即"通常人们对夺去商机的人会起杀机",但这一"概括"从常人的情感认知出发显然难以证成。从人工智能分析的角度看,更无法看出其中的谬误。总之,人工智能运用于刑事证明可以辅助司法审判,但始终无法替代法官思考。

(三)人工智能在刑事证明中如何辅助证据推理

人工智能在刑事证明中要遵循证据推理的基本规律。瑞典瓦尔格伦教授的理论认为,证据推理中与事实认定有关的主要涉及证成、法律检索这两个阶段。三段论推理以归纳推理为前提。事实认定以法律规则为指引。法官在事实认定的过程中就已经开始适用法律了,包括通过实体法、程序法和证据规则来确定证据推理的方向。笔者认为,"证成"应该是根

---

① 参见赵万一、侯东德主编:《法律的人工智能时代》,法律出版社2020年版,第311页。
② See Jason Millar, Ian Kerr, Delegation, Relinquishment and Responsibility: The Prospect of Expert Robots, 72 SSRN Electronic Jounral 532 (2013).

据案件的特定语境识别它所适用的法律。比如,根据案件的案情描述和证据识别出是刑事案件还是民事案件。目前,人工智能通过标注的方式,对某些具有相同性质但不同称谓的事物进行归类。例如,"管制刀具""凶器""菜刀""利刃"表述不同,但都可以标注为"作案工具",通过标注法让机器学会识别这些名词。但这个过程的工作量是很大的,而且即使由研发团队进行标注,以机器能够识别的计算机语言来表述某一证据的内容同样存在识别的困境,难以把丰富多样的人类语言转化为人工智能可以识别的计算机语言,这个过程难免会存在挂一漏万的问题。举一个简单的例子,如果案件用"匕首""武器"或者其他行话来表述"刀具",那么机器在识别时就会出现认识上的盲区。因此,目前对国内法律人工智能标签化处理的思路是否为理想的方法,还是值得反思的。

人工智能服务于法官证据推理,可以防止法官在证据分析上犯逻辑错误,或许威格莫尔改良式的图示法可以为法律人工智能的改进提供一种思路。威格莫尔、特文宁等人曾把图示法的树状结构图转换为一种符号化推理形式系统,成为人工智能在辅助刑事证明中的推理脉络。法律人工智能系统可借鉴改良式的图示法,运用人工智能领域的概念图、类型化和推理结构等理论和方法,建构一种人工智能证据推理模型。[①] 图示法的符号将不同命题之间的关系连接起来。例如,"→"表示有助于、支持的关系,"—"表示否定或削弱的关系," ∞ "表示事实裁决者认定证据为真,最终绘制了整体图示。但是,不能把这种图示法错误地等同于"证据链","证据链"仅仅是对事实认定过程一种表象式的观察,事实认定的本质是对证据进行推理。这一点启示我们,对证据的分析不能停留于表象,从证据到案件事实的推理过程也就是证据推理,这一过程需要法官对证据分析过程进行公开。

人工智能虽然难以模仿人类对生活经验的"概括",但它可以通过对海量数据的分析,从中发现通过归纳法总结的"概括"是不真实的,从而辅助事实认定以判断证据推理过程中的逻辑是否正确。比如,假设每 15000

[①] 参见张保生、杨菁:《人工智能法律系统的一种证据推理模型》,载《证据科学》2021年第 5 期,第 517—533 页。

个人中就有 1 个人感染某病毒株,假设检测出假阳性的概率是 1%,也就是说每 100 个健康人中会有 1 个人的检测呈假阳性。检测的假阴性为 0.1%,即每 1000 个病人中只有 1 个人的检测会呈假阴性。假设某人的检测结果为阳性,那么其感染某病毒株的概率是多少?很多人会猜测这个概率很高,但代入贝叶斯公式会发现实际上概率值仅为 0.0066!① 这个例子说明,统计学中的相关性就像一个概括,而个案中的相关性是用概括推理后的结论。概率计算会修正我们原来的经验概括。

威格莫尔的图示法是通过逻辑符号,将事实裁决者在证据推理时的思维过程形象、直观地呈现出来,确保证据推理的思路不至于出现跳跃、断裂、臆断等情况,经得住逻辑法则和经验法则的检验。比如,法官常常在判决书中提到事实认定问题,结合自己的生活经验判断某个证据所支持的待证事实是否符合"常理"②,但是法官的这个"常理"是否经得起推敲?威格莫尔的图示法通常要求把事实裁决者默示的、隐藏的信息,通过图示法呈现出来,因为这有利于暴露证据推理链条中的薄弱环节,帮助事实裁决者判断证据分析时所选择的"概括"是否合理,所遵循的推理思路是否正确。

(四)人工智能如何辅助证据可采性审查

人工智能如何辅助司法人员对证据可采性审查作出判断?这个问题涉及对证据适格性的把握。证据法理论认为,证据的相关性是证据适格性的前提,相关性是指"证据所要证明的命题和案件争议点之间的关系",判断某个证据的相关性,需要三个连续性推论:一是从证据得出推断性事实,主要是指事实裁决者推断的事实;二是由此推出要件事实。要件事实是指事实裁决者经推论确信且对该争端的法律解决至关重要的事实;三是由此推出实体法规定的要件。③ 以昆山龙哥反杀案为例,如图 12-1

---

① 参见〔美〕史蒂文·J.米勒:《普林斯顿概率论读本》,李馨译,人民邮电出版社 2020 年版,第 146 页。
② 参见谢进杰、邓慧筠:《刑事裁判说理中的"常理"》,载《中山大学学报(社会科学版)》2019 年第 3 期,第 146—162 页。
③ 参见〔美〕罗纳德·J.艾伦、〔美〕埃莉诺·斯威夫特、〔美〕大卫·S.施瓦茨、〔美〕迈克尔·S.帕尔多、〔美〕亚历克斯·斯坦:《证据法的分析进路:文本、问题和案例(第 6 版)》,张保生等译,中国人民大学出版社 2023 年版,第 152—158 页。

所示：

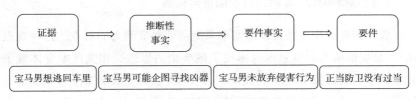

图 12-1 证据推理示意图

我国诉讼法所确立的证据制度具有不同于两大法系证据理论的特色。一般认为，《刑事诉讼法》第 50 条规定体现了对证据相关性的要求①，证据能力主要通过一系列排除性规则进行规范。例如，对采用刑讯逼供等非法方法以及采用暴力、威胁等非法方法收集的言词证据应当排除，以及非法实物证据的补正规则。这里的非法证据排除需要自由裁量权的介入，人工智能是无法替代法官进行衡量的。而且证据的审查认定建立在诉讼双方庭审质证的基础上，因此人工智能辅助法官对证据能力进行判断时，可以通过这些规则来过滤掉部分证据。人工智能主要根据《刑事诉讼法》及有关证据司法解释的规定对证据是否合法作出判断。有学者认为，无论是非法证据排除，还是不可靠证据的排除，都不能完全由人工智能进行实质性判断。② 笔者认为，法律、司法解释对于一些非法证据已作出刚性规定，较为明确的，人工智能通过"识别"可以做到，例如，采取冻、饿、晒、烤的方法进行讯问属于刑讯逼供，对这些比较明确的关键词，人工智能可做到识别并提示办案人员，但对于一些本身在界定上就存在争议的非法证据，人工智能是无法代替人类进行识别的。这是因为，我国对非法证据排除本身作出了较为概括的规定，具体案件中的证据表述未必会出现非法取证的字眼。所以人工智能只能辅助司法人员对案件中涉及上述内容的证据进行筛选，但难以对一些复杂的、具有争议的案件进行自动筛查。

---

① 参见《刑事诉讼法》第 50 条规定，可以用于证明案件事实的材料，都是证据。
② 参见纵博：《人工智能在刑事证据判断中的运用问题探析》，载《法律科学（西北政法大学学报）》2019 年第 1 期，第 64 页。

(五)以概率赋值证明力由模糊走向精确

我们首先分析主张可以用概率来衡量证据证明力的观点。这种观点认为,证据证明力的概念本身体现了概率论的思想。相关性本身体现了先验概率与后验概率之间的波动。以美国《联邦证据规则》第401条为例,其对"证据相关性及其限制"给出的定义是:在下列情况下,证据具有相关性:(a)相较于没有该证据而言,该证据的出现使得某事实更可能存在或者更不可能存在;(b)该事实对于确定诉讼具有重要意义。这句话的意思是,判断证据是否具有相关性,可以通过它的出现能否让要件事实发生的概率产生波动。其注释中提到,这种关系是否存在,取决于经验或者科学推演出的原则能否符合逻辑地适用于当前的情况。① 这种可能存在或更不可能存在的任何趋向,本质上就是概率的内涵。比如,传统概率理论用1.0表示某一个事件肯定会发生;用0表示某一个事件不会发生或表示人们对这个事件的发生缺乏信念。概率值0.5表示人们对这个事件是否发生过半信半疑。如果用"先验概率"表示人们在获得某一证据之前对某个事实的确信程度,则"后验概率"表示获得某一证据之后,人们对某个事实为真的确信程度。类似的,证据证明力的概率赋值也会影响人们对先后概率的判断。

证明力(证据分量)与概率值之间也存在内在的联系。美国证据法学家理查德·伦珀特认为,证据分量的表达方式与《联邦证据规则》第401条对相关性下的定义是相同的。如果一项证据会影响人们对一些主张成立的概率,那么它就具有相关性。美国一些证据法教科书也普遍使用贝叶斯定律来帮助理解相关性的概念,贝叶斯的计算公式为$P(H|E)=P(E|H)* P(H)/P(E)$,这里表示当出现证据E时,要件事实H发生的概率。如果某一个证据作为一个变量引入证明体系,会引起案件事实争议点概率值的变化,则说明这个证据与待证事实之间具有相关性。例如,在盗窃案件中,如果现场发现有被告人的指纹,那么被告人犯罪的事实可能性在事实裁决者看来就会加大。特别是在法庭科学领域,像在

---

① See Fed. R Evid. 401 advisory committee's note.

DNA、指纹等司法鉴定中使用概率数值来为分析结果提供依据,法庭科学领域使用似然率来计算,其公式为 LR＝P(E|H)/ P(E|非 H)。似然率就是"在命题 H 为真的条件下,证据 E 为真的概率"和"在命题非 H 为真的条件下,证据 E 为真的概率"二者概率值之比,似然率越大,说明该证据对于命题为真具有的证明价值越大。

笔者以为,以概率论为基础的证据法理论虽然在一定条件下具有合理性,为将证据证明从"模糊"迈向"精确"提供了一种可能路径,但由于它无法满足刑事证明的复杂因素,概率论存在无法解决的问题。主要理由如下：

首先,刑事证明中运用概率的案例经验表明概率虽可以用来解释相关性,但却难以在刑事证明中用来赋值证明力。在江西南昌的周文斌案件中,周文斌使用概率论对行贿人、受贿人的供述进行计算,最终得出的结论是"双方同时将行贿的时间改为 10 月,概率为 1/20700"①,但一审、二审法院并没有采纳这一辩护意见。周文斌辩解时声称,该案证明行贿事实的证人证言之间存在相互矛盾之处,据此主张不应采纳这些证人证言。一审法院认为虽然证人在行贿的具体过程中前后有所不同,但在行贿的基本事实方面是吻合的。② 这表明概率论在司法实务中并没有被视为决定证据证明力的主要因素,法官更多是根据生活经验对事实进行认定。在美国的"人民诉柯林斯案"中,公诉人聘请专家证人对该案证据的概率计算"合取"乘积,黄色汽车概率为 1/10,留有络腮胡子的男性概率为 1/4,扎马尾辫的女性概率为 1/10,有车的跨种族通婚夫妇概率为 1/1000,最后得出随机挑选的夫妇中满足本案条件的概率是 1/12000000。③ 但当案件上诉到高等法院时,法官认为检察官对概率的使用是错误的,因为案件中的许多因素都不是相互独立的。如果两个事件不相互影响,那么它们就是相互独立的,这意味着从某个事件无

---

① 《南昌大学原校长周文斌受审 用概率论质疑证据》,载《法制晚报》2015 年 1 月 22 日。
② 参见江西省南昌市中级人民法院(2014)洪刑二初字第 35 号。
③ 参见〔美〕理察德·伦伯特编:《证据故事》,魏晓娜译,中国人民大学出版社 2012 年版,第 10 页。

法推出另一个事件。① 对不相互独立的事件,就不能使用"合取"乘积的公式来计算概率。而在柯林斯案件发生后的 1971 年,美国的特布莱教授认为,反对将任何数字化概率运用于审判过程,其理由是:只要法官和陪审员被假定为不精通数学,他们就不应当用自己无法理解的语言接收信息;另外,数学论证可能过于具有诱导性或容易产生偏见;并且,量化分析在政治上是不适当的。② 英国的约翰·A.巴登认为,"几乎所有人工智能研究人员都认为信念的概念类似于理想化的几何概念,如三角形,而不是与复杂的现实生活现象相关的概念。此外,迄今为止,使用逻辑推理心理状态的大多数人都没有解决推理的不确定性这一关键问题"③。同样的,在罗纳德·艾伦教授看来,概率计算具有很大的局限性,因此,他试图引入"似真性""逼真性""复杂性"等概念,用最佳解释论来代替概率论。个案中的证据并不是单一的原子,而是各种各样的证据摆在法官面前,法官对这些证据的审查并不是将所有证据通过概率计算去得到某一个"数值",而是对所有证据进行整体判断。

其次,事实证明的过程本身具有盖然性,概率值的高低并不代表事实认定的必然结果。我们可以从一般生活经验中归纳出这样的结论:即使是发生概率再低的事件,也完全可能是真实存在的。现实生活中许多意外事件都可归入"小概率事件"。就像文学作品《十五贯》中被害人中毒身亡的真正原因竟是"老鼠叼来金环,叼走毒饼"。又比如,人们常常使用"黑天鹅"来代表小概率、高风险的事件,这类事件一旦发生足以颠覆以往的经验,具有不可预测性。从这个角度看,某个事件发生的概率虽小,但不等于真实性就不存在,事实裁决者如果按照概率论来赋值证据的证明力,极可能重蹈法定证据主义的覆辙,犯下形而上学的错误。新加坡的何福来教授也反对将概率论用于事实认定,他认为"客观概率不足以解释刑事证明的性质"④,主

---

① 参见〔美〕史蒂文·J.米勒:《普林斯顿概率论读本》,李馨译,人民邮电出版社 2021 年版,第 146 页。

② See Laurence H. Tribe, Trial by Mathematics: Precision and Ritual in the Legal Process, 84 Harvard Law Review 1329 (1971).

③ 赵万一、侯东德主编:《法律的人工智能时代》,法律出版社 2020 年版,第 308 页。

④ Ho Hock Lai, A Philosophy of Evidence Law Justice in the Search for Truth, Oxford University Press 2008, p. 118.

观概率论或认知概率论在刑事证明中虽然具有一定的解释力,但它忽略了某些重要的心理要素。形式化的概率表达不能完全传递这种信念的内涵。对案件事实的认定不能忽视人的心理因素,它是法官、陪审员等事实裁决者基于生活经验、逻辑法则、价值判断形成的借助证据还原待证事实的过程,其中,主观性发挥着重要的作用。罗纳德·艾伦教授也认为,"证据的首要测量,是把证据与要件联系在一起的推论强度,该强度取决于蕴含于那些推论中的概括的强度"①,但这种连接起来的推论强度包含了人的信念等主观因素,不完全等同于数理概率的客观统计。所以,从这个原理进行分析,证据的概率赋值只是直接影响事实裁决者对证据可信性的信念,但信念与证据证明力之间还隔着多种复杂性因素。换句话说,概率值并不能直接转化为决定证据证明力大小的指数。

最后,概率计算建立在对既往事实统计的基础上,证据难以适用这种统计分析。概率推理属于归纳逻辑的一种类型,是通过刻画随机事件发生的可能性所进行的推理。②归纳逻辑的结论不确定性在概率推理中同样存在。概率建立在对过去一段时间内已经发生的事件进行统计的基础上,但它还不足以准确预见未来。人们可以统计某个事件在过去发生的概率数据,但并不意味着未来它发生的概率不会改变。比如,老忠实间歇泉(一处泉水景点)在过去二百年的时间里每隔数十分钟就会喷出泉水,从不爽约,但这并不代表着它在未来依然会保持这种频率。指纹的同一性概率分析,不代表未来生物基因工程不会颠覆这一概率。类似的,通过对指纹、DNA 的概率值计算同一性认定的概率推理,只能为事实裁决者提供过去统计学的数据参考。每个案件都具有特殊性,过去案件中的证据并不代表着它们在目前案件中保持相同的概率。同时,要得出较为精确的概率,统计学原理要求样本必须达到一定的量。何福来也认为,我们

---

① 参见〔美〕罗纳德·J.艾伦、〔美〕埃莉诺·斯威夫特、〔美〕大卫·S.施瓦茨、〔美〕迈克尔·S.帕尔多、〔美〕亚历克斯·斯坦:《证据法的分析进路:文本、问题和案例(第6版)》,张保生等译,中国人民大学出版社2023年版,第173—174页。
② 参见舒国滢、王夏昊、雷磊:《法学方法论前沿问题研究》,中国政法大学出版社2020年版,第244页。

不可能通过重复实验一千次来判定这件事情在过去发生的概率。① 这里的重复一千次,皆为过去的事实,并不意味着未来一切照旧。比如,柯林斯案件中黄色小轿车的概率,只是在静止状态下的统计,但车辆会不断地进出辖区,因此这个概率是波动的。

长期以来我国在颁布证据规则时,认为证据的证明力可通过法律来预设,例如,过去民事证据的司法解释规定,原件的证明力一般高于复印件,为法官裁量提供依据,这种模式也被学者称为"新法定证据主义"②。这反映出立法机关对法官行使自由裁量权的不信任,是立法权对司法裁量权的钳制。由法官依据经验法则、逻辑法则来把握证明力,确定证明力的关键在于证据信息是否和案件的待证事实相关联,证据证明力的强弱取决于证据和待证事实之间关联性的紧密程度。③ 但这种自由心证也不是完全自由的,需要法官在判决书中对自由心证的事实认定进行说理,上诉法院可以监督,如通过裁判文书中事实认定部分对法官的自由心证进行约束。

(六)人工智能在刑事证明中应用的风险防范

在程序正当性方面,目前的人工智能辅助司法机关审查认定案件事实,但被告人、辩方并没有参与其中,这难免会造成加剧控辩力量的悬殊。由于人工智能涉及极强的专业知识,如果审判人员基于理解基础的"教育模式"来审查人工智能生成的分析报告,将意味着庭审会投入较高的时间成本;如果选择"尊从模式",恐怕会导致研发人员篡夺法官对事实认定的权力的结果,这种法律人工智能在政治上也是不适当的。人工智能证据不同于传统的证据,在技术光环的"赋魅"之下,法官容易对此类证据盲目崇信,而确立此类证据的可采性规则可以为法官审查认定案件事实提供依据,对自由心证进行必要的限制。人工智能证据需要借助专家意见,弥

---

① See Ho Hock Lai, A Philosophy of Evidence Law Justice in the Search for Truth, Oxford University Press, 2008, p. 118.

② 陈瑞华:《以限制证据证明力为核心的新法定证据主义》,载《法学研究》2012年第6期。

③ 参见叶青主编:《证据法学(第3版)》,北京大学出版社2022年版,第66页。

补法官在诉讼中对专门性问题认知的不足。人工智能大数据运用的配套措施主要通过专家证人制度和技术人员出庭来回应法庭对此类证据的可靠性质疑。此外,一旦案件事实认定出错,酿成冤假错案,应该如何认定法官、研发人员的法律责任也有待探讨。这就有必要引入司法责任制的主体理论,不因司法责任主体借用技术而转移其本应承担的错案风险。其原因在于技术只能辅助、提示办案人员收集、审查认定证据,但并不能规避办案人员的办案风险,司法人员仍然是证据合法性和真实性的"守门人"。为加强辩方对技术证据的质证能力,以专家辅助人制度来弥补被告人面对控方提供的人工智能生成的证据进行质证的能力。从而弥补被告人对此类证据进行质证的短板。①

在数据安全方面,因为大数据人工智能有泄露隐私和危害国家社会公共安全的可能性,所以其数据共享必须有所控制。互联网企业利用人工智能对大数据进行分析,可能会对公民的隐私权带来潜在的威胁,引发数据合规新问题。在侦查权不断扩展收集大数据能力的情况下,如何防止侦查权的扩张更不得不察。在技术赋权理念下,刑事司法人工智能的研发和应用应当以是否有助于保障刑事司法权力,是否有助于发展刑事司法权力,是否有助于创制刑事司法权力为判断基准②。在刑事司法人工智能的规制方面,"技术赋权理念坚持问题导向,制约技术赋能带来的国家基础性权力的扩张给基本权利保障带来的威胁"。笔者认为,目前人工智能、大数据在刑事侦查中得到运用,在技术赋能的背景下不享有司法职权的治安防控,互联网公司、电商平台收集的数据,比如,住宅和单位的人脸识别系统、机动车牌自动识别系统、智能手机的定位系统,根据《刑事诉讼法》第52条规定的"协助调查"③,技术赋能将扩大侦查权力的边界,对公民的权利保障形成一定

---

① 参见胡铭、张传玺:《人工智能裁判与审判中心主义的冲突及其消解》,载《东南学术》2020年第1期。

② 李训虎教授援引了欧盟《通用数据保护条例》因应科技发展创制出的数据转移权、自动决策的可解释权,将自动决策的可解释权推广应用于刑事司法人工智能领域,就可以解释为权利人有权要求人工智能技术公司公开算法。参见李训虎:《刑事司法人工智能的包容性规制》,载《中国社会科学》2021年第2期。

③ 参见《刑事诉讼法》第52条规定,必须保证一切与案件有关或者了解案情的公民,有客观地充分地提供证据的条件,除特殊情况外,可以吸收他们协助调查。

的威胁,需要从人工智能"以人为本"和刑事司法"权利保障"去寻找"最大公约数",防止人工智能收集证据与证据法理所保护的和谐、秩序、人权、公正等"求善"的价值形成冲突。而被告人、辩方显然也没有资源和司法机关分享人工智能技术带来的红利,这就会造成人工智能证据以控诉证据为常态,将加大辩方对此类证据进行质证的难度。"用户们无法看清其中的规则,无法提出不同意见,也不能参与决策过程,只能接受最终的结果。"①胡铭教授认为,算法规制问题,在透明原则下的算法公开并不能实现公平公正的目标。算法在计算机技术上的不可解释性让算法可知本身存疑,即便算法可以实现透明,在一些涉及国家安全、商业秘密、个人隐私的案件中,算法是否应当公开也是值得探讨的。② 如果数据不公开、算法不透明,摆在辩方面前将是一堆无法解读和质证的科技证据。李训虎教授通过欧洲国际人权对"可解释性"的分析,推出辩方有权要求控方对人工智能生成的证据作出说明的结论。③ 由于人工智能背后是大数据技术公司的科技研发利益,从保护商业秘密角度看,这些技术和信息不宜公开;但从司法程序透明的角度看,这些算法是司法裁判的组成部分,依法必须公开,避免算法的暗箱操作。因此采取对法律人工智能研发者的知识产权进行一定程度的限制的"权利克减"原则是必要的。

在证据标准方面,要理清证据标准同证明标准之间的关系,研发者认为,证据标准使刑事证明标准更加具体化、数据化④,熊秋红教授则认为,证据标准是区别于证明标准,又与证明标准紧密关联的一个概念,证据标准属于证明标准的下位概念。⑤ 笔者认为,证据标准指单一证据在质量方面的要求,比如指纹鉴定在侦查阶段只要求满足基本的位点数量就可以,但在审判阶段必须达到更高位点的要求。这种量化的标准就是证据标

---

① 〔美〕卢克·多梅尔:《算法时代:新经济的新引擎》,胡小锐、钟毅译,中信出版社 2016 年版,第 137 页。
② 参见胡铭、张传玺:《人工智能裁判与审判中心主义的冲突及其消解》,载《东南学术》2020 年第 1 期。
③ 参见李训虎:《刑事司法人工智能的包容性规制》,载《中国社会科学》2021 年第 2 期。
④ 参见崔亚东:《人工智能与司法现代化——"以审判为中心的诉讼制度改革:上海刑事案件智能辅助办案系统"的实践与思考》,上海人民出版社 2019 年版,第 93 页。
⑤ 参见熊秋红:《人工智能在刑事证明中的应用》,载《当代法学》2020 年第 3 期。

准。而证明标准是在数个证据构成的证明体系中,基于证据整体主义对事实存在的证明程度。上海市高级人民法院人工智能辅助刑事审判206系统实现了对刑事证据标准的统一,借助人工智能技术对单一证据校验、提示进行把关,虽然提高了办案效率,但可能会引发如下担忧,即"刑事流程异化,强化后续刑事诉讼流程对前续阶段的机械性认同,使三机关办案思路同质化,分工、制约关系进一步受阻"[1]。例如,侦查机关按照人工智能提示去收集证据,系统显示证据合法,而且如果这套系统打通侦查、起诉、审判阶段,那么就容易造成起诉、审判依据技术手段提示对侦查取证合法的"背书"而认可前一道诉讼程序收集的证据,最终造成后续阶段对前续阶段的机械认同,从而加大认定错误的风险。

对人工智能在刑事证明中运用的规制,可考虑从以下方面实现:首先,审慎限制人工智能的适用场域。目前人工智能的应用场景主要是单一证据校验、证据链条校验等,但人工智能不能代替法官的事实认定。因为人工智能缺乏人类的情感,无法对证据法所涉及的价值取向进行很好地保护,特别是在某一证据发现真相的过程中,当其"求真"价值与人权、公正、秩序、和谐等"求善"价值之间可能产生冲突时,人工智能难以代替法官进行价值评估。因此应当限制人工智能从事证据审查判断等有关价值判断的工作。其次,应当加大对人工智能所依数据的安全保护。在诉讼中,运用大数据、人工智能挖掘证据信息,必须建立在保护公民个人隐私和公共安全数据的基础上。最后,人工智能证据的审查认定。人工智能大数据是由科技研发企业和司法机关合作形成的新技术产物,必须以程序公开透明为导向,对企业知识产权予以权利克减,同时大数据人工智能证据必须接受控辩质证,应当允许专家辅助人介入以弥补辩方取证短板。

五、结　语

伴随新一轮信息科技革命的发展而衍生的人工智能技术应用于刑事

---

[1] 李训虎:《刑事司法人工智能的包容性规制》,载《中国社会科学》2021年第2期。

司法证明,往往会对证据事实认定以及这一过程的证据法基础理论产生一系列深远的影响。法律人工智能的深化运用,使得刑事司法以更高效、更科学的手段来获得对案件事实的探知。人工智能给司法证明带来了新的挑战,促使司法机关完善证据审查认定的前沿理论,促进人工智能辅助刑事司法审判的良性发展,以防范或尽量避免可能的错误。

  人工智能与刑事证明的交融发展,使得数据黑箱、算法歧视、隐私泄露、证据标准的合理性等问题成为刑事司法和证据制度必须回应的热点问题,如何积极回应人工智能对刑事证明带来的颠覆性挑战,塑造信息时代及智慧社会的证据规则,探索新的规制方式,就成为当下证据法学研究的新课题。人工智能生成的证据只是人类运用科学技术方法的延伸,这类科学证据在本质上仍具有主观性。为避免改革决策者对法律人工智能赋予不切实际的期望,要清醒认识人工智能在刑事证明中的有所能、有所不能,全面认识其优势与有限性,人工智能仅发挥辅助性作用,而不是替代法官对事实进行认定。人工智能辅助司法证明,必须遵循证据推理的逻辑链条,人工智能在归纳推理、溯源推理方面具有局限性,在目前以标注法为人工智能"投喂"素材的同时,图示法可以为技术研发提供思路。结合可采性审查理论和证据能力两种理论为证据资格的审查提供依据。概率值对司法证明从"模糊"向"精确"跟进,但由于它无法适应刑事证明的复杂因素,不能作为人工智能识别证明力的依据。人工智能运用于刑事证明还可能存在泄露隐私、算法歧视等隐忧,亟待进行理论探讨和制度防范。唯此,我们才能积极应对人工智能对刑事证明的挑战。

参考文献

一、外文译著

1. 〔德〕克劳斯·罗科信:《刑事诉讼法(第 24 版)》,吴丽琪译,法律出版社 2003 年版。

2. 〔德〕尼克拉斯·卢曼:《信任:一个社会复杂性的简化机制》,瞿铁鹏、李强译,上海人民出版社 2005 年版。

3. 〔德〕约阿希姆·赫尔曼:《〈德国刑事诉讼法典〉中译本引言》,载《德国刑事诉讼法典》,李昌珂译,中国政法大学出版社 1995 年版。

4. 〔俄〕《俄罗斯联邦刑事诉讼法典》(新版),黄道秀译,中国人民公安大学出版社 2006 年版。

5. 〔法〕《法国刑事诉讼法典》,罗结珍译,中国法制出版社 2006 年版。

6. 〔法〕贝尔纳·布洛克:《法国刑事诉讼法》,中国政法大学出版社 2009 年版。

7. 〔美〕阿尔娃·奥伦斯坦:《证据法要义》,汪诸豪、黄燕妮译,中国政法大学出版社 2018 年版。

8. 〔美〕哈伯特·L.帕克:《刑事制裁的界限》,梁根林等译,法律出版社 2008 年版。

9. 〔美〕华尔兹:《刑事证据大全》(第 2 版),何家弘等译,中国人民公安大学出版社 2004 年版。

10. 〔美〕加里·S.贝克尔:《人类行为的经济分析》,王业宇、陈琪译,上海三联书店、上海人民出版社 1995 年版。

11. 〔美〕肯尼斯·R.福斯特、〔美〕彼得·W.休伯:《对科学证据的认定——科学知识与联邦法院》,王增森译,法律出版社 2001 年版。

12. 〔美〕罗纳德·J. 艾伦、〔美〕埃莉诺·斯威夫特、〔美〕迈克尔·S. 帕尔多、〔美〕亚历克斯·斯坦:《证据法的分析进路:文本、问题和案例(第6版)》,张保生等译,高等教育出版社2006年版。

13. 〔美〕罗纳德·J. 艾伦:《艾伦教授论证据法(上)》,张保生等译,中国人民大学出版社2014年版。

14. 〔美〕米尔吉安·R. 达马斯卡:《比较法视野中的证据制度》,吴宏耀、魏晓娜译,中国人民公安大学出版社2006年版。

15. 〔美〕米尔建R. 达马斯卡:《漂移的证据法》,李学军、刘晓丹、姚永吉等译,中国政法大学出版社2003年版。

16. 〔美〕米尔伊安·R. 达玛什卡:《司法和国家权力的多种面孔》,郑戈译,中国政法大学出版社2004年版。

17. 〔美〕托马斯 诺古奇:《美国的法医教学与法医鉴定质量认证体系》,中国法医学会主办《中外最新法庭科学技术研讨会论文集(上)》,2004年5月。

18. 〔美〕约翰·W. 斯特龙:《麦考密克论证据》,汤维建等译,中国政法大学出版社2004年版。

19. 〔美〕约书亚·德雷斯勒、〔美〕艾伦·C. 迈克尔斯:《美国刑事诉讼法精解(第二卷·刑事审判)》,魏晓娜译,北京大学出版社2009年版。

20. 〔日〕谷口安平:《程序的正义与诉讼(增补本)》,王亚新、刘荣军译,中国政法大学出版社1996年版。

21. 〔日〕松尾浩也:《日本刑事诉讼法(下卷新版)》,张凌译,中国人民大学出版社2005年版。

22. 〔日〕田口守一:《刑事诉讼法》,张凌、于秀峰译,法律出版社2019年版。

23. 〔日〕植木哲:《医疗法律学》,冷罗生、陶芸、江涛等译,法律出版社2006年版。

24. 〔英〕J·W. 塞西尔·特纳:《肯尼刑法原理》,王国庆、李启家等译,华夏出版社1989年版。

25. 〔英〕卡尔·波普尔:《猜测与反驳:科学知识的增长》,傅季重、纪树立、周昌忠、蒋弋为译,上海译文出版社2005年版。

26.〔英〕詹妮·麦克埃文:《现代证据法与对抗式程序》,蔡巍译,法律出版社 2006 年版。

二、中文著作

1. 陈光中主编:《刑事诉讼法学(第 5 版)》,北京大学出版社、高等教育出版社 2013 年版。

2. 卞建林、谭世贵主编:《新刑事诉讼法的理解与实施》,中国人民公安大学出版社 2013 年版。

3. 蔡墩铭:《刑事诉讼法概要》,三民书局股份有限公司 2012 年版。

4. 陈邦达:《司法鉴定基本问题研究:以刑诉法司法鉴定条款实施情况为侧重点》,法律出版社 2016 年版。

5. 陈邦达:《刑事司法鉴定程序的正当性》,北京大学出版社 2015 年版。

6. 陈光中主编:《证据法学(第 4 版)》,法律出版社 2019 年版。

7. 陈朴生:《刑事证据法》,三民书局 1992 年版。

8. 陈瑞华:《程序正义理论》,中国法制出版社 2010 年版。

9. 陈瑞华:《刑事诉讼的前沿问题》,中国人民大学出版社 2000 年版。

10. 陈瑞华:《刑事证据法(第 3 版)》,北京大学出版社 2018 年版。

11. 陈瑞华:《刑事证据法的理论问题(第 2 版)》,法律出版社 2018 年版。

12. 陈瑞华编著:《信息经济学》,南开大学出版社 2003 年版。

13. 陈学权:《科技证据论:以刑事诉讼为视角》,中国政法大学出版社 2007 年版。

14. 樊崇义主编:《证据法学(第 3 版)》,法律出版社 2006 年版。

15. 房保国:《刑事证据规则实证研究》,中国人民公安大学出版社 2010 年版。

16. 郭华:《鉴定结论论》,中国人民公安大学出版社 2007 年版。

17. 何家弘:《法苑杂谈》,中国检察出版社 2000 年版。

18. 何家弘:《司法证明方法与推定规则》,法律出版社 2018 年版。

19. 何家弘主编:《证据调查实用教程》,中国人民大学出版社 2000 年版。

20. 何家弘主编:《刑事诉讼中科学证据的审查规则与采信标准》,中国人民公安大学出版社 2014 年版。

21. 季美君:《专家证据制度比较研究》,北京大学出版社 2008 年版。

22. 朗胜主编:《中华人民共和国刑事诉讼法释义》,法律出版社 2012 年版。

23. 李昌钰、刘永毅、季树仁:《美国世纪大审判》,广西师范大学出版社 2007 年版。

24. 李少平:《最高人民法院关于适用〈中华人民共和国刑事诉讼法〉的解释理解与适用》,人民法院出版社 2021 年版。

25. 李心鉴:《刑事诉讼构造论》,中国政法大学出版社 1997 年版。

26. 刘金友主编:《证据法学》,中国政法大学出版社 2001 年版。

27. 刘品新:《电子证据法》,中国人民大学出版社 2021 年版。

28. 刘晓丹:《论科学证据》,中国检察出版社 2010 年版。

29. 刘鑫、张宝珠主编:《医疗纠纷预防和处理案例理解与适用》,中国法制出版社 2018 年版。

30. 龙宗智、韩旭、张斌等:《刑事庭审证据调查规则研究》,中国政法大学出版社 2021 年版。

31. 龙宗智:《上帝怎样审判(增补本)》,法律出版社 2006 年版。

32. 龙宗智:《诉讼证据论》,法律出版社 2021 年版。

33. 欧洲法庭科学研究机构联盟:《欧洲法庭科学研究机构联盟法庭科学评价报告指南》,王元凤、刘世权译,中国人民大学出版社 2021 年版。

34. 齐树洁主编:《英国证据法新论》,厦门大学出版社 2011 年版。

35. 舒国滢、王夏昊、雷磊:《法学方法论前沿问题研究》,中国政法大学出版社 2020 年版。

36. 宋英辉主编:《中华人民共和国刑事诉讼法精解》,中国政法大学出版社 2012 年版。

37. 孙谦主编:《人民检察院刑事诉讼规则(试行)理解与适用》,中国检察出版社 2012 年版。

38. 孙长永:《美国刑事诉讼中的证据开示》,载陈光中、江伟主编:《诉讼法论丛》,法律出版社 1990 年版。

39. 王爱立主编:《中华人民共和国刑事诉讼法释义》,法律出版社 2018 年版。

40. 王进喜:《美国联邦证据规则 2011 年重塑版条解》,中国法制出版社 2012 年版。

41. 王进喜编译:《证据科学读本:美国 Daubert 三部曲》,中国政法大学出版社 2015 年版。

42. 王胜明主编:《中华人民共和国侵权责任法释义》,法律出版社 2013 年版。

43. 杨立新主编:《最高人民法院关于医疗损害责任纠纷案件司法解释理解运用与案例解读》,中国法制出版社 2018 年版。

44. 叶青主编:《诉讼证据法学(第 2 版)》,北京大学出版社 2013 年版。

45. 叶自强:《法庭审判中的科学证据》,中国社会科学出版社 2012 年版。

46. 张保生:《证据法的理念》,法律出版社 2021 年版。

47. 张保生主编:《证据法学(第 3 版)》,中国政法大学出版社 2018 年版。

48. 张斌:《科学证据采信基本原理研究》,中国政法大学出版社 2012 年版。

49. 张军主编:《刑事证据规则的理解与适用》,法律出版社 2010 年版。

50. 张维迎:《博弈与社会》,北京大学出版社 2013 年版。

51. 张袁:《德国证据禁止规则研究——法典与判例的有效融合》,法律出版社 2019 年版。

52. 张泽涛:《刑事审判与证明制度研究》,中国检察出版社 2005 年版。

53. 郑也夫:《信任论》,中国出版集团 2016 年版。

54. 郑瞻培主编:《精神疾病司法鉴定实务》,法律出版社 2009 年版。

55. 最高人民法院民法典贯彻实施工作领导小组主编:《中华人民共和国民法典侵权责任编理解与适用》,人民法院出版社2020年版。

56. 左卫民等:《庭审实质化改革实证研究:以法庭调查方式为重点》,法律出版社2021年版。

57. 左卫民等:《中国刑事诉讼运行机制实证研究(二)——以审前程序为重心》,法律出版社2009年版。

三、中文论文

1. 〔德〕彼得·哥特瓦尔德:《鉴定人及其鉴定意见在德国民事诉讼法中的地位》,曹志勋译,载《证据科学》2020年第2期。

2. 《国家卫计委:2013年全国发生医疗纠纷7万件左右》,载《中国青年报》2014年4月8日。

3. 白剑峰:《去年发生医疗纠纷11.5万起 数量下降》,载《人民日报》2015年1月22日。

4. 包蕾、张嫣:《"诉调对接"的新路径——解读上海浦东新区法院诉前调解机制》,载《中国审判》2009年第10期。

5. 卞建林、郭志媛:《解读新〈刑事诉讼法〉推进司法鉴定制度建设》,载《中国司法鉴定》2012年第3期。

6. 曹晶晶:《邱兴华做不做司法精神病鉴定 关乎程序的正义》,载《新快报》2006年12月13日。

7. 曹志勋:《诉讼外鉴定的类型化及其司法审查》,载《法学研究》2022年第2期。

8. 柴会群:《〈医疗事故处理条例〉当休矣》,载《南方周末》2010年8月19日。

9. 柴会群:《南平杀童案:死刑后,大家都解脱了》,载《南方周末》2010年5月1日。

10. 柴会群:《谁来监督医学会》,载《南方周末》2015年12月18日。

11. 陈邦达:《鉴定人出庭作证新论——兼论新刑事诉讼法的相关条款》,载《中国司法鉴定》2012年第3期。

12. 陈邦达:《鉴定人出庭作证制度实证研究》,载《法律科学(西北政法大学学报)》2016 年第 6 期。

13. 陈邦达:《论"有专门知识的人"参与刑事诉讼——兼论〈刑事诉讼法〉第 192 条》,载《大连理工大学学报(社会科学版)》2014 年第 3 期。

14. 陈邦达:《美国科学证据采信规则的嬗变与启示》,载《比较法研究》2014 年第 3 期。

15. 陈邦达:《如何实现涉案物品的鉴真》,载《人民法院报》2018 年 10 月 10 日。

16. 陈邦达:《性侵害未成年人案件之证明难点与破解方法》,载《青少年犯罪问题》2020 年第 4 期。

17. 陈光中、吕泽华:《我国刑事司法鉴定制度的新发展与新展望》,载《中国司法鉴定》2012 年第 2 期。

18. 陈庆沐、李惟、陈剑彬:《浅谈人体伤残鉴定标准的统一》,载《中国司法鉴定》2012 年第 4 期。

19. 陈如超:《专家参与刑事司法的多元功能及其体系化》,载《法学研究》2020 年第 2 期。

20. 陈瑞华:《鉴定意见的审查判断问题》,载《中国司法鉴定》2011 年第 5 期。

21. 陈瑞华:《实物证据的鉴真问题》,载《法学研究》2011 年第 5 期。

22. 陈瑞华:《以限制证据证明力为核心的新法定证据主义》,载《法学研究》2012 年第 6 期。

23. 陈卫东、程雷:《司法精神病鉴定基本问题研究》,载《法学研究》2012 年第 1 期。

24. 陈学权:《科学技术在刑事诉讼中的价值》,载《法学研究》2007 年第 1 期。

25. 陈学权:《刑事陪审中法律问题与事实问题的区分》,载《中国法学》2017 年第 1 期。

26. 陈学权:《刑事诉讼中 DNA 证据运用的实证分析——以北大法意数据库中的刑事裁判文书为对象》,载《中国刑事法杂志》2009 年第 4 期。

27. 程亦斌:《听证会制度在医疗损害法医学鉴定中的运用》,载《中国司法鉴定》2014 年第 2 期。

28. 邓甲明、刘少文:《深入推进司法鉴定管理体制改革创新发展》,载《中国司法》第 7 期。

29. 邓晓霞:《论英美法系专家证人制度的基础与缺陷——兼论我国引入专家证人制度的障碍》,载《中国刑事法杂志》2009 年第 11 期。

30. 翟学伟:《信任的本质及其文化》,载《社会》2014 年第 1 期。

31. 窦海阳:《法院对医务人员过失判断之依据之辨析——以〈侵权责任法〉施行以来相关判决为主要考察对象》,载《现代法学》2015 年第 2 期。

32. 杜志淳、廖根为:《论我国司法鉴定人出庭质证制度的完善》,载《法学》2011 年第 7 期。

33. 杜志淳、孙大明:《我国司法鉴定领域目前存在的主要问题及改革建议》,载《中国司法鉴定》2017 年第 3 期。

34. 樊崇义、陈永生:《我国刑事鉴定制度改革与完善》,载《中国刑事法杂志》2000 年第 8 期。

35. 樊崇义、郭华:《鉴定结论质证问题研究(下)》,载《中国司法鉴定》2005 年第 3 期。

36. 房莉杰、梁小云、金承刚:《乡村社会转型时期的医患信任——以我国中部地区两村为例》,载《社会学研究》2013 年第 2 期。

37. 高鸿钧:《英国法的主要特征——一个比较观察》,载《比较法研究》1991 年第 4 期。

38. 郭超群:《医疗损害鉴定制度一元化研究》,载《内蒙古社会科学(汉文版)》2015 年第 1 期。

39. 郭华:《论鉴定结论审查模式的选择——从最高人民法院的一项"管理规定"说起》,载《法学》2008 年第 5 期。

40. 郭华:《司法鉴定公信力的内生性基础及其提升路径优选》,载《中国司法鉴定》2021 年第 5 期。

41. 郭华:《我国司法鉴定制度改革的困境与出路》,载《政法论坛》2009 年第 6 期。

42. 郭华:《侦查机关内设鉴定机构鉴定问题的透视与分析——13 起

错案涉及鉴定问题的展开》,载《证据科学》2008年第4期。

43. 郭升选、李菊萍:《论医疗注意义务与医疗过失的认定》,载《法律科学(西北政法大学学报)》2008年第3期。

44. 韩德明:《竞技主义到商谈合作:诉讼哲学的演进和转型》,载《法学论坛》2010年第2期。

45. 何颂跃:《论医疗损害赔偿中医疗过错鉴定的特征》,载《人民司法》2002年第4期。

46. 贺德银:《强化专业技术支持 提升新时代检察生产力》,载《人民检察》2021年第10期。

47. 胡铭:《鉴定人出庭与专家辅助人角色定位之实证研究》,载《法学研究》2014年第4期。

48. 胡锡庆、朱淳良:《论司法鉴定"两结合"管理模式的精髓》,载《中国司法鉴定》2010年第5期。

49. 花锋、周红:《中美法庭科学领域标准化工作比较研究》,载《刑事技术》2016年第1期。

50. 黄锫:《应对医患纠纷的法律措施须从解决信息不对称入手》,载《探索与争鸣》2012年第8期。

51. 黄太云:《刑事诉讼法修改释义》,载《人民检察》2012年第8期。

52. 霍宪丹:《关于进一步健全完善司法鉴定制度的思考》,载《中国司法鉴定》2014年第1期。

53. 贾慧平:《实证分析中国刑事诉讼中有专门知识的人的出庭问题》,载新浪网(http://blog.sina.com.cn/u/2414132347)。

54. 赖志光、陈小嫦:《医学会主持下医疗损害鉴定程序存在问题分析及对策》,载《中国卫生法制》2015年第5期。

55. 李光明:《司法鉴定平均采信率达99%》,载《法治日报》2015年9月29日。

56. 李学军:《鉴定人出庭作证难的症结分析》,载《中国人民大学学报》2012年第3期。

57. 李学军:《意见证据规则要义——以美国为视角》,载《证据科学》2012年第5期。

58. 李训虎:《刑事司法人工智能的包容性规制》,载《中国社会科学》2021年第2期。

59. 李玉华:《论独立统一涉案财物管理中心的建立》,载《法制与社会发展》2016年第3期。

60. 李忠华、蒋师、陈猛、丛斌:《刑诉法下DNA证据的审查与运用研究》,载《中国司法鉴定》2019年第1期。

61. 刘春青、马明飞:《加拿大标准化管理体制机制研究》,载《标准科学》2018年第12期。

62. 刘建伟:《论我国司法鉴定人出庭作证制度的完善》,载《中国司法鉴定》2010年第5期。

63. 刘兰秋、赵然:《我国医疗诉讼鉴定制度实证研究——基于北京市三级法院司法文书的分析》,载《证据科学》2015年第2期。

64. 刘磊:《"起诉书一本主义"之省思》,载《环球法律评论》2007年第2期。

65. 刘品新:《电子证据的鉴真问题:基于快播案的反思》,载《中外法学》2017年第1期。

66. 刘万永:《迷雾中的柘城冤案》,载《中国青年报》2010年9月9日。

67. 刘鑫、梁俊超:《论我国医疗损害技术鉴定制度构建》,载《证据科学》2011年第3期。

68. 刘艳、陈龙、黄光照:《浅析新形势下法医学鉴定人在法庭审判中的作用及面临的问题——附2例报告》,载《法律与医学杂志》1996年第4期。

69. 刘长:《中国式专家证人出庭:公家不再垄断司法鉴定话语权》,载《南方周末》2013年7月4日。

70. 龙宗智、吕川:《检察机关人员分类管理的问题、矛盾与应对》,载《国家检察官学院学报》2022年第4期。

71. 龙宗智、孙末非:《非鉴定专家制度在我国刑事诉讼中的完善》,载《吉林大学社会科学学报》2014年第1期。

72. 龙宗智:《刑事印证证明新探》,载《法学研究》2017年第2期。

73. 龙宗智:《印证与自由心证——我国刑事诉讼证明模式》,载《法学研究》2004年第2期。

74. 龙宗智:《中国法语境中的检察官客观义务》,载《法学研究》2009年第4期。

75. 卢中火:《祁门两民警涉嫌故意伤害致人死亡案开庭》,载《黄山日报》2011年12月16日。

76. 吕导中:《基于指纹面积和特征质量的指纹鉴定量化标准研究》,载《中国人民公安大学学报(自然科学版)》2008年第2期。

77. 吕泽华:《DNA鉴定意见的证明分析与规则创设》,载《法学家》2016年第1期。

78. 聂敏宁、邓岳利、王伟:《四川规范知产案件专家证人出庭作证》,载《人民法院报》2012年4月19日。

79. 牛青山、崔国文、潘永峰、臧悦含:《DNA证据的质证要点》,载《中国人民公安大学学报(自然科学版)》2018年第2期。

80. 彭泗清:《信任的建立机制:关系运作与法制手段》,载《社会学研究》1999年第2期。

81. 邱爱民:《科学证据的内涵和外延的比较法分析》,载《比较法研究》2010年第5期。

82. 上海市高级人民法院课题组:《立足核心问题 解开医患千千结——上海高院关于医疗纠纷证据制度的调研报告》,载《人民法院报》2015年7月16日。

83. 孙长永:《当事人主义刑事诉讼与证据开示》,载《法律科学(西北政法大学学报)》2000年第4期。

84. 覃国慈:《社会冲突理论视角下的医患关系研究》,载《江汉论坛》2014年第3期。

85. 唐力:《对话与沟通——民事诉讼构造之法理分析》,载《法学研究》2005年第1期。

86. 陈章:《以大数据战略赋能新时代法律监督》,载《检察日报》2022年7月18日。

87. 汪建成:《专家证人模式与司法鉴定模式之比较》,载《证据科学》

2010年第1期。

88. 汪建成:《司法鉴定基础理论研究》,载《法学家》2009年第4期。

89. 汪建成:《司法鉴定模式与专家证人模式的融合——中国刑事司法鉴定制度改革的方向》,载《国家检察官学院学报》2011年第4期。

90. 汪建成:《中国刑事司法鉴定制度实证调研报告》,载《中外法学》2010年第2期。

91. 王成:《医疗侵权行为法律规制的实证分析——兼评〈侵权责任法〉第七章》,载《中国法学》2015年第5期。

92. 王萍:《医疗损害鉴定意见存在问题与对策》,载《证据科学》2015年第1期。

93. 王伟国、李雅杰、霍家润:《医疗损害司法鉴定常见投诉问题及对策》,载《中国司法鉴定》2015年第5期。

94. 王小兵、李艺茹:《国外部分典型标准化机构概况比较分析》,载《中国标准化》2017年第8期。

95. 王晓丹:《海淀法院自成立专家咨询委员会后首用专家辅助人制度》,载海淀法院网(http://bjhdfy.chinacourt.org/public/detail.php?id=4975)。

96. 王雪迎:《检察官讲述"张高平案"翻案过程》,载《中国青年报》2013年4月3日。

97. 吴洪淇:《刑事诉讼专门性证据的扩张与规制》,载《法学研究》2022年第4期。

98. 吴亚东:《福建拟规定司法鉴定书注明程序和技术标准 违规鉴定或停业三个月以上》,载《法制日报》2014年6月13日。

99. 伍德志:《论医患纠纷中的法律与信任》,载《法学家》2013年第5期。

100. 肖柳珍:《医疗损害鉴定一元化实证研究》,载《现代法学》2014年第4期。

101. 谢登科:《电子数据的鉴真问题》,载《国家检察官学院学报》2017年第5期。

102. 熊秋红:《我国司法鉴定体制之重构》,载《法商研究》2004年第

3期。

103. 徐继军、谢文哲:《英美法系专家证人制度弊端评析》,载《北京科技大学学报(社会科学版)》2004年第3期。

104. 徐静村:《论鉴定在刑事诉讼法中的定位》,载《中国司法鉴定》2005年第4期。

105. 杨立新:《中国医疗损害责任制度改革》,载《法学研究》2009年第4期。

106. 杨涛:《刑事诉讼中专家辅助人出庭制度的实践与完善——以"念斌案"和"复旦投毒案"为样本的分析》,载《法律适用》2015年第10期。

107. 叶自强:《法医鉴定体制的变革》,载《法学研究》1999年第1期。

108. 《杜培武:我是反侦查经验丰富的警察,但是到最后,我还是招供了》,载搜狐网(http://www.sohu.com/a/255117830_260282)。

109. 袁亦力、申贝贝:《检察机关技术性证据审查的制度反思与重构》,载《人民检察》2022年第18期。

110. 岳远雷:《医学会从事医疗损害鉴定的反思与重构》,载《医学与法学》2013年第2期。

111. 张保生、董帅:《中国刑事专家辅助人向专家证人的角色转变》,载《法学研究》2020年第3期。

112. 张保生:《证据规则的价值基础和理论体系》,载《法学研究》2008年第2期。

113. 张建伟:《法庭布局:诉讼文化的外在体现》,载《人民法院报》2012年3月25日。

114. 张南宁:《科学证据可采性标准的认识论反思与重构》,载《法学研究》2010年第1期。

115. 张新宝:《人身损害鉴定制度的重构》,载《中国法学》2011年第4期。

116. 赵杰:《论专家辅助人出庭质证制度》,载《中国司法鉴定》2013年第4期。

117. 赵宪伟、刘政:《论电子数据审查的"专门性"》,载《警察技术》

2021 年第 3 期。

118. 赵志新:《加拿大药物实验室管理规范及启示》,载《刑事技术》2008 年第 5 期。

119. 郑雪倩、邓利强、刘宇等:《医疗损害责任鉴定问题研讨》,载《中国医院》2013 年第 5 期。

120. 重庆市人民检察院第二分院课题组、邓发强:《新时代检察技术协作办案工作路径探析》,载《中国检察官》2021 年第 13 期。

121. 周宝金:《论医疗纠纷鉴定"二元化"的统一》,载《中国政法大学学报》2013 年第 5 期。

122. 周东飞:《张氏叔侄冤案追责为何如此之难》,载《潇湘晨报》2014 年 4 月 15 日。

123. 周敏、邵海:《医疗损害司法鉴定与司法裁判:背离困境与契合构想》,载《甘肃政法学院学报》2015 年第 3 期。

124. 朱淳良、陈邦达:《能力验证:司法鉴定质量的保障——2010 中国司法鉴定论坛会议综述》,载《中国司法鉴定》2010 年第 4 期。

125. 朱广友:《论司法鉴定意见的基本属性》,载《中国司法鉴定》2008 年第 4 期。

126. 朱广友:《医疗纠纷鉴定:判定医疗过失的基本原则》,载《中国司法鉴定》2004 年第 2 期。

127. 朱华、王绩伟:《赋予"有专门知识的人"独立诉讼地位》,载《检察日报》2013 年 1 月 16 日。

128. 邹积超:《浅论鉴定人的法庭位置》,载《中国司法鉴定》2010 年第 1 期。

129. 左卫民、官胜男:《刑事错案与鉴定意见:复杂关系的实证考察》,载《华东政法大学学报》2022 年第 3 期。

130. 左卫民:《"印证"证明模式反思与重塑——基于中国刑事错案的反思》,载《中国法学》2016 年第 1 期。

131. 左卫民:《刑事诉讼的经济分析》,载《法学研究》2005 年第 4 期。

四、外文文献

1. Rondal J. Allen, Eleanor Swift and David S. et al., Schwartz, etal., an Analytical Approach to Evidence: Text, Problems, and Cases, 6th ed., Wolters Kluwer, 2016.

2. ABA Standards for Criminal Justice: Prosecution Function and Defense Function, 3rd ed., American Bar Association, 1993.

3. Andre A. Moenssens, Betty Layne Desportes and Steven D. Benjamin, Scientific Evidence in Civil and Criminal Cases, 7th ed., West Academic 2017.

4. Barack Obama, The President's Role in Advancing Criminal Justice Reform, 130 Havard Law Review 811, p. 18.

5. Betty A. Diamond, Barbara S. Hulka and Nancy I. Kerkvliet, et al., Silicone Breast Implants in Relation to Connective Tissue Diseases and Immunologic Dysfunction: A Report by a National Science Panel to the Honorable Sam C. Pointer Jr. Coordinating Judge for the Federal Breast Implant Multi-District Litigation(1998).

6. B.Black, F.J.Ayala and C. Saffran-Brinks,Science and the Law in the Wake of Daubert: A New Search for Scientific Knowledge, 4 Texas Law Review, (1994) 72.

7. Bryan A. Gamer, Black's Law Dictionary, 8th ed., Thomson West, 2004.

8. Charles Alan Wright, Arthur R. Miller, Federal Practice and Procedure, 1982.

9. Christopher Slobogin, The American Bar Association's Criminal Justice Mental Health Standards: Revision for the Twenty-First Century, Hastings Constitutional Law Quarterly, (2016).

10. Committee on Identifying the Needs of the Forensic Science Community, Committee on Science, Technology, and Law Policy and Global Affairs, Committee on Applied and Theoretical Statistics Division on Engineering and Physical Science et al., Strengthening Forensic Science int the United States: a Path Forward, The National Academies Press 2009.

11. David L. Faigman, David H. Kaye and Michael J. Saks et al., Modern Scientific Evidence: The Law and Science of Expert Testimony, Thomson West, 2006.

12. David Nolte, Semiannual Guide to Expert Witnesses: Improving Cros-Examination of Expert Witnesses, Los Angeles Lawyer, 2005.

13. David W. Louisell, Christopher B. Mueller, Federal Evidence: Civil and Criminal, Lawyers Co-operative Publishing Company, 1993.

14. Deborah Jones Merritt, Ric Simmons, Learning Evidence From the Federal Rules to the Courtroom, 5th ed., West Academic, 2015.

15. Developments in the Law: Confronting the New Challenges of Scientific Evidence, 108 Harvard Law Review 1583(1995).

16. Edward J. Imwinkelried, The Daubert Decision on the Admissibility of Science Evidence: the Supreme Court Choose the Right Piece for All the Evidentiary Puzzles, 5 St. John's Journal of Legal Commentary 22(1933).

17. Elwood S. Levy, Impartial Medical Testimony-Revisited, 34 Temple Law Quarterly 424(1961).

18. Eric Maloneya, Two More Problems and too Little Money: Can Congress Truly Reform Forensic Science? 14 Minnesota Journal of Law, Science & Technology 923(2013).

19. David L. Faigman David H. Kaye and Micheal J. Saks et al., Standards, Statistics, and Research Issues, West Group, 2002.

20. Daniel Capra, Federal Rules of Evidence, West Academic, 2017.

21. Francis E. Camps, The Current State of Forensic Medicine in Great Britain, 16 Western Reserve Journal Of International Law 16(1969-1970).

22. G. Winters, Independent Medical Experts to Testify in New York Injury Cases Under New Plan, in Selected Writings on Evidence and Trial, 1957. Adapted from Notes: The New Mexico Medico-Legal Malpractice Panel—An Analysis, 3 New Mexico Law Review 318(1973).

23. Georage Raland Jr., Discovery Before Trial, Callaghan and Company, 1932.

24. George E. Dix, Norman G. Poythress Jr., Propriety of Medical Dominance of Forensic Mental Health Practice: The Empirical Evidence, 23 Arizona Law Review 961(1981).

25. Hyongsoon Kim, Adversarialism Defended: Daubert and the Judge's Role in Evaluating Expert Evidence, 34 Columbia Journal of Law and Social Problems 223(2000).

26. John H. Langhein, The German Advantage in Civil Procedures, 52 Chicago Law Review 823(1985).

27. James Bradley Thayer, A Preliminary Treatise on Evidence at the Common Law, Little, Brown and Company, 1998.

28. James W. McElhaney, Expert Witnesses: Nine ways to Cross-Examine an Expert. American Bar Association (1989).

29. Jocelyn Kaiser, Breast Implant Ruling Sends a Massage, 275 Science 21(1997).

30. Joe S. Cecil, Thomas E. Willging, Accepting Daubert's Invitation: Defining a Role for Court-Appointed Experts in Assessing Scientific Validity, 43 Emory Law Journal 995 (1994).

31. Joe S. Cecil, Thomas E. Willging, Court-Appointed Experts: Defining the Role of Experts Appointed under Federal Rules of Evidence 706, Generic, 2020.

32. John H. Langbein, The Originals of Adversary Criminal Trial, Oxford University Press, 2003.

33. John Henry Wigmore, A Treatise on the Anglo-American System of Evidence in Trials at Common Law, 2nd ed., Little, Brown, and Company, 1923.

34. John Spencer, Court Experts and Expert Witnesses: Have We a Lesson to Learn from the French? Current Legal Problem, 1992.

35. Judge Jack B. Weinstein, Science, and the Challenge of Expert Testimony in the Courtroom, 77 Oregon Review 1005(1998).

36. Karen Butler Reisinger, Court-Appointed Expert Panels: A Comparison of Two Models, 32 Indian Law Review 225(1998).

37. John H. Langbein, The German Advantage in Civil Procedure, 52

University of Chicago Law Review 823(1985).

38. Laura L. Hooper, Joe S. Cecil and Thomas E. Willging, Neutral Science Panels: Two Examples of Court-Appointed Experts in the Breast Implants Product Litigation 9, Federal Judicial Center 2001.

39. Laural L. Hooper, Joe S. Cecil and Thomas E. Willging, Assessing Causation in Breast Implant Litigation: The Role of Science Panels, 64 Law and Contemporary Problems. 139(2001).

40. FDA Says No to Silicone Implants, San Francisco Chronicle 9, 2004.

41. Lee Waldman Miller, Special Topics in the Law of Evidence: Cross-Examination of Expert Witnesses: Dispelling the Aura of Reliability, 42 University of Miami Law Review, (1988).

42. Marcia Angell, The Clash of Medical Evidence and the Law in the Breast Implant Case, 37Science on Trial104(1997).

43. Thomas Mauet, Fundamentals of Trial Techniques, Little, Brown, 1984.

44. Michael E. Reed, Daubert and the Breast Implant Litigation: How is the Judiciary Addressing the Science? 100 Plastic and Reconstructive Surgery 1322(1997).

45. William W. Schwarzer, Joe S. Ceil, Management of Expert Evidence, also see https://www.fjc.gov/sites/default/files/2012/sciman00.pdf.

46. Nietzel Michael T., Mc Carthy Denmis M. and Kem Momca J., Juries: the Current State of the Empirical Literature, in R.roesch, S.D.Hart and J.R.P. Ogloff eds., Psychology and Law: The State of the Discipline, Kluwer Academic Publisher, 1999.

47. Lee Waldman Miller, Cross-Examination of Expert Witnesses: Dispelling the Aura of Reliability. 42 University of Miami Law Review 1073(1988).

48. Jane Campbell Moriarty, Psychological and Scientific Evidence in Criminal Trials, West Publishing, 2013.

49. Morris B. Hoffman, Paul H. Rubin and Joanna M. Shepherd, An Empirical Study of Public Defender Effectiveness: Self-Selection by the "Margin-

ally Indigent", 3 Ohio State Journal of Criminal Law 223(2005).

50. Nancy J. Brekke, Peter J. Enkoand and Gail Clavet et al., Of Juries and Court Appointed Experts: the Effect of Non-Adversarial versus Adversarial Testimony, 15 Law and Human Behavior 451(1991).

51. Improving Judicial Gatekeeping: Technical Advisors and Scientific Evidence, 110 Harvard Law Review 941(1997).

52. The New Mexico Medico-Legal Malpractice Panel—An Analysis, 3New Mexico Law Review, 318(1973).

53. Paul C. Giannelli, Ake v. Oklahoma, The Right to Expert Assistance in a Post-Daubert, Post, 89 Cornell Law Review 1305(2004).

54. Paul Roberts, Adrian Zuckerman,Criminal Evidence, 2nd ed., Oxford University Press, 2012.

55. R.Pound, What is the Common Law, 3 The Future of Common Law 189(1937).

56. Richard A. Ponser, The Federal Courts: Crisis and Reform, Harvard University Press, 1985. See generally Thomas E. Baker, Rationing Justice on Appeal, West Publishing Comany, 1994.

57. Richard O. Lempert, Samuel R. Gross and James S. Liebman et al., a Modern Approach to Evidence: Text, Problems, Transcripts and Cases, 4 ed., West Publishing 2013.

58. Faust Rossi F, Modern Evidence and the Expert Witness, 18 Litigation(1985).

59. Samuel R. Gross, Expert Evidence, 1991 Wisconsin Law Review 1183(1991).

60. Seth Wiard, The Cross-Examination of Expert Witness, 2 The American Journal of Police Science(1931).

61. Sophia Cope, Ripe for Revision: a Critique of the Federal Rule of Evidence 706 and the Use of Court Appointed Experts, 39 Gonzaga Law Review 182 (2003).

62. Stephanie L. Damon-Moorea, Trial Judges and The Forensic Science

Problem, 91 New York University Law Review 1532(2016).

63. Stephen Breyer, Science in the Courtroom, Science and Technology, 52(2000).

64. Ted Voska, DUI Evidence and the National Academy of Sciences Report on Forensic Science, 2020.

65. Thomas McAlexander, Jan Beck and Ronald Dick, The Standardization of Handwriting Opinion Terminology, Letters to the Editor, 36 Journal of Forensic Science 311(1991).

66. U. S. Department of Transportation, Speed Enforcement Program Guidelines, 2008.

67. Wayne R. Lafave, Jerod H. Israel, Criminal Procedure, Eagan, Minnesota: West Publishing, 1984.

68. John Henry Wigmore, Evidence in Trials at Common Law, Little, Brown and Company, 1974.

69. William Bradford Middlekauff, What Practitioners Say about Broad Criminal Discovery Practice: More Just or Just More Dangerous? American Bar Association(1994).

70. William J. BrennanJr., The Criminal Prosecution: Sporting Event or Quest for Truth?, 5 Washington University Law Quarterly 279(1963).

主题词

案件事实 1,154,286
案卷笔录中心主义 31,42,55
案卷移送主义 26,82
保管链条的完整性 91,195,213
保证保管链条 92
贝叶斯定律 7,278
辨认 92,182,270
捕诉一体 151,156
常识性概括 88
车辆鉴定标准 246
出庭作证时收取的费用 50
传闻证据 22,198,208
传闻证据排除规则 5,187,268
错误率 169,193,271
大数据分析报告 140
登记管理 32,81,144
电子数据鉴定 10,148,243
电子数据鉴定标准 247
对抗模式 86,156,222
对质权 54,73,205
多伯特规则 2,167,270
多头管理 32,99,151
多元回归分析 174
"二元化"鉴定模式 113,121
二元化庭审结构 4,210,215
法庭的助手 184

法庭科学标准化 99,234,259
法庭聘请专家 96,217,233
法庭聘请专家证人 216-225,227-233
法庭聘请专家制度 25,97,233
法医和DNA鉴定标准 247
法医文证审查 146-148
反驳 24,168,288
反证 73,107,272
犯罪控制模式 179
防御性诉讼权利 73
非医疗事故 106
封闭式的证据分类体系 87
弗赖伊规则 2,97,176
辅助性证据 67,146,154
附条件的相关性 88
附属证据 153
概括 63,171,281
概率 141,261,307
工程学标准 243
固有权力(inherent authority) 217
关联性 7,164,282
关联性规则 87,140
关于处理医疗事故的草案 106
关于预防和处理医疗事故暂行规定 106
管制物品的检测标准 248,249
归纳推理 159,267,286

过错推定原则 103
海量证据 284
合法性 3,153,283
环境损害鉴定 10,148,188
基础医学 125,126
技术调查官制度 96
技术工作组 236,248,249
技术顾问 217,221,232
技术性证据 72,162,299
检材 8,190,209
检查笔录 149,158,213
检察公益诉讼 140
检察技术人员 72,140,161
检察内卷 145
检验报告 17,133,264
检验鉴定 75,145,183
鉴定标准 8,175,293
鉴定程序 2,138,295
鉴定管理权割据 79
鉴定机构名单 79
鉴定监督原则 137
鉴定名册 79
鉴定评估 140
鉴定人资质 1,59,123
鉴定意见可采性标准 180,181,187
鉴定意见可采性评价指南 186-188
鉴定意见排除规则 94
鉴定责任制度 137
鉴定主体资质适格性规则 92
鉴真 83,194,298
鉴真规则 9,194,215
交叉询问 13,141,231

教育模式 86,156,282
经验法则 7,182,282
酒精检测专门委员会 255,257
举证行为 73,74
举证责任(a burden of production) 206
举证责任倒置 106,118,119
勘验检查 145
科层理想型 179
科学工作组 236,243,249
科学证据 1,152,306
科学证据开示 13,36,223
可补正的排除 214
可检验性(或可证伪性) 172
可靠性 1,149,283
"两步走"的认证模式 33
临床医学 103,130,218
逻辑法则 7,158,282
民法典 103,119,292
排除性鉴定(Exclusion) 245
派生证据 153,154
陪审团 4,164,242
铺垫 198,201,211
普遍接受 165,197,271
普通证人意见规则 61
起诉书一本主义 23,296
强制性的排除 214,215
侵权责任法 102,291,298
全面观察 168,176
确定性鉴定(Identification) 245
人机料法环测 87
人工智能 260
入额检察官 142,150

伤情鉴定　143

社会鉴定机构　40,42,51

审查认证　58,100,187

审查认证标准　79

审查认证规则　78,89,100

生态环境损害　140

十大业务　152

实证研究　3,142,298

实质性(materiality)　203

事故调查报告　87

事实裁决者　3,165,281

司法官助手　140

司法会计意见　143

司法技术辅助机构　95

司法鉴定　2,154,306

司法鉴定法　58

司法鉴定管理体制改革　79,131,294

司法鉴定启动权　31,69,76

司法鉴定行业管理　99

司法鉴定意见　1,158,300

司法鉴定专家委员会　96

司法鉴定准入和退出机制　130,132

司法精神疾病鉴定的标准　249

司法责任制　2,151,283

四大检察　152

"四大类"司法鉴定　81

溯因推理　159,267,274

算法　261

庭前备案登记　175

庭前登记为主,庭上审查为辅　32,189

庭审实质化　38,85,292

庭审虚化　85

同行评议　24,124,229

统一司法鉴定管理体制　4,100,187

为证据奠定基础　198,205,214

"伪科学"(junk science)　179,222

文件检验标准　243

文书技术工作组　246

文证审查　148,155,157

文证审查意见书　146

物价鉴定　9,80,82

协作理想型　180

刑事技术标准　243

刑事申诉复查决定书　145

演绎推理　159,267,273

验真　196

药物和驾驶委员会　257

医保制度　128

医疗差错　106,137

医疗过错司法鉴定　103,113,125

医疗纠纷　101,132,300

医疗纠纷人民调解委员会　108

医疗事故　44,104,148

医疗事故处理条例　103,137,292

医疗事故处理暂行办法草案　106

医疗事故技术鉴定　103,117,138

医疗损害归责原则　102

医疗损害鉴定　10,138,299

医疗执业风险保险制度　137

医闹　101,115,129

医务人员的薪酬制度　128

以鉴代审　84

印证　34,110,300

有专门知识的人　4,216,300

有专门知识的人的意见 64,98,154
冤假错案 1,156,283
员额制改革 139,149,155
展示性证据 202,206-208
侦查机关内设鉴定机构 40,152,294
侦查羁押期限 81
侦查线索 76
真实性 6,194,283
整体主义 143,158,285
正当程序模式 179
证据保管链条规则 195
证据规则 2,141,299
证据校验 285,306
证据推理 180,288,307
证据标准 185,283,307
证据可采性 2,188,276
证据能力 2,187,286
证据听审程序(vider hearing) 203
证据推论链条 88
证明标准 24,198,285
证明价值(probative value) 204
直接言词原则 12,135,213
职权主义诉讼构造 68,77,86
职业伦理 44,138,271
指导性案例 145,151,154

质量认证体系 130,239,288
质证规则 12,31,43
智慧检务 139,141
重复鉴定 52,135,185
重新鉴定 31,132,233
专家证人交叉询问 30,174
专家证人意见规则 61
专家证言 2,140,251
专门人民检察院 145
专门性问题出具的报告 63,143,161
专门性问题的证据 63,152
专门性证据 58,144,298
专业化的审判法庭 137
转隶 139,142
准鉴定意见 80
准入资质 79
自审自鉴 148
自诉自鉴 148
自由心证 3,179,297
自侦自鉴 148,190
综合配套机制 78,95
"足以支持某项证明的证据"(ESSF) 206
尊从模式 86,282